World Book 123
Ruth Benedict/Lafcadio Hearn
THE CHRYSANTHEMUM AND THE SWORD
怪談
국화와 칼/사쿠라 마음
루스 베네딕트/라프카디오 헌/추영현 옮김

Ruth Benedict

Lafcadio Hearn

동서문화사

디자인 : 동서랑 미술팀

국화와 칼/사쿠라 마음
차례

국화와 칼—루스 베네딕트

제1장 연구과제—일본 … 11
제2장 전시의 일본인 … 26
제3장 저마다의 알맞은 위치 … 44
제4장 메이지유신 … 68
제5장 과거와 세상에 빚진 사람 … 84
제6장 만분의 일의 은혜 갚음 … 98
제7장 기리처럼 쓰라린 것은 없다 … 113
제8장 오명을 씻는다 … 122
제9장 인정의 세계 … 147
제10장 덕의 딜레마 … 161
제11장 자기 수양 … 187
제12장 어린아이는 배운다 … 206
제13장 패전 후의 일본인 … 241

문화인류학의 명저 … 256
베네딕트 연보 … 268

사쿠라 마음—라프카디오 헌

묻혀 버린 비밀 … 277
유모 벚나무 … 281

귀 없는 호이치 … 283
오테이 이야기 … 294
원앙 … 298
바보 리키 … 300
로쿠로쿠비 … 303
책략 … 312
유키온나 … 315
아키노스케의 꿈 … 319
호라이 … 325
식인귀 … 329
푸른 버들 이야기 … 334
열엿새 벚나무 … 343
거울과 종 … 345
해바라기 … 350
오소리 … 354
나비 … 357
모기 … 371
개미 … 375

사쿠라 마음을 찾아서 … 391
라프카디오 헌 연보 … 408

The Chrysanthemum And The Sword
국화와 칼
루스 베네딕트

제1장
연구과제—일본

 일본인은 미국이 지금까지 전면적으로 싸운 적 가운데 가장 이해하기 힘든 상대였다. 만만치 않은 적과 싸운 적은 있었지만, 이처럼 예측하기 힘든 이질적인 행동과 사상의 습관을 고려해야 될 필연성에 직면한 적은 일찍이 없었다. 그보다 앞서 1905년에 일본과 싸운 제정 러시아처럼, 미국 역시 서양의 문화 전통에 속하지 않으면서도 완전히 무장되고 훈련된 국민과 싸웠던 것이다. 일본인은 포로 취급을 비롯하여 서양 국가들이 인간적인 행위로 간주하는 전시관행(戰時慣行)을 전혀 안중에 두지 않았다. 이 때문에 태평양 전쟁은 일련의 섬 상륙 작전이나 병참 능력에 관한 극히 어려운 문제들보다도 그 이상의 것, 즉 적의 본질을 파악해야 한다는 중대한 문제에 부딪히고 말았다. 적의 행동에 대처하기 위해 우리 미국인은 우선 적의 행동을 이해해야 했다.
 그 어려움은 컸다. 일본이 쇄국을 풀고 문호를 개방한 이래 75년간, 일본인을 묘사한 저작에서는 세계 어느 국민에게도 일찍이 쓰인 적이 없을 정도로 '그런 반면(but also)'이라는 표현이 자주 등장했다. 정직한 전문가가 일본인 이외의 다른 국민에 관해 논평할 때엔 다음과 같은 모순된 설명은 하지 않는다. 그들이 유례없이 예의바르다고 말하면서 "그런 반면에 그들은 불손하며 건방지다"고 덧붙인다. 그들이 어떤 국민과도 비할 수 없이 고루하다고 하면서, "그런 반면 그들은 새로운 사상이나 제도에도 쉽게 순응한다"고 부연한다. 또 그들이 유순하다고 하면서, "그런 반면 그들은 위로부터의 통제에 순순히 따르지 않는다"고 설명한다. 그들이 충실하며 관대하다고 하면서, "그런 반면 그들은 불충실하며 원한이 깊다"고 표현한다. 그들이 참으로 용감하다고 하면서, 그런 반면 그들이 겁쟁이임을 부연해서 설명한다. 그들이 타인의 평판에 신경을 쓰며 행동한다고 말한 뒤, 그런 반면 그들은 참으로 흔들리지 않는 양심을 가지고 있다고 말한다. 로봇같이 일사불란한 그들의 군대 규율을 묘사하면서, 그런 반면 병사들이 거의 반역 수준으로 공공연하게 반항하는 모습을 묘사한다. 서구 학문에 열중한 국민에 관해 서술하면서, 그런 반면 그들의 강한 보수성을 설명한다. 배우와 예술가를 존경하는 미의식과 국화를 가꾸는 데 온갖 공을 들이는 미적 감각을 갖춘 국민에 관한 책을 쓰면서, 그런 반면 이 국민이 칼을 숭배하며 무사에게 최고의 영예를 돌린다는 사실을 기술한 또 다른 책으로써 그 국민의 성격을 보충한다.

이러한 모순은 모두 일본에 관한 책의 날줄과 씨줄이며 진실이다. 칼도 국화도 한 그림의 일부분이다. 일본인은 싸움을 좋아하면서도 동시에 얌전하며, 군국주의적이면서도 동시에 탐미적이며, 불손하면서도 예의바르고, 완고하면서도 유연하며, 유순하면서도 나쁜 대접을 받으면 분개하며, 충실하면서도 불충실하며, 용감하면서도 겁쟁이이며, 보수적이면서도 새로운 방식을 환영한다. 그들은 타인의 시선에 놀랄 만큼 민감하지만, 동시에 다른 사람이 알아채지 못할 때는 범죄의 유혹에 빠지고 만다. 그들의 병사는 규율에 따르도록 철저히 훈련되지만 또한 반항적이다.

일본을 이해하는 것이 미국에게 중요한 일로 부각된 상황에서 이러한 모순이나 그 밖에 뚜렷하게 다른 모순들을 보고도 모른 척할 수는 없었다. 중대한 고비가 우리 앞에 차례로 닥쳐오고 있었다. 일본인은 어떤 식으로 나올까? 일본 본토에 상륙하지 않고도 그들의 항복을 받을 수 있을까? 우리는 천황의 궁성을 폭격해야 하는가? 일본군 포로들에게서는 어떤 행동이 예상되는가? 일본 군대와 일본 본토에 대해 선전(宣傳)할 때, 어떤 말을 써야만 미국인의 생명을 구하고 또 최후의 한 사람까지 싸우려는 일본인의 결의를 약화시킬 수 있을까? 이러한 의문들을 놓고 일본인을 잘 아는 사람들 사이에는 엄청난 의견차가 있었다. 전쟁이 끝난 뒤 일본의 질서를 유지하려면 반영구적인 계엄령을 펴야 하는가? 미군은 일본의 산속에서 은신처를 발견할 때마다 결사적으로 저항하는 일본인과 싸울 각오를 해야 하는가? 프랑스 혁명이나 러시아 혁명 같은 혁명이 일본에서 일어나지 않는 한 국제 평화란 이루어질 수 없는가? 그렇다면 누가 그 혁명의 지도자가 되겠는가? 혁명이 일어나지 않는다면 국제 평화를 위해 일본 국민을 절멸시켜 버려야 하는가? 우리의 판단 여하에 따라 결과에는 큰 차이가 생기는 것이었다.

1944년 6월, 나는 일본에 대한 연구를 위탁받았다. 일본인이 어떤 국민인가를 규명하기 위해 문화인류학자로서 내가 이용할 수 있는 모든 방법을 동원해 달라고 부탁받았다. 일본에 대한 미국의 대공세가 슬슬 본격적으로 펼쳐지기 시작한 초여름 바로 그 무렵이었다. 이때 미국인들은 아직 대일 전쟁이 3년, 또는 10년, 아니면 그 이상 걸릴지도 모른다고 말하고 있었다. 일본에서는 100년이 걸려야 끝난다는 말도 나돌았다. 미군이 국지적인 승리는 연이어 얻었지만, 일본인들은 뉴기니 섬과 솔로몬 제도는 본토로부터 수천 킬로미터나 떨어져 있다고 말했다. 일본의 공식적인 성명은 해군의 패배를 좀처럼 인정하려 들지 않았다. 그러므로 일본 국민은 여전히 일본군이 이기고 있다고 생각했다.

그러나 6월이 되자 전황이 변하기 시작했다. 유럽에서는 제2 전선이 전개됐다. 그 결과 최고 사령부가 2년 반에 걸쳐 유럽 전역에 두어 왔던 군사적 우선권의 필요성이 없어졌다. 대독(對獨) 전쟁의 종말이 눈앞에 보이고 있었다. 태평양에서는 미군이 사이판 섬에 상륙했다. 이것은 일본의 필연적인 패배를 예고하는 대작전이었다. 이로부터 미군 장병은 일본군과 항상 가까운 거리에서 대치하게 되었다. 참고로 우리는 뉴기니, 과달카날, 미얀마, 애투, 타라와, 비악 등에서 벌인 전투를 통해 얼마나 무서운 적과 싸우고 있는가를 잘 알 수 있었다.

따라서 1944년 6월에는 우리의 적인 일본에 관한 수많은 의문에 답하는 일이 매우 중요해졌다. 논의 분야가 군사든, 외교든, 또 논의의 원인이 중대한 정치적 문제든 일본군의 전선 후방에 떨어뜨리는 선전 책자에 관한 문제든, 모든 의문을 해명하는 일이 필요했다. 적군 일본의 총전력에 관해 우리가 반드시 알아야 할 사항은 결코 적지 않았다. 그것은 비단 일본 정부 권력자들의 목적이나 동기, 그 나라의 긴 역사, 경제나 군사의 통계만은 아니었다. 우리는 일본 정부가 국민에게 기대할 수 있는 것이 무엇인지를 알아야 했다. 우리는 일본인의 사상과 감정, 그리고 그러한 것을 아우르는 문화의 틀을 이해하기 위해 노력해야 했다. 또한 우리는 일본인의 행동이나 의견의 배후에 있는 통념을 알아내는 것이 필요했다. 우리는 미국인으로서 행동할 때를 전제로 하는 발상은 잠깐 옆에 제쳐 놓아야 했다. 어떤 주어진 상황 아래서 일본인이 취하는 행동은 우리가 취하는 행동과 크게 다르지 않으리라는, 안이한 결론으로 비약하지 않기 위해서였다.

　미국과 일본은 교전 중이었기에, 나에게 주어진 이러한 연구과제는 어려웠다. 전쟁 중에 적을 나쁘다고 철저하게 깎아내리는 일은 간단하다. 그러나 적이 어떤 방식으로 현실을 보는가를 이해하려고 노력하기란 매우 어려운 법이다. 그런데 내 연구과제가 바로 그것이었다. 문제는 우리 미국인이 그러한 처지라면 어떻게 행동할 것인가가 아니라, 일본인이 어떤 식으로 행동하느냐였다. 나는 전쟁에서 일본인이 보이는 행동을, 그들을 이해하는 데 부정적인 요소로서가 아니라 긍정적인 요소로서 이용하도록 노력해야 했다.

　먼저 그들의 전쟁 방식을 군사적 문제가 아니라 문화적 문제로 바라보아야 했다. 평시와 마찬가지로 전시에도 일본인은 독특하게 행동했다. 일본인은 그들답게 전쟁에 임했다. 그러한 전쟁 수행 방식에서 그들의 생활방식과 사고방식에 관한 어떤 특징을 볼 수 있는가? 그들 지도자는 독특한 방법으로 전의를 북돋우며 불안해하는 국민을 안심시키고, 전장에서 병사를 다스렸다. 이는 그들 자신이 이용할 수 있는 장점으로 여기는 것이 무엇인가를 보여 준다. 그래서 나는 태평양 전쟁을 자세히 조사하게 되었다. 그리고 그에 따라 일본인이 전쟁에서 어떻게 참모습을 드러냈는지가 점점 밝혀지기 시작했다.

　그러나 두 나라가 교전 중이라는 사실은 당연히 나의 연구에 매우 불리하게 작용했다. 그것은 문화인류학의 가장 중요한 연구 기술인 현지 조사를 단념해야 함을 의미하기 때문이다. 실은 일본에 가서 그들의 가정에서 생활하면서 일상에서 여러 가지 활동을 관찰하고, 그중 어느 것이 중요하고 어느 것이 그렇지 않은가를 내 눈으로 직접 살피는 것이 가장 바람직했으리라. 그러나 나는 그럴 수 없었다. 나는 그들이 어떤 결정에 도달하기까지의 복잡한 과정을 관찰할 수가 없었다. 나는 그들의 아이들이 양육되는 과정을 볼 수가 없었다. 일본의 촌락에 관한 문화인류학자의 현지 연구 보고서로는 존 엠브리(John F. Embree)의 〈스에무라〔須惠村, Suye Mura〕〉가 유일했다. 이것은 매우 귀중한 문헌이지만, 이 연구가 행해진 당시에는 1944년에 발생한 일본에 관한 의문들 중 상당수가 아직 문제로 제기되지 않았다.

　이런 많은 어려움에도 불구하고 나는 문화인류학자로서 이용할 수 있는 특정한 연구 방법과 기본적인 이론에 대해서는 자신이 있었다. 적어도 나는 인류학자들이 크게 의존하는 수법, 즉 연구 대상 민족과의 직접적인 면접은 단념하지 않아도 되었다. 미국에는 일본에서 자란 일본인이 많이 살았다. 그래서 그들이 경험한 구체적인 사실을 묻고 그들이 그런 사실을 어떻게 판단하는가를 알아내어, 우리 지식의 많은 결함을 그들의 설명으로 메울 수가 있었다. 그 무렵 일본을 연구하던 다른 사회과학자들은 도서관에서 과거의 사건이나 통계를 분석하고, 일본인의 선전 문구에 쓰이는 글이나 말의 변화를 추적하고 있었다. 그러나 사회과학자들이 추구하는 해답의 대부분은 일본 문화의 불문율과 가치관 속에 깊이 배어 있으리라. 또한 실제로 그 문화 속에서 살아온 사람들의 협력을 얻어 탐구하는 편이 한층 더 만족스러운 답을 발견할 수 있으리라.

그렇다고 해서 내가 전혀 책을 읽지 않았다는 것은 아니다. 나는 일본에서 살았던 적이 있는 서양인들이 쓴 책에 큰 도움을 받았다. 일본에 관한 방대한 문헌과 일본에서 살았던 적이 있는 뛰어난 서양인 관찰자들은, 아마존 강 상류나 뉴기니 산지로 문자가 없는 부족을 연구하러 가는 인류학자가 전혀 받을 수 없었던 많은 편익을 나에게 주었다. 그러한 부족은 문자 언어가 없기에 자신들의 사상과 모습을 문서에 기록하지 않는다. 서양인의 해설도 빈약하고 피상적이다. 누구도 그들 종족의 역사를 알지 못한다. 현지 조사자는 앞선 연구자들로부터 아무런 도움도 없이 그들 종족의 경제생활이나, 사회의 계층 구조나, 종교 생활에서 가장 지고한 것 따위를 밝혀내야 한다.

일본 연구에서는 이와 달리 많은 학자들의 유산을 이어받을 수 있었다. 생활에 관한 세부적인 묘사가 오래된 기록 속에 많이 남겨져 있었다. 서양인들이 그들의 생생한 체험들을 기록해 놓았고, 또 일본인도 실로 놀랄 만큼 자신들을 드러내고 있다. 많은 동양인들과 달리 일본인은 글로써 자기 자신을 완전히 드러내려는 강한 충동을 일으킨다. 일본인들은 그들의 세계 진출 계획은 물론 일상의 사소한 일에 관해서도 기록했다. 놀랄 만큼 솔직한 것이다. 물론 일본인들이 그들의 전체 모습을 그대로 기록한 적은 없다. 어느 민족도 그렇게는 하지 않는다. 일본에 관해 연구하는 일본인은 참으로 중요한 문제를 빠뜨리고 만다. 그 문제는 그가 호흡하는 공기처럼 너무 친숙해서 그에겐 보이지 않기 때문이다. 미국인이 미국에 관해 쓸 때도 마찬가지이다. 그러나 어쨌든 일본인은 대체로 자기를 드러내길 좋아하는 종족이다.

나는 이러한 문헌들을 읽었다. 이 과정에서 예비지식이 부족해서 이해할 수 없는 사항에 특히 주의를 기울였다. 다윈도 종(種)의 기원에 관한 이론을 세울 때 이런 작업을 했다고 한다. 그들의 의회 연설에서 나타나는 의견 대립을 이해하기 위해서 나는 먼저 무엇을 알아야 하는가? 그들은 사소한 어떤 행위를 맹렬히 비난하면서도 오히려 위법으로 보이는 행위는 아무렇지도 않게 인정해 버리는데, 그러한 태도의 배후엔 대체 무엇이 숨어 있는가? '이 그림의 이상한 부분'은 어디인가? 그것을 이해하기 위해서 나는 무엇을 알 필요가 있는가? 나는 이러한 질문을 되풀이하면서 문헌들을 읽었다.

또한 일본에서 각색되고 제작된 영화들도 보았다. 홍보 영화든 시대극이든 도쿄나 농촌의 현대 생활을 그린 영화든 가리지 않았다. 그런 뒤에 그 영화를 일본인들과 함께 세밀히 검토했다. 그들은 전에 일본에서 그걸 봤든지 안 봤든지 간에, 주인공이나 악역에 대해서 나와 견해가 달랐다. 그것은 일본인 특유의 관점에서 본 것이었다. 내가 이해를 못해서 멍하게 있을 때에도 그들은 전혀 그렇지 않았다. 그 점은 명백했다. 작품 주제나 의도도 내가 이해한 것과는 달라서, 영화의 전체적인 구성을 그들이 가르쳐 줘야 비로소 헤아릴 수 있었다. 영화에 관해서도 소설의 경우와 마찬가지로, 내가 파악한 의미와 일본에서 자란 사람들이 파악하는 의미 사이에는 눈에 띌 정도로 큰 차이가 있었다. 이들 일본인 가운데 어떤 사람은 일본인의 관습을 즉각 변호했다. 또 어떤 사람은 일본 것이면 무조건 증오했다. 이 두 그룹 중 어느 쪽에서 내가 더 많이 배웠는가를 말하기란 상당히 어렵다. 어쨌든 그들이 내게 설명해 준 일본의 생활상과는 일치했다. 비록 사람에 따라 그것을 기꺼이 받아들이거나 격렬히 거부하긴 했지만.

인류학자가 자료와 지식을 얻기 위해서 연구 대상이 된 문화권에 사는 사람들은 직접 만나러 간다고 해 보자. 이는 일본에 살았던 가장 유능한 서구인 관찰자가 남긴 업적과 조금도 다를 바 없다. 만일 이런 복제품이 인류학자가 제공할 수 있는 모든 것이라면, 그는 일본에 거주한 외국인이 여태껏 쌓아 올린 귀중한 일본인 연구에 무엇 하나 더 보탤 가망이 없으리라. 그러나 문화인류학자는 훈련을 통해 몇 가지 특별한 기술을 습득하게 되었다. 연구자나 관찰자들이 풍부한 분야라 해도 이들이 따로 독자적인 공헌을 보태는 것은 분명 유익한 일이 아닐까.

인류학자는 아시아와 태평양의 여러 문화를 안다. 일본에는 일본 특유의 생활을 규제하는 사회 제도와 관습이 존재하는데, 그 가운데 상당수는 태평양 여러 섬의 원시 부족들과 밀접한 유사점이 있다. 이러한 유사점 가운데 어떤 것은 말레이시아에서, 어떤 것은 뉴기니에서, 또 어떤 것은 폴리네시아에서 볼 수 있다. 이러한 유사점은 태곳적에 이주 혹은 접촉이 있었음을 보여 주는 증거가 아닐까. 물론 이런 생각도 흥미롭다. 그러나 이러한 문화적 유사점에 대한 지식이 가치가 있는 까닭은, 그들 사이의 역사적인 관계를 해명하는 데 도움이 되기 때문만은 아니다. 그것은 오히려 그런 단순한 문화 속에서는 그러한 습속이 어떤 형태로 작용하는가를 앎으로써, 내가 발견한 유사점이나 차이점에서 일본인의 생활을 이해하는 단서가 얻어질지도 모른다는 데에 있었다.

나는 또한 아시아 대륙의 태국과 미얀마, 중국에 관해서도 약간의 지식이 있었다. 그러므로 일본을 아시아의 위대한 문화유산을 구성하는 다른 나라들과 비교할 수 있었다. 그러한 문화비교는 뜻밖의 사태에 중요한 것이 될 수 있다. 인류학자들은 일찍부터 미개인 연구를 통해 그러한 문화비교가 얼마나 가치 있는가를 거듭 증명해 왔다. 어떤 부족은 관습의 90퍼센트까지를 인접 부족과 공유할 수 있을지도 모른다. 또 그러면서도 자기들만의 생활양식이나 일련의 도덕적 가치에 맞추기 위해서 그 관습을 개조하는 수도 있다. 그러한 과정에서 근본적인 부분이 배제됐을 수도 있다. 근본적인 부분이란 전체의 매우 작은 일부분에 지나지 않을진 몰라도, 부족의 장래 발전 과정을 독특한 방향으로 이끌어 가는 핵심을 가리킨다. 전체적으로 보면 많은 특성을 공유하는 여러 민족 사이에서도 역시 차이가 발견된다. 이를 연구하는 것만큼 문화인류학자에게 유익한 일은 없다.

인류학자들은 또한 그들 자신의 문화와 다른 문화 간의 차이에 익숙해져야 한다. 그리고 바로 이 문제를 위해 그들의 연구 기술을 예리하게 다듬어야 한다. 인류학자라면 누구나 경험을 통해 알다시피, 문화가 다르면 각 문화권의 사람들이 직면하는 사태도 다르다. 그리고 부족이나 국민에 따라 그러한 사태의 의미를 규정하는 방식도 눈에 띄게 차이가 난다. 북극의 어느 마을이나 열대의 어느 사막에서 인류학자들은 아무리 상상력을 발휘해도 도저히 생각할 수 없을 정도로 놀라운, 친족간 책임이나 금전적 거래를 규정하는 그 부족만의 독특한 규칙에 직면했다. 그들은 친족관계나 금전적 거래를 자세히 조사하는 데에 그치지 않고 나아가 이러한 규칙이 그 부족의 행동에 어떤 영향을 끼치는가, 또 각 세대는 어릴 때부터 어떤 식으로 교육받아 선대와 똑같이 행동하게 되는가 등을 조사해야 한다.

　서로 다른 관습과 그 계승 및 영향에 관한 이러한 전문적 관심은 일본 연구에서도 충분히 이용할 수 있었다. 그 누구도 미국과 일본 사이의 뿌리 깊은 문화적 차이를 모르지 않는다. 일본인은 무엇이든 우리와 정반대로 행동한다는 속설마저 존재한다. 이러한 차이의 확신이 위험한 것은, 이들 차이는 매우 크므로 그러한 민족을 이해하기란 불가능하다면서 연구자가 쉽게 포기해 버릴 때이다. 그러나 인류학자는 경험을 통해 어떤 기괴한 행동이라도 결국은 이해할 수 있다는 확실한 증거를 가지고 있다. 그리고 인류학자는 직업상 다른 어떤 사회과학자보다도 그 차이들을 불리한 요소가 아니라 오히려 하나의 유용한 이점으로서 이용해 왔다. 어떤 관습이나 민족을 연구할 때 그것을 놀랍도록 기이한 것처럼 생각하여 날카로운 관심을 쏟는 것이다. 그가 연구하려는 부족의 생활양식 속에는 처음부터 당연하다고 여겨지는 것은 하나도 없어야 한다. 거기서 소수의 선택된 사실만이 아니라 모든 것을 관찰해야 한다. 서구 여러 국민의 연구에서 비교문화 연구의 소양이 없는 사람은 일부 행동 영역을 아예 못 보고 지나쳐 버린다. 그는 수많은 사실들을 당연한 것으로 생각하기 때문에 일상생활에서의 갖가지 평범한 습관을 검토하지 않는 것이다. 또 흔해 빠진 많은 일들에 관한 기존 통념들도 전혀 살펴보지 않는다. 그러나 이러한 판단이 국민이란 단위로 뭉쳐져 하나의 여론을 형성한다면, 이는 외교관이 조인한 조약보다도 그 국민의 장래를 크게 좌우하게 된다.

　평범한 사실을 연구할 수 있도록 특별한 기술을 개발하는 것도 인류학자의 과제였다. 연구 대상이 되는 종족의 평범한 일상생활은, 본국에서 그것에 대응되는 사실과는 현저히 다르기 때문이다. A라는 부족의 극단적인 잔혹함의 원인이나 B라는 부족의 극단적인 비겁함을 이해하려 할 때, 또한 그들이 어떤 일정한 상황에서 어떻게 행동하고 느끼는가를 설명하지 않으면 안 된다. 이럴 때 우리가 의지할 수 있는 것은 상세한 관찰 기록이다. 인류학자는 이 점을 잘 알고 있지만, 문명화된 국민에 대한 관찰 기록은 사실 별로 없다. 그러나 이런 관찰은 꼭 필요하다. 이것이야말로 중요하다고 믿어야 할 충분한 근거가 있다. 또 인류학자는 이러한 사실들을 관찰해 발굴하는 연구방법을 체득하고 있다.

이러한 조사방법을 일본을 대상으로 시도해 본다는 것도 뜻 있는 일이었다. 어떤 국민의 사소한 일상생활에 주의해야만, 비로소 어떤 미개 부족에서도 또 어떤 문명국에서도 인간의 행동은 일상생활에서 학습된다는 인류학자의 전제가 얼마나 중요한지 충분히 이해할 수 있기 때문이다. 어떤 인간의 행위나 의견이 아무리 이상한 것일지라도 그의 감각과 사고방식은 그의 경험과 일정한 관계를 맺는다. 나는 일본인의 행동에서 무엇인가 당혹감을 느낄수록, 일본인의 생활 속에 그러한 이상함을 낳는 당연한 조건이 존재한다는 확신을 굳혔다. 그러한 조건을 연구하려면 아무래도 일상적 인간관계의 사소한 일까지 파고들어 가게 된다. 그것이야말로 사람들이 학습하는 장소이기 때문이다.

또한 나는 문화인류학자로서 고립된 어떠한 행동도 서로 유기적인 관계를 맺는다는 전제에서 출발했다. 나는 무수한 개개의 행동들이 어떻게 종합적인 유형으로 분류되는가 하는 점을 중요시했다. 각 인간 사회는 사회 생활을 성립시키기 위해 독자적인 기구를 만들어야만 한다. 또한 사회는 여러 가지 상황에 대처하는 일정한 방식, 그러한 상황을 평가하는 일정한 방식을 승인한다. 그 사회의 사람들은 이러한 해결방법을 모든 사회의 기초로서 이해한다. 그런 해결책이 있으면 어떤 장해도 극복해 일체성을 유지할 수 있기 때문이다. 생활의 기준이 되는 일정한 가치체계를 받아들인 사람들은 그와 반대되는 가치체계에 따라 생각하거나 행동할 수 없게 된다. 그러면 언젠가 머지않아 반드시 무능과 혼란을 초래하게 되기 때문이나. 따라서 그들은 될 수 있는 한 사회 생활을 특정 가치체계에 맞춰 통일하려고 한다. 그들은 자기의 행동에 어떤 공통된 원리와 공통된 동기를 마련한다. 요컨대 어느 정도의 일관성이 필요한 것이다. 그렇지 않으면 전체적인 체계가 산산이 무너져 버린다.

이리하여 경제적 행동, 가족 내 규범, 관혼상제, 정치적 목적 등은 서로 톱니바퀴처럼 맞물리게 된다. 어떤 한 영역이 다른 영역보다 급속한 변화를 일으켜서 다른 영역에 큰 압박을 가하는 일도 있으리라. 그렇지만 그 압박 자체는 일관성을 유지하기 위한 필요에서 발생하는 것이다. 문자가 없는 미개 사회가 타인을 지배하는 권력 추구에 전념한다면, 이 권력에 대한 의지는 그들의 경제적 행위나 다른 부족과의 관계뿐만이 아니라 종교적 관습의 형태로도 표현된다. 한편 문자로 쓰인 오래된 경전을 가지고 있는 문명화된 여러 나라의 교회는 문자 언어를 갖지 못한 부족과는 달리 필연적으로 수백 년 전의 구절을 그대로 보유하고 있다. 그러나 교회는 새로운 기정사실, 즉 속세에서 경제적·정치적 권력이 점점 더 사회적으로 널리 인식되어 간다는 사실에 저촉되는 영역에서는 그들의 권위를 포기했다. 교회의 어구(語句)는 남아 있어도 의미는 달라진 것이다. 종교적 교리와 경제적 관행과 정치는 결코 명료하게 격리된 작은 연못에 갇혀 있는 것이 아니다. 그것은 오히려 있을 것으로 상상되는 그 경계를 넘어서 넘쳐흘러 간다. 그래서 그 물은 서로 섞여 구별조차 못하게 된다. 이것이 시대를 초월한 진리이다.

그러므로 연구자는 그 연구가 경제, 성생활, 종교, 육아 등 여러 가지 사실 속에 분산된 것처럼 보일 정도로 폭넓게 조사하는 편이 좋다. 그럴수록 더한층 연구하는 사회에서 일어나는 일을 제대로 추적할 수가 있는 것이다. 또한 연구자는 생활의 어떠한 영역에서도 가설을 세우며 자료를 채집할 수 있다. 그 효용은 상당히 크다. 게다가 그는 어떤 국민의 여러 가지 요구가 정치, 경제, 도덕 등 온갖 형태로 나타나더라도, 그것을 그들의 사회적 경험 속에서 학습되는 습관이나 사고방식의 표현으로 보는 법을 배우게 된다. 이런 까닭에 이 책은 일본인의 종교나 경제생활, 정치, 가족 등 어느 특정 일면만을 다룬 것이 아니라 일본인의 생활방식에 관한 가정을 검토하는 책이기도 하다. 그래서 어떠한 고찰 대상이든 간에 일본인의 태도를 있는 그대로 기술했다. 요컨대 이 책은 일본을 일본인의 나라답게 만드는 것이 무엇인가를 다룬 책이다.

20세기의 단점 가운데 하나는 우리가 각국의 본질에 관해서 가장 막연하고도 편견에 가득 찬 관념을 품고 있다는 것이다. 일본뿐만이 아니라 미국, 프랑스, 러시아에 대해서도 그렇다. 이 지식의 결핍으로 세계 각국은 서로 오해하고 있다. 이 때문에 구별할 수 없을 만큼 서로 닮은 두 나라 사이에서 불화가 일어나도 우리는 도저히 메울 수 없는 골이 있다고 한탄한다. 또 그와 반대로 어떤 국민이 그 경험 전체와 가치체계에 따라서 우리 의도와는 아주 다른 행동 방침을 마음속에 품고 있을 때에도, 우리는 공통의 목적들에 관하여 언급한다. 우리는 그들의 습관이나 가치관이 어떤 것인가를 적극적으로 알려고 해야 한다. 그런데 그 노력을 하지 않기 때문에 현실을 못 보는 것이다. 실제로는 어떤 행동 방침이 우리에게 낯설다 해도 그게 반드시 나쁘다고 할 수만은 없다.

각 나라는 자기네의 사상과 행동 습관을 이야기한다. 그러나 그 말에 전적으로 의존할 수는 없다. 모든 나라의 문필가들은 그들 자신의 나라를 설명하려고 노력해 왔다. 그러나 결코 쉬운 일은 아니다. 어떤 국민이 현실을 들여다보는 렌즈는 다른 국민이 사용하는 렌즈와는 다르다. 사물을 볼 때 자기 눈을 의식하기란 얼마나 어려운가. 어떤 나라도 자신의 눈을 문제삼지 않는다. 그래서 국민은 초점이 맞춰진 구도라든가 가까운 것을 크게 보여 주는 원근법이 사용되고 있는데도, 자기 눈에 보이는 풍경을 하늘이 주신 것이라고 착각하게 된다. 안경을 쓴 당사자가 렌즈의 도수를 알고 있을 것으로 기대할 수는 없다. 이와 마찬가지로, 국민 스스로가 자신들의 세계관을 분석할 수 있으리라는 헛된 기대는 버려야 한다. 안경에 관해 알고 싶을 때 우리는 교육 받은 안과 의사에게 의뢰하면 어떠한 안경에 대해서도 모두 알게 되리라 기대한다. 사회과학자의 작업이야말로 의심할 바 없이 현대 세계의 여러 나라 국민에 관해 이 안과 의사와 같은 역할을 하리라는 사실을 우리는 언젠가 인정하게 될 것이다.

이 작업을 하기 위해서는 어느 정도의 냉철함과 너그러움이 함께 필요하다. 전자는 국제 친선을 제창하는 사람들이 때로는 비난할 것으로 생각되는 냉철함이다. '하나의 세계'를 주창하는 선량한 사람들은 세계 구석구석의 사람들을 자기네 방식으로 물들이는 데 희망을 걸어 왔다. 그에 따르면 동과 서, 흑인과 백인, 기독교도와 이슬람교도 간의 차이는 모두 피상적인 깃이며, 온 인류가 실제로는 같은 마음을 품고 있다는 것이다. 이 견해는 간혹 사해동포주의(四海同胞主義)라고 불리기도 한다. 그런데 왜 사해동포를 믿는다고 해서, 일본인은 일본인 특유의, 미국인은 미국인 특유의 생활방식대로 살아간다고 말하면 안 된다는 것인가. 이따금 이러한 '하나의 세계'를 주장하는 자들은 마치 같은 원판에서 찍어 낸 사진처럼 서로 매우 흡사한 국민들로 구성된 획일적인 세계가 되어야만 국제 친선이 성립된다고 믿는 것만 같다. 그러나 다른 국민을 존경하는 조건으로서 이러한 획일성을 요구한다는 것은 자기 처자식에게 획일성을 요구하는 것과 마찬가지로 매우 비현실적이다. 냉철한 정신의 소유자들은 차이가 존재한다는 사실을 기꺼이 받아들인다. 그들은 차이를 존중한다. 그들의 목표는 차이가 있더라도 안전이 확보되는 세계, 세계 평화를 위협하지 않고도 미국은 철저히 미국답고, 같은 조건으로 프랑스는 프랑스답고 일본은 일본다울 수 있는 세계인 것이다. 이러한 차이들을 세계 전체에 대한 위협이라고 확신하지 않는 연구자들은, 외부의 간섭으로 이런 세계관의 성숙이 막히는 것은 옳지 않다고 여긴다.

또한 연구자는 차이를 존중한다고 해서 자기가 세계를 현재 상태대로 동결시키는 것에 도움을 주는 것이 아닌가 하고 두려워할 필요는 없다. 문화적 차이를 옹호한다고 해도 세계가 고정되지는 않는다. 엘리자베스 여왕 시대 뒤에 앤 여왕 시대, 빅토리아 여왕 시대가 왔어도 영국은 결코 영국다움을 잃지 않았다. 영국인은 자기를 잃지 않았으므로 세대가 교체돼도 타국과는 다른 기준과 다른 국민적 분위기를 만들어 낼 수 있었기 때문이다.

국민상호간의 차이를 체계적으로 연구하기 위해서는 냉철한 정신과 함께 어느 정도의 관용이 필요하다. 지금까지 실시된 종교의 비교연구는 확고부동한 신념 덕에 다른 사람에게 유달리 관대하였을 때에만 활기를 띠었다. 그들은 예수회 신도나 아라비아인 학자 또는 신앙이 없는 자였을지도 모른다. 그러나 그들이 결코 열광적인 것은 아니었다.

문화의 비교연구에서도, 관용적이지 못하여 고집스럽게 자기 자신의 생활양식을 세계에서 유일한 해결법으로 믿고 그것의 방어에만 급급해 하는 한 도저히 큰 성과를 거둘 수가 없다. 그러한 사람들은 다른 생활양식을 알면 자기 자신의 문화를 더 깊게 사랑할 수 있다는 사실을 전혀 깨닫지 못한다. 그래서 정신을 길러 주는 즐거운 경험으로부터 스스로를 단절시키고 껍질에 틀어박혀 있다. 그들은 너무 수세적이어서 고작해야 다른 국민에게 그들 자신의 특수한 해결법을 채용하라고 요구할 뿐이다. 만일 그들이 미국인이라면 우리는 마음에 드는 신조를 세계 국민에게 채용하도록 강요한다. 그렇지만 여러 국민이 우리의 생활양식을 채용할 수 없음은 뻔한 일이다. 마치 우리가 강요받았다고 해서 하루아침에 십진법 대신 십이진법으로 계산한다든가, 동부 아프리카의 어느 부족처럼 한쪽 다리만으로 서서 쉰다든가 할 수 없는 것과 마찬가지이다.

이 책은 일본에서 당연하거나 또 당연한 것으로 보이는 습관에 관해 기술한다. 일본인은 어떤 경우에 예의를 지키고 또 지키지 않는가. 어떤 경우에 수치나 당혹감을 느끼는가. 자기 자신의 의무로 여기는 것은 무엇인가.

이 책에 기술된 사항을 증명해 줄 권위자는 이른바 서민일 것이다. 즉 평범한 사람이다. 그렇다고 평범한 사람이라면 이런저런 상황을 실제로 체험했을 거란 뜻은 아니다. 다만 평범한 사람이라면 이런저런 상황을 봤을 때 일이 이러저러하게 흘러간다고 인정할 것이란 뜻이다. 이러한 연구의 목표는 사상과 행동의 뿌리 깊은 습관을 기술하는 데에 있다. 설령 이 책이 거기에까지는 미치지 못했다 하더라도 여하튼 그렇게 하는 것을 이상으로 삼고 있다.

이러한 연구에서는 필요한 정보가 곧 포화 상태가 된다. 즉 아무리 많은 자료 제공자가 추가되어도 증언 전체의 신빙성은 더 이상 높아지지 않는 지점에 도달한다. 가령 누가 누구에게 언제 머리를 숙여 절을 하는가 같은 문제는 일본인 전체에 대한 통계적 연구가 전혀 필요 없다. 일본인이 머리를 숙여 절을 하는 공식적 또는 비공식적인 정황은 거의 누구나 보고할 수 있는 정보이다. 그것을 다른 몇몇 보고에서 확인한다면 굳이 백만 명의 일본인으로부터 같은 보고를 얻을 필요는 없다.

일본인이 생활양식의 전제로 삼는 관습이나 판단을 밝혀내려는 연구자는 통계적으로 확인하는 것보다는 훨씬 곤란한 과업을 맡는 셈이다. 그가 해야 하는 커다란 작업은, 이러한 공인된 관습이나 판단이 어떻게 일본인이 현실을 바라보는 렌즈가 되는가를 보고하는 일이다. 그는 그들의 생활양식의 전제가 일본인들이 현실을 바라볼 때의 초점과 원근법에 어떤 영향을 미치는가를 설명해야 한다. 그는 인생을 전혀 다른 초점과 원근법으로 보는 미국인에게 이것을 이해시켜야 한다. 이 분석 작업에서 권위 있는 재판관은 반드시 다나카〔田中〕 씨라는 평범한 일본인에게 한정할 수는 없다. 왜냐하면 다나카 씨는 그의 전제를 말로 나타내어 설명하지 않으며, 미국인을 위해 쓰인 해석은 틀림없이 그가 보기엔 쓸데없는 사항까지 지루하게 적어 넣은 글줄로 여겨질 터이기 때문이다.

미국에서의 사회 연구는 문명국 문화의 밑바탕을 이루는 여러 가지 전제를 탐구하는 일이 별로 없다. 대개의 연구는 이러한 전제를 자명한 것으로 가정한다. 사회학자나 심리학자는 통계 처리를 거친 의견이나 행동의 '분포도'에만 정신이 팔려 있다. 그래서 흔히 통계적 방법만 연구에 이용한다. 그들은 방대한 국세조사 자료, 질문서나 면접 조사에서 얻어진 엄청난 수의 회답, 심리학적 측정 등을 통계적으로 분석한다. 그러고는 거기서 여러 요인의 독립성이나 상호 의존 관계를 끌어낸다. 여론조사 영역에서는, 모집단에서 과학적으로 선택된 표본 인구를 이용하여 전국적인 여론조사를 행하는 유효한 기술이 미국에서 아주 높은 수준에까지 이르고 있다. 이 방법을 쓰면 어떤 공직의 후보자, 또는 어떤 정책의 지지자와 반대자가 각각 얼마인가를 알아낼 수 있다. 지지자와 반대자들을 거주지(도시인가 시골인가), 소득, 지지 당(공화당인가 민주당인가) 등으로 분류할 수도 있다. 보통선거가 행해지며 국민의 대표자를 통해 법률이 기안되고 실시되는 나라에서 이러한 여론조사 결과는 실제적인 중요성을 지닌다.

  미국인은 미국인의 여론을 조사하고 그 결과를 이해할 수 있다. 그러나 그것은 너무나 당연해서 아무도 입 밖에 내지 않는 하나의 준비 단계가 있기 때문에 가능하다. 즉 그들은 미국에서의 생활방식을 알며 거기에 매우 익숙해져 있는 것이다. 요컨대 여론조사 결과는 이미 우리가 아는 사실을 좀더 잘 알게 해 줄 뿐이다. 타국을 이해하려 할 때는, 그 나라 사람들의 습관이나 사고방식에 관해 통계적 연구가 아니라 질적 연구를 체계적으로 행해야 한다. 그래야만 비로소 여론조사를 유효하게 이용할 수가 있게 된다. 신중하게 표본을 만듦으로써 여론조사는 정부를 지지하는 사람과 그렇지 않은 사람이 얼마나 되는가를 밝혀낼 수가 있다. 그러나 그들이 국가에 관해 어떠한 생각을 품고 있는가를 모른다면, 그러한 조사로 대체 무엇을 배울 수 있단 말인가? 그들의 국가관을 헤아릴 때에만 우리는 길거리나 의회에서 여러 당파들이 무엇에 관해 논쟁하는가를 이해할 수 있다. 한 국민이 정부에 대해 품고 있는 전제는, 정당의 의석 수보다도 훨씬 보편적이고 영속적인 중요성이 있다. 미국에서는 공화당도 민주당도, 정부란 필요악이며 개인의 자유를 제한하는 것이라고 여긴다. 물론 전시엔 달랐겠지만, 정부의 관직에 취임하는 것도 민간기업에서 그에 못지 않는 자리에 취임함으로써 얻는 것보다 더 높은 사회적 평가를 얻지는 못한다. 미국의 이런 국가관은 일본인의 견해와는 큰 격차가 있고, 여러 유럽 국민의 견해와도 뚜렷한 차이가 난다. 우리가 무엇보다도 먼저 알아야 할 것은 바로 그들의 국가관이다. 각 나라의 국가관은 그들의 습속, 성공한 사람들에 대한 비평, 자기 나라 역사에 관한 신화, 국경일의 연설 속에 구체적으로 표현되어 있다. 우리는 이러한 간접적 표현에 기초를 두고 국가관을 연구할 수 있는데, 이는 체계적으로 이루어져야 한다.

어떤 국민이든 생활의 기본적인 전제와, 그 국민이 인정하는 좋은 해결법을 보유한다. 우리는 이런 것들을 선거에 즈음하여 인구의 몇 퍼센트가 찬성하고 반대할지 알아낼 때처럼 주의 깊고 상세하게 연구해야 한다. 일본은 그 근본적인 전제를 탐구할 만한 충분한 가치가 있는 나라였다. 그리고 나는 다음 일들을 체험했다. 먼저 내가 의거하는 서양인의 전제가 언제 일본인의 인생관과 합치되지 않는지 알게 되었다. 또한 일본인이 사용하는 범주와 상징에 관해 조금이나마 이해할 수 있었다. 그러면 서양인의 눈에 비친 일본인의 많은 행동적 모순은 이미 모순이 아니라는 점을 발견하게 된다. 아울러 어찌하여 일본인이 어떤 종류의 급격한 행동 전환을 보이는지 알게 되었다. 그것은 일관된 하나의 체계를 유지하는 데 꼭 필요한 것이었다. 나는 그들이 그러는 이유를 드러내어 보일 수 있다. 일본인과 함께 작업할 때 처음에는 그들이 사용하는 어구나 관념들이 이상하게 여겨졌으나, 마침내는 그것이 풍부한 함축과 유서 깊은 감정을 가득 담고 있다는 사실을 깨달았다. 일본에서의 선악은 서양인이 생각하는 것과는 전혀 달랐다. 그 가치체계는 전혀 독특한 것이었다. 그것은 불교적인 것도, 유교적인 것도 아니었다. 그것은 일본적인 것이었다. 거기에 일본의 장점도 단점도 모두 포함되어 있다.

제2장
전시중의 일본인

어떤 문화에든 전통적인 전시(戰時)의 관행이 있다. 그리고 나라마다 다소의 차이는 있지만, 서구의 여러 나라들도 그러한 전시 관행을 공유하고 있다. 이를테면 전쟁에 국민이 전력을 기울이도록 고무하는 일정한 방법, 국지적인 패배를 당했을 때 국민을 위로하는 일정한 형식, 어느 정도 일정한 전사자와 투항자의 비율, 포로가 보이는 일정한 행동 방식 등이 그것이다. 이러한 것들은 서구 여러 나라의 전쟁에서는 처음부터 예측할 수 있다. 왜냐하면 이들 여러 나라는 거대한 문화적 전통을 공유하고 있으며, 그 전통은 전쟁까지 포괄하기 때문이다.

그런데 일본인의 행동은 서구의 전시 관행과 다르다. 이런 차이는 그들의 인생관을 알고, 인간의 의무 전반에 관한 그들의 생각을 아는 자료가 되었다. 이 연구의 목적은 일본인의 문화와 행동을 체계적으로 연구하는 데에 있었기 때문에, 우리의 관행에서 벗어나는 그들의 일탈 행위가 군사적 의미에서 중대한가 중대하지 않은가는 문제가 되지 않았다. 그런 차이는 우리가 답을 얻으려는 일본인의 성격에 관한 문제를 제기해 주기 때문에 중요한 자료가 되었다.

일본이 이번 전쟁을 정당화하기 위하여 내세운 전제 자체가 미국과는 정반대였다. 미국과 일본은 국제 정세를 다른 방법으로 해석했다. 미국은 추축국(樞軸國)의 침략 행위가 전쟁의 원인이라고 보았다. 일본, 이탈리아, 독일이 다른 나라를 정복함으로써 국제 평화를 침해하지 않았는가. 이는 부당한 행위이다. 추축국이 권력을 쥔 곳이 만주국이든 에티오피아든 폴란드든, 그것은 그들이 약소국을 억압하는 사악한 길로 나아갔음을 증명한다. 그들은 타국을 침략하지 않는다는 국제적인 약속을 어겼다. 적어도 제삼국의 자유 기업을 위한 '문호 개방'이라는 국제 규약에 등을 돌린 것이다.

반면 일본은 전쟁의 의의를 이와는 다른 시각에서 보았다. 각국이 절대적 주권을 가지고 있는 한 세계의 무질서는 해소되지 않는다. 일본은 국제적인 계층 제도(hierarchy)를 수립하기 위해 싸워야만 한다. 이 계급의 지도자는 물론 일본인이다. 왜냐하면 일본은 위로부터 아래까지 계층적으로 조직된 유일한 나라이므로, '저마다의 알맞은 위치'에 있어야 할 필요성을 가장 잘 이해하기 때문이다. 일본은 국내의 통일과 평화를 달성하였다. 폭도를 진압하였으며 도로, 발전소, 제철소를 건설하였다. 또 공식 통계에 따르면 청소년의 99.5퍼센트가 공립 학교에서 교육을 받기에 이르렀다. 그러므로 이제는 계층 제도에 대한 일본인의 사고방식에 따라서 뒤처진 동생인 중국을 끌어올려야 한다는 것이다. 일본은 대동아(大東亞) 여러 나라와 동일한 인종이므로 이 지역에서 먼저 미국을, 다음엔 영국과 소련을 몰아내서 '저마다의 알맞은 위치'를 차지하도록 해야 한다. 그런 식으로 세계 모든 나라는 국제적 계층 조직 속에 제각기 일정한 위치를 얻어 하나의 세계로 통일되어야 하는 것이다.

우리는 다음 장에서 이와 같이 계층 제도에 높은 가치를 두는 사고방식이 일본 문화에 무엇을 가져왔는지 검토하게 될 것이다. 요컨대 그것은 일본이 만들어 내기에 알맞은 하나의 환상이었다. 일본으로선 안타깝게도 일본 점령하에 있었던 나라들은 대동아라는 환상을 일본과 같은 눈으로 보지 않았다. 그럼에도 불구하고 패전한 뒤에도 일본은 대동아공영권의 이상을 심리적으로는 버리지 못했다. 또 일본인 포로 중에 무분별한 애국주의의 색채가 가장 희박한 자들까지도, 대륙과 서남 태평양에서 일본이 추구했던 목적을 굳이 규탄하려 하지는 않았다. 아마도 일본인의 기본 신념은 앞으로도 오랫동안 변치 않을 것이다. 그리고 이러한 신념 중에서 가장 중요한 것이 계층 제도에 대한 신앙이다. 그것은 평등을 사랑하는 미국인으로서는 받아들일 수 없는 것이다. 그럼에도 우리는 일본이 말하는 계층 제도가 무엇을 의미하는가, 또 그들이 그 제도에 어떠한 장점이 있다고 여기는가를 이해해야 한다.

일본은 태평양 전쟁에서 승리할 수 있다고 믿었다. 그런데 그 근거는 일반적으로 미국에서 생각하는 것과는 달랐다. 일본은 정신이 반드시 물질을 이긴다고 부르짖었다. 물론 미국은 대국이며 군비도 우수하다. 그렇지만 그게 무슨 상관인가. 그들은 그러한 것은 모두 처음부터 예상했으며 아예 문제삼지 않았다. 이 무렵 일본의 유력한 일간지〈마이니치〔每日〕신문〉은 다음과 같은 기사를 실었다.

"만일 우리가 산술적인 숫자를 두려워했다면 전쟁을 일으키지도 않았을 것이다. 적의 풍부한 자원이 이번 전쟁으로 처음 만들어진 것은 아니다."

일본이 이기고 있을 때도 일본의 정치가와 대본영(大本營), 그리고 군인들은 이런 말을 되풀이했다. 이 전쟁은 군비의 싸움이 아니라 미국인의 물질 숭배와 일본인의 정신력 신앙과의 싸움이라고. 또한 미국이 이기고 있을 때에도 그들은 이러한 전쟁에서는 반드시 물질력이 지게 마련이라고 거듭 강조하였다. 이 신조는 일본이 사이판이나 이오지마〔硫黃島〕에서 패배했을 때 확실히 좋은 변명이 되었다. 그러나 그것이 패배의 변명으로서 날조된 것은 결코 아니다. 그것은 일본군이 연전연승을 자랑하던 수개월 간에 걸쳐 늘 진군나팔의 구실을 했으며, 진주만 공격보다 훨씬 이전에 이미 공인된 표어였다. 1930년대에 광신적 군국주의자이며 한때 육군장관이었던 아라키〔荒木〕대장은〈전 일본 국민에게 고한다〉라는 소책자에서 다음과 같이 말했다.

"일본의 참된 사명은 황도(皇道)를 사해(四海)에 널리 퍼뜨리고 더욱 드높이는 데에 있다. 힘의 부족은 우리가 개의할 바가 아니다. 무엇 때문에 우리가 물질적인 것에 마음 쓸 필요가 있는가?"

물론 일본에도 고충은 있었다. 그들도 전쟁 준비를 하는 여느 나라처럼 군비를 갖추느라 고생했다. 1930년대를 통해 일본 국민소득에서 군비로 충당된 비율은 천문학적으로 증가하였다. 진주만 공격 당시에는 국민소득의 절반 가량이 육군과 해군을 위해 지출되었다. 군사 이외의 일반 행정에 관한 경비는 정부 총지출 중 겨우 17퍼센트 정도였다. 일본과 서구 여러 나라는 분명 군비에 대한 인식이 달랐다. 그렇다고 일본이 물질적 군비에 무관심했다는 뜻은 아니다. 그들에게 군함이나 총포는 바로 불멸의 일본 정신의 표현이었다. 사무라이의 칼이 용기의 상징이었듯이 그것들도 하나의 상징이었다.

미국이 시종일관 물적인 자원 증대에 전력을 기울인 것처럼 일본은 정신적인 자원의 중요성을 한결같이 강조하였다. 일본도 미국처럼 국가총동원으로 생산 증강 운동을 일으켜야 했지만, 그 운동은 일본의 독특한 전제 위에서 이루어졌다. 그들의 생각에 따르면 정신은 모든 것의 원천이며 영원불멸한 것이다. 물질도 물론 필요하지만 그것은 이차적일 뿐이고 영속하지도 않는다는 것이다. 일본의 라디오는 자주 "물적 자원에는 한도가 있다. 물질은 천 년도 가지 못한다. 이는 자명한 이치이다"라고 외쳤다. 그리고 이 정신주의는 군인의 마음가짐 속에서 문자 그대로 해석되었다. 예컨대 그들의 군대용 교범에는 다음과 같은 강령이 나온다. "적의 병력에는 훈련으로 맞서며, 적의 강철에는 육탄으로 대항한다." 이 표어는 이번 전쟁을 위해 급조한 것이 아니라 전통적인 것이다. 그들의 작전 지침서 첫머리는 큰 활자로 인쇄된 '필독 필승'이라는 문구로부터 시작되었다. 소형 비행기로 미군 군함에 부딪쳐 자폭하는 조종사들은 물질에 대한 정신의 승리를 보여 주는 귀감이 되었다. 이 조종사들을 가미카제(神風) 특공대라 불렀는데, 가미카제란 13세기에 칭기즈칸이 일본을 침략했을 때 그 배들을 전복케 하여 일본을 구한 성스러운 바람을 가리킨다.

일본 당국은 민생에서도 정신이 물질적 환경을 다스린다고 문자 그대로 해석하였다. 예를 들어 국민은 공장에서의 12시간 노동과 야간 공습으로 몹시 지쳐 있었다. 그런데도 그들은 "우리 몸이 고통스러울수록 더욱더 우리의 의지, 우리의 정신은 드높아져서 육체를 능가한다", "우리가 녹초가 되면 될수록 좋은 훈련이 된다"고 말했다. 또 겨울이면 사람들은 온기도 없는 방공호 속에서 떨었다. 그러면 라디오에서는 대일본체육회가 방한 체조를 하라고 명령하였다. 대일본체육회의 말에 따르면 이 체조는 난방 시설이나 이불 대용이 될 뿐만 아니라, 나아가서는 훌륭하게도 부족한 식량을 대신해서 이 국민의 체력을 정상적으로 유지해 줄 에너지원이 되는 것이다. "지금과 같이 식량이 부족한 때 체조가 다 뭐냐고 말할 사람도 물론 있으리라. 그러나 결코 그렇지 않다. 식량이 부족할수록 우리는 우리 체력을 다른 방법으로 향상시켜야 한다." 즉, 체력을 더욱더 소비함으로써 그것을 증대해야 한다는 논리이다. 미국인이 체력을 보는 관점은 이와 다르다. 미국인은 쓸 수 있는 체력이 얼마나 남았는지 열심히 계산한다. 그때 쓰이는 기준은 그 전날 8시간 잤는가 5시간 잤는가, 제대로 식사를 했는가 하지 못했는가, 추웠는가 안 추웠는가 등등이다. 그러나 일본인은 정반대로 체력 비축을 전혀 염두에 두지 않는다. 그것은 물질주의적인 방법이라고 생각하기 때문이다.

전쟁 중에 일본의 라디오 방송은 더욱 극단적인 정신론까지 외쳤다. '전투에서 정신은 죽음이라는 자연적인 사실조차도 극복할 수 있다'고 말한 것이다. 어떤 방송프로에서는 한 영웅적인 조종사와 그가 죽음을 극복한 기적을 다음과 같이 보도하였다.

공중전이 끝난 뒤 일본 비행기는 서너 대씩 작은 편대로 나뉘어 차례차례 기지로 돌아왔다. 맨 처음 귀환한 편대 가운데 한 대에 어느 대위가 타고 있었다. 지상에 내린 이 대위는 그대로 서서 쌍안경으로 하늘을 쳐다보고 있었다. 부하가 돌아오는 모습을 하나하나 헤아리는 것이다. 약간 안색이 창백했지만 그 태도엔 전혀 흔들림이 없었다. 그는 마지막 비행기가 돌아오자 바로 보고서를 작성하여 사령부로 가서 사령관에게 보고하였다. 그런데 보고를 마치자마자 돌연 무너지듯 땅에 쓰러졌다. 그 자리에 있던 사관들이 급히 달려와서 그를 부축해 일으키려 했지만, 그때 이미 대위는 숨이 끊어져 있었다. 몸을 만져 보니 차디찼다. 가슴에 치명적인 총상이 있었다. 숨이 금방 넘어간 신체가 차디찰 리 있을까. 그럼에도 대위의 시체는 얼음장 같았으니, 그는 한참 전에 죽었음에 틀림없다. 사령관에게 보고를 한 것은 대위의 혼이었던 것이다. 이러한 기적적인 사건을 일으킨 것은 분명 전사한 대위의 그 투철한 책임감이리라.

물론 미국인이 본다면 이것은 황당무계한 이야기일 따름이다. 그렇지만 교양 있는 일본인들은 이 보도를 그냥 웃어넘기지 않았다. 그들은 일본의 청취자들이 결코 이 보도를 지어낸 얘기라고 생각하지는 않으리라 확신하고 있었다. 첫째로 그들이 지적한 점은, 아나운서가 말한 그대로 이 대위의 영웅적 행위가 그야말로 '기적적인 사실'이라는 것이었다. 그런 기적이 일어난들 무엇이 놀라운가? 영혼은 단련할 수 있다. 이 대위는 분명히 수양을 쌓은 대가였다. 만일 일본인 전부가 믿고 있듯이 "달관한 영혼은 천고불후하다"고 본다면, "책임을 완수한다"를 그 인생의 지상명령으로 삼아 온 이 대위의 죽은 육체 속에 영혼이 몇 시간 더 머무는 것쯤이야 얼마든지 가능한 일 아니겠는가? 일본인은 사람이란 고도의 수행을 쌓음으로써 그 정신을 높고 숭고하게 만들 수 있다고 믿는다. 이 대위는 그 수행법으로 효과를 거두었던 것이다.

우리 미국인은 이러한 일본인의 지나친 정신주의를 가난한 국민의 핑계 또는 속아 넘어간 국민의 유치한 망상이라고 완전히 무시할 수도 있다. 하지만 만약 그러한 자세로 대한다면, 그 결과로서 전시나 평상시에 우리가 일본인을 접하는 태도는 그만큼 형편없어질 것이다. 그들의 신조는 하나의 자기 규제가 꾸준히 이루어지고 또 특정 방식에 따라 훈육되고 단련됨으로써 일본인의 마음속에 심어져 정착된 것으로, 단순히 고립되고 기이한 습관이 모인 것이 아니다. 미국인은 일본인의 그러한 신조를 인정했을 때 비로소 일본인이 패전에 임해서 했던 말, 즉 "정신력이 미국에 비해 부족했다", "죽창만 가지고 진지를 방어한다는 것은 환상이었다" 등을 올바르게 납득할 수 있다. 이는 일본인들이 인정한 사실이다. 그런데 이보다 더욱 중요한 것은, 일본인이 그들의 정신력 부족 때문에 전장에서도 공장에서도 미국인의 정신력에 졌다고 인정하는 것을 이해하는 일이다. 패전 후 그들이 말한 바에 따르면, 그들은 전쟁 중에 "정신력으로 우리가 미국에게 질 리 없다"는 착각에 사로잡혀 있었다는 것이다.

계층 제도의 필요성이나 정신력의 우월에 관해서만이 아니라, 그들은 전쟁 중에 모든 종류의 일에 관해 일본인다운 발언을 했다. 이런 말들은 비교문화 연구자들을 깜짝 놀라게 했다. 그들은 끊임없이 안심감이나 사기란 요컨대 각오의 문제에 불과하다고 말했다. 민간인에 대한 폭격이든 사이판의 패배든 필리핀 방어의 실패든, 어떤 재앙이 일어나도 그들은 국민에게 이것은 미리 예견했던 일이니 조금도 걱정할 필요가 없다고 말했다. 너희들은 무엇이든 잘 아는 세계 속에 여전히 산다고 말함으로써 민심을 안정시킬 수 있으리라 믿었기 때문에, 라디오는 이런 극단적인 방송을 하였다.

"키스카(Kiska) 섬이 미군에 점령됨으로써 일본은 미군 폭격기의 행동 반경 내에 들어갔다. 그러나 이렇게 될 줄은 전부터 충분히 알고 있었다. 우리는 대비가 되어 있다."

"적은 반드시 육·해·공군의 연합 작전으로 우리를 공격해 올 것이다. 그러나 이는 이미 우리의 계획 속에 예정되어 있던 것이다."

승산이 없는 전쟁에서 일본이 빨리 항복하기를 바라던 포로들조차도, "본토 공습으로 일본인의 사기를 떨어뜨리기란 불가능하다. 왜냐하면 그들은 이미 각오하고 있기 때문이다"라고 확신했다. 미군이 일본의 도시를 공습하기 시작할 무렵, 항공기공업협회 부회장은 라디오 방송을 통해 다음과 같이 말하였다.

"드디어 적기(敵機)가 문자그대로 우리의 머리 위로 날아오고 말았습니다. 그렇지만 우리 항공기 생산에 종사하는 사람들은 그러한 사태가 오리라는 것을 예기하고, 거기에 대처하는 만반의 준비를 해 왔습니다. 따라서 아무런 염려도 없습니다."

모든 것이 예기되고 충분히 계획된 일들이다. 이런 전제가 있었기에 일본인은, 일체의 사태는 이쪽에서 적극적으로 의도한 것이며 우리는 결코 수동적으로 당하고 있지 않다는, 그들에겐 필수적인 주장을 펼쳐 나갈 수가 있었던 것이다.

"우리가 수세에 몰렸다고 생각해서는 안 된다. 적극적으로 적을 우리 영역으로 끌어들였다고 생각해야 한다."

"적이여, 올 테면 오라. 우리는 '드디어 올 것이 왔다'고 말하는 대신, 정확하게는 오히려 '기다리고 기다렸던 호기가 왔으니 참 잘되었다'고 해야 한다."

해군장관은 의회에서 사이고 다카모리(西鄕隆盛)의 유훈(遺訓)을 다음과 같이 인용했다.

"기회에는 두 가지가 있다. 하나는 우연히 부딪치는 것이며, 다른 하나는 우리가 만들어 내는 것이다. 매우 어려운 시기에는 반드시 스스로 기회를 만들어 내야 한다."

또 라디오는 이런 보도를 했다. "미군이 마닐라 시에 진격했을 때 야마시타(山下) 장군은 빙그레 웃으며, '적은 지금 우리 품속으로 뛰어들었다'고 말하였다. 적이 링가옌 만에 상륙한 후 마닐라는 순식간에 함락되었다. 왜 이런 일이 일어났는가. 이는 바로 야마시타 장군의 전술의 결과이며 장군의 계획대로 된 것이다. 야마시타 장군의 작전은 목하 계속 진행 중이다." 다시 말해서, 지면 질수록 일이 잘되어 간다는 식이다.

미국인도 일본인 못지않게 극단으로 치달았다. 그러나 그 방향은 정반대였다. 미국인은 무엇보다도 이 싸움을 일본이 걸어왔다는 이유로 전쟁에 몸을 던졌다. 우리는 공격당했다, 따라서 적에게 본때를 보여 주어야 한다는 것이다. 미국 정부의 대변인은 어떻게 해야 미국인들을 안심시킬 수 있을지고심했다. 그러나 그는 진주만이나 바타안(Bataan) 반도에서의 패배를, "이것은 우리 계획 속에 충분히 고려된 것이었다"라고는 결코 말하지 않았다. 그 대신 우리 정부는 이렇게 말했다. "적은 불 속에 멋대로 뛰어든 부나방이다. 우리는 그들에게 우리의 힘을 보여 줄 것이다." 미국인은 끊임없이 도전해 오는 세계에 맞게 생활양식을 조정한다. 그리고 그런 도전을 받아들일 각오가 되어 있다. 반면 일본인은 미리 계획되고 진로가 정해진 생활양식에서만 안심을 얻을 수 있으며, 예견하지 못한 일에는 심각한 위협을 느낀다.

일본인이 전쟁을 수행하면서 끊임없이 되풀이한 또 하나의 주제도 일본인의 사고방식을 잘 말해 준다. 그들이 시종 입에 올린 문구는, "세계의 눈이 우리를 주시하고 있다"는 것이다. 그래서 일본인은 일본 정신을 완전히 발휘해야 한다. 미군이 과달카날(Guadalcanal) 섬에 상륙했을 때 일본 부대에 하달된 명령은, "지금 우리에겐 '세계'의 눈이 집중되어 있다. 따라서 유감없이 실력을 발휘해야 한다"는 것이었다. 일본 해군 장병들은, 어뢰 공격을 당해 배에서 탈출하라는 명령이 내려졌을 때에는 되도록 의젓하게 구명정에 옮겨 타라는 훈계를 받았다. 그렇지 않으면 "세계 사람들의 웃음거리가 된다. 미국인이 그 추태를 영화로 찍어 뉴욕에서 상영할 테니까"라는 것이다. 일본인은 세계의 눈에 비칠 그들의 자화상을 몹시 중요하게 여겼다. 이 점에 관한 그들의 관심이 또한 일본 문화에 깊이 뿌리 내린 요소였다.

일본인의 태도는 수수께끼로 가득 차 있다. 그중 가장 유명한 수수께끼는 천황 폐하에 대한 그들의 태도이다. 천황은 일본 국민에게 대체 어느 정도의 지배력을 행사하는 것일까? 미국의 몇몇 권위 있는 학자들은 다음과 같이 지적했다.

"천황은 일본의 봉건 시대 700년 기간을 통해 그림자와 같은 존재, 단지 이름뿐인 국가 원수에 불과했다. 각자가 직접 충절을 바치는 상대는 그의 영주(領主), 즉 다이묘(大名)였고, 그 위로는 군사상의 대원수인 쇼군(將軍)이 있었다. 따라서 천황에 대한 충성은 거의 문제가 되지 않았다. 천황은 속세와 멀리 떨어진 궁정에 유폐되어 있었고, 궁정의 의식이나 행사는 쇼군이 정한 규정에 따라 엄격히 제한됐다. 아무리 신분이 높은 다이묘라 할지라도 천황에게 경의를 표하는 것은 쇼군에 대한 반역으로 간주되었다. 일본의 일반 민중에게 천황은 존재하지 않는 것과 다름없었다."

이처럼 일본을 분석한 미국 학자들의 주장은 다음과 같다.
"일본을 이해하기 위해서는 그 역사를 알아야 한다. 현재 아직 살아 있는 사람들의 기억에 남아 있을 정도로 가까운 시대에, 가까스로 음지에서 양지로 나온 천황이 어떻게 일본 같은 보수적인 국민의 참된 구심점이 될 수 있었단 말인가? 일본의 평론가들은 국민에 대한 천황의 지배력은 불멸이라고 되풀이해서 말하지만, 그것은 과장된 말에 불과하다. 그들이 그토록 힘주어 주장한다는 사실 자체가 근거의 빈약성을 드러낸다. 따라서 미국의 전시 정책에 있어서 천황을 미온적으로 처리할 필요는 전혀 없다. 차라리 일본이 최근에 이르러 조작해 낸 사악한 개념인 천황 제도에 맹렬한 공격을 퍼부어야 할 것이다. 이에는 확실한 이유가 있다. 천황 제도야말로 현대 일본의 국가 신토〔神道〕의 심장이기 때문이다. 그러므로 만약 우리가 천황의 신성함에 도전해 그것을 파괴해버린다면, 적국 일본의 모든 기구는 붕괴되고 말 것이다."

그러나 일본을 알고 전선에서 나온 보도나 일본에서 온 사람들의 이야기를 접한 많은 현명한 미국인들은 이와 반대의 의견을 내놓았다. 한때 일본에서 살았던 사람들은 천황에 대한 모욕적인 말이나 공공연한 공격만큼 일본인의 분노와 전의를 불러일으키는 것은 없다는 사실을 잘 안다. 이러한 사람들은 우리가 천황을 공격할 때, 일본인은 결코 군국주의가 공격당한다고는 생각하지 않으리라고 예상했다. 그들은 눈으로 보아 알고 있었다. 제1차 세계대전 뒤 '일본식 민주주의'가 위대한 표어였던 시대, 군인이 도쿄 시내로 외출할 때는 평복으로 갈아입을 정도로 군국주의가 인기 없던 시대에조차, 천황에 대한 숭배는 여전히 열렬했다는 것을. 일본에서 오래 살았던 사람들의 주장에 따르자면, 일본인의 천황 숭배를 히틀러 숭배—나치스 당의 성쇠를 점치는 척도이며 전체주의적 계획의 모든 악과 결부된—와 똑같이 논할 수는 없다.

일본인 포로의 증언은 이러한 사람들의 주장을 뒷받침해 주었다. 서구의 병사들과는 달리 일본의 포로들은 잡혔을 때 무엇을 말하고 무엇에는 침묵해야 할지 교육을 받지 않았다. 그래서 여러 주제에 관한 그들의 반응은 거의 통제되지 않은 것이었다. 그들이 사전 교육을 받지 않은 것은 일본의 철저한 무항복주의 정책에서 비롯되었다. 그런 방침은 종전 직전의 수개월에 이르기까지 고쳐지지 않았고, 그나마 수정된 것도 특수한 군대나 국지적 부대에만 한정되었다. 포로의 증언은 일본군 전체 의견의 축소판이란 점에서 가치가 있었다. 그들은 결코 전의가 부족해서 항복한 병사는 아니었다. 따라서 특이한 장병일 가능성은 낮았다. 극소수를 제외한 병사들 전부가 저항할 수 없을 정도로 부상당해 정신을 잃은 상태에서 포로가 됐다.

죽을 각오로 싸웠던 일본 포로들은 그 극단적인 군국주의의 원천을 천황에 두었다. 포로가 되기 전까지 그들은 '천황의 뜻을 실천하고', '천황의 마음을 편안케 하고', '천황의 명령에 따라 목숨을 바쳐' 왔다. "천황 폐하께서 국민을 전쟁으로 이끌어 가셨다. 따라서 그것에 따르는 것이 나의 의무다." 이것이 포로들의 말이었다.

그런데 이번 전쟁에 반대했거나 향후 일본의 정복 계획을 부정했던 사람들도 역시 한결같이 그런 반전론의 출처가 천황이라고 말하였다. 모든 사람이 천황을 경애했다. 전쟁에 지친 자들은 천황을 가리켜 '평화를 애호하시는 폐하'라 했고, "폐하는 본디 온건하셔서 전쟁에 반대하셨다"고 주장하였다. "폐하는 도조 히데키〔東條英機〕에게 속으셨다." "만주사변 때 폐하는 군부에 반대 의향을 표명하셨다." "전쟁은 폐하가 모르시는 사이에 그분의 허가도 없이 시작되었다. 폐하는 전쟁을 좋아하지 않으시며, 따라서 국민이 전쟁에 휩쓸리는 것을 허락하셨을 리 없다. 폐하는 병사들이 얼마나 심한 학대를 받고 있는가를 모르신다." 이러한 진술은 독일 포로들이 한 진술과는 전혀 달랐다. 물론 독일 포로들도 휘하의 장군들이나 최고 사령부가 히틀러를 배신한 것에 대해서 큰 불만을 표시하기는 했다. 하지만 그럼에도 불구하고 전쟁과 전쟁 준비의 책임은 선동자인 히틀러가 져야 한다고 말하였다. 반면 일본 포로들은, 황실을 받드는 숭배는 군국주의나 침략 전쟁 정책과는 분리되어 있다고 단언하였다.

그런데 그들에게 천황과 일본은 불가분의 관계였다. "천황이 없는 일본이란 진정한 일본이 아니다." "천황이 없는 일본이란 상상조차 할 수 없다." "천황은 일본 국민의 상징이며, 국민의 경건한 생활의 중심이다. 천황은 종교를 초월한 존재이다." 설령 일본이 전쟁에 패한다 하더라도 패전의 책임은 천황에게 없다는 생각이 지배적이었다. "국민은 천황이 전쟁 책임을 져야 한다고는 생각하지 않는다." "만일 패전하더라도 책임은 천황이 아니라 내각과 군 지휘관이 져야 한다." "설령 일본이 지더라도 일본인은 누구나 다 천황을 계속 숭배할 것이다."

이처럼 일본 국민은 한결같이 천황을 비판할 수 없는 존재로 여겼다. 이는 인간이면 누구나 회의적인 조사와 비판의 대상이 된다고 생각하는 미국인에게는 이해하기 어려운 현상이었다. 패전한 경우에조차 위와 같이 천황을 비판하지 않는 것이 일본의 목소리였음은 의문의 여지가 없다. 포로 심문 경험이 많은 사람들은 조서에 일일이 '천황 비판을 거부함'이라는 말을 기입할 필요가 없다는 것이 그들의 의견이라고 하였다. 이유인즉 포로는 단 한 사람도 예외 없이 천황 비판을 거부했기 때문이다. 심지어 연합군에 협력하고 미국을 위해 대일본 방송을 맡은 자들까지도 역시 같은 생각이었다.

수집된 엄청난 양의 포로 진술서 중 반(反)천황적이라 볼 수 있는 진술서는 단 세 통뿐이었다. 더구나 그나마도 온건한 편이었다. 그 세 통 가운데 "천황을 폐위하지 않는 것은 잘못이다"라고 과감하게 말한 것은 단 한 통뿐이었다. 두 번째 진술서는 "천황은 의지가 약한 분이며 꼭두각시에 불과할 뿐"이라는 진술이었다. 세 번째 진술서는 "천황은 황태자에게 그 자리를 물려줄지도 모른다. 그리고 만일 군주제가 폐지된다면 일본의 젊은 여성들은 그들의 선망의 대상인 미국 여성들과 같은 자유를 얻고자 할 거다"라고 추측하는 정도에 머물렀다.

그러므로 일본의 지휘관들은 온갖 상황에서 일본인 거의 전부가 가슴속에 품은 천황 숭배 정신을 부채질하여, 부하 장병에게 '천황이 하사한 담배'를 나누어 주기도 하고, 천장절(天長節)엔 부하들을 지휘하여 동쪽을 향해 세 번 절하고 '반자이[萬歲]'를 부르게 하기도 했던 것이다. 또 그들은 '부대가 밤낮으로 끊임없이 폭격을 받을 때에도' 태연하게 천황이 몸소 내려 주신 군인칙유(軍人勅諭)의 '귀하신 말씀'을 아침저녁으로 전대원과 함께 큰소리로 외워, '그 소리가 숲에 메아리쳤던' 것이다. 군부는 모든 수단을 동원해서 천황에 대한 충성심을 호소하고 그것을 이용하였다. 그들은 부하 장병에게 호소했다. "폐하의 뜻에 맞도록, 폐하의 근심을 없애라." "폐하의 인자하심에 대한 그대들의 존경심을 표시해라." "폐하께 목숨을 바쳐라."

그러나 천황의 뜻에 순종하라는 가르침은 양날의 칼이었다. 많은 포로들은 다음과 같이 말했다. "일본인은 천황의 명령이라면, 죽창 한 자루만 들고도 주저 없이 싸울 것이다. 그렇지만 만약 천황이 그만두라고 명령한다면, 즉각 싸움을 멈출 것이다." "만약 천황이 그렇게 명령한다면, 일본은 내일이라도 항복할 것이다." "가장 호전적인 만주의 관동군도 무기를 버릴 것이다." "천황의 말씀이 있어야만 비로소 일본 국민은 패전을 인정하고, 재건을 위해 살아야겠다는 마음을 먹을 것이다."

천황에 대한 이러한 무조건이나 무제한의 충성은, 천황 이외의 다른 모든 인물과 집단에게는 여러 가지 비판이 가해진다는 사실과 현저한 대조를 이룬다. 일본의 정부나 군 지도자는 신문이나 잡지, 포로의 증언 등 여러 군데에서 비판을 받았다. 포로들은 그들의 현지 사령관, 그중에서도 부하 병사들과 위험이나 고난을 함께하지 않은 자들을 사정없이 매도하였다. 그들은 특히 휘하 부대에게 최후까지 싸우도록 지시해 놓고 그 자신은 비행기로 도망친 지휘관을 비난하였다. 그들은 보통 어떤 사관은 비난하고 또 어떤 사관은 칭찬하였다. 그들이 일본에 관한 일에 대해서 선과 악을 구별하는 의지가 부족하다는 증거란 전혀 없었다. 일본 국내에서도 신문이나 잡지는 '정부'를 비난하였다. 그들은 정부에게 더 강한 지도력과 더 빈틈없는 전쟁 수행 노력의 조정을 요구하였고, 정부가 필요한 일을 제대로 하지 못한다고 지적하였다.

그들은 언론의 자유에 대한 제한을 비난하기조차 하였다. 1944년 7월 도쿄의 어느 신문에 게재된 신문 편집자들과 전(前) 국회의원들, 일본의 전체주의적 정당 대정익찬회(大政翼贊會) 간부들의 좌담회 기사는 그 좋은 예이다. 좌담회에 참석한 어떤 사람은 이렇게 말하였다.

"일본 국민의 전의를 북돋우려면 여러 가지 방법이 있겠지만, 그중 가장 중요한 방법은 언론의 자유입니다. 최근 수년 동안 국민은 자기 생각을 정직하게 말할 수가 없었습니다. 그들은 함부로 말했다가는 불이익을 당하지 잃을까 겁을 집어먹고 있습니다. 그들은 주뼛주뼛하며 적당히 얼버무리려 할 따름입니다. 따라서 민심은 참으로 위축되고 말았습니다. 이런 상태에서는 국민이 총력을 발휘할 수 없습니다."

다른 출석자가 그 말을 부연했다.

"나는 선거구민들과 거의 매일 밤 좌담을 되풀이하여 여러 화제에 대해 그들의 의견을 들으려 했지만, 그들은 두려워하면서 입을 열지 않았습니다. 언론의 자유가 없기 때문입니다. 이것은 분명히 전의를 북돋는 바른 방법이 아닙니다. 국민은 이른바 전시형사특별법과 치안유지법에 완전히 구속되어 있어서, 마치 봉건 시대의 국민처럼 겁쟁이가 되어 버렸습니다. 따라서 당연히 발휘되어야 할 전력이 지금도 발휘되지 못하고 있는 겁니다."

요컨대 일본인은 전시에 정부나 대본영 또는 직속 상관에게 비판을 가한 것이다. 그들은 계층 전체의 우월성을 무조건 승인하지는 않았다. 단지 천황만은 비판을 면하였다. 특히 천황의 일본 최고 지위는 최근에 형성된 것임에도, 어째서 이런 일이 일어났는가? 천황이 신성불가침의 지위를 얻을 수 있었던 것은 일본인의 어떤 특이한 성격 때문일까? 천황이 명령하는 한 일본인은 '죽창을 들고' 죽을 때까지 싸우겠지만, 그와 마찬가지로 천황의 칙명이라면 그들은 조용히 패전과 점령을 감수할 수 있으리라고 일본인 포로들은 말한다. 이 주장은 과연 사실일까? 우리를 속이기 위한 말은 아니었을까? 아니, 어쩌면 진실일까?

정신주의에서부터 천황 숭배에 이르는 일본인의 자세에 대해서는 중대한 의문이 생긴다. 이 중요한 문제는 전선에서뿐만 아니라 본토에서도 볼 수 있는 현상이었다. 그런데 그 밖에도 일본군에게서 강하게 나타나는 몇 가지 태도가 있었다. 그 하나는 병력 소모의 한계에 대한 일본군의 태도였다. 이와 관련해서 일본의 라디오는, 미 해군이 타이완 앞바다에서 기동부대를 지휘한 존 매케인(John S. Mccain) 제독에게 훈장을 수여한 것을 매우 의외로 생각하여 다음과 같이 보도했는데, 이는 미국과 그들과의 큰 태도 차이를 잘 보여 준다.

　존 매케인 사령관이 훈장을 받은 공식적인 이유는 그가 일본군을 격퇴하였다는 것이 아니었다. 왜 그것을 이유로 삼지 않았는지 이해할 수 없다. 니미츠 성명에 따르면 일본군을 격퇴했다고 하지 않았는가. (중략) 매케인 제독이 훈장을 받은 이유는, 그가 두 척의 손상된 미국 군함을 잘 구조하고 호송하여 무사히 모항(母港)까지 끌고 왔기 때문이었다. 이 보도의 중요성은 그것이 조작된 말이 아니라 사실이라는 점이다. (중략) 우리는 매케인 제독이 군함 두 척을 구조한 사실을 의심하는 것이 아니다. 우리 국민 모두가 알아 두어야 할 점은, 미국에서는 파괴된 배를 구조하면 훈장이 주어진다는 기묘한 사실이다.

미국인은 어떤 구조 활동에서든지 궁지에 몰린 사람들을 구출하고 돕는 행위가 이루어지면 감동한다. 용감한 행동은, 만일 그것이 '부상당한' 사람을 구하는 것이라면 한층 더 영웅적인 행위가 된다. 그런데 일본인의 용기는 그러한 구조 활동을 인정하지 않는다. 우리의 B-29 폭격기나 전투기에 비치된 구명 도구조차도 일본인들로부터 비겁하다는 비판을 받았다. 신문도 잡지도 라디오도 되풀이하여 이 사실을 화제에 올렸다. 죽느냐 사느냐의 위험을 태연히 감수하는 것이 훌륭한 태도이지, 위험 예방책을 취하는 것은 비열한 짓이다. 일본인의 이러한 태도는 부상병이나 말라리아 환자를 대할 때도 나타났다. 그러한 군인은 말하자면 망가진 폐물이었다. 의료 시설은 극도로 불충분해서, 심지어 적당한 전투력 유지조차 불가능할 정도였다. 시간이 지남에 따라 모든 분야의 보급난이 발생해 의료 설비의 부족은 더더욱 심각해졌다. 그러나 그뿐만이 아니었다. 일본인의 물질주의에 대한 경멸이 그것을 더욱 부채질하였다. 일본 병사들은 죽음 그 자체가 정신의 승리이며, 우리 미국인같이 환자를 충분히 간호하는 것은 전투기의 구명 도구처럼 살신성인의 정신을 해치는 행위라고 가르침을 받았다. 사실 일상생활에서도 일본인은 미국인처럼 자주 의사의 보살핌을 받는 데에 익숙하지 않다. 미국에서는 다른 구제 조치보다 환자를 돕는 일에 특히 많은 관심을 드러내며, 평소 유럽 여러 나라에서 온 여행자조차 이 점을 지적할 정도이다. 이러한 점은 일본에서는 볼 수 없는 일이다.

어쨌든 전시중의 일본군에게는 부상병을 포화 속에서 구출하여 응급 치료를 할 수 있도록 훈련된 구조반이 없었다. 또 전선의 야전병원, 후방의 입원 시설, 전선에서 멀리 떨어진 곳의 대규모 요양원 등등 조직적인 의료 체계가 없었다. 의료품의 보급 체계도 엉망이었다. 긴급사태가 생기면 입원 환자는 단지 죽음을 당할 뿐이었다. 특히 뉴기니나 필리핀에서 일본군은 병원이 있는 지점에서 퇴각해야 할 궁지에 자주 몰렸다. 때를 놓치지 않고 부상자를 후송할 수순은 정해져 있지 않았다. 단지 부대의 이른바 '계획적 철수'가 행해질 때라든가, 적이 육박해 올 때가 되어서야 겨우 어떤 조처가 취해질 따름이었다. 더군다나 그 조처라는 것은 담당 군의관이 퇴각하기 직전에 환자를 사살하든가, 아니면 환자 스스로 수류탄으로 자살해 버리는 것이었다.

이와 같이 부상자를 폐품처럼 여기는 일본인의 이러한 태도가 그들 동포를 취급할 때의 기조였다면, 그것은 또 미군 포로를 다루는 데도 중요한 영향을 미쳤을 것이다. 우리의 시각으로 본다면 일본은 포로에게뿐만 아니라 동포에게도 학대 죄를 범하였다. 전 필리핀 군의관 해롤드 글래틀리(Harold W. Glattly) 대령은 포로로 3년간 타이완에 억류된 뒤 이렇게 말하였다.

"일본 병사들보다 오히려 미군 포로가 더 좋은 의료 조처를 받았다. 우리는 포로수용소에 있었던 연합국 측 군의관들의 치료를 받을 수 있었지만, 일본인 쪽에는 의사가 한 사람도 없었다. 일본군의 치료를 담당하는 사람이 하사(나중에 중사가 되었지만) 한 명뿐인 적도 있었다."

그가 일본 군의관을 본 것은 1년에 한두 번뿐이었다.

병력 소모에 대한 일본인의 이런 태도를 극단적으로 강화한 것이 그들의 무항복주의였다. 서양의 군인들은 최선의 노력을 다한 후에도 이길 가능성이 없으면 항복한다. 그들은 항복한 뒤에도 여전히 자기들을 명예로운 군인이라 생각하며, 국제조약에 따라 그들이 살아 있음을 가족에게 알리기 위한 명단이 본국으로 통지된다. 그들은 군인으로서도 국민으로서도, 또 그들 자신의 가정에서도 체면을 잃지 않는다. 그렇지만 일본인은 군인의 입장을 전혀 다른 식으로 규정했다. 일본인에게 명예란 죽을 때까지 싸우는 것이었다. 그러므로 절망적 상황에 몰렸을 때 일본 군인은 최후의 수류탄 하나로 자살하든가, 무기 없이 적진으로 돌격하여 집단 자살을 하든가 해야지 절대로 항복해서는 안 된다. 부상당하거나 기절하여 포로가 된 경우조차도 그는 "일본에 돌아가면 얼굴을 들고 다닐 수 없다"고 여긴다. 만일 그가 명예를 잃었다면 그는 그 이전의 생활로 돌아갈 권리 따위는 없는 것이었다.

물론 항복을 금하는 군령이 내려지기는 했지만, 전선에서 특별히 정식 교육을 할 필요는 없었던 것 같다. 일본군은 이 방침을 충실히 준수하였다. 그 결과, 예컨대 북부 미얀마 전선에서 포로와 전사자의 비율은 142명 대 1만 7,166명, 즉 1대 120이었다. 그리고 포로수용소에 수용된 142명 중 소수를 제외한 사람들은 포로가 될 당시 부상자였든가 아니면 기절한 자들이었다. 혼자서 또는 2, 3명이 함께 '항복'한 경우는 극히 적었다. 서양 여러 나라의 군대에서는 전사자가 전 병력의 4분의 1 또는 3분의 1에 이를 경우, 그 부대는 항복하는 것을 자명한 이치로 여긴다. 항복하는 자와 전사자와의 비율은 보통 4대 1이다. 그런데 홀란디아(Hollandia)에서 일본군이 처음으로 가장 많이 항복한 경우도 그 비율은 1대 5였다. 이것도 북부 미얀마에서의 1대 120에 비하면 놀라운 진보였다.

그러므로 일본인 쪽에서 볼 때 포로가 된 미군은 단지 항복하였다는 그 사실만으로도 체면을 잃은 셈이었다. 그러므로 그들은 부상도 입지 않고 말라리아나 이질 같은 병에도 걸리지 않은 '건강한 사람'인데도 '폐물' 취급을 받았다. 많은 미국인은 포로수용소에서 웃는다는 것이 얼마나 위험하며, 또 그 웃음이 얼마나 교도관을 자극했는가를 진술하지 않을 수 없었다. 일본인이 보기엔 치욕을 입은 미국인 포로가 이 사실을 깨닫지 못한다는 것은 그들로서는 참기 어려운 일이었던 것이다.

미군 포로가 복종해야 했던 명령의 대부분은 일본 교도관 역시 준수해야 하는, 일본 장교들로부터 하달된 명령이었다. 강행군이나 콩나물시루 같은 수송선에 구겨져 실리는 것은 그들에게는 흔해 빠진 일이었다. 미국인 포로는 또 얼마나 시끄럽게 보초가 포로에게 탈법 행위를 숨기라고 말했는가에 대해서도 진술하고 있다. 공공연히 규칙을 위반하지 않는 한 그것은 큰 죄가 되지 않았다. 포로가 낮에 도로나 군사시설 등 밖에 나가서 일했던 수용소에서는, 외부에서 음식물을 들여와서는 안 된다는 규칙은 별 효력이 없었다. 과일이나 야채를 숨겨서 들여오는 것은 사실 문제시되지 않았기 때문이다. 그렇지만 만일 그 행동이 남들 눈에 띄면 큰 죄가 되었다. 즉 미국인이 보초의 권위를 모욕한 것으로 간주되었다. 공공연히 권위에 도전하면 설령 그것이 단순한 '말대꾸'일지라도 심하게 처벌을 받았다. 일본인은 일상생활에서도 말대꾸를 아주 엄격히 규제한다. 더욱이 말대꾸에 엄벌을 가하는 것은 일본 군대의 관행이었다. 그러나 포로수용소에서 갖가지 폭력 행위나 지나친 학대 행위가 자행되었던 것은 사실이며, 나는 거기에 면죄부를 내줄 생각은 없다. 다만 그런 악행을 문화 습관의 필연적 결과인 행위와 구별하고자 할 뿐이다.

특히 전쟁 초기에는 항복하는 자가 매우 적었는데, 이는 포로가 되는 것은 수치라는 신념 외에도, 일본군은 적이 포로를 모조리 고문하고 죽여 버린다고 진심으로 믿었기 때문이다. 과달카날에서 포로가 된 일본군을 미군이 탱크로 깔아 죽여 버렸다는 헛소문이 널리 퍼져 있었다. 게다가 항복하려 한 몇몇 일본 군인들도 미군에게 위장 투항이라는 의심을 받고 뒤탈을 없애기 위해 살해당하였다. 그리고 이 의심은 때때로 정당하였음이 판명되었다. 이제 죽음밖에는 아무것도 남아 있지 않은 일본 군인은 종종 자기가 죽을 때 미군을 길동무로 삼아서 마지막 위안을 얻으려 했기 때문이다. 이러한 동반 자살은 포로가 된 후에도 능히 하고도 남을 일이었다. 어느 일본군 포로가 말한 바와 같이, '일단 승리의 제단에 몸 바칠 결심을 한 이상, 아무런 무훈도 세우지 못하고 죽는 것은 수치'였던 것이다. 일본 군인이 무슨 짓을 할지 몰랐으므로 미군은 그들을 경계할 수밖에 없었다. 그 때문에 투항자의 수가 줄었던 것이다.

항복의 굴욕은 일본인의 뇌리에 깊이 박혀 있었다. 그들은 우리의 전시 관행과는 전혀 다른 행동을 당연한 것이라고 생각했다. 그리고 마찬가지로 그들도 우리의 행동을 이해할 수 없었다. 미군 포로는 그저 자기 이름을 본국 정부에 보고하여 자기의 생존을 가족들에게 알려 달라고 '부탁했을' 뿐인데, 일본인은 이 일을 참으로 어처구니없고 경멸할 만한 짓이라고 생각했다. 바타안 반도에서 미군이 항복한 것도 일본군에게는, 적어도 일반 병사에게는 의외였다. 그들은 미군이 일본식으로 최후까지 싸우리라고 믿었기 때문이다. 또 그들은 미군이 포로가 되는 데 조금도 부끄러움을 느끼지 않는다는 사실을 이해할 수가 없었다.

서양 병사들과 일본 병사들 사이의 가장 현저한 차이는 일본 병사들이 포로가 된 뒤 연합군에게 협력한 점이었다. 그들은 이 새로운 상황에 적응하는 생활 규칙을 알지 못하였다. 그들은 명예를 잃었으며, 일본인으로서의 인생은 이제 끝났다고 체념했다. 그러기에 전쟁 결과가 어찌 되든 꼭 귀국하겠다는 사람은 극소수였다. 그런 사람이 어느 정도 늘어난 것은 전쟁이 끝나기 몇 개월 전부터였다. 어떤 포로는 죽여 달라고 요청하였다. "그러나 당신들의 관습이 그것을 허락하지 않는다면, 나는 모범적인 포로가 되겠소" 하고 말하는 것이었다. 이들은 모범적인 포로 이상이었다. 군사 전문가로서 오래도록 군대 생활을 한 극단적인 국가주의자였던 그들은, 매우 협력적인 태도를 보였다. 탄약고의 위치를 알려 주고, 일본군의 병력 배치를 세밀히 설명해 주고, 미군의 선전문을 대신 쓰고, 미군 폭격기에 동승하여 공격 목표로 유도해 주었다. 그것은 마치 새로운 페이지를 넘긴 것 같았다. 새로운 페이지에 적힌 것과 낡은 페이지에 적힌 것은 정반대였다. 그러나 그들은 새 페이지에 적힌 구절을 전과 마찬가지로 충실하게 실천하였다.
　물론 포로 전부가 그랬던 것은 아니다. 그중에는 어디까지나 지조를 지키는 소수의 포로들도 있었다. 또한 어떤 경우든 그들의 협조를 얻으려면 그 전에 좋은 조건을 제시해야 했다. 미군 지휘관들은 당연하게도 포로들의 도움을 액면 그대로 받아들이는 데 주저하였다. 또 일본군 포로의 봉사를 전혀 받아들이지 않은 수용소도 있었다. 그러나 그 도움을 받아들이기로 한 수용소에서는 그들이 처음 품었던 의심을 철회하고 일본인 포로들의 성의를 점점 신뢰할 수 있게 되었다.
　미국인은 설마 포로들이 그처럼 손바닥 뒤집듯 전환하리라고는 예상하지 않았다. 그것은 우리의 행동 규범에는 일치되지 않았기 때문이다. 그런데 일본인은 마치 하나의 행동 방침에 모든 것을 걸며, 만일 그것이 실패한다면 반사적으로 다른 방침을 취하는 것 같았다. 이것은 우리가 전쟁이 끝난 후에도 기대해도 좋은 행동 양식인가, 아니면 포로가 된 병사들의 특유한 행동일 따름인가? 전쟁 중에 우리 눈에 띈 일본인의 행동 특성은 그 밖에도 또 있다. 그와 마찬가지로 일본인의 갑작스런 태도 변화는 다음과 같은 의문들을 일으켰다. 일본인에게 익숙한 생활양식이란 무엇인가. 일본인의 조직은 어떻게 운영되는가. 일본인이 습득한 사고와 행동 관습은 어떤 것인가.

제3장
저마다의 알맞은 위치

적어도 일본인을 이해하려면 먼저, "저마다 알맞은 위치를 갖는다(take one's proper station)"는 말을 무슨 뜻으로 해석하는지 일본인의 의견을 알아야 한다. 질서와 계층 제도에 대한 일본인의 신뢰와, 자유와 평등에 대한 우리 미국인의 신념은 전혀 다른 것이다. 둘 사이에는 천양지차(天壤之差)의 간격이 존재한다. 그러므로 우리가 계층 제도를 하나의 가능한 사회 기구로서 높이 평가하기란 어려운 일이다. 그런데 일본인은 계층 제도를 신뢰하고 있다. 이 신뢰야말로 그들의 인간관계와 인간 대 국가 관계의 밑바탕을 흐르는 기초가 되고 있다. 일본인의 가족, 국가, 종교, 경제생활 등과 같은 민족의 관습을 살펴봄으로써 비로소 그들의 관점을 이해할 수 있다.

일본인은 국내 문제와 마찬가지로 국제 관계 역시 계층 제도의 관점에서 보아 왔다. 최근 10년 동안 그들은 일본이 국제적 계층 제도의 피라미드의 정점에 차츰 도달하고 있다고 생각해 왔다. 그런데 그 위치는 이미 서양 여러 나라들이 차지하고 있다. 그들은 이런 현재 상태를 받아들이고 있으나, 그 태도의 밑바탕에는 여전히 계층 제도에 대한 특유의 견해가 깔려 있다. 일본의 외교문서는 끊임없이 그들이 얼마나 계층적 질서를 중시하는가를 기술해 왔다. 1940년에 일본이 체결한 독일, 이탈리아와의 삼국 동맹 전문에는 이런 구절이 있다. "대일본 제국 정부, 독일 정부, 이탈리아 정부는, 세계 각국이 저마다의 알맞은 위치에 정립하는 것이 항구적 평화의 전제 조건이라고 생각한다."

이 조약의 조인에 따라 내려진 조서(詔書)도 같은 내용을 다음과 같이 기술하고 있다.

본국의 대의(大義)를 온 세상에 널리 선양하고 세계를 한 집안으로 하는 것은 황조(皇祖)로부터 전해 내려오는 큰 가르침이므로 짐은 밤낮 이것을 마음에 두고 있다. 오늘날 세계는 놀라운 위기에 직면하였다. 전쟁과 혼란은 끊임없이 가중되고, 인류는 헤아릴 수 없는 재난이나 변고에 괴로워한다. 이에 짐은 분란이 멎고 평화가 하루빨리 회복되기를 간절히 원한다. (중략) 이에 3국간의 조약이 성립된 것은 대단히 경사스러운 일이다.

세계 각국이 저마다의 알맞은 위치를 찾는 것, 만민이 안전과 평화 속에 살아가는 것. 이를 위한 과업은 가장 위대한 대업이다. 이것은 역사상 유례없는 중대사이다. 이 목적 달성은 아직도 요원하다…….

진주만 공격 당일에도 일본 사절은 국무 장관 코델 헐(Cordell Hull)에게, 이 점을 다음과 같이 매우 명확히 기술한 성명서를 전달하였다.

모든 국가가 세계 속에서 저마다 알맞은 자기 위치를 갖게 하려는 일본 정부의 정책은 변하지 않는 방침이다. (중략) 일본 정부는 현 사태의 영구화를 참을 수가 없다. 왜냐하면 그것은 각국이 세계에서 저마다 알맞은 위치를 얻게 한다는 일본 정부의 기본적인 정책에 위배되기 때문이다.

일본의 이 각서는 며칠 전에 전해진 헐 노트에 대한 회답이었다. 헐 노트는 일본에서 계층 제도가 중시되는 것과 마찬가지로 미국에서 기본적으로 존중되는 원칙을 진술한 것이었다. 헐 장관은 각국의 주권 및 영토의 불가침, 타국의 내정에 대한 불간섭, 국제간의 협력과 조정, 평등의 원칙 등 네 가지 원칙을 들었다. 이는 어느 것이나 평등 및 불가침의 권리를 인정하는 미국인의 신념의 주요 부분이며, 우리 미국인이 국제 관계에서뿐 아니라 일상생활에서도 기초가 된다고 믿는 원칙들이다. 평등은 더 좋은 세계를 만들어 주게 될 가장 훌륭하고 도덕적인 기초이다. 우리에게 평등은 압제와 간섭과 원치 않는 무거운 짐으로부터의 자유를 의미한다. 그것은 법률 앞의 평등과 각자가 스스로의 생활 조건을 개선할 권리를 의미한다. 그것은 오늘날 세계에서 조직적인 형태로 실현되고 있는 인권의 기반이 되고 있다. 우리는 우리가 그것을 침해할 때조차도 평등의 덕을 지지한다. 그리하여 의분을 품고 계층 제도와 싸운다.

이것은 미국 건국 이래 항상 변하지 않은 미국인의 태도였다. 토머스 제퍼슨(Thomas Jefferson)은 그것을 독립선언에 써 넣었다. 또 헌법 속에 들어 있는 인권선언도 그것에 기초를 두고 있다. 신흥국가의 공문서에 쓰인 이러한 격조 높은 구절은 중요한데, 그 까닭은 그것이 이 대륙 사람들의 일상생활 속에 형성되고 있었던 생활양식, 즉 유럽인에게는 낯선 생활양식을 반영한 것이었기 때문이다. 미국의 사정을 국제적으로 보도한 뜻 깊은 문헌의 하나로 《미국의 민주정치》가 있다. 이 책은 젊은 프랑스 사람, 알렉시스 드 토크빌(Alexis de Tocqueville)이 1830년대 초기에 미국을 방문한 뒤 '미국의 평등에 대해' 쓴 책이다. 총명하고 감수성이 풍부한 관찰자였던 그는 신세계인 미국에서 많은 뛰어난 점을 발견할 수 있었다. 그에게 그 나라는 정말로 신세계였다. 토크빌은 당시 활약하던 유력자들의 기억에 남는 가까운 과거에, 처음에는 프랑스 혁명을 통해, 다음에는 나폴레옹의 새롭고 대담한 법률을 통해 놀라고 동요된 프랑스 귀족 사회에서 성장한 사람이었다. 그는 미국의 낯설고 새로운 생활 질서의 평가에 관대했지만, 그것은 프랑스 귀족의 안목으로 본 것이었다. 따라서 《미국의 민주정치》는 닥쳐올 일들을 구세계에 전하는 보고서가 되었다. 그가 믿는 바에 따르면 미국은, 물론 차이는 다소 있겠지만 유럽에서도 조만간 일어날 사태의 전초지였던 것이다.

그리하여 그는 이 신세계에 대해 상세히 보고하였다—이 세계의 사람들은 그들이 서로 평등한 인간이라고 진심으로 믿는다. 그들의 사회적 교제는 새롭고 자유로운 발판 위에 놓여 있다. 그들은 인간 대 인간으로서 숨김없이 말한다. 미국인은 계층적 예의범절에 전혀 구애되지 않는다. 그들은 그러한 예절을 타인에게 요구하지 않으며, 또한 타인에게 베풀지도 않는다. 그들은 누구의 신세도 지지 않는 것을 좋아한다. 여기에는 낡은 귀족제나 로마 사회에 존재하던 가정이란 것이 없다. 구세계를 지배해 온 사회 계층 제도는 자취를 감추었다. 이러한 미국인은 다른 무엇보다도 평등이라는 것을 굳게 믿는다. 그들은 자유까지도 한눈을 파는 동안 가끔 놓치는 경우도 있다. 그러나 평등만큼은 온몸으로 실천한다.

토크빌이 미국 생활양식에 대해 쓴 것은 1세기도 더 지난 과거의 일이다. 그의 안목을 통해 우리 조상의 모습을 볼 때, 우리 미국인은 든든함을 느낀다. 그 뒤 우리나라에는 많은 변화가 있었지만 주된 윤곽은 조금도 변하지 않았다. 우리는 《미국의 민주정치》를 읽으면서 1830년대의 미국이 이미 오늘날 우리가 아는 미국이었다는 사실을 깨닫게 된다. 물론 미국에도 제퍼슨과 동시대 인물인 알렉산더 해밀턴(Alexander Hamilton)처럼 귀족주의적인 사회 질서를 지지한 사람들이 있었고, 현재도 역시 있다. 그러나 해밀턴 같은 사람들조차도 우리나라의 생활양식이 결코 귀족주의적이지 않다는 점을 시인하고 있다.

따라서 우리가 진주만 사건 직전에 미국 태평양 정책의 기초가 되는 고귀한 도의(道義)를 일본에게 밝힌 것은, 실제로 우리가 가장 신뢰하는 원칙을 표현한 것이다. 우리는 우리가 지시한 방향으로 전진하다 보면, 아직 불완전한 이 세계를 점점 개선할 수 있다고 확신했다. 한편 일본인은 일본인대로 '알맞은 위치를 갖는다'는 그들의 신념은 스스로의 사회적 체험을 통해 그들 속에 깊이 뿌리내린 생활 원리에 근거한 것이다. 일본에서는 불평등이 몇 세기에 걸쳐 하나의 상식이나 통념으로 인정됨으로써 그들의 질서 있는 생활을 지배하게 된 것이다. 계층 제도를 인정하는 행동은 그들에게는 숨쉬는 것과 마찬가지로 자연스러운 일이다. 그러나 이것은 서양식 권위주의(authoritarianism)는 아니다. 지배권을 행사하는 자도, 타인의 지배를 받는 자도 미국의 전통과는 다른 전통에 따라서 행동한다. 그러므로 일본인이 일본에 대한 미국인의 권위를 기존 계층 질서의 상층부에 두게 된 현재, 우리는 전보다 더 그들의 관습에 대해 되도록 명료한 관념을 얻어야 한다. 그렇게 해야만 현재 상황에서 일본인이 어떤 행동 양식을 보일지 예상할 수가 있는 것이다.

일본은 근래 두드러지게 서양화를 추구하였음에도 불구하고 여전히 계층 질서를 중시하는 사회다. 사람들과 인사하고 연락을 할 때도 반드시 서로간의 사회적 간격의 종류와 정도를 나타내야 한다. 남에게 '먹어라(Eat)'라든가 '앉아라(Sit down)'라고 말할 때, 상대가 친한 사람인가 아랫사람인가 윗사람인가에 따라 각기 다른 말을 쓴다. 같은 '너(You)'라도 '당신'이니 '자네'니 그 상황에 맞는 말을 쓴다. 또 동사도 '먹다'와 '잡수다'처럼 어간 자체를 달리 쓰는 경우가 있다. 요컨대 일본인에게도 다른 태평양 여러 민족과 같이 '경어'가 있다. 또한 일본인은 이와 함께 허리를 굽히는 인사와 꿇어앉아 절하는 예의를 행한다. 이러한 동작은 세밀한 규칙과 관례에 지배된다. 누구에게 허리를 굽히는가를 아는 것만으로는 충분치 않다. 어느 정도로 허리를 굽혀 절해야 하는지도 알아야 한다. 어떤 사람에게는 바르고 정당한 절일지라도, 절하는 사람과의 관계와 약간 차이 나는 다른 사람에게는 모욕이 되어 노여움을 사기도 한다. 게다가 절에는 무릎을 꿇고 앉아서 바닥에 댄 손까지 이마를 나직이 수그리는 가장 정중한 절에서부터 고개만 숙이는 간단한 절에 이르기까지 여러 종류가 있다. 사람들은 어떤 절이 어떤 상황에 맞는지를 배우고 또 배워야 한다. 그것도 되도록 어릴 때.

예의바른 행동을 하기 위해서 끊임없이 식별해야만 하는 것은 계급의 차이만이 아니다. 물론 그런 차이는 중요하다. 그러나 성별이나 연령, 두 사람 사이의 가족관계나 지금까지의 교제 등도 모두 반드시 고려되어야 할 사항이다. 같은 두 사람 사이에도 처지가 변하면 상대에게 표현해야 할 경의(敬意)도 달라진다. 가령 둘 다 민간인이었을 때는 서로 친숙한 사이여서 따로 절을 안 했더라도, 한쪽이 군복을 입게 되면 평복을 입은 친구가 경례를 한다. 계층 제도를 지켜 간다는 것은 하나의 곡예다. 즉 무수한 인자들의 균형을 유지해야 한다. 어떤 특수한 경우에, 그 인자 가운데 어떤 것들의 영향력은 서로 상쇄되기도 하고 또 서로 상승 효과를 내기도 한다.

물론 서로간에 그렇게 형식이 필요치 않은 사람들도 있다. 미국에서 그것은 자기 집안 사람들이다. 우리는 가정으로 돌아오면 답답한 예의는 일체 벗어던져 버린다. 그런데 일본에서는 예의범절이 교육되고 엄격히 이행되는 곳이 바로 가정이다. 어머니는 아이를 업고 다닐 때부터기 손으로 아이 머리를 눌러 고개 숙여 절하는 법을 가르친다. 그러다가 아이가 아장아장 걷게 되면, 당장 아버지나 형에게 존경을 표하는 행위를 가르친다. 아내는 남편에게, 자식은 아버지에게, 동생은 형에게, 여자아이는 연령에 관계없이 남자 형제 모두에게 머리를 수그린다. 그것은 결코 허례가 아니다. 그것은 머리를 수그리는 사람이, 사실은 자기 뜻대로 처리할 만한 일을 상대의 뜻에 맡기겠다는 의사 표시이며, 또 절을 받는 사람은 그 대신 그 지위에 당연히 돌아가는 어떤 책임을 인정하는 행위이다. 그들에게는 성별과 세대의 구별과 장자 상속권에 입각한 계층 제도가 가정생활의 본질이다.

효도는 말할 것도 없이 일본이 중국과 공유하고 있는 숭고한 도덕률이다. 효도에 관한 가르침은 일찍이 6세기에서 7세기 사이에 중국 불교와 유교의 윤리, 세속적인 문화와 함께 일본에 들어왔다. 그런데 효도의 성격은 불가피하게 중국과는 다른 일본의 가족 구조에 적합하도록 개조되었다. 중국에서는 오늘날에도 누구나 자기가 속하는 광대한 씨족에 충성을 바쳐야만 한다. 이 씨족은 어떤 경우에는 몇 만 명으로 구성되기도 한다. 사람들은 씨족의 지배를 받고 또 씨족으로부터 지지를 받는다. 넓은 나라 중국에서는 지방에 따라 사정이 다르긴 하지만, 대부분 지역에서는 한 마을의 주민이 모두 같은 씨족의 구성원이다. 중국 인구는 총 4억 5,000만 명 이상이지만 성(姓)은 겨우 470개 정도이다. 성이 같은 사람은 관계가 멀든 가깝든 자기들은 같은 씨족의 동포라고 생각하고 있다. 어떤 지역 일대의 주민이 전부 한 씨족에 속하는 경우도 있으며, 또 멀리 떨어진 도시에 사는 가족도 같은 씨족일 수 있다. 광둥성(廣東省)같이 인구가 밀집된 지역에서는 씨족의 모든 구성원이 결속하여 커다란 씨족 회관을 유지 경영하며, 정해진 날에 거기 모여서 같은 씨족의 고인들을 추모하여 수천 개의 위패를 받든다. 씨족은 재산과 토지와 사원을 소유하며 또 씨족의 유망한 자녀를 위한 장학 기금을 보유한다. 아울러 분산된 구성원의 소식에 끊임없는 관심을 기울이고 대략 10년에 한 번씩 정교한 족보를 발행하여, 씨족의 특전을 입을 권리가 있는 사람들의 이름을 밝힌다. 씨족에는 선조 때부터 전해 내려오는 가법(家法)이 있으며, 그에 따르면 씨족이 당국에게 동의하지 않는 경우에는 범죄를 저지른 구성원을 국가에 인도하는 일이 금지되어 있다.

제정 시대에는 이러한 반독립적 씨족의 거대한 공동체를, 국가가 임명하는 장관을 우두머리로 하는 무능한 관리 기구가 국가 전체의 이름으로 통치하기란 어려운 일이었다. 그 지역에서 장관은 수년만 지나면 교체되는 외국인에 지나지 않는다.

그런데 일본에서는 사정이 전혀 다르다. 19세기 중반까지 성이 허용된 것은 귀족과 사무라이(武士) 집안에만 한정되었다. 중국 가족 제도의 근본이 되는 성, 또는 적어도 무엇인가 성에 상당하는 것이 없는 한 씨족 조직은 발달할 수가 없다. 어떤 씨족에서는 가계도가 성을 대신하기도 했다. 그러나 일본에서는 가계도를 갖는 것도 상층 계급뿐이었다. 게다가 그것은 미국애국부인회(DAR)와 마찬가지로 현재 살아 있는 인간에서부터 거꾸로 소급하여 기록한 것일 뿐, 예로부터 현재까지 시대를 따라 내려오면서 시조로부터 나뉘는 동시대의 모든 사람을 빠짐없이 망라하는 중국식 가계도가 아니었다. 이 두 가지는 매우 다르다. 또한 일본은 봉건국가였다. 충성을 바치는 상대는 친척들의 집단이 아니라 봉건 영주였다. 봉건 영주는 그 토지에 뿌리를 내린 주권자였다. 그는 일시적으로 파견된 외부인인 중국 관리와는 전혀 달랐다. 일본에서 중요한 것은 그 사람이 사츠마〔薩摩〕영지에 속하는가, 히젠〔肥前〕영지에 속하는가 하는 문제였다. 사람들은 그들의 영지에 매여 있었다.

씨족을 제도화하는 또 다른 방법은 먼 선조나 씨족의 신들을 신사(神社)나 성소(聖所)에서 숭배하는 것이다. 이러한 숭배는 계보와 성이 없는 서민들도 행할 수 있는 것이다. 그러나 일본에는 먼 선조를 숭배하는 종파는 없다. '서민'들이 참배하는 신사에는 마을 사람들이 모두 모이지만, 그들은 선조가 같다는 것을 증명할 필요는 없다. 그들은 신사의 씨신(氏神)의 '아이들'이라 불리는데, 그 까닭은 그들이 같은 마을에 살기 때문이다. 물론 같은 씨신을 모시는 촌민은, 세계 속 곳곳의 촌민과 마찬가지로 몇 대 동안 한곳에 정주하면서 서로 인연을 맺어 왔다. 그러나 그들은 공통된 선조의 피를 받은 긴밀한 씨족 집단은 아니다.

조상에 대한 숭배는 신사와는 별도로 가족의 거실에 마련된 불단에서 행해지는데, 그곳에는 최근에 죽은 6, 7명의 영혼만을 모신다. 불단 안에는 고인을 상징하는 위패가 놓여 있다. 일본의 모든 계급 사람들은 매일 이 불단 앞에서, 아직도 기억에 남아 있는 부모나 조부모 등 가까운 친족을 위해 예배하고 음식을 바친다. 묘지에서도 증조부모 대의 묘비쯤 되면 글씨가 흐려져도 고쳐 쓰지 않고 그대로 두기에, 고작 3대 전의 조상조차 그가 누구였는지 모를 정도로 빠르게 망각된다. 일본의 가족적인 유대는 서양과 거의 차이가 없는 데까지 좁혀져 있다. 아마도 프랑스의 가족이 이와 가장 비슷할 것이다.

따라서 일본의 '효도'는 직접 얼굴을 마주치는 한정된 가족간의 문제이다. 일본의 효도는 아버지와 할아버지, 그리고 그 형제 및 그들의 직계비속 정도를 포함하는 데 머무는 집단 속에서, 세대나 성별이나 연령에 따라 각자가 자기에게 알맞은 위치를 차지하는 것을 뜻한다. 가족의 규모가 그보다 큰 경우는 드물다. 더욱 큰 집단이 포함되는 유력한 가문에서조차도, 가족은 몇 개의 다른 계통으로 나뉘어 차남 이하의 남자는 분가를 하게 된다. 이렇게 직접 얼굴을 대하는 좁은 집단 내부에서는 '알맞은 위치'를 규정하는 불문율이 참으로 엄밀하게 정해져 있다. 집안의 연장자가 정식으로 은퇴하기까지는 그의 명령이 엄중히 지켜진다. 오늘날에도 장성한 자식들을 둔 아버지라도 자기 아버지가 아직 살아 있으면, 무슨 일을 결정할 때 일일이 아버지의 승인을 얻어야 한다. 아들이 3, 40세가 되었어도 부모가 그의 결혼 문제를 결정한다. 아버지는 한집안의 가장으로서 식사 때는 맨 먼저 수저를 들고, 목욕할 때도 먼저 들어가며, 가족의 정중한 인사를 가볍게 고개를 끄덕이며 받는다. 일본에는 또 다음과 같은 수수께끼도 있다. "부모에게 의견을 내고 싶어하는 자식은, 머리를 기르고 싶어하는 승려와 같다. 그 까닭은?" 이에 맞는 답은 "아무리 원해도 할 수 없다"는 것이다.

알맞은 위치라는 것은 단지 세대 차이만이 아니라 연령의 차이에도 적용된다. 일본인은 극단적인 혼란 상태를 표현할 때 "난형난제(難兄難弟)다"라고 말한다. 이러한 표현은 우리의 "고기도 아니고 새도 아니다(Neither fish nor fowl)"라는 표현과 비슷하다. 즉 일본인의 사고방식에 따르면, 물고기는 물속에 있어야 하는 것과 같이 형은 성격이 형다워야 하는 것이다. 장남은 가문을 이을 상속자다. 일본을 방문한 여행자들은 '일본의 장남이 일찍부터 몸에 익히는 책임감 있는 언행'에 대해 언급한다. 장남은 아버지와 큰 차이 없는 특권을 갖는다. 옛날에는 동생들이 불가피하게 장남에게 의존하였다. 그러나 오늘날 특히 시골에서 낡은 관습에 매여 집에 머물러 있는 것은 장남 쪽이다. 동생들은 넓은 세계로 진출하여 장남보다 교육도 많이 받고 돈도 많이 벌 수 있다. 옛날부터 내려오는 계층 제도의 습관은 지금도 여전히 강력하다.

오늘날의 정치 평론 역시 예외는 아니다. 대동아 정책 논의에서도 전통적인 형의 특권이 분명히 드러나 있다. 1942년 봄에 한 중령이 육군성의 대변자로서 공영권(共榮圈)에 관해 다음과 같이 말하였다.

"일본은 그들의 형이며, 그들은 일본의 아우이다. 이 사실을 점령지 주민에게 철저히 인지시켜야 한다. 주민을 지나치게 배려하면, 일본의 친절에 기대려는 경향이 생겨나서 일본의 통치에 해로운 영향을 끼치게 된다."

요컨대 형은 무엇이 아우를 위한 일인가를 결정하여 그것을 강요할 때는 '지나친 배려'를 베풀어선 안 된다는 것이다.

그런데 계층은 나이보다도 먼저 성별에 따라 결정된다. 일본의 부인은 남편의 뒤를 따라 걸으며, 사회적 지위도 남편보다 낮다. 때때로 양장을 하면 남편과 나란히 걷기도 하고 또 대문을 나설 때 남편보다 앞서 나가는 부인일지라도, 일단 기모노〔着物〕로 갈아입으면 남편의 뒤를 따르는 것이다. 일본 가정에서 딸들은 선물이나 사람들의 보살핌, 교육비 등이 모두 남자 형제에게로 돌아가는 것을 얌전하게 방관할 수밖에 없다. 젊은 여성들을 위한 고등학교가 세워졌을 때도 거기에 규정된 교육 과정에서는 예의범절이 지나치게 중시되었다. 본격적인 지적 교육은 남자 중학교의 발밑에도 미치지 못하였다. 이러한 학교의 한 교장은 상류층이나 중류층 계급 출신 여학생들에게 어느 정도 유럽어를 가르치는 것이 좋다고 주장했는데, 그 근거는 여학생들이 결혼하여 남편의 양서(洋書)에 앉은 먼지를 턴 후 책을 위아래가 바뀌지 않게 책장에 넣을 수 있는 편이 바람직하다는 것이었다.

그래도 사실 일본 여성들은 대부분의 아시아 여성에 비하면 많은 자유를 누리는 편이다. 이는 단지 일본이 서양화되었다는 하나의 증거라고만은 할 수 없다. 중국 상류계급에서처럼 여자에게 전족을 행하는 풍습이 일본에는 일찍이 없었다. 또 오늘날 인도의 여성들은 일본 여성이 자유로이 가게를 출입하고 시가지를 왕래하면서 자기네 몸을 감추지 않는 것을 보고 감탄한다. 일본에서는 주부가 살림을 위해서 쇼핑을 하며 그 가정의 지갑을 쥐고 있다. 돈이 모자라면 집안의 어떤 물건을 선택하여 전당포에 가지고 가는 것도 주부의 임무이다. 주부는 하인들을 지휘하며 자녀의 결혼 문제에서는 큰 발언권을 행사한다. 그리고 며느리를 얻어서 시어머니가 되면, 전반생을 통해서 굽실대기만 하던 가련한 제비꽃이었다고는 도저히 생각할 수 없을 만큼 단호한 태도로 집안의 모든 일을 관장하는 것이다.

일본에서는 세대와 성별과 연령에서 오는 특권이 이처럼 크다. 그러나 이러한 특권을 누리는 사람들은 제멋대로인 독재자로서가 아니라 중대한 책무를 위탁받은 관리인으로서 행동한다. 아버지나 형은 현재 살아 있는 가족뿐만 아니라 이미 죽은 가족, 그리고 장차 태어날 아이를 포함한 가족 전체에 대해 책임을 진다. 가장은 중대한 결정을 하며, 반드시 그 결정이 시행되도록 계획해야 한다. 그러나 그는 무제한의 권력을 쥐고 있는 것은 아니다. 그는 한 가정의 명예를 유지할 책임을 지고 행동할 거라는 기대를 받는다. 그는 자식이나 아우에게 집안의 정신적, 물질적 유산을 상기시키고 분수에 맞는 인간이 되라고 요구한다. 가령 농부의 신분일지라도 그는 가문의 조상에 대한 의무를 일깨운다. 그리고 상층 계급일수록 가장의 책임은 커진다. 가문의 요구는 개인의 요구에 선행한다.

어떤 중대한 사건이 일어나면 그 가문의 지체가 높고 낮음에 상관없이 가장은 친족 회의를 소집하여 그 문제를 토의한다. 예컨대 어떤 혼담 문제로 상담하기 위해 가족의 구성원은 멀리 떨어진 지방에서도 일부러 오는 수가 있다. 결론에 도달하는 과정에서는 아무리 하찮은 사람의 의견도 전부 반영된다. 아우나 아내의 의견이 결정적일 수도 있다. 가장이 친족 회의의 의견을 무시하고 행동하면 매우 곤란한 결과를 초래한다. 물론 그 결정은 거기에 운명이 달린 당사자의 마음에 맞지 않을 수도 있다. 그러나 여태까지 친족 회의의 결정에 승복해 왔던 연장자들은 손아랫사람들에게 집안의 결정을 따르라고 강요한다. 그들도 그렇게 해 왔기 때문이다. 그들 요구의 배후에 숨어 있는 강제력은 독특하다. 그것은 프로이센에서 아버지에게 처자에 대한 절대적인 권리를 부여하는 법적, 관습적 근거와는 매우 다르다. 그렇다고 해서 일본이 강제성이 더 적다는 뜻은 아니다. 다만 구속 방식이 다를 뿐이다. 일본인은 가정생활에서 전제적인 권력을 존중하도록 배우지는 않는다. 또한 쉽사리 권위에 굴복하는 습성을 기르지도 않는다. 가족의 의사에 복종하는 것은 이를테면 그 요구가 아무리 부당하다고 할지라도, 전 가족이 관여했다는 최고 가치의 이름으로써 요구된다. 즉 공동의 충성이라는 이름으로 요구되는 것이다.

일본인은 누구나 먼저 가정에서 계층 제도의 습관을 익히고 그것을 경제생활이나 정치 생활 등 넓은 영역에 적용한다. 실제로 집단에서 지배력이 있는 인물이든 아니든 자기보다 위의 '알맞은 위치'를 자치힌 지에게는 마땅한 경의를 표하도록 배운다. 아내에게 꼼짝 못하는 남편, 아우에게 지배당하는 형일지라도 표면적으로는 존경을 받는다. 누군가 다른 사람이 보이지 않는 데서 활동하고 있다 한들, 그런 이유 때문에 특권을 나타내는 형식적인 경계선이 파괴되지는 않는다. 다른 실력자가 뒤에서 실권을 쥐고 있다 하더라도 특권 체제는 변경되거나 수정되지 않는다. 그것은 여전히 불가침인 것이다. 형식적인 신분의 구속을 받지 않고 실권을 행사하는 쪽이 오히려 책략상 유리하기조차 하다. 잃을 게 없다는 점에서 그쪽이 약점이 적기 때문이다.

일본인은 또 가정생활의 체험을 통해 어떤 결정의 중요성은, 그 결정이 가문의 명예를 유지해 준다는 가족 모두의 확신에서 비롯된다고 배운다. 그 결정은 가장의 위치에 있는 폭군이 멋대로 휘두르는 철권에 따른 강제 명령이 아니다. 일본의 가장은 오히려 물질적, 정신적 재산의 관리자에 가깝다. 이 재산은 가족 모두에게 중요하다. 가족 모두는 그들의 개인 의지보다도 그 재산에서 생겨나는 요청을 중시하도록 요구받는다. 일본인은 강압적인 행위를 배척하지만, 그런데도 그들은 가장의 요구에 따르고, 그에 상응하는 지위에 있는 사람들의 의향을 극도로 존중한다. 가정에서의 계층 제도는 집안의 연장자가 강압적인 독재자가 될 기회가 거의 없는 상황에서도 훌륭히 유지된다.

지금까지 일본 가족의 실태를 설명해 보았는데, 이런 설명만으로는 대인관계의 행동 기준을 달리하는 미국인들이 일본의 가정에서 강력한 감정적 유대가 존재하고 또 용인된다는 사실을 충분히 이해하기는 어려울 것이다. 일본 가정에는 매우 끈끈한 연대감이 있다. 일본인이 어찌하여 이 연대감을 확립하게 되었는가 하는 물음은 이 책의 주제 가운데 하나이다. 그런데 정치나 경제처럼 보다 넓은 영역에서 일본인이 계층 제도를 원하는 까닭을 이해하려면, 그보다 먼저 그런 습관이 가정에서 얼마나 철저히 습득되고 있는가를 아는 것이 중요하다.

일본인 생활 특유의 계층적 관계는 가정뿐만 아니라 계급 간의 관계에서도 철저히 실현되고 있다. 일본은 건국 이래 신분적인 성격이 강한 계급사회였다. 이처럼 몇 세기에 걸쳐 신분제도가 지속된 나라는 매우 중대한 장점과 단점을 보인다. 일본에서는 신분제도가 지난 역사를 관통하는 생활 원리였다. 일본은 이미 7세기에, 신분제도가 없던 중국에서 차용한 생활양식을 손질하여 일본 고유의 계급적 문화에 적용했다. 7세기에서 8세기에 걸쳐 천황과 궁정은 일본 사절들의 눈을 놀라게 한 중국의 훌륭한 문명 관습을 본받아 일본을 풍요롭게 하는 사업에 착수하였다. 그들은 그 사업에 더할 나위 없는 정력을 쏟았다. 그때까지 일본에는 문자가 없었다. 7세기에 일본은 중국의 한자를 채용하고 그것을 이용하여, 중국어와는 전혀 계통이 다른 일본어를 글로 나타냈다. 그때까지 일본에 있었던 종교는 산이나 마을을 지키며 사람들에게 행운을 가져다주는 4만여 신의 이름을 내건 민간신앙이었다. 이것이 그 뒤 많은 변천을 거치면서 지금까지 존속하여 현대의 신토(神道)가 되었다. 7세기에 일본은 '호국에 알맞은' 종교로 중국에서 불교를 대대적으로 받아들였다. 또 그때까지 일본에는 조정과 호족을 불문하고 항구적인 대규모 건물이 없었다. 이에 천황은 중국 수도를 모방하여 새로이 헤이조쿄(平城京)라는 도시를 건설하였다. 또 국내 곳곳에 중국을 모방한 장려한 불교 사원과, 거대한 승원(僧院)이 건립되었다. 천황은 사절들이 중국에서 배워 온 관직과 위계 그리고 율령을 채용하였다. 역사를 통틀어 주권국가의 계획적인 문명 수입이 일본만큼 훌륭히 수행된 예는 찾기 어렵다.

그러나 일본은 애초에 신분제도가 없는 중국의 사회 조직을 그대로 재현할 수가 없었다. 일본이 채용한 관직은 중국에서는 과거에 급제한 행정관에게 주어졌으나, 일본에서는 세습 귀족이나 봉건 영주에게 돌아갔다. 그리하여 이는 일본 신분제도의 일부가 되었다. 일본은 쉴 새 없이 서로 세력을 다투는 많은 영주들이 지배하는 반독립적인 여러 개의 번(藩)으로 나뉘어 있었다. 가장 중요한 사회적 규정은 주군과 가신(家臣)의 특권에 관한 것이었다. 일본은 중국 문명을 적극적으로 수입하였지만, 자기네 계층 제도 대신에 중국의 행정관료제나, 온갖 사회 계층에 속하는 사람들을 하나의 거대한 씨족 아래 통합하는 중국의 생활양식을 받아들일 수는 없었다.

일본은 또 '종교적 권위가 없는 황제'라는 중국의 관념을 채용하지 않았다. 황실을 의미하는 일본어 명칭은 '구름 위에 사는 사람들'이며, 이 일족의 사람들만이 황제에 오를 수 있다. 중국에서는 종종 왕조가 교체되었지만 일본에서는 한 번도 그러한 일이 없었다. 천황은 불가침이며 천황의 몸은 신성했다. 중국 문화를 일본에 도입한 일본 천황과 궁정은 그런 점에 관하여 중국의 제도는 대체 어떠했는가를 전혀 상상조차 못했고, 또 자신들이 그 제도에 어떤 수정을 가하고 있는가를 깨닫지도 못했음에 틀림없다.

따라서 일본이 중국에서 문화를 수입했음에도 불구하고, 이 새로운 일본 문명은 결국 세습 영주들 사이에 몇 세기에 걸친 패권 쟁탈전으로 이어지는 동란의 길을 열어 버렸다. 8세기 말까지는 귀족인 후지와라(藤原) 가문이 지배권을 장악하여 천황을 그들의 배후에 눌러두었다. 시간이 흐르자 봉건 영주들이 후지와라의 지배를 거부하여 일본 전국에 내란이 일어났다. 그리고 그들 중 하나인 유명한 미나모토 요리토모(源賴朝)가 경쟁자들을 차례로 물리쳐, 예로부터 무사의 칭호였던 쇼군(將軍)이라는 이름 아래 일본의 실질적

제3장 저마다의 알맞은 위치 55

지배자가 되었다. 이 쇼군이라는 관명(官名)은 약칭이다. 완전한 명칭은 '세이이다이쇼군〔征夷大將軍〕'이다. 일본에서는 드문 일도 아니지만, 요리토모는 이 관직을 세습적으로 만들었다. 그의 자손들이 나머지 봉건 영주를 제압할 실력이 있는 한 미나모토 가문이 이 자리를 대대로 차지하도록 하기 위해서였다. 천황은 무력한 존재가 되었다. 천황의 중요성은 그저 그가 쇼군 임명 의식에 꼭 필요하다는 데 있을 따름이었다. 천황은 어떤 정치적 권력도 갖지 못하였다. 실제적인 권력은 반항적인 번에 대해 무력으로 지배력을 확보하려던 바쿠후〔幕府〕가 장악하였다. 바쿠후는 원래 대장의 군영을 의미하였는데, 후에 쇼군의 정부를 뜻하게 되었다. 번을 지배하는 봉건 영주, 즉 다이묘는 각각 사무라이들을 가신으로 거느리고 있었다. 이들 사무라이들은 주인의 명령에 따라 칼을 휘둘렀다. 그리하여 그들은 동란기에는 항상 경쟁 상대인 번이나 지배자인 쇼군의 '알맞은 위치'에 이의를 제기하고 항쟁할 준비를 갖추고 있었다.

16세기에는 이미 내란이 전국에서 빈번하게 일어나고 있었다. 수십 년간의 전란 끝에 그 유명한 이에야스〔家康〕는 경쟁자들을 물리치고 1603년 도쿠가와〔德川〕 가문의 초대 쇼군이 되었다. 쇼군의 지위는 그 뒤 약 250년에 걸쳐 이에야스의 혈통을 따라 계승됐으며, 1868년 천황과 쇼군의 '이중 통치'가 폐지되고 근대의 막이 올랐을 때 비로소 종말을 고하였다. 여러 가지 점에서 이 기나긴 도쿠가와 시대는 매우 주목할 만한 시기였다. 도쿠가와 시대는 마지막에 이르기까지 무장 평화를 유지하면서 도쿠가와 가문의 목적에 맞는 바쿠후 중심의 중앙집권제를 실시하였다.

처음에 이에야스는 매우 난처한 문제에 직면했지만 안이한 해결책을 택하지 않았다. 강력한 번의 몇몇 영주들이 내란 중에 그에게 적대하였으나 마지막 결전에서 대패를 당한 끝에 머리를 숙였다. 정복당한 영주들이 이른바 도자마 다이묘〔外樣大名, Outside Lords〕이다. 이에야스는 도자마 다이묘들이 종래대로 그들의 영지와 가신들을 지배하는 것을 방임하였다. 사실 다른 영주들에 비해 이 방임된 영주는 그의 영지를 최대한 자유롭게 지배할 수 있었다. 그러나 이에야스는 그들에게는 그의 가신이 되는 영예를 주지 않았고, 또 중요한 직무도 전혀 허락하지 않았다. 중요한 지위는 후다이 다이묘〔譜代大名, Inside Lords〕, 즉 내란 때 이에야스 편에 섰던 영주들에게만 주어졌다. 이러한 복잡한 정치 체제를 유지하기 위해 도쿠가와는 봉건 영주, 즉 다이묘가 힘을 축적하는 것을 방지하고 또 쇼군의 지배를 위협할 듯한 다이묘들의 연합을 철저히 막는 정책을 취하였다. 도쿠가와 바쿠후는 단지 봉건적 체제를 폐지하지 않았을 뿐만 아니라, 일본의 평화와 도쿠가와 가(家)의 지배력을 유지하기 위해서 봉건제도를 한층 강화하고 견고히 했다.

일본의 봉건 사회는 복잡한 계층으로 나뉘고, 각자의 신분은 세습적으로 정해져 있었다. 도쿠가와는 이 제도를 고정시켜 각 신분에 맞는 일상 행동을 세밀히 규제하였다. 각 가정의 가장은 현관에 그의 계급적 지위와 세습적 신분을 게시해야 했다. 입을 수 있는 의복, 사 먹을 수 있는 음식, 생활할 수 있는 집의 종류도 그 사람이 부모에게 물려받은 신분에 따라 규정되었다. 황실과 궁정 귀족 밑에는 위에서부터 차례로 사농공상(士農工商)이란 네 가지 세습 신분이 존재했다. 구체적으로는 무사(사무라이)·농민·공인·상인이었다. 그리고 그 아래에는 사회 밖으로 추방당한 천민 계급이 있었다. 이러한 천민 계급 가운데 가장 수가 많고 유명한 것은 '에타〔穢多〕', 즉 모두가 싫어하는 직업에 종사하는 사람들이었다. 그들은 청소부, 사형수를 매장하는 인부, 죽은 짐승의 가죽 벗기는 사람, 가죽을 무두질하는 사람들이었다. 그들은 일본의 불가촉천민(不可觸賤民, untouchables)이었다. 더 정확히 말하면 인간 축에 못 드는 자들(uncountables)이었다. 실제로 그들이 사는 마을을 통과하는 길에는 아예 이정표 표시조차 되지 않았다. 마치 그 지역에는 토지나 주민이 전혀 존재하지 않는 것처럼. 그러기에 그들은 형편없이 가난하였다. 그러한 수작업을 할 권리는 보장받긴 했지만, 정식 사회 조직의 바깥에 방치되어 있었다.

상인 계급은 천민 계급의 바로 위였다. 미국인에게는 참으로 의외라고 느껴지는 이 사실이 봉건 사회에서는 지극히 현실적인 조치로 행해졌다. 상인 계급은 늘 봉건제도의 파괴자였다. 실업가가 존경받고 번영하게 되면 봉건제도가 쇠퇴한다. 도쿠가와 바쿠후가 17세기에 어느 나라에서도 볼 수 없었던 엄격한 도항 및 내항 금지령으로 일본의 쇄국을 선포한 것은 상인들이 설 자리를 빼앗기 위해서였다. 이 무렵 일본은 중국 및 조선의 연안 일대에 걸쳐 해외 무역이 성행하였고, 따라서 상인 계급이 발달 추세를 보였다. 도쿠가와 바쿠후는 일정한 규모 이상의 배를 만들고 운항하는 행위를 금지하고,

이에 극형을 적용함으로써 이러한 추세를 막았다. 허가된 작은 배로는 대륙 사이를 항해하거나 상품을 가득 싣고 다닐 수가 없었다. 국내 무역 역시 엄격히 제한됐다. 각 번의 접경에 설치된 관문들이 상품의 출입을 철저히 통제하였다.

또한 상인 계급의 낮은 사회적 지위를 강조할 목적으로 여러 가지 법률이 정해졌다. 사치를 금지하는 법령을 만들어 상인이 입는 옷, 가지고 다닐 수 있는 우산, 관혼상제에 사용되는 비용 등을 낮은 수준으로 규정하였다. 그들은 사무라이와 같은 지역에 살아서는 안 되며, 특권적 무사 계급인 사무라이의 칼 앞에서 법률상의 보호를 받지 못하였다. 상인을 낮은 지위에 묶어 두려는 도쿠가와 바쿠후의 정책은 물론 화폐 경제 사회에서는 실현이 어려웠다. 그 무렵 일본은 이미 화폐 경제로 운영되기 시작했음에도, 도쿠가와 바쿠후는 이런 흐름을 거슬렀던 것이다.

안정된 봉건제도에 알맞은 무사와 농민 두 계급을 도쿠가와 바쿠후는 고정된 형식으로 동결시켜 버렸다. 그런데 이에야스가 종지부를 찍었던 내란 중에, 이미 위대한 다이묘 히데요시(秀吉)가 유명한 '칼사냥(swordhunt)'을 감행해서 이 두 계급을 완전히 분리하였다. 히데요시는 농민으로부터 무기를 압수하고 사무라이에게만 칼을 찰 수 있는 권한을 부여하였다. 사무라이는 더 이상 농민이나 공인이나 상인을 겸할 수 없게 되었다. 그러므로 가장 신분이 낮은 사무라이일지라도 생산에 종사할 수 없도록 법률로 금지되었다. 결국 그들은 농민들이 바치는 연공에서 녹봉을 얻어먹는 기생 계급의 일원이 된 것이다. 다이묘는 쌀을 농민으로부터 받아 그의 가신인 사무라이들에게 분배하였다. 사무라이가 이제 어떻게 생계를 꾸려 나가게 됐는지는 의문의 여지가 없다. 그는 완전히 영주에게 의존하였다.

도쿠가와 시대 이전엔 봉건 영주와 부하 사무라이 간의 견고한 유대는 번과 번 사이의 끊임없는 싸움 속에서 형성되었지만, 태평한 도쿠가와 시대에 들어서자 그 유대는 경제적인 관계가 형성되었다. 일본의 사무라이는 중세 유럽의 기사들처럼 자기 영지와 농노를 소유한 작은 영주도 아니며, 또 주인을 만들지 않는 용병도 아니었다. 그는 도쿠가와 시대 초기의 가문에 따라 대대로 수령액이 정해진 일정한 봉급을 받는 연금 생활자였다. 봉록은 결코 많지 않았다. 일본인 연구자들은 사무라이 계급의 평균 봉록은 농민의 소득과 거의 같다고 추산했는데, 이는 겨우 생계를 유지할 수 있는 정도에 불과하였다. 사무라이 집안에서는 이 봉록을 가지고 형제들이 나눠 상속한다는 것은 매우 불리하였다. 그래서 사무라이들은 가족 수를 제한했고, 부와 허식에 얽매인 권세는 경멸의 대상으로 인정해버렸다. 이런 까닭에 그들은 가훈에서도 절약과 검소라는 미덕에 비상한 역점을 두었다.

사무라이와 농·공·상인 사이에는 도저히 넘을 수 없는 현격한 차이가 있었다. 이 세 계급은 서민이었지만 사무라이는 그렇지 않았다. 사무라이가 그들의 특권으로서 또 신분의 상징으로서 허리에 찬 칼은 단순한 장식이 아니었다. 사무라이는 도쿠가와 시대 이전부터 전통적으로 서민에게 칼을 휘두를 권한이 있었다. "사무라이에게 무례하게 군다든가, 경의를 표하지 않는 서민은 그 자리에서 베어도 좋다"고 이에야스가 정한 것은, 기존 관습에 법적 효력을 부여한 것에 지나지 않는다. 이에야스의 의도 속에는 서민과 무사 계급 간에 상호 의존 관계가 형성되어야 한다는 생각이 조금도 없었다. 그의 정책은 엄중한 계층 규제에 입각해 있었다. 서민도 사무라이도 모두 다이묘의 지배를 받으며 각각 다이묘와 직접 접촉했다. 두 계급은 말하자면 서로 다른 계단에 놓인 것이다. 그리고 각 계단을 통해서 법도와 금제가 내려지고 지배와 상호 의무가 행해졌다. 두 계단으로 갈라선 일본인들 사이는 사실 그렇게 멀지 않았다. 그래서 필연적으로 때에 따라 둘 사이에 다리가 놓이는 일도 적지 않았다. 하지만 그런 사태는 어디까지나 체제의 한 부분은 아니었다.

도쿠가와 시대에 있어서 사무라이는 더 이상 단순히 칼을 휘두르는 무인이 아니었다. 그들은 점차로 다이묘의 재산을 관리하는 집사, 고전극이나 다도 같은 평화로운 예술 활동의 전문가가 되어 갔다. 의례(儀禮)에 관한 일도 모두 그들의 소관이었고 다이묘의 정책은 그들의 계책에 따라 수행되었다. 태평한 200년은 상당히 긴 세월이다. 무사들이 단순히 개인적으로 칼을 쓰는 기회도 제한되었다. 그리하여 마치 상인들이 엄중한 신분적 제약에도 불구하고 세련된 예술적인 오락에 높은 가치를 두는 생활양식을 발달시킨 것처럼, 사무라이들도 늘 칼을 뽑을 준비를 하면서도 평화 시대에 어울리는 고전극 같은 기예를 발전시킨 것이다.

농민은 사무라이에 대해 법적인 보호를 받지 못하였고 무거운 세금을 내면서 여러 가지 제한을 받았지만, 대신 일정한 보증은 받을 수 있었다. 이를테면 그들은 농지의 소유권을 보장받았다. 일본에서는 토지를 소유하면 위신이 선다. 도쿠가와 치세하에서는 토지의 영구 양도가 법으로 금지되었는데, 이는 유럽 봉건제도의 경우처럼 봉건 영주를 위해서가 아니라 개개의 경작자를 위해 보증된 것이다. 농민은 그가 다른 무엇보다도 소중히 여기는 것, 즉 토지의 영구 경작권을 가졌다. 그들은 오늘날 그의 후손이 그러듯이 매우 성실하게 노력을 아끼지 않고 그 토지를 경작한 것으로 생각된다.

그럼에도 불구하고 농민은, 막부의 정치 기구, 번을 다스리는 권력 조직, 사무라이의 봉급 등을 포함한 거의 200만을 웃도는 기생계급 전체를 떠받치는 처지에 있었다. 농민에게는 연공이 부과되었다. 그들은 수확한 쌀의 일정 비율을 다이묘에게 바쳤다. 다른 쌀 생산국인 태국에서는 전통적인 연공이 수확량의 10퍼센트였는데, 도쿠가와 시대의 일본에서는 40퍼센트였다. 게다가 실제 연공 비율은 그보다 더 높아 영지에 따라서는 80퍼센트에도 달하였다. 또한 농민의 노력과 시간을 빼앗는 부역, 즉 강제 노동이 끊임없이 부과되었다. 이에 농민도 사무라이들처럼 그들의 가족 수를 제한할 수밖에 없었다. 그래서 일본 전국의 인구는 도쿠가와 시대 250년을 통해 거의 일정한 수준으로 유지되었다. 태평스런 시대가 오래 계속되었으며 더구나 일본은 다산(多産)으로 유명한 아시아 국가에 속하면서도 이처럼 인구가 늘지 않았다는 것으로도 그 통치의 성격이 어떠했던가를 여실히 보여 준다. 조세에 기대어 살았던 사무라이에게도, 또 생산자 계급에도 체제의 엄격한 제한이 실행되었다. 그러나 이 체제에 따른 개개의 예속자와 그의 상관 사이에는 비교적 신뢰가 있었다. 사람들은 자기의 임무나 특권이나 지위를 잘 알고 있었다. 그리고 만일 이러한 것이 침해당한다면 아무리 가난한 사람일지라도 항의할 수가 있었다.

농민은 극도로 빈곤해졌을 때에는 다이묘뿐만 아니라 바쿠후 당국에도 항의하였다. 도쿠가와 250년을 통해 이러한 농민의 폭동이 적어도 1,000건은 일어났다. 이러한 폭동은 전통적인 '4할은 영주에게, 6할은 농민에게(四公六民)'라는 중과세 때문이 아니라 그 이상의 폭정에 대항해서 발발한 것이었다. 도저히 살 수 없는 상황에 이르면 농민들은 대거 다이묘의 성 아래로 몰려들었지만, 소청과 재판의 수속은 합법적으로 행해졌다. 농민은 부담을 줄여 달라는 탄원서를 정식으로 써서 다이묘의 측근에게 제출하였다. 이 탄원서가 중도에서 묵살당하든지 다이묘가 그것에 귀를 기울이지 않을 때에는, 대표자를 에도(江戶)로 파견하여 탄원서를 바쿠후에 직접 제출하였다. 유명한 폭동의 경우, 바쿠후의 고관이 에도 시가를 통행하는 길목을 지켰다가 그가 탄 가마 속에 탄원서를 던져 넣음으로써 겨우 전달한 예도 있다. 얼마나 큰 모험을 통해 전달되었든지 간에, 탄원서는 결국 바쿠후 당국의 조사를 받게 된다. 그리고 그 판결의 반쯤은 농민에게 유리한 것이었다.

그러나 농민의 청원에 바쿠후가 판결을 내리는 것만으로는 일본의 법과 질서의 전제 조건은 충족되지 못하였다. 그들의 불평은 정당하며 국가가 그 불평을 존중하는 것은 당연한 조처였는지도 모른다. 그러나 농민 폭동의 지도자는 엄격한 계층 제도의 법을 어긴 것이다. 설령 판결이 그들에게 유리하다고 해도 그들은 이미 주군에게 복종해야 한다는 가장 중요한 법도를 어겨 버렸다. 이 점은 도저히 간과될 수 없었다. 그 때문에 그들은 사형을 언도받았다. 동기의 정당함은 법을 어긴 것과는 아무런 관계가 없었다. 농민들도 이것은 피할 수 없는 운명이라고 체념하였다. 사형을 언도받은 그들의 영웅, 폭동 지도자들이 가마솥에 삶기거나 교수형 당하거나 책형을 받아 죽는 형장에는 민중이 대거 몰려들었다. 그러나 그들은 결코 폭동을 일으키지 않았다. 그것이 바로 법이자 질서였기 때문이다. 그들은 나중에 사당을 지어 처형된 고인을 순교자로서 숭배하기도 했으나, 처형 그 자체는 그들의 생활을 지배하는 계층적인 법률의 일부로서 시인했던 것이다.

요컨대 역대의 도쿠가와 막부 쇼군은 각 번 안에 신분제도를 고정시켜 어느 계급도 모두 다이묘에 의존시키려 하였다. 다이묘는 각 번 계층 제도의 정점에서 있으면서 아랫사람에 대해서는 특권을 행사할 수 있도록 허락되었다. 따라서 쇼군의 주된 국정 업무는 다이묘를 통제하는 데에 있었다. 쇼군은 갖가지 수단을 동원하여 다이묘들이 동맹을 맺거나 군사를 일으키는 것을 방해하였다. 번과 번의 접경에는 여행 허가증과 짐을 조사하는 관리를 두고, 다이묘가 처첩(妻妾)을 타국에 보내 총기를 에도로 밀수하는 것을 막기 위해 '나가는 여자와 들어오는 총'을 엄중히 감시시켰다. 다이묘는 쇼군의 허가 없이는 약혼을 할 수도 없었다. 결혼으로 위험한 정치적 동맹이 이루어질 우려가 있었기 때문이다. 번과 번의 교역은 다리를 건널 수 없도록 하면서까지 방해하였다. 또 막부의 밀정이 항상 다이묘들의 재정 정보를 캐냈다.

만약 번의 금고가 가득 차면 쇼군은 그것을 일반적인 수준으로 되돌리기 위해 막대한 비용이 드는 토목 사업을 명령하였다. 다이묘를 억압하는 이러한 규제들 중 가장 유명한 규칙은 다이묘가 일 년 중 반년은 에도에 살아야 하며, 번으로 귀국할 때에도 처를 쇼군의 수중인 에도에 인질로 남겨 두어야만 했다. 이러한 모든 수단을 동원하여 바쿠후는 권력을 유지하고 계층 제도 속에서 지배적 지위를 확보하기 위해 노력하였다.

물론 쇼군이 그러한 계층 제도의 정점은 아니었다. 그는 천황으로부터 임명된 자로서 지배권을 장악했던 것이다. 천황은 정신(廷臣)인 세습 귀족 구게(公卿)와 함께 실질적인 권력은 빼앗긴 채 교토(京都)에 유폐되어 있었다. 그의 재력은 규모가 작은 다이묘보다도 못하였다. 게다가 궁중 의식까지도 바쿠후의 법도에 따라 엄중하게 제약되었다. 하지만 그럼에도 불구하고 가장 권세가 컸던 도쿠가와 바쿠후의 쇼군도, 천황과 쇼군의 이중 통치를 감히 폐지하려 들지 않았다. 일본에서 이중 통치는 결코 새로운 것이 아니었다. 12세기 이래로 쇼군이 실권을 박탈당한 천황의 이름 아래 이 나라를 통치했던 것이다. 어떤 시대에는 기능의 분할이 극단적으로 행해져 유명무실한 천황이 쇼군에게 위탁한 실권이, 이번엔 다시 그 쇼군의 보좌관에게 위탁돼 효력을 발휘하는 일조차 있었다. 일본에서는 언제나 기본 권력이 이중 삼중으로 위탁되었다. 도쿠가와 바쿠후의 명맥이 끊어지려는 마지막 순간까지도, 페리(Matthew C. Perry) 제독은 일본 권력 구조의 배후에 천황이 존재하고 있음을 알아차리지 못하였다. 그래서 미국의 초대 주일 총영사이며, 1858년 일본과 최초로 통상 조약 교섭을 벌인 타운센드 해리스(Townsend Harris)는 천황이 있다는 사실을 스스로 발견하는 방법을 취했다.

사실 일본인이 천황에 대해 품고 있는 관념은 태평양 여러 섬에서 목격되는 '신성 수장(神聖首長)'의 관념과 같은 것이다. 신성 수장은 정치에 관여하기도 하고 또 관여하지 않기도 한다. 태평양 어느 섬에서는 스스로 권력을 행사하며, 어느 섬에서는 그 권력을 타인에게 위탁한다. 그러나 그는 언제나 신성한 존재이다. 이런 관념이 극에 달한 뉴질랜드의 어느 부족에서는 신성 수장은 신성불가침이다. 그는 스스로 음식을 먹어서는 안 되므로 하인이 입에다 떠 넣어 준다. 그때 숟가락이 그의 신성한 치아에 닿아서는 안 된다. 또한 외출할 때 그는 결코 땅을 밟아서는 안 된다. 그가 신성한 발로 땅을 밟으면 그 땅은 자동적으로 성지가 되어 신성 수장의 소유가 되어야 했기 때문이다. 신성 수장의 머리는 특히 신성불가침으로 여겨져서 아무도 손을 댈 수 없다. 그가 하는 말은 부족 신들의 귀에까지 들린다.

사모아나 통가 등 일부 태평양의 몇몇 섬에서는 신성 수장이 세속 생활엔 전혀 관여하지 않았다. 모든 정무는 세속적 수장이 집행하였다. 18세기 말에 동태평양의 통가 섬을 방문한 제임스 윌슨(James Wilson)은, 그 정치 체제는 "천황이 이른바 쇼군에게 붙잡힌 국사범(國事犯) 같은 처지인 일본의 정치 체제와 아주 흡사하다"고 썼다. 통가 섬의 신성 수장들은 정무로부터 멀리 떠나 어디까지나 종교적 임무를 맡았다. 예컨대 과수원에서 첫 과일을 따면 먼저 그의 지휘로 제사가 집행되었다. 그런 뒤라야 사람들은 과일을 입에 댈 수가 있었다. 신성 수장이 죽으면 그의 죽음은 '하늘이 텅 비었다'는 말로써 발표된다. 그는 장엄한 의식과 함께 군주에게 어울리는 거대한 무덤 속에 장사지내진다. 그럼에도 불구하고 그는 정치에는 전혀 관여하지 않았다.

천황은 정치적으로 무력하고 이른바 쇼군에게 붙잡힌 국사범 같은 존재였을 때에도, 일본인의 정의에 따르면 계층 제도에서 훌륭하게 '알맞은 위치'를 차지하고 있었다. 천황이 정치에 적극적으로 관여하는지 여부는 일본인에게 천황의 위신을 평가하는 척도가 되지 않는다. 교토에 있는 그의 궁정은 일본인이 몇 세기 동안의 기나긴 세이다이쇼군의 지배 아래에서 꾸준히 소중하게 여겨 온 가치였다. 천황의 역할이 서양인의 눈에는 쓸모없어 보일지 몰라도, 일본인의 관점에선 그렇지 않았다.

아래로는 천민에서 위로는 천황에 이르기까지 참으로 명확하게 정해진 형태로 실현된 봉건 시대의 일본 계층 제도는 오늘날 일본에도 깊은 흔적을 남기고 있다. 봉건제도가 법적으로 종말을 고한 것은 겨우 75년 전에 불과하다. 그 뿌리 깊은 국민적 습성이 고작 인간의 일생 정도밖에 안 되는 짧은 기간 내에 소멸될 수는 없는 일이다. 다음 장에서 살펴보겠지만 근대 일본의 정치가들도 국가 목표는 철저히 바꿨을망정, 기존 체제의 많은 부분을 보존하기 위해 면밀한 계획을 세웠다. 일본에서는 모든 행동이 처음부터 끝까지 정밀하게 미리 규정되어 있으며, 또 각자에게 사회적 지위가 주어져 있다. 이런 세계에 익숙해져 왔다는 점에서 일본인은 세계 어느 국민과 비교해도 독보적인 존재이다. 법과 질서가 그러한 세계 속에서 무력을 바탕으로 유지된 200년간, 일본인은 이 면밀히 기획된 계층 제도를 안전 및 안심감과 동일시하도록 훈련되었다. 그들은 이미 아는 영역에 머무르는 한, 이미 아는 의무를 이행하는 한, 그들의 세계를 신뢰할 수 있었다. 도적들은 소탕되었다. 다이묘 간의 내전도 방지되었다. 백성은 만일 타인이 자기 권리를 침해한 것을 입증할 수 있다면 탄원할 수 있었다. 바로 농민들이 착취당했을 때 그렇게 했듯이. 그것은 탄원자 본인이야 위험해질지언정 공인된 수단이었다. 도쿠가와 바쿠후의 쇼군들 중에서도 가장 뛰어난 쇼군은 직소함(直訴函)까지 설치했다. 시민은 누구나 직소함에 불만을 투서할 수 있었다. 이 상자의 열쇠는 쇼군만이 가지고 있었다. 이처럼 일본에는 기존의 행동 규범상 허락될 수 없는 침략 행위를 확실히 바로잡는 공인된 체제가 존재했던 것이다.

사람들은 행동 규범을 신뢰하였다. 그리고 그 규범에 따를 때에만 안심할 수 있었다. 사람들은 그것을 바꾸든가 거부하는 대신, 그것을 지키는 데서 자신의 용기와 고결함을 드러내었다. 여기에 명기된 범위 안의 세상은 이미 아는 세계이며, 따라서 일본인의 눈으로 본다면 신뢰할 수 있는 세계였다. 그곳에 존재하는 규칙은 모세의 십계 같은 추상적 도덕 원리가 아니라 특정 상황에 엄밀하게 적용되는 구체적인 것이다. 가령 똑같은 상황이라도 본인이 사무라이냐 서민이냐에 따라 그가 취해야 할 행동은 달랐다. 또 상대가 형이나 동생이냐 하는 문제도 그의 행동을 결정하게 했다.

일본인은 이러한 제도 아래 있으면서, 강압적인 계층 제도의 지배하에 놓였던 다른 몇몇 나라의 국민들처럼 온화하고 순종하는 국민이 되지는 않았다. 일본에서는 각 계급에 일정한 보증이 주어져 있었다. 이 사실을 인식하는 것이 매우 중요하다. 천민 계급조차 그 특수한 직업을 독점할 권리가 보증되었고, 또 그들의 자치 단체는 당국의 승인을 받았다. 각 계급에 가해지는 제한은 컸지만 그 대신 질서와 안전이 보장되었다.

이 신분상의 제한에는 또한, 예를 들어 인도에서는 전혀 인정되지 않는 어느 정도의 유연성이 있었다. 일본의 관습은 기존 관례에 저촉되지 않고 이 제도를 교묘히 조종하는 몇 가지 공공연한 기술을 제공하였다. 사람들은 여러 가지 방법으로 신분을 변경할 수 있었다. 일본과 같이 화폐 경제가 실현되고 있던 나라에서는 필연적인 추세이지만, 돈놀이꾼과 상인들은 점점 부자가 되었다. 부유해진 그들은 이제 여러 가지 전통적 방법을 이용하여 상류

계급에 합류하려고 하였다. 먼저 저당잡은 토지와 그 땅의 소작료를 이용하여 '지주'가 되었다. 일본에서는 본디 토지의 양도가 금지되었으므로, 어차피 그들이 진짜 지주가 될 수는 없었다. 더욱이 소작료가 매우 높았기 때문에 그들은 농민들을 그 땅에 그대로 두어 실질적인 지주가 되는 편이 오히려 유리하였다. 돈놀이꾼들은 그 토지에 정착하여 소작료를 받아 냈다. 일본에서 이러한 토지 '소유'는 이윤과 함께 권세까지 가져다주었다. 그들은 자식을 사무라이 집안 사람과 결혼시켜 상류 사회의 일원이 되었다.

이처럼 일본에서는 신분제도를 교묘히 조종하는 전통적인 방법이 그 밖에도 또 있었다. 이를테면 양자를 삼는 관습이었다. 이 방법으로 상인들은 사무라이 신분을 사들일 수 있었다. 상인들은 도쿠가와 바쿠후의 여러 제약에도 불구하고 착실히 부(富)를 축적했다. 그리고 그들의 자식을 사무라이 집안에 양자로 보낼 궁리를 하였다. 일본에서는 남자를 그냥 양자로 삼는 일은 좀처럼 없다. 대신에 사위를 양자로 삼는 일은 있었다. 이것을 '데릴사위'라고 부른다. 데릴사위는 장인의 상속자가 되는 대신에 많은 희생을 치러야 한다. 그의 이름은 본가의 호적에서 말소되어 처가의 호적에 기입된다. 그는 아내의 성을 따르며 처가에 가서 생활해야 한다. 그렇지만 희생이 큰 만큼 이익도 크다. 이 결혼이 성사되면, 부유한 상인의 자손은 사무라이가 되며, 빈궁한 사무라이의 가족은 부호와 인척이 된다. 이때 신분제도는 조금도 흔들리지 않고 옛날 그대로이다. 제도를 교묘히 조종함으로써 부자는 상류계급 신분을 얻게 되는 것이다.

이처럼 일본에서는 같은 계급 안에서만 혼인이 이루어져야 하는 것은 절대로 아니었다. 신분을 초월한 결혼도 가능하게 하는 공인된 절차가 있었다. 그 결과 부유한 상인이 하층 사무라이 계급에 점점 침투하게 되었다. 이 사실은 서양과 일본의 현저한 차이점 중 하나로서 매우 중요한 역할을 했다. 유럽에서 봉건제도가 붕괴된 것은 점점 성장하고 우세해진 중산 계급의 압력이 그 원인이었다. 중산층 계급이 근대 공업화 시대를 지배한 것이다. 그런데 일본에서는 이런 강대한 중산층 계급은 발생하지 않았다. 상인이나 돈놀이꾼들은 공인된 절차를 밟아 상류계급의 신분을 사면 되었기 때문이다. 상인과 하층 사무라이들은 동맹을 맺었다. 이는 참 기묘하고도 의외인 일이지만, 봉건제도가 단말마의 고통을 겪던 시기에 일본은 유럽 대륙의 여러 나라들보다도 더 큰 규모의 계급 이동을 승인했던 것이다. 이 주장을 뒷받침하는 무엇보다도 유력한 증거는 귀족과 부르주아 사이의 계급 투쟁이 일본에서는 행해진 흔적이 전혀 없다는 사실이다.

일본에서 이 두 계급이 제휴한 까닭은 그렇게 하는 편이 두 계급 모두에게 이로웠기 때문이다. 그러나 이렇게 설명하기는 쉽다. 이런 제휴는 아마 프랑스에서도 서로에게 유익했기 때문이다. 실제로 서구에서도 그러한 제휴가 이루어진 몇몇 특수한 사례가 있기는 하다. 그러나 대체로 계급이 철저하게 고정되어 있었고, 프랑스 같은 데서는 계급 투쟁이 귀족의 재산을 몰수하는 사태마저 초래하였다. 반면에 일본에서는 두 계급이 서로 유착하였다. 쇠약해진 도쿠가와 바쿠후를 전복시킨 세력은 상인과 돈놀이꾼이 사무라이 계급과 맺은 동맹이었다. 일본에서는 메이지 유신 이후에도 여전히 신분의 귀천이 (형태를 바꿔) 보존되었는데, 만일 일본에 계급 간의 이동을 가능케 한 공인된 편법이 없었다면 이러한 현상은 도저히 불가능했을 것이다.

일본인이 면밀하게 구성된 행동 규범을 좋아하고 신뢰한 데에는 그럴 만한 이유가 있었다. 그 규범 아래에서는 사람이 규칙에 따르는 한 반드시 안전을 보장받을 수 있었다. 그것은 부당한 침략에 대한 항의를 인정하였다. 또 그것을 교묘히 조종하여 자기의 이익을 도모할 수도 있었다. 그리고 그것은 상호의무 이행도 요구하였다. 19세기 후반에 바쿠후 체제가 붕괴되었을 때에도, 이 행동 규범을 없애 버리자는 의견을 제시한 집단은 하나도 없었다. 프랑스 혁명이 일본에서는 일어나지 않았다. 프랑스의 1848년 2월 혁명 정도의 혁명조차도 일어나지 않았다. 그러나 시대는 매우 암담했다. 서민에서부터 바쿠후에 이르기까지 모든 계급이 상인이나 돈놀이꾼들에게 엄청난 빚을 지고 있었다. 비생산 계급의 비대한 인구와 거액의 경상 재정 지출은 이미 한도를 넘어섰다. 재정 압박에 시달리던 다이묘들은 가신들에게 규정한 대로 봉급을 줄 수가 없었다. 따라서 봉건제의 빈틈없는 유대 전체가 유명무실한 상태로 전락하게 되었다. 다이묘들은 어떻게든 경제적 파탄만은 면하려고 농민들에게 중과세를 더욱 부과하였다. 몇 년 뒤의 세금까지 미리 강요받은 농민들은 극도로 가난해졌다. 바쿠후도 역시 파산 상태에 놓여 현상 유지 능력이 전혀 없었다. 페리 제독이 함대를 이끌고 나타난 1853년 무렵의 일본 국내는 거의 파국에 가까운 상태였다. 페리의 강제 입국에 이어

1858년에는 미일 통상 조약이 체결되었는데, 이때 일본은 이미 그 조약을 거부할 만한 힘이 없었다.

그러나 일본 방방곡곡에서 터져 나온 절규는 '잇신〔一新〕', 즉 과거로 복귀하자는 이른바 유신(維新)이었다. 그것은 혁명과는 거의 정반대의 움직임이었다. 심지어 진보적이지도 않았다. '왕정복고'의 외침과 함께 민심을 사로잡은 표어는 '오랑캐 추방'이었다. 국민은 쇄국의 황금 시대로 복귀하는 방침을 지지하였다. 소수의 지도자들은 이러한 방침이 도저히 행해질 수 없다는 사실을 간파했으나 오히려 그 때문에 암살되었다. 일본은 혁명을 싫어하는 나라로, 진로를 바꾸거나 서양 여러 나라의 모범을 따를 기색은 전혀 없었다.

이런 국가가 그로부터 50년 뒤에 서양 여러 나라의 전문 분야에서 그들과 경쟁하게 되리라고 어찌 상상이나 하랴. 그럼에도 불구하고 실제로 그러한 일이 일어났다. 일본은 서양 여러 나라의 장점과는 전혀 다른 자신의 고유한 장점을 이용해서, 높은 지위에 있는 유력한 사람들도 또 일반 여론도 결코 강요하지 않은 목표를 이루어 냈다. 1860년대의 서양인이 만약 수정 구슬 속에서 일본의 미래를 보았다면 도저히 그것을 믿지 못했을 것이다. 왜냐하면 그 뒤로도 수십 년 동안, 온 일본 열도에 불어닥친 폭풍 같은 격렬한 활동을 예언하는 손바닥만한 먹구름조차 뜨지 않았기 때문이다. 그런데 실제로는 이 불가능한 일이 일어났다. 계층 제도에 얽매여 있던 후진적인 일본 국민은 급선회하여 새로운 진로로 행진하면서 그 길을 유지했던 것이다.

제4장
메이지유신

일본 근대화 초기의 구호는 손노조이〔尊王攘夷〕, 즉 '왕정을 복고하고 오랑캐를 추방하라'는 것이었다. 여기에 담긴 요구는 일본을 외국에게 짓밟히지 않도록 함과 동시에 천황과 쇼군의 '이중 통치' 아래 있었던 10세기의 황금 시대로 복귀하려는 것이었다. 교토에 있는 천황의 궁정은 극도로 반동적이었다. 천황 지지자에게 존왕파(尊王派)의 승리란 외국인을 굴복시켜 배척하는 것, 일본의 전통적인 생활양식을 회복하는 것, '개혁파'의 정치적 발언을 봉쇄하는 것이었다. 유력한 도자마 다이묘들, 즉 바쿠후를 무너뜨리는 데 선두에 선 번의 다이묘들은 왕정복고야말로 도쿠가와 대신에 자신들이 일본을 지배하는 길이라고 생각하였다. 그들이 하고자 한 것은 단지 지배자를 바꾸는 일이었다. 백성들은 그들이 농사 지은 쌀을 되도록 많이 소유하기를 원했지만 '개혁'은 무시무시한 일이라 여겼다. 사무라이 계급은 또 종전대로 봉급을 받고 칼로써 공명을 세울 기회가 오기를 바랐다. 존왕파에게 군사 자금을 제공한 상인들은 중상주의가 신장되길 원했지만, 결코 봉건제도를 규탄하지는 않았다.

반(反) 도쿠가와 세력이 승리를 거두어 1868년 왕정이 복고됨으로써 '이중통치'가 종말을 고했을 때, 우리 서양인이라면 승리자들이 이제부터는 놀라울 정도로 보수적인 고립주의 정책을 실시하리라 기대했을 것이다. 그러나 신정부가 취한 방침은 처음부터 그 반대였다. 신정부는 성립한 뒤 1년도 채 못 되어, 모든 번에서 다이묘의 과세권을 폐지하였다. 정부는 토지 대장을 회수하여 이른바 '사공육민(四公六民)' 중 사공을 정부에 납부하도록 하였다. 이 조치에 따른 보상은 있었다. 정부는 각 다이묘에게 정규 봉록의 반액에 상당하는 액수를 나눠 주는 동시에, 사무라이를 부양하고 토목 사업비를 부담하는 책임을 면제해 주었다. 사무라이들에게도 다이묘처럼 정부에서 봉급을 지급하였다.

그 뒤로 5년 동안 법에 근거한 계급 사이의 모든 불평등이 단숨에 철폐되었다. 신분이나 계급을 나타내는 징표나 차별적 복장이 금지되고 상투조차 잘라야 했다. 천민 계급은 해방되었으며, 토지 양도를 금지하는 법률이 철폐되었다. 또 번과 번 사이를 격리하는 장벽은 제거되고, 불교는 국교의 지위에서 추방되었다. 1876년에는 다이묘와 사무라이의 봉록이 5년 또는 15년을 상환 기간으로 하는 녹봉공채(祿俸公債)에 따라 일시불로 지급되었다. 물론 이 일시불은 도쿠가와 시대에 정해진 다이묘들의 봉급에 따라 차이가 있었다. 그리하여 다이묘와 사무라이들은 이 돈을 자금으로 새로운 비봉건적 경제하에서 사업을 시작할 수 있었다. "이것은 도쿠가와 시대에 이미 분명해진 상업·금융 귀족과 봉건·토지 귀족의 특수한 연합을 마침내 정식으로 체결하는 최종 단계였다."

갓 태어난 메이지 정부가 단행한 이 같은 괄목할 만한 개혁으로 원성이 자자했다. 1871년에서 1873년에 걸친 조선 침략론이 메이지 정부의 시책보다 더 열광적인 지지를 얻었다. 그러나 메이지 정부는 철저한 개혁을 단행하는 방침을 결코 굽히지 않았을 뿐만 아니라 조선 침략 계획을 묵살하였다. 메이지 정부의 기본 구상은 정부 수립을 위해 싸운 대다수 사람들의 소망과 정면으로 충돌했다. 이리하여 1877년에는 이들 불평 분자의 최고 지도자인 사이고(西卿)가 본격적인 반란을 일으키기에 이르렀다. 왕정복고 첫해부터 메이지 정부에게 배반당해 왔던, 봉건제도의 존속을 그리워하는 존왕파의 모든 소망을 대표하는 것이 반란군이었다. 정부는 평민 중심으로 구성된 의용군을 모집하여 사이고의 사무라이 군을 격파하였다. 그러나 이 반란은 메이지 정부가 국내에 얼마나 큰 불만을 야기시켰는가에 대한 하나의 증거였다.

농민의 불만 또한 눈에 띄었다. 1868년에서 1878년까지, 즉 메이지 초기 10년 동안에 적어도 190건의 농민 봉기가 일어났다. 신정부는 1877년에 가서야 겨우 농민의 과중한 세금을 경감시켰을 따름이다. 그러니 농민들이 신정부가 자기들에게 아무런 이익이 되지 않는다고 생각한 것도 결코 무리가 아니었다. 농민들은 또 학교의 설립, 징병 제도, 토지 측량, 단발령, 천민들에 대한 법적 차별 대우 철폐, 공인된 불교에 대한 극단적인 제한, 역법 개혁 등, 그들의 고정된 생활양식을 변혁시키는 많은 시책에도 반대하였다.

그러면 이토록 철저하고 평판 나쁜 개혁을 단행한 '정부'의 주도 세력은 대체 누구였는가? 그것은 일본 특유의 여러 제도가 이미 봉건 시대부터 육성시켜 온, 하층 사무라이 계급과 상인 계급으로 이루어진 '특수한 연합' 세력이었다. 즉 그들은 다이묘의 고용인으로서 또 가로(家老)로서 정치 수완을 익혀 공산업, 직물업, 판지(板紙) 제조 등 번의 독점 사업을 경영해 온 사무라이들과, 사무라이의 신분을 사서 그 계급에 생산 기술 지식을 보급시킨 상인들이었다. 사무라이와 상인의 동맹이 메이지 정부의 정책을 작성하고 그 실행을 계획한, 유능하고도 자신에 가득 찬 위정자들을 급속히 무대 앞으로 내세운 것이다. 그러나 문제의 중요성은 이 정치가들이 어느 계급 출신인가가 아니라, 어떻게 그들이 그토록 유능하면서도 현실주의적일 수 있었는가에 있다. 19세기 후반에야 겨우 중세에서 벗어난 일본은 그 무렵 오늘날의 태국 정도로 약소국에 불과했다. 그런데 어느 나라도 감히 시도하지 못할 만큼 비범한 정치적 수완이 필요한, 더군다나 놀라운 성공을 거둔 메이지유신이라는 대사업을 계획하고 수행할 능력을 지닌 지도자들을 배출한 것이다. 이들 지도자들의 장점은 물론 그 단점까지도 전통적인 일본인의 성격에 깊이 뿌리 박힌 것이었다. 그 성격은 무엇이었고, 또 무엇인가를 논하는 것이 이 책의 주된 목적이다. 그러나 여기서는 단지 메이지유신의 정치가들이 어떻게 이 사업을 수행해 갔는가를 이해하는 데 그칠 수밖에 없다.

그들은 그 임무를 이데올로기적인 혁명이 아니라 하나의 사업으로 간주하였다. 그들이 머릿속에 그리던 목표란 것은 일본을 존재감 있는 나라로 만드는 것이었다. 그들은 우상 파괴자가 아니었다. 그들은 봉건 계급을 욕하지도 않았고 무일푼의 형편으로 몰아넣지도 않았으며, 오히려 이들에게 많은 녹봉을 주어 그 미끼로 메이지 정부를 지지하도록 만들었다. 그리고 마지막으로 농민의 처우를 개선하였다. 이 조처가 10년이나 늦어진 까닭은 정부에 대한 농민의 요구를 계급적으로 묵살했기 때문이 아니라, 메이지 초기의 빈약한 국고 때문이었던 것으로 생각된다.

메이지 정부를 운영한 정력적이며 기략(機略)이 풍부한 정치가들은 일본의 계층제를 없애려는 모든 사상을 배척하였다. 왕정복고는 천황을 계층제의 정점에 두고 쇼군을 제거함으로써 계층 질서를 단순화시킨 것이다. 왕정복고 이후의 정치가들은 번을 폐지함으로써 영주에 대한 충성과 국가에 대한 충성 사이의 모순을 없앴다. 이러한 변화는 계층적 관습의 발판을 없애지 않고 오히려 거기에 새로운 위치를 주었을 뿐이다. 일본의 새로운 지도자가 된 '각하(閣下)'들은 계층제를 약화시키기는커녕 오히려 자신들의 치밀한 계획을 국민에게 강제하기 위하여 중앙집권적 지배를 한층 강화시켰다. 그들은 위로부터의 요구와 위로부터의 은혜를 번갈아 이용함으로써 유려하게 조종해 나갔다. 그러나 역법 개혁이나 공립 학교 설립, 천민에 대한 차별 대우 철폐 등을 지지하지 않는 국민 여론에 따를 필요는 전혀 없다고 생각하였다.

위로부터의 은혜 가운데 하나가 1889년 천황이 백성에게 내린 일본의 헌법이다. 이 헌법 덕분에 백성은 국정에 참여할 수 있는 길이 열려 제국 의회가 설립되었다. 이 헌법은 서구 여러 나라의 각종 헌법을 비교 검토한 뒤, 세심한 심사숙고 끝에 각하들의 손으로 작성되었다. 그러나 기초자들은 '백성의 간섭과 여론의 침입을 방지하기 위한' 모든 예방 수단을 강구하였다. 헌법 기초의 임무를 맡은 관청 자체가 궁내성(宮內省)의 한 부서로 그곳은 신성불가침의 영역이었다.

메이지의 정치가들은 그들의 목적을 잘 알고 있었다. 1880년대에 헌법의 입안자인 이토〔伊藤〕공작은 기도〔木戶〕후작을 영국의 철학자 하버드 스펜서에게로 파견하여, 일본의 앞길에 놓인 여러 문제에 대해 조언을 구하였다. 여러 의견이 오간 뒤 스펜서는 그의 결론을 이토에게 써 보냈다. 그 내용인즉, 일본의 전통적 조직이야말로 국민 복지의 기초이므로 그대로 존속시켜 소중히 발전시키라는 것이었다. 윗사람에 대한 전통적 의무, 특히 천황에 대한 전통적 의무는 일본의 큰 장점이다. 일본은 이 '웃어른'의 지도하에서 견실히 나아갈 수가 있는 것이다. 또 이로써 개인주의적인 나라들에서 발생하는 여러 가지 문제점을 방지할 수 있다고 스펜서는 말하였다. 메이지의 위대한 정치가들은 자기들의 신념에 확신을 얻어 크게 만족하였다. 그들은 근대적 세계에서 '알맞은 위치'를 지킴으로써 얻은 이익을 보존하려고 하였다. 계층 제도의 관습을 무너뜨릴 생각은 없었다.

그것이 정치든 종교든 경제든 상관없이 모든 활동 분야에서, 메이지의 정치가들은 국가와 국민 간의 '알맞은 위치'의 의무를 세밀히 규정하였다. 모든 기구는 미국이나 영국의 조직과는 너무나 달라서, 우리는 보통 그 기구의 기본을 인지하지 못하고 지나쳐 버리기 쉽다. 여론에 따를 필요 없이 위로부터의 강력한 지배가 행해진 것은 말할 나위도 없다. 이 지배는 계층제의 수뇌부를 차지한 사람들이 관리했다. 그리고 이 수뇌부 속에는 국민이 선거한 사람들은 전혀 포함되지 않았으므로, 국민은 전혀 발언권이 없었다.

1940년에 정치적 계층제의 수뇌부를 구성한 사람들은 언제든지 천황을 배알할 수 있는 중신들, 천황의 직접적인 조언자 지위에 있는 사람들, 천황의 옥새가 찍힌 사령(辭令)을 통해 임명된 사람들이었다. 이 마지막 부류에는 각료, 도지사, 재판관, 각국의 장관, 기타 고관이 포함된다. 선거에서 뽑힌 관리는 높은 지위를 차지하지 못하였다. 그들은 이를테면 각료나 대장성(大藏省) 혹은 운수성(運輸省)의 장관을 선임하거나 인준할 때 아무런 영향력을 행사할 수 없었다. 선거를 통해 구성되어 국민의 의견을 대변하는 중의원은 정부의 고관에게 질의나 비판을 하는 커다란 특권을 갖지만 인사나 정책 결정, 예산 편성에 관한 일에서는 참된 발언권이 없었다. 또 발의를 통해 법률을 제정할 수도 없었다. 또한 중의원은 선거로 선출되지 않는 귀족원(貴族院)의 견제를 받았다. 귀족원 의원의 반수는 귀족이며 4분의 1은 천황이 임명하였다. 귀족원이 법률에 영향을 미치는 권한은 중의원과 거의 같았으니, 여기에도 또 하나의 계층제 관문이 놓여 있었던 것이다.

따라서 일본은 중요한 정부의 지위를 어디까지나 '각하'들의 수중에 두었다. 그러나 이 사실은 결코 그 '알맞은 위치'에 자치 제도가 없었다는 의미가 아니다. 아시아의 여러 나라에서는 나라와 정치 체제에 관계없이 위로부터의 권력이 아래로 미치는 과정의 어느 지점에서는 반드시 밑으로부터 올라오는 지방자치제의 힘과 마주친다. 나라에 따라 차이가 나는 것은 단지 민주적 책임이 어느 정도까지 위로 미치는가, 지방자치제도의 책임이 얼마만큼인가, 지방적 지도력이 지방 공동체 전체의 요망에 어디까지 부응하는가, 또 지방의 세력가들에게 농락당하여 주민의 불이익을 얼마나 초래했는가 등등에 불과하다.

도쿠가와 시대의 일본에는 중국과 마찬가지로 '도나리구미(隣組)'라 불리는 5호(戶) 내지 10호씩 묶은 소단위 조직이 있다. 최근에는 주민의 최소 책임 단위가 되었다. 이 소단위 조직의 장이 소단위 자체의 모든 일을 지휘해서, 소속 주민이 나쁜 짓을 하지 못하도록 책임을 지며, 의심스런 행동이 있으면 보고하고, 낯선 자가 나타나면 관헌에게 고발해야만 하였다. 메이지의 정치가들은 처음에는 이 조직을 폐지했으나 나중에 다시 부활시켜 '도나리구미'라 불렀다. 도나리구미는 도시에서는 정부가 적극적으로 권장하여 만들었는데 지금의 농촌에서는 거의 기능을 상실하고 있다.

이보다 더 중요한 것은 15호 정도로 구성된 작은 마을, '부라쿠(部落)' 단위이다. 부라쿠는 폐지되지 않았으나 하나의 단위로 행정 기구 속에 포함되지도 않았다. 그곳은 일종의 '성역'으로 국가의 기능이 미치지 않는다. 오늘날에도 매년 교체되는 부라쿠의 장을 통해 조직적으로 그 기능을 발휘하고 있다. 부라쿠의 장은 "부라쿠의 재산을 관리하며, 사람이 죽거나 불이 났을 때 그 집에 주어지는 부라쿠의 원조를 감독하고, 농사짓기, 집짓기, 도로 수리 등에서 공동 작업을 위한 적당한 날짜를 정하며, 일정한 간격으로 화재 경보종을 치거나 땅을 두드려서 그 지방의 축제일이나 휴식일을 알린다." 몇몇 아시아 나라와는 달리 이들은 부라쿠에서 국세를 징수하는 책임까지는 지지 않는다. 무거운 짐을 지지 않은 셈이다. 그들의 지위는 조금도 이중적인 데가 없다. 그들은 어디까지나 민주적 책임의 범위 안에서 직무를 수행할 따름이다.

일본의 근대 정치 조직에는 시(市), 정(町), 촌(村)의 지방자치제도가 공인되어 있다. 선출된 '원로'들이 책임 있는 지방의 장을 선출한다. 그리하여 이 장이 부(府), 현(縣) 중앙 정부로 대표되는 국가와 절충할 때에 각기 시·정·촌의 대표자로서 책임을 수행한다. 농촌에서 그 장은 예로부터 그 땅에 살고 있는 지주 농민 집안 출신이다. 촌장의 직무를 맡으면 경제적으로는 약간 손실이 있으나 그 대신 위신이 선다. 이 촌장과 원로들이 마을의 재정, 보건, 학교의 유지, 특히 재산 등기와 개인 신상 서류에 대한 책임을 진다. 시·정·촌 사무소는 매우 바쁜 곳이다. 우선 아동을 대상으로 하는 초등교육에 대한 국고 보조금 지출, 그보다 훨씬 많은 액수에 달하는 마을 자체가 부담하는 교육비 지출, 마을 재산의 관리와 임대, 토지 개량, 식목, 모든 재산 거래 등기 등의 사무를 다룬다. 부동산 거래는 이 사무소에 정식으로 등록함으로써 비로소 법률적인 효력을 지닌다. 시·정·촌 사무소는 또 그 마을에 본적을 둔 주민에 대한 주거, 혼인 여부, 출산, 양자 결연, 전과 등의 사실을 기입한 최신 기록 및 가족에 대한 자료를 나타내는 가족 기록을 보관한다. 이상 여러 사항에 관해 약간이라도 변화가 있으면, 일본 어느 지방에서도 당사자의 본적지에 보고되어 장부에 기입된다. 취직을 할 때나 재판을 받을 때, 기타 신원 증명이 필요할 때에는 본적지의 시·정·촌 사무소에 편지를 보내든가, 본인이 직접 가서 등본을 떼어 상대방에게 제시한다. 따라서 사람들은 자기 자신이나 가족의 장부에 나쁜 기록이 적히지 않도록 여러 가지로 몸조심을 하는 것이다.

이처럼 시나 마을의 사무소는 지역공동체를 운영하는 적지 않은 책임을 지고 있다. 1920년대 일본에 전국적인 규모의 정당이 생겼다. 여느 나라에서 그렇듯 그것은 '여당'과 '야당'의 정권 교체를 의미했다. 그러나 일본의 지방 행정은 이 정당 정치라는 새로운 사실에 전혀 영향을 받지 않고, 여전히 공동체 전체를 위해 일하는 원로들의 지휘에 따랐다.

그러나 지방 행정 기관은 단지 세 가지 점에 관해서는 자치권이 없었다. 즉, 판사는 모두 국가에서 임명되며 경찰관이나 교사도 전부 국가 공무원이라는 점이다. 일본에서는 지금도 대개의 민사 사건은 여전히 조정에서, 즉 조정위원을 통해 처리된다. 따라서 재판소가 지방 행정에서 담당하는 역할은 거의 없다. 재판소에 비해 경찰이 더욱 중요한 역할을 한다. 경찰은 집회에 참석할 의무가 있다. 그러나 그의 본연의 임무는 항상 있는 것이 아니며, 대부분의 근무시간은 주민의 개인 신상과 재산에 관해 기록하는 사무에 할애된다. 국가는 경찰을 해당 지역과는 인연이 없는 국외자(局外者)로 임명하기 때문에 전임되는 경우가 많다. 학교 교사도 이동이 잦다. 학교는 구석구석까지 국가의 통제를 받아, 프랑스처럼 어느 학교나 같은 교과서로 같은 과목을 같은 날에 공부한다. 어느 학교든 아침에는 같은 시간에 같은 라디오 반주로 같은 체조를 한다. 이처럼 시·정·촌은 저마다 재량껏 학교와 경찰과 재판소를 운영할 수 없다.

이처럼 일본의 정치 기구는 모든 점에서 미국과는 현저히 다르다. 미국에서는 선거에서 선출된 사람들이 최고의 행정적 입법적 책임을 지며, 지방 치안은 지방자치체의 지휘 하에 있는 경찰과 경찰 재판소가 관리한다. 요컨대, 일본의 정치 기구는 네덜란드나 벨기에 같은 완전히 서구적인 나라의 정치 체제와 형식상으로는 조금도 다르지 않다. 예를 든다면, 네덜란드에서는 일본과 마찬가지로 법안은 모든 여왕의 내각이 제출한다. 사실 의회가 그 발의를 통해 법률을 정한 일은 없다. 마을의 장이나 시장조차도 법률상으로는 여왕이 임명하는 것으로 되어 있다. 따라서 여왕의 형식적 권리는 1940년 이전의 일본보다도 훨씬 폭넓게 지방자치단체가 처리해야 할 일들의 범위에까지 미치고 있다. 실제로는 이러한 것은 여왕이 지방자치단체의 지명을 승인하는 관습이 있다 할지라도 엄연한 사실이다. 경찰이나 재판소가 직접 군주에 대해 책임을 진다는 점도 네덜란드와 같다. 다만, 네덜란드에서는 어떠한 종파에서도 학교를 자유롭게 설립할 수 있다. 일본의 학교 제도는 프랑스의 그것을 손질한 데 지나지 않는다. 그리고 네덜란드에서는 운하 정비나 간척지나 지방 개발 사업 등은 지방의 책임이다. 공동체 전체의 일로 정당에서 선출된 시장이나 관리의 일이 아닌 것이다.

일본의 정치 형태는 서구 유럽의 사례와는 다르다. 본질적인 차이는 형식이 아니라 그 기능에 있다. 일본인은 과거의 체험을 통해서 형성되고 그들의 윤리 체계와 예절 속에 격식화된 밝은 복종의 관습에 의존하고 있다. 국가는 '각하'들이 '알맞은 위치'에서 직분을 다하면 반드시 그 특권을 존중받으리라 믿는다. 그것은 해당정책이 인정되기 때문이 아니라 일본에서는 특권의 경계선을 넘는다는 것 자체가 괘씸한 일로 간주되기 때문이다. 국정의 최상층에서는 '국민의 여론'을 고려하지 않는다. 정부는 단지 '국민의 지지'만을 요구할 따름이다. 국가가 그 권한으로 지방 행정의 범위까지 침범할 때에도 그 지배권은 존중된다. 국가는 국내에서 갖가지 기능을 수행하지만 필요악은 아니다. 국가를 필요악으로 보는 미국의 국가관과는 대조적이다. 일본인의 안목으로 보면 국가는 더 없이 존귀한 것이다.

또한 국가는 국민 소망의 '알맞은 위치'를 인식하려고 세심한 주의를 기울인다. 국민의 여론이 마땅히 지배해야 하는 영역에서는 설령 그것이 국민에게 이익이 되는 일일지라도, 일본 정부는 국민의 비위를 맞추듯이 그 일을 한다고 해도 지나친 말은 아니다. 구식 농법을 개량할 때 농업 진흥을 담당하는 정부 관리는 고압적인 태도로 나오지 않는다. 그 점에서는 미국 아이다호 주의 농업 관리 공무원과 마찬가지이다. 정부 보증의 농민 신용 조합이나 농민 구매·판매 조합을 장려하는 관리는 그 지방의 유지들과 오래도록 원탁회의를 거듭한 끝에 결국 그들의 결정에 따라야 한다. 지방에 관한 일은 지방이 처리하는 것이다. 일본인의 생활양식은, 알맞은 권위를 할당하고 각각의 권위에 알맞은 영역을 규정하는 것이다. 따라서 '웃어른'에게는 서구 문화보다도 더 큰 존경, 더 큰 행동의 자유를 주지만, 웃어른들도 그 지위를 지켜야 한다. '모든 것을 알맞은 장소에 둔다.' 이것이 일본의 좌우명이다.

메이지의 정치가들은 종교 분야에서 정치에 비해 훨씬 기묘한 형식적 제도를 만들어 냈다. 그러나 이 역시 일본의 좌우명을 실천한 결과일 따름이다. 그들은 국민적 통일과 우월의 상징을 특히 선양시키는 종교는 국가 관할에 속하게 하고, 다른 모든 종교는 개인 신앙의 자유에 맡겼다. 국가의 통제를 받는 영역이 바로 국가신토〔國家神道〕이다. 국가신토는 미국에서 국기에 대한 경례와 같은 것으로, 국민적 상징에 정당한 경의를 표하는 것을 기본 취지로 하기 때문에, 그들의 주장에 따르면 "종교가 아니다." 그러므로 일본은 서양의 신앙의 자유 원칙에 조금도 저촉됨 없이 모든 국민에게 국가신토를 요구할 수 있었다. 그것은 마치 미국에서 성조기에 대해 경례를 요구하는 것이 조금도 신앙의 자유를 침해하지 않는 것과 같다. 그것은 단순한 충성의 상징에 지나지 않았다. '종교가 아니기' 때문에 일본인은 그것을 학교에서 가르쳐도 서양인의 비난을 받지 않는다. 학교에서는 국가신토를 신화 시대 이래의 일본 역사와 '만세일계(萬世一系)의 통치자'인 천황에 대한 존경의 뜻으로 말한다. 국가는 그것을 지지하고 통제하였다. 다른 모든 종교, 불교와 기독교의 각 파는 말할 것도 없고 교파신토〔教派神道〕 즉, 제사신토〔祭祀神道〕까지도 미국과 마찬가지로 개인의 자유 의사에 맡겼다. 이 두 영역은 행정상·재정상 확실히 구별되어 있었다. 국가신토는 내무성의 국가신토를 주관하는 부국의 관찰 하에 있으며, 신관(神官)이나 의식(儀式), 신사(神社)는 국비로 유지한다. 제사신토와 불교·기독교 각파는 문부성 종교국 감독하에 있고, 재정은 각 교파에 속하는 신자들의 자발적 헌금에 의지한다.

이 문제에 관한 일본의 공식적 태도가 위와 같으므로 국가신토가 거대한 국립 교회(Established Church)라고는 말할 수 없으나, 적어도 거대한 국립 기관이라고는 부를 수 있다. 태양의 여신을 제사 지내는 이세신궁(伊勢神宮)에서부터 지방 신사에 이르기까지 신사의 수는 11만 개 이상에 달한다. 그 중에는 특별한 의식 때마다 신관 자신이 청소를 해야 하는 작은 신사도 있다. 나라 전체의 신관 계층은 정치적 계층제에 병행하는 것이어서 권위의 계통은 최하위의 신관에서 군·시 또는 부·현의 신관을 거쳐, 최고의 신관에까지 미친다. 그들은 민중이 행하는 예배를 주관한다기보다는 오히려 민중을 대신해서 예식을 거행한다. 국가신토의 예식은 우리가 보통 교회에 가서 예배를 보는 것과는 다르다. 국가신토는 종교가 아니므로 신관들이 교의를 가르치는 것이 법으로 금지되었기 때문에, 서구인이 생각하는 것 같은 의미의 예배 의식은 없다. 그 대신 종종 돌아오는 제삿날에는 지역 공동체의 공식 대표자들이 신사를 찾아와서 신관 앞에 선다. 그러면 신관은 삼[大麻]과 종이를 길게 늘어뜨린 막대기[幣束]를 흔들어 그들을 정화시킨다. 신관은 깊숙한 신단의 문을 열고 큰 목소리로 신들께서 공양 음식을 드시러 내려오십사고 외치고 기도를 드린다. 참배자들은 각자의 신분에 따라 경건히 배례하고, 예나 지금이나 일본 어느 곳에나 있는 가느다란 흰 종이를 늘어뜨린, 일본인이 성스럽게 여기는 나무의 잔가지[玉串] 하나를 봉헌한다. 그러면 신관은 다시 한 번 소리를 질러 신들을 배웅하고 신단의 문을 닫는다. 국가신토의 제삿날에는 천황이 국민을 대표하여 의식을 행한다. 따라서 모든 관청은 휴무이다. 그러나 이러한 휴일은 지방에 있는 신사의 제례나 불교 제일과 같은 민중적인 큰 축제일은 아니다. 지방의 신사나 불교제사는 국가신토 밖의 '자유로운' 영역에 있는 것이다.

이 영역에서 일본인은 그들의 기호에 맞는 많은 유력한 종파와 축제일을 만들었다. 불교는 지금도 국민 대다수의 종교인데, 그 가르침과 개조(開祖)가 저마다 다른 여러 종파가 활발히 활동하며 전국적으로 퍼져가고 있다. 이 중 어떤 것은 1930년대에 정부가 국가주의 입장을 취하기 이전부터 이미 순수한 국가주의의 본거지였으며, 어떤 것은 크리스천 사이언스(Christian Science)와 비교할 수 있는 신앙 요법의 종파도 있다. 게다가 유교의 가르침을 신봉하는 종파도 있고, 신들린 상태나 신성한 산 속에 있는 신사를 참배하는 것을 전문으로 하는 종파도 있다. 대중적인 축제일의 대다수도 역시 국가신토 영역의 일이었다. 그런 축제일에는 많은 군중이 신사에 모인다. 참배자는 양치질로 입을 깨끗이 하고 손을 씻고는 방울을 매단 줄을 당기거나 손바닥을 마주치면서 신이 강림하기를 빈다. 그런 다음 경건히 배례한 뒤에 다시 한 번 줄을 당기거나 손뼉을 쳐서 신을 배웅한다. 그러고는 신 앞에서 떠나 그날의 중요 행사를 시작한다. 그날의 중요 행사란 신사 안 노점상에서 장난감과 맛있는 것을 사거나, 스모나 액막이굿 또는 어릿광대가 나와서 우스갯짓을 하는 가구라[神樂] 춤을 구경하는 등 한마디로 말해 축제 기분을 즐기는 일이다. 예전에 일본에서 산 적이 있는 어떤 영국인은 일본의 축제일에는 항상 다음과 같은 윌리엄 블레이크(William Blake)의 시구가 생각난다고 하였다.

교회에서 약간의 맥주가 나오고,
우리의 영혼을 데워 줄 즐거운 불이라도 있다면,
우린 온종일 찬송가를 부르기도 하고 기도드리기도 하면서,
교회를 빠져나와 방황하려는 생각은 하지 않을 텐데.

If at the church they would give us some ale,
And a pleasant fire our souls to regale,
We'd sing and we'd pray all the livelong day.
Nor ever once from the church to stray.

엄숙한 종교적 고행에 몸을 바친 몇몇 경우를 제외하면 일본에서 종교란 결코 금욕적인 것이 아니다. 일본인은 즐겨 먼 곳의 신사나 절에 참배하러 가지만 이것 역시 휴일을 즐기려는 의도에서이다.

이처럼 메이지의 위정자들은 정치에서는 국가의 기능이 미치는 영역을, 종교에서는 국가신토의 영역을 신중히 구획하였다. 그리고 그 밖의 영역은 국민에게 맡겼다. 그렇지만 직접 국가에 관계되는 일에 대해서는 새로운 계층 제도의 최고 관리인인 그들 자신의 손에 지배권을 두려 하였다.

군대를 창설할 때에도 비슷한 문제가 생겼다. 그들은 다른 분야에서와 같이 여기서도 낡은 신분제도를 제거했는데, 군대에서는 일반 시민 생활에서보다도 더 철저히 제거하였다. 군대에서는 경어조차 폐지되었다. 그러나 실제로는 옛 습관이 그대로 남아 있었던 것은 말할 필요도 없다. 또한 군대에서는 가문에 구애받지 않고 본인의 실력만으로 누구든지 병사에서 장교의 계급까지 승진할 수 있었다. 이처럼 철저한 실력주의가 실행된 분야는 달리 없었다.

이 점에서 군대는 일본인 사이에서는 매우 좋은 평판을 얻었는데 분명히 그럴 만도 하였다. 실력주의는 새로이 조직된 군대를 위해 일반 민중의 지지

를 얻는 가장 좋은 수단이었다. 또 중대나 소대는 같은 지역에서 온 인근 사람들로 편성되었고, 평소 병역은 자기 집 가까운 병영에서 마친다. 이것은 출신 지방과의 인연이 유지된다는 것뿐만 아니라, 실제로 군대에서 훈련을 받는 2년 동안은 누구나 사무라이와 농민 혹은 부자와 빈자의 관계를 떠나, 장교와 병사, 고참병과 신참병의 관계로 생활한다는 것을 의미한다. 다른 대다수 나라에서의 군대란 다만 현상 유지를 위한 위세 정도일 뿐이다. 그러나 일본 군대는 여러 면에서 민주적 평등주의의 구실을 하였다. 또 많은 점에서 참된 국민의 군대였다. 일본 군대는 소농(小農) 계급을 동정하게 하였고, 그 동정이 군대로 하여금 여러 차례 금융 자본가나 생산 자본가들에 대한 항의를 하게 했다.

일본의 위정자들은 국민군 설립으로 생긴 결과를 순순히 시인했을 리 없다. 그들이 계층 제도에서 군부가 최고 권위를 확보해야 한다고 생각한 것은 결코 이러한 결과를 기대해서가 아니었다. 그들은 최고의 영역에 일정한 조처를 강구함으로써 그 목적을 확실히 달성하였다. 이러한 조처를 헌법으로 규정하지는 않았으나, 정부로부터 이미 승인되어 있는 군 수뇌부의 독립을 관례로 유지시켰다. 예를 들면 육·해군 장관은 외무성이나 내정을 맡은 각 성의 장관과는 달리, 천황을 직접 배알하고 말씀을 아뢸 수 있는 권한이 있었다. 따라서 천황의 이름을 이용하여 그들의 방책을 강제할 수 있었고, 문관 각료들에게 보고하거나 협의할 필요도 없었다. 더욱이 군부는 어떠한 내각도 마음대로 조종할 수 있었다. 그들은 육·해군 장관을 입각시키지 않음으로써 그들이 신뢰할 수 없는 내각의 성립을 간단히 막을 수 있었다. 고위 현역 장교가 육·해군 장관의 지위를 채워 주지 않는 한 어떠한 내각도 성립할 수 없었다. 육·해군 장관의 자리는 문관이나 퇴역 장교가 치지할 수 없기 때문이다. 마찬가지로 군부가 내각이 취한 어떤 행동에 불만이 있으면 내각 안에 있는 그들의 대표를 소환함으로써 내각을 총사퇴시킬 수도 있었다. 이러한 최고 지위의 군 수뇌부는 어떠한 간섭도 허용하지 않는 수단을 강구하였다. 만일 그 위에 또 보증이 필요하다면 그것은 헌법에서 찾을 수 있었다. 즉 "제국 의회에서 예산을 의논하여 결정되지 않거나 예산을 성립시키지 못했을 때 정부는 전년도의 예산을 시행해야 한다"는 조항이 바로 그것이다.

외무성이 결코 그러한 일이 일어날 수 없게 하겠다고 약속했는데도 군부는 만주사변을 일으켰다. 이것은 내각의 정책 통일이 이루어지지 않았을 때 군 수뇌부가 현지 사령관을 지지한 한 예인 것이다. 군부도 다른 분야와 마찬가지이다. 이러한 계층적 특권에 관련된 일이라면 일본인은 어떤 결과가 될지라도 그 결과를 감수하는 경향이 있다. 그것은 정책에 관해 의견이 일치하기 때문이 아니라 특권의 경계선을 넘어서는 것은 좋지 않다고 생각하기 때문이다.

산업적 발전의 분야에서도 일본은 서구 어느 나라에서도 유례를 볼 수 없는 독자적인 길을 걸었다. 여기에서도 '각하'들이 계략을 세우고 순서를 정하였다. 그들은 계획을 세웠을 뿐만 아니라 그들이 필요하다고 생각되는 산업을 건설하고 자금을 공급하였다. 비용은 국가가 부담했다. 산업 운영을 담당한 것은 국가의 관료기구이다. 외국의 기술자를 초빙하고 기술을 배우기 위해 해외에 파견된 사람도 있었다. 그 뒤 이러한 산업에 대해 정부는 "조직을 정비하여 당초 계획대로 사업이 신장됨에 따라", 그것을 민간 회사에 매각하였다. 정부는 이러한 산업을 선택된 소수의 자본가, 특히 미쓰이〔三井〕나 미쓰비시〔三菱〕 같은 저명한 재벌에게 '형편없이 싼값'에 팔아넘겼다. 일본의 정치가들은 산업 개발이란 일본에 너무 중요한 사업이므로, 수요 공급의 법칙이나 자유 기업의 원칙에 맡겨서는 안 된다고 생각하였다. 그러나 이 정책은 결코 사회주의적 신조에 바탕을 둔 것이 아니었다. 결국 톡톡히 재미를 본 것은 재벌들이었다. 일본이 이룩한 것은 실수와 헛된 소모를 최소한도로 줄여 그들에게 필요한 산업을 확립하는 것이었다.

'자본주의적 생산의 출발점과 그 뒤 여러 단계에는 표준적인 순서가 있다.' 일본은 이러한 방법을 이용하여 순서를 수정할 수 있었다. 소비재 생산, 즉 경공업을 시작하는 대신 먼저 중공업 기간 부문에 손을 댔다. 군수 산업·조선소·제철·철도 건설 등에 우선권이 주어져, 기술력이 단숨에 고도의 수준에 달하였다. 이들 산업이 전부 민간의 손으로 넘어간 것은 아니다. 거대한 군수 산업은 여전히 정부 관료의 지배하에 남겨 두고, 정부의 특별 회계에 따라 자금을 공급했다.

정부가 우선권을 준 산업의 모든 분야에서 소상공업자나 관료가 아닌 경영자는 '알맞은 위치'를 얻지 못하였다. 국가와 신임이 두텁고 정치적으로 우선권이 있는 재벌만이 이 영역에서 활동하였다. 그러나 일본의 다른 모든 분야가 그러하듯이 산업에도 자유로운 영역이 있었다. 그것은 최소한의 자본 투자와 최대한의 저임금 노동을 활용함으로써 운영하는 나머지 각종 산업이었다. 이러한 경공업은 근대적 기술 없이도 존재할 수 있었고, 지금도 존속하고 있다. 저임금 가정공업을 바탕으로 유지되기 때문이다. 소규모 제조업자가 원료를 사서, 그것을 가정이나 직공이 네댓 정도인 작은 공장에 대여하고 회수하며 다시 대여하는 과정을 되풀이한다. 그리고 마지막으로 제품을 상인이나 수출업자에게 팔아넘긴다. 1930년대에 공업 종사자의 53퍼센트가 이러한 직공 5명 이하의 공장이나 가정에서 일했다. 이러한 노동자들의 대부분은 낡은 도제(徒弟) 제도의 온정주의적 관습의 보호를 받았다. 또 이들 중 다수가 대도시의 가정에서 아기를 업고 임금 노동에 종사한 주부들이었다.

일본 산업에서 볼 수 있는 이러한 이원성은 일본의 정치나 종교 등의 분야에서 볼 수 있는 이원성과 마찬가지로 중요하다. 일본의 정치가들은, 다른 여러 분야에서처럼 재계에서도 귀족제가 필요하다는 방침을 결정했을 때, 그들을 위해 각종 전략적 산업을 건설하였고, 정치적으로 우선권이 있는 재벌을 선택하여 다른 계층 제도와 마찬가지로 '알맞은 위치'를 차지하도록 하였다. 정부가 이러한 재계의 유력 가문과 인연을 끊는다는 것은 일본 정치가들의 계획에는 전혀 들어 있지 않았다. 그리하여 재벌은 그들에게 이윤과 함께 높은 지위를 주는 일종의 지속적인 '비호정책(patemalism)'을 통해 이익을 얻었다. 일본인의 이윤 및 금전에 대한 지금까지의 태도로 보아 재계 귀족이 국민의 공격을 받는 것은 피할 수 없었지만, 정부는 온 힘을 다해 그 체제를 공인된 계층제의 관념에 따라 확립하려 하였다.

그 노력이 완전히 성공하지는 못하였다. 재벌은 이른바 군부의 청년 장교 그룹이나 농민들에게 종종 공격을 받았기 때문이다. 그러나 여전히 일본 여론의 가장 혹독한 공격은 재벌이 아니라 나리킨(成金)에게 돌아갔다. 나리킨은 '누보리슈(nouveau riche : 벼락부자)'라고 자주 번역되지만, 이로써는 일본인의 감정을 제대로 표현할 수 없다. 미국에서 누보리슈란 엄밀하게는 '새로 온 사람들(newcomers)'이란 뜻이다. 누보리슈가 웃음거리가 되는 까닭은 그들이 세련되지 못하고 또 알맞은 품위를 익히지 않았기 때문이다. 그러나 이렇게 낮은 평가는 호의적인 평가로 상쇄된다. 그들에겐 통나무집에서 출세한 인간이며, 노새를 몰던 신세에서 몇백만 달러의 유전(油田) 경영자가 되었다는, 우리 마음을 감동케 하는 무언가가 있기 때문이다.

그러나 일본에서는 어떠한가? 나리킨이란 일본 장기놀이에서 온 낱말로서 여왕으로 승격된 졸(卒)을 의미한다. 그것은 그렇게 위세 부릴 수 있는 아무런 계층적 권리도 없으면서 거물처럼 장기판 위를 사납게 날뛰는 졸이다. 일본인은 나리킨이 사기나 착취로 돈을 모은 사람이라고 믿는다. 따라서 이 나리킨에게 겨눈 일본인의 비난은 미국인이 '성공한 하인'을 대하는 태도와는 아주 큰 차이가 있다. 일본은 계층 제도 속에 거대한 부가 차지하는 위치를 주어서 그들과 손을 잡았다. 그러나 그 영역 밖에서 획득된 부에는 여론이 통렬한 비난을 퍼붓는 것이다.

이와 같이 일본인은 끊임없이 계층 제도를 고려하면서 사회 질서를 세운다. 가정이나 개인 간의 관계에서는 연령, 세대, 성별, 계급 등의 규정을 따라야 한다. 정치, 종교, 군대, 산업에서는 각각의 영역이 신중하게 계층으로 나뉘어 있어, 윗사람도 아랫사람도 자기들의 특권의 범위를 넘어서면 반드시 처벌받는다. '알맞은 위치'가 보장되어 있는 한 일본인은 불만 없이 살아간다. 안전하다고 생각하기 때문이다. 물론 대부분 최대의 행복이 보호된다는 의미에서는 '안전'하지 않은 경우가 종종 있지만, 그럼에도 역시 계층 제도를 정당한 것으로 받아들여 왔다는 이유에서 안전한 것이다. 이것이 일본인이 실생활에서 판단을 내리는 특징이다. 평등과 자유 기업에 대한 신뢰가 미국인 생활양식의 특징이듯이 말이다.

일본의 인과응보는 그 '안전'의 신조를 외국에 수출하려 했을 때 찾아 왔다. 일본 국내에서 계층 제도란 일본 국민의 세계관에 꼭 맞았다. 왜냐하면 그 세계관이 계층 제도의 산물이었기 때문이다. 일본이 야심을 품는다면 그것은 일본인의 상상의 세계에서 구체화될 수 있는 야심일 수밖에 없었다. 그러나 계층 제도는 도저히 수출될 수 없는 상품이다. 다른 나라들은 일본의 일방적 주장을 건방진 것으로, 아니 그보다 더 나쁜 것으로 여기고 분개하였다. 일본군 장교나 사병들은 각 점령국에서 주민들이 자기들을 환영하지 않는 것을 보고 놀랐다. 그리고 그러한 경험은 되풀이되었다. 일본은 그들에게 비록 낮은 위치이기는 하나 어쨌든 계층제 속에 하나의 위치를 부여하려고 하지 않는가? 그리고 계층제란 낮은 계층에 속한 자에게도 바람직한 것이 아닌가?

  일본 군부는 자포자기하여 몸을 망친 중국 소녀가 일본군 병사나 일본인 기사(技師)와 사랑에 빠짐으로써 행복을 찾는다는 식의, 일본에 대한 중국의 '애정'을 그린 전쟁 영화를 몇 편 만들었다. 이런 것은 나치의 정복판과는 현저히 다르지만 결국 실패하였다는 점에서는 같다. 일본인은 자국민에게 요구한 일을 다른 나라에 요구할 수는 없었다. 될 수 있을 것이라고 생각한 것 자체가 잘못이었다. 그들은 '각자 알맞은 지위를 받아들이는' 일본의 도덕 체계가 다른 어느 곳에서도 받아들여질 수 없다는 사실을 알아차리지 못한 것이다. 다른 나라들에는 그러한 윤리체계가 없었다. 그것은 틀림없는 일본만의 산물인 것이다. 일본의 저술가들은 이 윤리 체계를 너무나 당연한 것으로 생각하기 때문에 그것에 대해 묘사하지는 않는다. 따라서 일본인을 이해하기 위해서는 그것에 앞서 그 윤리 체계를 설명해 둘 필요가 있다.

제5장
과거와 세상에 빚진 사람

예전에 우리는 '과거를 물려받은 자(heirs of the ages)'라고 자처했다. 두 차례의 세계대전과 극심했던 경제 위기 탓에 이 말에서 묻어났던 자신감이 다소 무디어지기는 했으나, 이 때문에 우리가 과거에 빚지고 있다는 의식을 더 느꼈던 것이 아님은 틀림없다. 그러나 동양 여러 국민은 이와는 정반대이다. 그들은 과거에 빚진 사람들이다. 서구인이 조상 숭배라고 부르는 것의 대부분은 동양인에게는 실은 숭배가 아니며, 또한 조상 숭배라 하더라도 전적으로 조상들에게만 향하는 것도 아니다. 그것은 지나가 버린 모든 과거에 대해서 인간이 지고 있는 큰 채무를 인정하는 하나의 의식이다. 정확히 말해 동양인이 빚진 것은 과거에 대해서만은 아니다. 다른 사람과의 나날의 접촉 모두가 현재의 빚을 증대시킨다. 그의 일상적인 의사 결정과 행동은 틀림없이 이 부채로부터 발생된다. 그것은 기본적인 기점이다. 왜냐하면 그들 자신이 이렇게 소중히 양육되고 교육을 받아 행복하게 지낼 수 있다는 것, 혹은 이 세상에 태어나게 된 단순한 사실까지도 모두 세상의 덕이기 때문이다. 따라서 서구인들이 이 세상에 진 빚을 지나치게 가벼이 본다는 이유로, 일본인은 우리의 행동 동기가 부적절하다고 느낀다. 덕이 있는 사람들은 미국에서 하듯이, 나는 누구로부터 무엇 하나 덕 본 적 없다고는 말하지 않는다. 그들은 과거를 도외시하지 않는다. 일본에서 의(義)는 조상과 동시대인을 함께 아우르는 거대한 빚의 망상(網狀) 조직 속에서 자신의 위치를 인식하는 것이다.

이러한 동양과 서양의 극단적인 차이를 말로 표현하기란 쉽지만, 실제 생활에서 어떠한 차이가 있는가를 인식하기란 녹록치 않다. 더구나 이러한 점에서 일본을 이해하지 못하는 한 우리는 전쟁 중 우리가 알게 된 그들의 극단적인 자기희생이나, 우리로서는 화낼 필요가 없는 일에도 일본인들이 곧

잘 분노하는 이유를 알 수 없을 것이다. 남에게 빚이 있는 인간은 극도로 화를 잘 내는 법인데, 일본인은 그것을 증명하고 있다. 또한 이 채무가 일본인에게 갖가지 큰 책임을 지게 하는 것이다.

중국어에도 일본어에도 영어의 '오블리게이션(obligations : 의무)'을 의미하는 여러 가지 말이 있지만, 그것들은 완전한 동의어는 아니다. 저마다 독특한 뉘앙스가 있어, 그것을 영어로 번역하기란 불가능하다. 그 말들이 표현하는 개념을 우리가 알 수 없기 때문이다. 큰 것에서 작은 것에 이르기까지 어떤 사람이 지고 있는 모든 채무를 나타내는 '오블리게이션'에 해당하는 일본말은 온(恩)이다. 이 말은 일본어에서 여러 의미로 쓰인다. 그에 맞는 영어는 '오블리게이션'과 '로열티(loyalty : 忠誠)'에서 '카인드니스(kindness : 親切)'와 '러브(love : 愛)'에 이르는 여러 가지가 있지만, 모두 원래의 뜻을 제대로 전달하지는 못한다. 만일 온이 정말로 러브(사랑) 또는 오블리게이션(의무)을 의미하는 것이라면 일본인은 어린아이에 대해서도 온이라는 말을 쓸 수 있겠지만, 그런 표현은 어법에 맞지 않는다. 또한 그것은 로열티를 의미하지도 않는다. 일본어에서 충성은 몇 개의 다른 말로써 표현되는데, 결코 온과 동의어는 아니다. 온의 여러 가지 용법 전부를 관통하는 의미는 사람이 할 수 있는 한도에서 짊어질 수 있는 부담, 채무, 무거운 짐이다. 온은 윗사람이 베푸는 것이다. 그러므로 윗사람이 아니거나 또는 적어도 자기 자신과 동등하지 않은 사람으로부터 온을 받으면 불쾌한 열등감을 느끼게 된다. 일본인이 "나는 누구에게서 온을 입었다"라고 말하는 것은 "나는 저 사람에게 빚을 졌다"는 의미이다. 따라서 그들은 채권자나 은혜 입힌 사람을 그들의 온인(恩人)이라고 부른다.

'온을 잊지 않는 일'은 순수한 헌신적 애정으로부터 나오는 경우도 있다. 일본의 초등학교 2학년 도덕 교과서에 실린 '온을 잊지 말자'는 제목의 짧은 이야기는 온을 이러한 의미로 쓴 예이다.

  하치는 귀여운 개입니다. 태어나자마자 낯선 사람 손에 넘어가 그 집 아이처럼 귀여움을 받았습니다. 그 덕에 허약했던 몸도 건강해졌습니다. 하치는 주인이 매일 아침 직장에 나갈 때에는 전차 정거장까지 배웅을 가고, 저녁에 돌아올 때에도 다시 정거장으로 주인을 마중 나갔습니다.

그런데 주인이 세상을 떠났습니다.

하치는 그것을 모르는지 날마다 주인을 찾았습니다. 늘 정거장에 가서는 전차가 도착할 때마다 나오는 많은 사람들 속에서 주인이 있나 하고 찾았습니다.

이렇게 세월이 흘렀습니다.

1년이 지나고 2년이 지나고 3년이 지나고 10년이 지났을 때에도 여전히, 정거장에서는 날마다 주인을 찾는 늙은 하치의 모습을 볼 수 있었습니다.

이 짧은 이야기의 교훈은 충성심이다. 충성심은 사랑의 다른 이름에 지나지 않는다. 극진히 어머니를 생각하는 아들은 어머니에게서 받은 온을 잊을 수 없다고 말한다. 이는 하치가 주인에게 품은 것 같은 순수한 헌신적 애정을 그가 어머니에게 품고 있다는 의미이다. 그러나 이 말은 단순히 그의 애정만을 가리킨 것이 아니다. 그가 갓난아이였을 때, 소년이었을 때 또 성인이 되어서도 받은 어머니의 갖가지 희생, 단지 어머니가 존재한다는 사실만으로도 그가 지고 있는 모든 빚을 가리키는 말이다. 그것은 이런 채무를 갚는다는 의미를 포함한다. 따라서 그것은 사랑을 뜻하기도 하지만, 본래의 의미는 빚이다. 반면 우리는 사랑이란 의무의 구속을 받지 않고 자유롭게 주어지는 것이라고 생각한다.

최우선이며 최대의 채무, 즉 '천황의 온(皇恩)'에서의 온은 오로지 무한한 헌신이란 의미이다. 그것은 천황에게 진 빚으로서 사람들은 황은(皇恩)을 무한한 감사로 받아들여야 한다. 일본인은 이 땅에서 태어나 이렇게 안락한 생활을 누리고, 자기 신변의 크고 작은 일이 잘 되어 가는 것이 모두 어떤 한 사람으로부터 주어진 은혜 덕분이라고 느낀다. 일본 역사의 모든 시기를 통해 일본인들이 빚을 지고 있는 사람은 그들이 사는 세계에서 최고 윗사람이었다. 그것은 시대가 달라짐에 따라 지방 영주, 봉건 영주, 쇼군 등으로 변하였다. 오늘날엔 그것이 천황이다. 그러나 윗사람이 누구인가보다 중대한 의의를 지닌 점은 몇 세기에 걸쳐 '은혜를 잊을 수 없다'는 것이 일본인의 가장 뿌리 깊은 습성이란 사실이다. 이 감정을 오로지 천황에게 집중하도록 근대 일본은 모든 수단을 동원해 왔다. 일본인 특유의 생활양식에 대하여 그들이 품고 있는 모든 편애의 정이 국민 한 사람 한 사람의 황은을 증대시킨다. 예를 들면 전쟁 중 전선의 군인들에게 천황의 이름으로 나누어 준 한 개비의 담배는 모든 병사들에게 천황에 대한 온을 깊게 느끼게 했으며, 출격에 앞서 병사들에게 분배된 한 모금의 '사케〔酒〕'는 다시금 황은을 진하게 아로새겼다. 일본인의 말에 따르면, 가미카제〔神風〕 자살기 조종사는 누구나 황은에 보답했던 것이다. 태평양의 어떤 섬을 지키기 위해서 한 사람도 남김없이 옥쇄(玉碎)한 부대의 병사들은 모두 천황에 대한 그들의 무한한 온을 갚은 것이라고 한다.

그들은 천황보다 신분이 낮은 사람으로부터도 온을 입는다. 물론 부모로부터 받은 온도 있다. 이것이 부모가 아이들에 대해서 그토록 권위적이고 중요한 지위를 차지하는, 동양의 유명한 효행의 기초이다. 그것은 아이들이 부모에게 빚을 지고 있으며, 그것을 갚기 위해 노력해야 한다는 말로 표현된다. 따라서 아이들은 부모에게 복종해야 한다. 그 점에서는 독일과 사정이 다르다. 독일의 부모 또한 아이들에 대해 권위가 있다. 하지만 부모가 아이들에게 복종을 요구하고 강요하기 위해 노력해야 하는 것과는 이유가 다르다. 일본인은 동양적인 효행을 대단히 현실적으로 해석해서, 부모로부터 받는 온에 대해서 '자식을 둬 봐야 비로소 부모의 은혜를 안다'는 속담이 있다. 즉, 부모의 온이란 부모로부터 받은 현실적이고 일상적인 보살핌과 수고인 것이다. 일본인은 조상 숭배의 대상을 아직도 기억에 남아 있는 최근의 조상만으로 한정하는데, 이러한 사실이 일본인에게 유년 시절에 현실적으로 무엇인가 이 사람들에게 신세를 졌다는 것을 한층 절실히 느끼게 한다. 물론 어떤 문화에서나 누구든 한 번은 양친의 보살핌이 없으면 살아갈 수 없는 무력한 어린아이이고, 성인이 되기까지 얼마 동안 의식주를 제공받는 것은 명백하고 틀림없는 사실이다. 일본인은 미국인들이 이 사실을 경시하고 있다고 통감한다. 그리하여 어느 작가는 이렇게 말했다.

"미국에서 부모의 온을 잊어버리지 말라는 말은 기껏해야 부모에게 친절을 다하라는 정도의 의미이다."

어느 누구도 자기 아이들에게 온을 베풀지 않고 방임할 수 없음은 말할 필요도 없지만, 자식들에 대한 헌신적인 보살핌은 일찍이 자신이 무력한 어린 시절에 부모로부터 받은 은혜를 갚는 것이다. 부모에게서 받은 온을 일부 갚으려면 자기의 아이들을 부모가 자신을 키워 준 것과 같이 또는 그것보다 더욱 잘 키워야 한다. 자식에 대한 의무는 '부모의 온' 속에 포섭되고 만다.

일본인은 또한 교사와 주인에 대해서도 특별한 온을 느낀다. 그들은 모두 무사히 세상살이를 할 수 있도록 원조해 준 은인들이기 때문에, 훗날 언젠가 그들이 어려워져서 무엇이고 부탁하면 원하는 것을 듣고 해결해 주어야 하고, 그들이 죽은 뒤에라도 어린아이를 보살펴 주어야 한다. 사람은 의무를 이행하기 위해서는 어떤 일이라도 해야 하며, 시간이 지나갔다고 해서 빚이 줄어들지는 않는다. 오히려 해가 갈수록 이자가 붙는 것처럼 더욱 불어난다. 상대가 누구든 온을 받는다는 것은 중대한 일이다. 일본인이 잘 쓰는 표현에도 나타나듯이 "사람은 온의 만분의 일도 갚을 수 없다"는 것이다. 그것은 대단한 짐이다. 또한 '온의 힘'은 항상 단순한 개인적인 기호를 짓밟을 수 있는 정당한 권리를 지닌 것으로 여겨진다.

이러한 채무의 윤리가 원활하게 이루어지기 위해서는, 각자가 지고 있는 의무를 이행하는 데 큰 불쾌함을 느끼지 않고, 자신이 큰 빚을 진 자라고 생각해야 한다. 우리는 이미 일본에서 계층 제도가 얼마나 철저하게 조직되어 있는가를 살펴보았다. 이 계층 제도의 부수적 관습들이 충실하게 지켜지고 있기 때문에 일본인은 그 도덕적 채무를 서양인은 상상할 수 없을 정도로 중요하게 생각한다. 온은 선의를 품은 윗사람일 경우에는 한결 행하기 쉽다. 일본어에는 윗사람이 사실 그 식객을 '사랑하는' 사람이었다는 것을 나타내는 흥미 있는 증거가 있다. 일본어 '아이[愛]'는 사랑이란 뜻이다. 지난 세기 선교사들이 기독교의 사랑이라는 개념을 번역할 때, 쓸 수 있는 유일한 일본어라고 생각한 것은 이 아이였다. 그래서 이 말을 성서의 번역에 사용하였고, 신의 인간에 대한 자애 또는 인간의 신에 대한 경애를 나타냈다. 그런데 아이는 특별히 식객에 대한 윗사람의 사랑을 의미하는 말이다. 서구인은 그것이 온정주의(paternalism)의 의미가 아니냐고 느낄지 모르나, 일본어 용법에서는 그 의미가 더 폭넓다. 그것은 애정을 의미하는 말이다. 현대 일본에서도 아이는 여전히 엄밀한 의미에서 내리 사랑이란 의미로 쓰이나, 일부에서는 기독교적 용법의 영향으로, 또한 분명히 카스트적 차별을 타파하고자 하는 국가 노력의 결과로, 오늘날에는 대등한 사람 사이의 사랑에서도 쓰일 수 있게 되었다.

그러나 이처럼 일본 문화의 특수성이 온의 부담을 가볍고 지기 쉬운 것으로 만들었더라도, 아직까지 일본에서 감정을 상하지 않고 온을 '입는 것'은 운이 좋은 경우이다. 일본인은 우연히 다른 사람으로부터 온을 받음으로써 보답의 빚을 지는 것을 좋아하지 않는다. 그들은 항상 "사람에게 온을 베푼다"는 말을 한다. 이것과 가까운 영어 표현은 "타인에게 무엇을 강제한다 (imposing upon another)"이다. 그런데 미국에서 '임포징(imposing)'이란 말은 타인으로부터 무언가를 무리하게 요구하는 것인 데 반하여, 일본에서 이 표현은 타인에게 무엇인가를 주는 것 또는 친절을 베푸는 것을 의미한다. 비교적 잘 알지 못하는 사람으로부터 뜻밖의 은혜를 입는 것은 일본인에게 가장 큰 불쾌감을 느끼게 하는 일이다. 이웃 사람들이나 예로부터 정해진 계층적 관계에서는 일본인은 온을 받는 번거로움을 알고 있으며, 또한 기쁘게 그 번거로움을 받아들여 왔다. 그러나 상대가 단순히 지인(知人)이거나, 자신과 거의 대등한 상대일 때에는 매우 불안하게 생각한다. 그들은 될 수 있는 한 온의 여러 가지 결과에 휩쓸리는 것을 피하려고 한다. 일본의 거리에서 무슨 사고가 일어났을 때 모인 군중이 수수방관하고 있는 것은 단지 자발성이 없어서가 아니다. 그것은 경찰이 아닌 일반인이 제멋대로 참견을 하면 그 행위가 그 사람에게 온을 입히는 것이라는 사실을 알기 때문이다. 메이지 이전의 가장 유명한 법령 중의 하나에 "싸움이나 말다툼이 났을 때, 불필요한 참견을 하면 안 된다"는 것이 있었다. 그런 경우에 분명한 권한 없이 다른 사람을 도우려고 하면 무언가 부당한 이익을 취하려는 게 아닌가 의심받게 된다. 도움을 베풀면 상대가 크게 은혜를 입는다는 것을 아는 이상 어떻게 해서든 이 좋은 기회를 이용할 법도 한데, 반대로 원조를 베풀지 않으려 애써 조심한다. 더욱이 형식을 차릴 필요가 없는 자리에서도 온에 휩쓸리는 것을 극도로 경계한다. 일본인은 이제까지 아무런 관계가 없었던 사람으로부터 단지 담배 한 개피 얻어 피우는 것조차 부담스러워한다.

이때 고마움을 표현하는 정중한 화법은 "아, 기노도쿠(氣の毒, 곧 독이 있는 감정)군요"라고 하는 것이다. 어떤 일본인이 나에게 이렇게 설명하였다. "얼마나 좋지 못한 느낌인가를 확실히 말해 버리는 편이 참기 쉬운 법입니다. 이때까지 그 사람을 위해 무엇 하나 해 주려고 생각하지 않았기 때문에 온을 입었다는 것이 부끄럽기 짝이 없는 일입니다." 그래서 '기노도쿠'라

는 말은 때로는 담배를 얻어서 고맙다는 뜻이 될 수도 있고, 또 빌린 돈을 갚지 않아서 미안하다든가 너그럽게 봐줘서 황송하다는 의미가 되기도 한다. 그러나 이상의 모든 의미를 나타내는 동시에 그 중의 어떤 말에도 해당되지 않는다.

일본어에는 온을 받음으로써 느끼는 마음이 편치 않음을 표현하는, '감사하다'라는 뜻의 많은 화법이 있다. 그 중 일반적으로 대도시의 백화점에서 쓰는 것이 '아리가토(有難う)'이다. "이것은 쉽지 않은 일입니다(Oh, this is difficult things)"란 뜻이다. 일본인은 보통, 이 '쉽지 않은 일'이라는 것을 손님이 물건을 삼으로써 그 상점에게 주는 귀한 은혜라고 설명한다. 이 말은 일종의 인사말로, 또한 선물을 받았을 때를 비롯해 그 외에도 헤아릴 수 없이 많은 상황에서 쓰인다.

이와 마찬가지로 보편적으로 '감사'를 나타내는 그 밖의 몇 가지 말들은 기노도쿠처럼 은혜를 받아 곤란하다는 심정을 표현한다. 상점 주인은 대체로 문자 그대로 해석한다면, "이것은 끝나지 않았습니다"라는 뜻이 되는 '스미마셴(濟みません)'이라는 말을 쓴다. 즉, "나는 당신에게 온을 입었습니다만, 현대 경제 조직하에서는 그것을 갚을 길이 없습니다. 처지가 이러한 것을 유감스럽게 생각합니다"라는 의미이다. 스미마셴을 영어로 옮기면 "Thank you", "I'm grateful", 또는 "I'm sorry", "I apologize"가 된다.

이를테면, 거리를 거닐다가 바람이 불어 날아가 버린 모자를 누군가가 쫓아가서 주워준 경우에 즐겨 쓰는 것이 이 말이다. 그 사람이 당신의 손에 모자를 되돌려 줄 때 당신은 예의바르게 그것을 받아 쥐면서 느껴지는 마음속의 괴로움을 고백해야만 한다. '이 사람은 지금 나에게 이렇게 온을 베풀고 있지만 나는 이제까지 한 번도 이 사람을 만난 일이 없다. 나는 이 사람에게 온을 베풀 기회가 없었다. 이런 은혜를 받아서 난처하지만, 사죄하면 약간은 마음이 편해진다. 감사를 나타내는 말 중에서 아마도 스미마셴이 가장 자주 쓰일 것이다. 내가 이 사람에게서 온을 받았다는 사실을 인정한다는 것, 그리고 이는 모자를 받았다는 것만으로는 끝나지 않음을 알리자. 그 이상 나로서는 어떻게 할 수 없다. 우리는 서로 모르는 사이니까.'

다른 사람에게서 은혜를 입었을 때 한층 강하게 감사를 표현하는 말은 '가타지케나이(かたじけない)'로서, '모욕', 면목없음을 의미하는 글자(辱, 忝)

로 나타낸다. '나는 모욕을 당하였다'와 '나는 감사한다'는 두 가지 의미를 지니고 있다. 일본어 사전의 풀이에 따르면, 이 말은, 당신은 그런 은혜를 받을 가치가 없기 때문에 당신이 받은 각별한 은혜만큼 욕을 당하고 모욕을 받았다는 뜻이다. 이 표현을 통해 온을 받음으로써 느끼는 부끄러움을 입으로 확실히 고백하는 것이다.

그런데 바로 이 치욕, 하지(恥)는 일본인이 가장 싫어하는 것이다. 가타지케나이, 즉 '나는 모욕을 당하였다'는 지금도 전통적인 상인이 손님에게 예의를 나타낼 때 쓰고 있다. 또한 손님이 외상을 달 때 쓰이기도 한다. 메이지 이전의 소설에는 이 말이 자주 나타난다. 예를 들면 궁중에서 하녀로 봉사하다가 영주에게 첩으로 발탁된 신분이 천한 아름다운 소녀는 영주에게 "가타지케나이"라고 말한다. 즉 '저는 황공하게 이와 같은 온을 입게 되어 부끄러워서 견딜 수 없습니다. 저는 영주님의 자비가 두렵습니다'란 뜻이다. 혹은 결투를 한 사무라이가 당국으로부터 무죄로 풀려나오게 되었을 때 "가타지케나이"라고 말한다. 즉 '나는 이와 같은 온을 입게 되어 면목을 잃었소. 이런 천한 위치에 몸을 두는 것은 나에게 어울리지 않는 일이오. 나는 유감으로 생각하오. 당신에게 정중히 감사하오'라는 의미이다.

이러한 표현은 어떤 대략적인 논의보다도 더욱더 온의 힘을 잘 말해 준다. 사람은 모순된 기분으로 온을 입는다. 일반적으로 인정된 구조화된 관계에서 온이 내포하는 커다란 빚은, 때로는 사람들을 자극시켜 한결같이 전력을 다하여 은혜를 갚게 만든다. 그러나 채무자가 되는 것은 대단히 괴로운 일이어서 쉽게 화를 내기도 한다. 은혜를 입은 사람이 얼마나 화를 내기 쉬운가는, 일본에서 가장 저명한 소설가의 한 사람인 나쓰메 소세키(夏目漱石)의 《도련님》이란 유명한 소설에 선명히 묘사되어 있다. 주인공은 시골의 한 작은 읍에서 처음으로 학교 교사로 취직한 도쿄 출신 젊은이다. 그는 곧 동료 교사 대부분이 속물이어서 이들과 같이 지내는 것에 어려움을 느낀다. 그러던 와중에 한 젊은 교사와 친하게 된다. 언젠가 둘이서 거리를 거닐게 되었는데, 주인공이 고슴도치라는 별명을 붙인 이 친구가 빙수 한 그릇을 사게 된다. 빙수 값은 1전 5리로 1센트의 5분의 1정도이다.

그 뒤 얼마 안 되어 다른 교사가, 고슴도치가 주인공에 대하여 좋지 않게 말하였다고 고자질한다. 주인공은 이 말을 곧이곧대로 받아들이고 고슴도치로부터 받은 온이 마음속에 걸리게 된다.

그런 놈에게서, 빙수 같은 하찮은 것이라도 온을 입었다는 건 내 체면이 깎이는 일이다. 1전이든 5리이든 내가 이런 온을 입는다면, 마음 편히 죽지도 못한다…… (중략)…… 내가 거절하지 않고 다른 사람에게서 온을 받는 건, 그를 버젓한 인간으로 여기는 호의이다. 내 빙수 값을 내가 지불하겠다고 우기지 않고, 나는 온을 받고 감사해야 하였다. 돈으로는 살 수 없는 답례가 아닌가. 지위도 없고 관직도 없지만, 나는 한 사람의 독립된 인간이다. 독립된 인간이 온을 호의로 받아들이는 건, 100만 원보다도 가치 있는 보답이다. 나는 고슴도치에게 1전 5리를 쓰게 하고는, 100만 원보다 더 값진 나의 답례를 치렀다고 생각해야 한다.

다음날 그는 고슴도치의 책상 위에 1전 5리를 내던진다. 빙수 한 그릇의 온을 갚은 뒤라야만 두 사람 사이의 문제, 즉 고슴도치가 주인공에 대해 모욕적으로 말한 일을 해결할 수 있기 때문이다. 어쩌면 주먹다짐까지 할지도 모른다. 그러나 이젠 친구 사이에 있는 게 아닌 그 온부터 없애 버려야 한다. 이런 사소한 일에 신경과민 환자처럼 반응하거나 쉽게 상처받는 것은, 미국에서는 비행 청소년들의 기록이나, 신경쇠약증 환자의 병력 기록에서나 볼 수 있다. 그러나 이것은 일본인의 미덕인 것이다. 일본인일지라도 이렇게 극단적인 짓을 하는 자는 드물다고 생각할 것이다. 그러나 그것은 다만 대부분의 사람들이 야무지지 못하기 때문이다. 일본의 비평가들은 어떠한가. 그들은 주인공을 신경질적이지만 수정처럼 순수하고 옳은 일을 위해서는 끝까지 싸우는 인간이라고 평한다. 저자 또한 주인공과 자기를 동일시하며, 비평가들도 글자 그대로 항상 주인공은 작자 자신의 초상화라고 인정하고 있다. 이 소설은 높은 덕에 관한 이야기로서 온을 입은 주인공이 자신의 감사는 '100만 원'의 가치가 있다고 보고, 거기에 알맞은 행위를 함으로써 비로소 빚진 자의 자리에서 벗어난다는 내용이다. 그는 오직 '버젓한 인간'으로부터만 온을 받을 수 있다. 주인공은 화를 내면서 고슴도치의 온과 늙은 유모로부터 오랫동안 받았던 온을 비교한다. 이 노파는 그를 맹목적으로 사랑하였다. 그리고 그의 가족은 아무도 그의 진가를 인정하려 들지 않는다고 생각하였다. 그래서 곧잘 과자나 색연필 등 자그마한 선물을 사람이 없을 때 살짝 그에게 갖다 주곤 하였다. 한번은 3원이나 되는 큰 돈을 준 일도 있었다. "나에 대한 그녀의 끊임없는 관심은 기분 나쁠 정도였다." 그러나 그는 3원을 받게 되어 '모욕'당하였지만, 그것을 빌리는 것으로 받아들였다. 그러나 그로부터 몇 년이 지난 아직까지도 갚지 않고 있다. "그녀를 내 분신처럼 생각하니까." 그는 그것을 고슴도치로부터 받은 온에 대해 느끼는 감정과 비교하여 독백하고 있다.

이 말은 일본인의 온에 대한 반응을 이해할 수 있는 실마리가 된다. 온을 받아 아무리 착잡하더라도 감수할 수 있다. 단 온을 베풀어 주는 사람이 이쪽과 같은 처지여야 한다. 예를 들면 상대가 나와 같은 계층의 사람이든지, 혹은 바람 부는 날 모자를 집어 준 경우처럼 나 자신도 아마 그렇게 하였으리라 상상되는 일을 한 사람이든지, 혹은 나를 동경하는 사람에 한해서는 안심하고 온을 입는다. 그런데 일단 이런 조건에 해당되지 않으면 그 온은 참기 어려운 고통이 된다. 지워진 빚이 아무리 사소한 것일지라도 그것을 불쾌하게 느끼지 않는다면 훌륭한 사람이라 할 수 없다.

일본인이라면 누구나 아는 사실이지만 어떻든 온을 너무 무겁게 생각하면 귀찮은 일이 생긴다. 그 좋은 예가 최근 한 잡지의 '신상 상담'난에 실렸다. 이 난은 미국 잡지의 '실연에 대한 충고(Advice to the Lovelorn)'에 해당하는데, 〈도쿄정신분석잡지〉의 인기 기삿거리이다. 문제에 대한 조언은 전혀 프로이트적이 아니라 어디까지나 일본적이다. 아래 인용한 것은 중년 남성의 이야기이다.

저는 아들 셋, 딸 하나를 둔 아버지입니다. 아내는 16년 전에 죽었습니다. 아이들이 불쌍해서 재혼은 하지 않았지요. 그런데 그것을 아이들은 저의 미덕이라 생각했습니다. 지금은 자식들이 모두 결혼했습니다. 8년 전 아들이 결혼했을 때, 저는 마을에서 약간 떨어진 집으로 이사했습니다. 좀 말씀드리기 거북한 이야기지만, 저는 3년 전부터 밤거리 여자(술집에 계약되어 있는 창부)와 사귀고 있습니다. 그녀의 신세타령을 들어보니 그녀가 불쌍하게 여겨졌습니다. 그리하여 적은 돈을 들여 몸값을 갚아 주고 집에 데리고 와서 예의범절을 가르쳐 식모로서 집에 머물게 했습니다. 그 여인은 책임감이 강하고 놀랄 정도로 절약하는 생활을 합니다. 그런데 저의 아들들과 며느리, 딸과 사위가 이걸 알고 그 때문에 저를 전혀 남 대하듯 합니다. 저는 자식들을 책망하지 않습니다. 모두 제 잘못이기 때문입니다.

그 여자의 부모가 사정을 알게 되었습니다. 어쨌든 그녀도 나이가 나이니까 돌려보내 주었으면 하는 편지가 왔습니다. 저는 부모를 찾아 뵙고 사정을 털어놓았습니다. 그 부모는 무척 가난했지만 그녀를 미끼로 돈을 뺏으려는 사람들은 아니었습니다. 이미 딸은 죽은 셈치고 있으니까, 그녀를 이제까지처럼 두어도 괜찮다고 했습니다. 그녀 자신은 제가 죽을 때까지 저의 곁에 있고 싶어합니다. 그러나 두 사람의 나이가 아버지와 딸처럼 차이가 있고 해서 때로는 고향에 돌려보낼까 생각하기도 합니다. 자식들은 그녀가 재산을 탐낸다고 여깁니다.

저에게는 오랜 지병이 있어 이제 1, 2년밖에는 살지 못할 것 같습니다. 어떡하면 좋을지 가르침을 받았으면 합니다. 마지막으로 한마디 덧붙이자면, 그 여자가 이전에 '밤거리 여자'가 된 것은 환경 탓이었습니다. 그 여자는 선량하며 그녀의 부모도 절대로 돈을 바라는 사람들은 아닙니다.

회답자인 의사는 이것은 오해의 여지가 없는 경우라고 보고 있다. 즉, 노인이 자식들에게 너무도 과중한 온을 입혔다는 것이다.

당신이 쓰신 것과 같은 사건은 거의 매일처럼 일어나는 일입니다…….
저의 의견을 내놓기 전에 드리고 싶은 말씀이 있습니다. 편지의 내용으로 보면, 당신은 저에게서 원하는 회답을 받고 싶으신 것 같은데, 이 점에 대해선 다소 반감을 느낍니다. 당신이 오랫동안 결혼을 하지 않은 채 지내신 것에는 물론 경의를 표합니다. 그러나 당신은 그 일을 자식들에게 온을 베푼 것으로 알고 현재 당신의 행동을 정당화하기 위해 이용하고 있습니다. 저는 이 점이 마음에 들지 않습니다. 당신이 교활한 사람이라는 말은 아닙니다. 단지 당신은 의지가 대단히 약합니다. 만일 당신이 여자를 얻어야 했다면, 자식들에게 분명히 여자와 함께 살아야 하는 이유를 설명하고, 독신 생활을 계속하였다는 사실로써 자식들에게 온을 베푸는 체하지 말았어야 했습니다. 당신이 그 온을 너무 지나치게 강조했기 때문에 자식들로부터 불평을 듣는 것은 당연한 결과입니다. 결국 인간에게 성욕이란 불가결한 부분이기에 당신도 성욕이 일어나는 것은 어찌할 수 없습니다. 그러나 그것을 억제하려고 노력하기 때문에 인간입니다. 당신의 자식들도 당신이 분명히 그렇게 하리라 기대를 걸고 있었습니다. 당신이 그들의 머릿속에 그리는 이상적인 아버지에 어울리는 생활을 하리라 기대했기 때문입니다. 그런데 그 기대가 배반당했습니다. 저는 당신 자식들의 마음이 십분 이해됩니다. 물론 그들 쪽이 이기적입니다. 자신은 결혼해서 성적인 만족을 얻고 있으면서도 아버지에게는 인내를 강요하는 것은 '자기들만 생각하는 짓'입니다. 당신도 이렇게 생각하시겠지요. 그러나 자식들은 그것과 다른 생각(위에 말한 대로)을 하고 있습니다. 이 두 갈래의 생각은 아무래도 일치될 수 없습니다.

당신은 그 여자나 그녀의 부모가 선량한 인간이라 말하고 있습니다. 그러나 당신이 그렇게 생각하고 싶기 때문에 그렇게 생각하는 것일 뿐입니다. 잘 아시겠지만 인간의 선악이란 환경이나 상황에 따라 달라지는 것입니다. 지금 이익을 요구하지 않는다고 그들을 '선량한 인간'이라고 단정할 수는 없습니다. 자기 딸을 죽을 날이 가까운 남자의 첩으로 내어 주고도 잠자코 있는 그 여자의 부모는 어리석은 사람들입니다. 그들이 자신의 딸이 첩이 되어 있는 사실을 잘 고려하였다면, 반드시 그것을 이용해서 얼마간의 돈 아니면 이익을 요구하려 할 것입니다. 그런 일이 없으리라 생각하는 것은 당신의 망상에 지나지 않습니다.

자식들이 그 여자의 부모가 재산을 노리고 있지 않나 하고 걱정하는 것도 무리가 아닙니다. 사실 나도 그러리라 생각합니다. 그 여자는 아직 젊기 때문에 그런 생각이 없을는지도 모르겠지만 그녀의 부모는 분명히 무슨 속셈이 있을 것입니다.

당신이 할 수 있는 일은 다음 두 가지입니다.

① '완벽한 인간(완전하여 못하는 것이 없는 사람)'으로서 그 여자와의 관계를 끊고 깨끗이 정리하십시오. 그러나 인정이 있는 이상, 불가능한 일이겠지요.

② '평범한 인간'으로 돌아가십시오. (체면이나 겉치레를 버리십시오.) 그리고 당신을 이상적 인간이라 생각하는 자식들의 환상을 깨뜨려 버리십

시오.

　재산에 대해서는 빨리 유언장을 만들어 그 여자의 몫과 자식들의 몫을 정해 놓으십시오.

　결론적으로 당신은 나이가 많아 필적에서도 알 수 있는 것처럼, 차츰 어린아이처럼 되어 가고 있다는 사실을 기억하십시오. 당신의 생각은 이성적이라기보다 오히려 감정적입니다. 당신은 그 여자를 시궁창에서 구해 주고 싶다고 하지만, 실은 어머니 대용으로 그 여자를 차지하고 싶은 것입니다. 어린아이는 어머니가 없으면 살아갈 수 없습니다. 따라서 저는 당신에게 두 번째 길을 선택하길 권합니다.

　이 편지에서 온에 관해 몇 가지를 알 수 있다. 먼저 사람이 일단 누구에게, 설령 그것이 자식들일지라도 과도하게 무거운 온을 입히려는 길을 택하였다면, 상당한 장애에 부딪칠 각오를 하지 않고서는 그 궤도를 수정할 수 없다. 그는 그 때문에 고통을 당한다는 사실을 알아야 한다. 또한 자식에게 온을 베풀기 위해 아무리 큰 희생을 치렀다 해도, 그것을 이용해서 후일에 자신의 목적을 성취하기 위한 수단으로 삼는 것은 용서할 수 없다. '현재의 행동을 정당화한다'는 이유로 온을 이용하는 것은 잘못이다. 자식들이 분개하는 것은 '당연한' 일이다. 아버지가 최초의 방침을 지켜 나가지 못한 것은 그들을 '배반한' 것이나 다름없다. 자식이 아버지의 보호가 필요했던 동안 한 몸 완전히 희생했으니, 이제는 장성한 자식들이 특별히 자기 문제를 걱정해 주리라 기대한다면 오산이다. 그러기는커녕 자식들은 다만 온을 입었다는 사실만을 의식한다. '그들이 반대하는 건 당연한 일이다.'

　미국인은 문제를 이런 식으로 판단하지 않는다. 우리는 어머니를 잃은 자식들을 위해 한 몸 바친 아버지는 당연히 만년에 자식들의 따뜻한 보살핌을 받을 자격이 있다고 생각한다. 자식들이 반대하는 것이 당연한 일이라고는 생각하지 않는다. 그러나 만일 그것을 돈 거래로 이해하려고 하면 일본인이 생각하는 바를 잘 알 수 있다. 돈 관계에서라면 미국에서도 같은 태도를 찾아볼 수 있기 때문이다. 정식으로 계약을 맺어 자식에게 돈을 빌려주고, 이자까지 물어 가며 그 계약을 충실히 지킬 것을 요구하는 아버지가 있다고 한다면, 우리는 틀림없이 그 아버지를 향해, "자식들이 반대하는 것은 당연한 일이다"라고 말할 것이다.

　이처럼 돈을 빌려주는 문제로 바꿔 보면, 우리는 담배 한 개비를 받은 인간이 솔직히 고맙다고 하지 않고 '수치' 운운하는 이유를 이해할 수 있을 것이다. 우리는 일본인 사이에서 누가 누구에게 온을 입혔다고 말할 때 화를 내는 이유를 이해할 수 있다. 우리는 적어도 도련님이 보잘것없는 빙수 한 그릇의 빚을 그처럼 과대시하는 이유를 이해하는 실마리를 찾을 수 있다. 그러나 미국인은 빙수 가게에서 신세를 진다든지, 어머니를 잃은 자식에 대한 아버지의 오랫동안의 헌신이라든지, '하치'처럼 충실한 개의 충성 등을 단지 돈을 빌려주는 것과 같은 척도로 재는 것에 일본인과는 다르게 익숙하지 않다. 사랑, 친절, 너그러운 마음 등은 미국에서는 부수적인 대가가 요구되지 않기 때문에 존중되지만 일본에서는 반드시 대가가 따르게 마련이다. 그리하여 그런 행위를 받은 사람은 채무자가 된다. 일본인이 잘 쓰는 속담이 있다.

　"온을 받는 데에는 타고난 더없는 너그러운 마음이 필요하다."

제6장
만분의 일의 은혜 갚음

온(恩)은 빚이기 때문에 빌린 만큼 갚아야 한다. 그러나 온과 보은은 서로 전혀 다른 범주에 속한다. 반면 윤리학에서도 또 '오블리게이션(Obligation, 義務·思義)'과 '듀티(duty, 義務·任義)' 같은 단어에서도 볼 수 있듯이, 우리 미국인의 행동규범에서는 이 두 개의 범주를 뚜렷하게 경계 지을 수 없다. 이런 우리의 도덕을 일본인들은 이상하게 여긴다. 마치 어떤 부족이 금전 거래에서 '채무자'와 '채권자'를 구별해 말하지 않는 것을 우리가 이상하게 느끼듯이 말이다. 일본인에게는 온이라 불리는 중요하고도 결코 소멸할 수 없는 빚과, 일련의 다른 개념에 따라 이름 지어진 적극적이고도 지체할 수 없는 변제는 전혀 다른 세계인 것이다. 빚(온)은 덕행이 아니다. 변제가 덕행이다. 덕은 사람이 적극적으로 보답 행위에 몸을 바칠 때 시작된다.

일본인의 이러한 덕행을 우리는 이렇게 이해할 수 있다. 그것을 미국의 경제 거래와 비교하여 보고, 그 배후에도 미국에서의 재산 거래처럼 채무를 이행하지 않는 데 대한 여러 가지 제재가 있다는 것을 생각한다면 쉽게 수긍이 가는 것이다. 미국에서 계약은 반드시 이행되어야 한다. 우리는 누군가가 자신의 것이 아닌 물건을 가져갔을 때 정상을 참작하지 않는다. 은행에서 빌린 돈을 갚을까, 갚지 말까를 그때 그때의 기분에 따라 결정하는 것을 용납하지 않는다. 게다가 채무자는 최초에 빌린 원금뿐 아니라, 거기에서 생긴 이자를 지불해야 한다.

그런데 우리는 애국심이나 가족에 대한 애정은 이것과는 전연 다른 것이라 본다. 우리에게 애정은 마음의 문제이다. 따라서 의무감 때문이 아니라 자유롭게 베푼 사랑이 최상의 사랑이라고 생각한다. 우리나라의 이익을 다른 무엇보다도 중요시한다는 의미에서의 애국심은 몸을 버리는 것과 같고, 이기주의로 달리는 인간의 본성과 양립하지 않는 것은 분명하다. 그러나 한

번 적군의 공격을 받으면 미국인의 애국심에 대한 이러한 견해는 달라진다. 일본인의 기본적 가정에 따르면 모든 사람은 태어남과 동시에 자동적으로 큰 채무를 진다. 우리 미국인은 이러한 관념은 없지만, 누구나 가난한 부모를 불쌍히 여겨 도와야 하며, 아내를 때려선 안 되고, 자식들을 부양해야만 한다고 생각한다. 그러나 이는 금전상의 부채처럼 양으로 계산되지 않으며, 또 사업으로 성공을 거두는 것과는 달라서 보상도 받지 못한다.

온과 보은에 관한 일람표

1. 온 : 수동적으로 입는 의무. 사람이 '온을 받는다' 또는 '온을 입는다'. 즉 온이란 수동적으로 그것을 받는 쪽에서 본 의무이다.
   - 고온〔皇恩〕=천황으로부터 받는 온
   - 오야노온〔親の恩〕=부모로부터 받는 온
   - 누시노온〔主の恩〕=주군(主君)으로부터 받는 온
   - 시노온〔師の恩〕=스승으로부터 받는 온
   - 살면서 온갖 만남을 통해 다른 사람으로부터 받는 온
2. 보은 : 사람은 온진〔恩人〕에게 '부채를 갚는다' 또는 '온을 갚는다'. 즉 이것은 적극적인 갚음이란 견지에서 본 의무이다.

   A. 기무〔義務〕: 아무리 노력하더라도 결코 그 전부를 갚을 수 없고 또 시간적으로도 한계가 없는 의무(obligation).
      - 주〔忠〕=천황·법률·국가에 대한 의무(duty)
      - 고〔孝〕=부모 또는 조상과 자손에 대한 의무
      - 닌무〔任務〕=자기의 일에 대한 임무

   B. 기리〔義理〕: 자신이 받은 은혜만큼만 갚으면 되고, 또 시간적으로도 제한된 부채.
      ① 세상에 대한 기리
      - 주군(主君)에 대한 의무(duty)
      - 가족에 대한 의무
      - 타인에 대한 의무 : 이를테면 돈이나 호의 또는 일에 대한 도움을 받았

을 때, 혹은 협동 노동에서 비롯한 것.
- 먼 친척(아주머니, 아저씨, 조카)들에 대한 의무 : 이것은 특별히 이들로부터 직접 온을 받았기 때문이 아니라 공통의 조상으로부터 온을 받았다는 데에 기인하는 것.

② 이름[名]에 대한 기리 : 독일어 'die Ehre'(명예)와 같은 말.
- 사람으로부터 모욕이나 핀잔을 받았을 때, 그 오명을 '씻는' 의무(duty). 즉 보복 또는 복수의 의무(이 복수는 불법적인 공격이라고 여겨지지 않는다).
- 자신의 (전문적인 일에 대한) 실패나 무지를 인정하지 않는 의무.
- 일본의 예의범절을 지키는 의무. 이를테면 모든 예의범절을 지켜 행동하고, 신분에 맞게 생활하고, 함부로 감정을 나타내지 않을 것 등.

일본에서는 이러한 의무에 어떤 자세로 임할까? 그것은 미국에서의 채무 변제와 아주 비슷하다. 그리하여 그 배후에 있는 강제력은 미국에서 청구서나 저당 이자 지불의 배후에 있는 강제력처럼 강력하다. 그것은 선전 포고라든가 부모의 중병과 같은 위급시에만 주의하면 끝나는 문제가 아니다. 그것은 뉴욕 주의 가난한 농부의 저당에 대한 괴로움이나, 주식을 공매한 후 주식 시세가 상승하는 것을 쳐다보는 월스트리트 재계 인사의 괴로움처럼 항상 따라다니는 그림자이다.

일본인은 양에서나 기한에서나 무제한적인 온에 대한 보답과, 받은 분량과 똑같이 갚고 특정한 기한에 끝나는 보답을, 각기 다른 규칙을 가진 별개의 범주로 나눈다. 채무에 대한 한없는 변제는 '기무[義務]'라고 불리는데, 이에 관해서 일본인은, "받은 온의 만분의 일도 결코 갚을 수 없다'고 말한다. 기무에는 두 종류가 있다. 부모에 대한 보은인 '고[孝]'와 천황에 대한 보은인 주[忠]이다. 기무라는 이 두 개의 의무는 모두 강제적이어서 어느 누구도 면할 수 없다. 일본의 초등 교육은 기무 교육이라 불리는데, 이보다 적절한 명칭이 또 있을까. 이 말처럼 '필수'라는 의미를 나타내는 말은 따로 없기 때문이다. 인생의 우발적 사건들이 어떤 사람의 기무의 말초적 부분을 다소 수정하는 수는 있으나, 기무는 자동적으로 모든 사람에게 가중된 것이며, 또 일체의 우발적 사정을 초월하는 것이다.

이 두 종류의 기무는 모두 무조건적이다. 이처럼 일본은 이러한 덕을 절대화함으로써 국가에 대한 충성과 효행에 관한 중국의 개념을 따로 분리하였다. 7세기가 지나면서 중국의 윤리 체계가 일본에 들어왔다. 따라서 주(忠)와 고(孝)는 원래 중국어였다. 그러나 중국인은 이들 덕을 절대화하지 않았다. 중국에서는 충성과 효성 전제가 되는 최상위의 덕을 설정하고 있다. 이것은 '런(仁)으로 'benevolence'(자애·박애)라 번역되는데, 이 말은 서양인에게는 사람 사이의 원만한 관계 일체를 의미한다. 부모는 런이 있어야만 한다. 또한 지배자가 런을 갖추지 못하면 피지배자가 반란을 일으킬 수 있다. 런은 충성의 기초가 되는 조건이다. 천자의 제위를 유지하는 것도 관료의 관직을 유지하는 것도, 런을 베푸는 데서 비롯된다. 중국인의 윤리는 모든 인간 관계에 이 런이라는 시금석을 둔다.

중국인의 이러한 윤리 체계는 일본에서는 전혀 받아들여지지 않았다. 위대한 일본인 학자 아사카와 간이치(朝河貫一)는 중세의 양국 차이에 대해 다음과 같이 언급하였다.

"분명히 이들 사상은 천왕을 최고의 존재로 우러르는 일본의 전통과는 맞지 않았다. 따라서 학설로도 그대로 받아들여졌던 적이 한 번도 없었다."

사실 중국 윤리 체계에서 높은 지위를 차지했던 런은 일본에서는 윤리 체계 밖으로 추방되었다. 일본에서는 진이라 발음되었는데 글자는 중국인이 사용한 것과 같다. '진을 행한다' 혹은 '진기(仁義)를 행한다'는 것은 상류층 사람들 사이에서는 결코 덕으로 요구되지 않았다. 그것은 일본인의 윤리 체계로부터 완전히 추방되었기 때문에, 어떠한 일이 법의 범위 밖에서 행해지는 것을 의미한다. 예를 들면 자선 사업에 기부를 하거나 범죄인에게 자비를 베푸는 것은 참으로 훌륭한 일이다. 그러나 그것은 어디까지나 특이한 경우이다. 어찌되었건 그 행위는 당신에게 요구되었던 행위가 아니기 때문이다.

'진기를 행한다'는 말은 또 '법의 범위 밖'이란 의미로도 쓰인다. 즉 무법자 사이의 덕을 가리키는 것이다. 도쿠가와 시대에 습격과 살인을 일삼던 무법자들이 있었다. 그들은 두 자루의 칼을 차고 허세를 부리던 사무라이와 달리 한 자루의 긴 칼을 차고 다녔다. 그들의 의리는 '진기를 행한다'는 것이었다. 이들 무법자 가운데 한 사람이 다른 무리에 속하는 무법자에게 가서 숨겨 달라고 부탁하면, 부탁을 받은 자는 의뢰자의 패거리들로부터 장래 복수를 당하지 않는다는 보증을 받고 도피처를 제공해 주어야 하였다.

현대의 용법에서 '진기를 행한다'의 의미는 더욱 변질되었다. 그것은 가끔 처벌해야 할 행위의 하나로 논의의 대상이 된다. 일본의 신문들은 이렇게 논하고 있다.

"여전히 진기를 행하는 데 힘쓰는 일반 노동자들이 있다. 경찰은 이들을 처벌하고, 일본 구석구석에서 성행하는 진기 행위를 금지시켜야 한다."

물론 여기서 말하는 진기는 공갈단이나 폭력 조직에서 성행하는 '불량배들 간의 의리'를 가리킨다. 특히 현대 일본에서는 소규모로 활동하는 직업 소개 업자가 자기 배를 채우기에 급급한 모습을 두고 '진기를 행한다'고 한다. 이들은 전세기 말에서 금세기 초에 걸쳐, 마치 미국 항구에서 활개 치던 이탈리아인 직업 소개업자(padrone)처럼 미숙련 노동자와 불법적인 관계를 맺고 이들을 도급으로 사업장에 취업시켰다. 이를 보면 진에 대한 중국적 채념의 타락은 여기에 이르러 극에 도달하였다고 할 수 있다.

일본인들은 이처럼 중국의 윤리 체계에서 가장 중요한 덕을 완전히 달리 해석하여 그 지위를 낮추었다. 그 대신 일본에서 효행이란 무조건적인 기무이기 때문에, 가령 부모의 악덕이나 부정을 보고도 못 본 체하고서라도 이행해야 했다. 그것은 천황에 대한 의무와 충돌할 경우에만 폐기할 수 있는 것으로, 부모가 존경할 가치가 없는 인간이라든가 자신의 행복을 깨뜨린다는 이유만으로는 절대로 버릴 수 없는 것이다.

일본 현대 영화 가운데 이런 장면이 있다. 한 어머니가 마을 학교 교사인 아들의 돈을 훔친다. 그것은 이 교사가 어린 여학생, 즉 흉년으로 굶어 죽게 된 그녀의 부모가 딸을 사창가에 팔려는 것을 구하기 위하여 마을 사람들로부터 모금한 돈이었다. 교사의 어머니가 궁색했던 것은 아니다. 그녀 자신이 상당한 요릿집을 경영하여 조금도 어렵지 않았다. 아들은 어머니가 돈을 훔친 것을 알지만 자신이 그 책임을 뒤집어쓴다. 그의 아내는 진상을 알고 돈을 잃어버린 데 대한 모든 책임을 지는 유서를 남긴 채 아이와 함께 자살한다. 결국 사건이 세상에 알려지게 되는데, 이 비극에서 어머니의 행위는 문제조차 되지 않는다. 그리하여 효행이 지극한 아들은, 앞으로도 이 같은 시련을 견딜 수 있는 강한 인간이 되기 위하여 혼자서 홋카이도〔北海道〕로 출발한다. 그 아들은 덕이 있는 사람이다. 이 모든 비극을 책임져야 할 인물은 도둑질한 어머니밖에 없다는 나의 분명한 미국인적인 판단에 일본인 동료는 맹렬히 반대하였다. "고〔孝〕는 때때로 다른 덕과 충돌한다. 만일 주인공이 매우 현명하였다면, 자존심을 잃지 않고서도 서로 모순되는 덕을 융화할 수 있는 길을 발견하였을지도 모른다. 그러나 만일 그가 자신의 마음속에서나마 자기 어머니를 책망한다면 자존심을 앞세우는 것은 절대로 용서할 수 없다"는 것이다.

소설에서도 실생활에서도, 결혼한 뒤에 무거운 효행의 의무를 지게 되는 청년의 예는 얼마든지 볼 수 있다. 유행을 따르는 사람들을 제외하고, 양가(良家)에서는 며느리를 부모가 중매인의 소개를 통해 선택하는 것이 당연한 관습이다. 좋은 며느리를 선택하는 데 신경을 쓰는 사람은 아들이 아니라 그의 가족이다. 단순히 금전상의 거래가 걸려 있기 때문이 아니다. 며느리는 그 집 계보 속에 편입되어 아들을 낳아 가계를 영속시키는 사람이기 때문이다. 흔히 중매인은 우연히 만난 것처럼 꾸며 당사자인 젊은 남녀가 양쪽 부모와 함께 만날 기회를 주는데, 이때 두 사람은 서로 말을 주고받지는 않는다. 때로 부모는 자식에게 정략결혼을 시키기도 한다. 이때 여자의 부모는 경제적 이익을 취하고, 남자의 부모는 명문가와 결합함으로써 명예를 얻는다. 또 부모가 그 자질이 마음에 들어 여자를 선택하는 경우도 있다. 선량한 아들은 부모의 온을 갚아야 하기 때문에 부모의 결정에 이의를 제기할 수 없다.

결혼한 뒤에도 그의 보은의 의무는 여전히 계속된다. 특히 아들이 가계 상속자라면 부모와 함께 생활하는데, 시어머니와 며느리 사이가 좋지 않은 것은 모두가 아는 사실이다. 시어머니는 사사건건 며느리를 괴롭히며 때로는 친정으로 쫓아 버리기도 한다. 가령 아들이 아내와 금실이 좋아 어떻게든 함께 살고 싶어할 때에도 결혼을 취소해 버린다. 일본의 소설이나 일화에는 아내의 고민과 마찬가지로 남편의 고민을 강조하는 경향이 있다. 물론 남편은 이혼을 받아들여 고〔孝〕를 다한다.

현재 미국에 사는 '모던(modern)'한 어느 일본 여성에게서 들은 이야기이다. 그녀는 임신한 젊은 부인을 자기 집에서 보살핀 일이 있었다. 그 여인은 시어머니에게 쫓겨나 슬퍼하는 젊은 남편과 헤어졌다. 병이 들고 비탄에 빠졌어도 젊은 부인은 자기 남편을 책망하지 않았고, 차츰 곧 태어날 아이에게 마음을 쏟게 되었다. 그런데 아이가 태어나자 시어머니는 말없이 순종만 하는 아들을 데리고 와서 아이를 요구하였다. 물론 남편의 가족에 속하는 그 아이를 시어머니는 당당히 빼앗아 가서 다른 집에 맡겨 기르게 하였다.

이처럼 경우에 따라 여러 가지 행위가 효행에 포함된다. 그 모든 일이 부모에 대한 보은인 것이다. 미국에서 이런 이야기를 하면 개인의 정당한 행복이 외부의 간섭을 받은 사례라고 할 것이다. 그러나 일본인은 은혜를 받은 것이 전제가 되기 때문에 이를 '외부'의 간섭으로 보지 않는다. 일본의 이러한 이야기는 미국에서 대단한 어려움에도 참고 견디며 채권자에게 빚을 다 갚은 정직한 사람의 이야기처럼 정말 고결한 사람, 자신의 인격을 존중할 권리를 힘써 얻은 사람, 또는 어떻든 희생시켜야 하는 개인적 소망을 기꺼이 내던진 강한 의지의 소유자라는 것을 몸소 증명한 사람의 이야기가 된다. 그러나 이렇게 소망을 억압시키면 아무리 훌륭한 일을 했어도 가슴속에 개운치 않은 울분이 남게 마련이다. 싫어하는 것에 대한 속담에서, 미얀마인은 '화재, 홍수, 도둑, 관리, 악인'을 열거하는 데 비해, 일본인은 '지진, 벼락, 오야지(The Old Man : 가장, 아버지)'를 드는 것은 주목할 만하다.

일본인의 효행 대상은 중국인과 달리 몇 세기 동안의 역대 조상이나 그 조상의 후손인 번성하는 현재의 거대한 종족 전체를 포괄하지 않는다. 일본의 조상 숭배는 중요하지만, 최근의 조상에 한정되어 있다. 묘석은 누구의 무덤인가를 명확히 하기 위해 매년 문자를 고쳐 쓰지만, 지금 살아 있는 사람들의 기억에서 이미 사라진 조상의 묘석은 치워 버린다. 또한 그런 조상의 위패는 불단에 안치하지 않는다. 일본인이 효행을 중시하는 것은 생전에 만난 조상뿐이다. 그들은 오로지 지금 여기에 있는 자에게 집중한다. 많은 저서가 일본인의 추상적 사색 또는 현존하지 않는 사물의 심상을 뇌리에 그려 내는 것에 대한 흥미의 부족함을 논하는데, 일본인의 효행관을 중국의 효행관과 대조한 것 역시 이 점을 입증하는 사례의 하나로 도움이 된다. 그러나 이 효행관의 가장 큰 실제적 중요성은 고〔孝〕의 의무가 미치는 범위가 현재 살아 있는 사람들에 한정된다는 점이다.

중국에서나 일본에서나 모두 효행이란 부모나 조상에 대한 존경과 복종 그 이상의 것이기 때문이다. 자식에게 베푸는 모든 수고로움을, 서구인은 어머니의 본능이나 아버지의 책임감에서 비롯되는 것이라고 생각하는 반면,

일본인은 조상에 대한 효심에서 나온다고 본다. 일본인은 이 점에 대하여 자신이 받은 사랑과 보호를 자식에게 베풂으로써 조상의 은혜를 갚는다고 단언하고 있다. '자식에 대한 어버이의 의무'를 표현하는 특별한 말은 없다. 그런 의무는 모두 부모와, 부모의 부모에 대한 고(孝) 속에 포함된다. 효행은 가장의 어깨에 걸려 있는 수많은 책임을 하나하나 이행하는 것, 즉 아이들을 부양하고, 자식에게 교육을 받게 하고, 재산 관리의 책임을 맡고, 보호가 필요한 친척을 보살피고, 기타 모든 일상적 일을 다할 것을 명령한다. 일본에서는 제도화된 집안의 범위를 뚜렷이 제한하므로, 이 기무(義務)의 대상이 되는 사람의 수효도 분명히 한정되어 있다. 자식이 죽었을 때에는 효의 의무에 따라 자식의 미망인과 그 아들을 부양할 책임을 진다. 또한 남편과 사별한 딸과 그 가족을 맡아서 보살펴 주어야 하는 경우도 있다. 그러나 과부가 된 조카딸을 맡을 의무는 없다. 만일 그것을 맡는다면, 별개의 기무를 행하는 것이다. 자신의 자식을 양육하고 교육하는 것은 기무이다. 그러나 조카를 교육시키는 경우에는 법률상 정식 양자로 삼는 것이 보통이며, 만일 여전히 조카의 신분을 유지하는 조카를 교육시키는 것은 기무가 아니다.

효행은 가난한 친족에게까지 존경과 사랑으로 도와줄 것을 요구하지는 않는다. 남편과 사별하여 같이 살게 된 젊은 미망인은 식은 밥을 먹인다는 의미에서 '찬밥 친척'이라 불린다. 그들은 누구든 그 집안 사람이 시키는 대로 해야 하고, 그들의 신상에 관한 어떠한 결정에도 얌전히 따라야 한다. 그들은 자신의 아이들과 함께 불쌍한 친척이다. 특수한 경우 그들이 좀 더 좋은 대우를 받는 일이 있지만, 그것은 그 집의 가장이 기무로서 좋은 대우를 베풀어야 하기 때문은 아니다. 또한 형제가 서로 따뜻한 마음으로 의무를 다하는 것도 꼭 그렇게 해야 하는 기무는 아니나. 형제가 서로 매우 싫어하지만 동생에 대한 기무를 완전히 다하였다는 이유로 칭찬을 받는 형도 꽤 있다.

시어머니와 며느리만큼 심각한 갈등을 일으키는 사이도 없다. 며느리는 바깥 사람으로서 가정에 들어온다. 며느리는 먼저 시어머니의 살림 방식을 배워 모든 일마다 그에 따라 행해야 한다. 대개 시어머니는 사사건건 며느리가 자기 아들의 아내가 될 자격이 없는 사람이라 주장한다. 또 상당히 강한 질투심을 지녔다고 추측되는 경우도 있다. 그러나 "미움받는 며느리가 귀여운 손자를 낳는다"는 일본 속담에도 있듯이, 시어머니에 대한 고(孝)는 끊임없이 일어난다. 젊은 며느리는 겉으로는 한없이 유순하다. 그러나 이 순하고 사랑스럽던 사람이 세대가 바뀜에 따라 그녀의 시어머니가 그랬듯 엄하고 말 많은 시어머니가 된다. 그 여인들은 젊은 시절에는 반항심을 나타낼 수 없었지만, 그렇다고 해서 정말 온화한 사람이 된 것은 아니었다. 그 탓에 만년이 되어 이른바 쌓이고 쌓인 원한을 며느리에게 퍼붓는 것이다. 오늘날 일본의 처녀들은 맏아들이 아닌 사람과 결혼하는 편이 훨씬 좋다고 공공연히 말한다. 그러면 위세를 부리는 시어머니와 함께 살지 않아도 되기 때문이다.

'고를 다한다' 하더라도 반드시 가정 내에 자애를 실현하는 것이라고는 할 수 없다. 자애라는 것이 광대한 가족 도덕률의 요점이 되는 문화도 있다. 그런데 일본에서는 그렇지 않다. 어느 일본인 저자는, "일본인은 집을 대단히 존중한다는 바로 그 이유 때문에 가족 개개의 성원과 그 상호 간의 가족적 유대를 그리 크게 존중하지 않는다"고 썼다. 물론 이 말은 언제나 진실이라고는 할 수 없으나, 대개 이러한 실정이다. 중요한 것은 의무와 부채의 갚음이며, 연장자가 중대한 책임을 맡는다는 것이다. 그러나 이들 책임 가운데 하나는 아랫사람에게 필요한 희생을 반드시 치르도록 하는 것이다. 그들이 그 희생을 싫어한다 해도 큰 변함이 없다. 그들은 연장자의 결정에 복종해야 한다. 그러지 않으면 그들은 기무를 태만히 한 것이 된다.

가족 구성원 사이에 나타나는 뚜렷한 원한은 일본 효행의 커다란 특징이다. 다만 효행과 동등한 또 하나의 기무, 즉 천황에 대한 충절에는 이것이 전혀 나타나지 않는다. 일본의 정치가들이 천황을 신성한 수장으로 받들고, 세속적 생활로부터 멀리 떨어지게 하는 계획을 세운 것은 정말로 타당한 조처였다. 일본에서 천황은 전국민을 통일하여 반감 없이 국가에 봉사하도록 하는 수단으로서 필요하였기 때문이다. 단순히 천황을 국민의 아버지로 삼는 것만으로는 불충분하였다. 한 집의 아버지는 자식들이 모든 의무를 다하여 은혜를 갚기는 하지만, 경우에 따라서는 '대단히 존경받을 수 없는 인물'이기 때문이었다. 천황은 모든 세속적 고려에서 떠난 신성한 수장이어야 했다. 일본인 최고의 덕인 천황에 대한 충절, 즉 주[忠]는 속세와의 접촉으로 더럽혀지지 않은 하나의 환상적인 '선한 아버지'를 무의식적으로 받들어야 한다.

메이지 초기 정치가들은 서양 여러 나라를 시찰한 뒤, 이들 나라에서는 모든 역사가 지배자와 인민 사이의 투쟁으로 이루어져 있어 일본 정신에는 부합되지 않는다고 기록했다. 그들은 귀국 후 헌법에다 천황은 '신성하며 침범될 수 없는' 존재로서, 국무장관의 어떠한 행위에 대해서도 책임을 지지 않는다는 내용의 조항을 삽입하였다. 천황은 책임 있는 국가의 원수로서가 아니라 일본인을 통치하는 최고의 상징으로서 역할을 다했다. 사실 지난 수세기 동안 통치자로서 실권을 발휘하지 못한 천황을 무대 뒤에 두기란 쉬운 일이었다. 단지 메이지 정치가들이 해결해야 했던 것은, 무조건적인 최고의 덕인 주를 모든 일본인이 천황에게 마음으로부터 바치도록 하는 일이었다.

봉건 시대의 일본에서 주는 세속적 수장인 쇼군〔將軍〕에 대한 의무였다. 이러한 긴 역사가 메이지의 정치가들에게, 그들이 목적으로 삼은 일본의 정신적 통일을 성취하기 위해서는 새로운 상황에서 무엇을 해야 하는가를 가르쳐 주었다. 과거 몇 세기 동안이나 쇼군은 군인으로서도 행정관으로서도 최고의 지위를 차지했다. 따라서 모든 사람이 쇼군에게 주를 바쳐야 하는데도 종종 그 지배권에 반항하여 그의 생명을 빼앗으려는 음모가 되풀이되었다. 쇼군에 대한 충절은 때로는 봉건 군주에 대한 충절과 충돌했다. 더구나 고차원의 충의는 낮은 차원의 충의만큼의 강제력을 지니지 못하였다. 어쨌든 주군에 대한 충절은 직접 얼굴과 얼굴을 맞대는 주종의 인연을 기초로 한 것으로, 이것과 비교할 때 쇼군에게 하는 충절이 추상적으로 느껴지는 것도 무리는 아니었다. 더구나 동란 시대에는 번신(藩臣)들이 쇼군을 쫓아내고 자기의 봉건 영주를 옹립하기 위해 싸웠다.

메이지유신을 구상하고 지도한 사람들은 1세기 동안 도쿠가와 바쿠후와 싸웠다. 그때 슬로건이 된 것은 '천황에게 주를 바쳐라'이다. 천황은 깊숙이 은서하고 있어서 그 풍모를 각자가 제각기 원하는 바에 따라 이상화하여 그릴 수 있었다. 메이지유신은 이 존왕파의 승리였다. 그리하여 주를 쇼군으로부터 상징적 천황에게 전환시킨 해인 1868년에, '복고'란 이름을 붙인 것은 충분한 이유가 있었다. 천황은 이제까지와 마찬가지로 그림자로 물러났다. 천황은 고관들에게 권력을 부여하였으나, 천황이 스스로 정부나 군대를 지휘하며 그때 그때의 정치 방침을 명령하지는 않았다. 이전에 비하면 뛰어난 인물이라고는 하지만 변함없이 정무를 담당한 것은 지난날과 마찬가지로 측근들이었다. 그러나 정말 큰 이변이 일어난 것은 정신적 영역이었다. 주는 최고사제이며 일본의 통일과 무궁함의 상징인 신성한 수장 곧 천황에 대하여 모든 사람이 지불해야 하는 의무가 되었다.

주(忠)가 이처럼 쉽게 천황에게로 옮겨진 것은, 황실을 태양의 여신의 후예라고 한 옛 민간 신화가 도움이 되었다는 것은 말할 필요도 없다. 그러나 이 신성의 전설적 주장은 서구인이 생각하는 것만큼 결정적인 요인은 아니었다. 이러한 주장을 부정한 일본의 지식 계급도 천황에게 주(忠)를 바치는 것에 의문을 품지 않았고, '신의 후예'라는 것을 정말로 믿었던 많은 일반 민중도 서구인과는 다른 방식으로 해석하였다. '가미(神)는 'god'로 번역되지만, 문자 그대로의 의미는 '머리(頭)', 즉 계층 제도의 정점이다. 일본인은 서양인과 달리 인간과 신 사이에 큰 차이를 두지 않는다. 누구든 죽으면 가미(神)가 되기 때문이다. 사실 봉건 시대에 주는 계층제의 우두머리에게 바쳐졌다. 그가 신의 자격을 갖춘 것은 전혀 아니었다.

주(忠)의 대상을 천황에게로 옮길 때 더욱 중대한 역할을 한 것은 일본 역사의 모든 시기에 걸쳐 유일한 왕실이 계속하여 왕위에 등극했다는 사실이었다. "왕실의 변함없는 계승이라는 것은 기만이다. 왕위 계승의 규칙이 영국이나 독일의 그것과 합치되지 않기 때문이다"라고 서양인이 이의를 제기한다 해도 아무 소용이 없다. 일본에는 그들 특유의 규칙이 있었다. 그에 따르면 황통(皇統)은 '만세(萬世)' 일계(一系)이다. 일본은 유사 이래 서른여섯이나 되는 왕조가 교체된 중국과는 달랐다. 이제까지 여러 가지 변천을 거쳐 왔지만 그 어떤 변혁에서도 결코 사회 조직이 지리멸렬하게 파괴된 일 없이 항상 불변의 형태로 지켜져 온 나라였다.

유신 이전 100년 동안 반도쿠가와(反德川) 세력이 이용했던 것은 바로 이러한 근거였다. 천황 후예설이 아니었던 것이다. 그들은 계층제의 정점에 서는 사람에게 돌아가야 하는 주는 천황에게만 바쳐져야 한다고 주장하였다. 그들은 천황을 국민의 최고사제로 받들어 올렸지만, 그 역할이 반드시 신이어야 한다는 것을 의미하지는 않았다. 그것은 여신의 후예라는 사실보다 더 중요한 것이었다.

근대 일본에서는 주의 대상을 개인으로 환원하고, 그것을 천황 한 사람에게 향하도록 하기 위해 여러 가지 노력을 하였다. 유신 후 최초의 천황은 걸출하면서도 스스로 위엄을 구비한 사람으로, 그의 긴 통치 기간에 쉽게 자신의 몸이 국체(國體)를 상징하며 신민(臣民)의 찬양의 대상이 되도록 하였다. 불경이 되지 않도록 온갖 숭배 도구가 준비된 가운데 그는 대중 앞에 드물게 모습을 드러냈다. 그의 앞에 머리를 숙일 때 많은 군중은 숨죽인 듯 고요하였다. 그들은 감히 눈을 들어 그를 바라보려고 하지 않았다. 어디에서건 높은 곳에서 천황을 내려다볼 수 없도록 2층 이상의 창은 셔터가 내려졌다. 높은 지위에 있는 조언자들과 면접할 때에도 마찬가지로 상하관계가 적용되었다. 천황이 그 위정자를 불러들인다고는 말하지 않는다. 소수의 특별한 권한이 부여된 각하들만이 '배알'의 은총을 입었다. 논쟁의 대상이 된 정치 문제에 관해서 조칙이 내려지는 일은 없었다. 조칙의 대상이 되는 것은 도덕이나 절약과 검소에 관한 것이든가, 아니면 어떤 문제가 결정되었다는 것을 나타내는 경계표로서, 국민에게 안심을 주는 의도에서 발표되는 것이었다. 그가 임종의 자리에 누웠을 때는 일본 전체가 하나의 거대한 사원으로 변하여 국민은 그의 쾌유를 소원하는 경건한 기도를 드렸다.

천황은 이처럼 여러 가지 방법에 따라 국내의 정쟁이 전혀 미치지 않는 곳에 놓여진 상징이 되었다. 미국의 성조기에 대한 충성이 모든 정당정치를 초월한 영역에 있는 것과 같이, 천황은 '침범할 수 없는' 존재였다. 우리는 성조기를 다룰 때 정중하게 예를 다한다. 만일 그것이 인간이라면 그러한 일이 전혀 온당치 못한 것으로 생각될 정도이다. 그런데 일본인은 더 없는 상징성을 지닌 인간을 철저하게 활용하였다. 국민은 공경을 다하고 천황은 거기에 응답할 수가 있었다. 그들은 천황이 '자비로운 마음으로 국민을 대한다'는 것을 알고 감격했다. 그래서 '천황의 마음을 편안하게 하기 위해' 목숨을 바쳤다. 일본 문화처럼 완전히 개인적 유대 위에 입각한 문화에서는 천황은 국기 따위는 감히 미치지 못하는 충성의 상징이었다. 교육 실습 중인 교사가 만일 인간 최고의 의무가 조국애라고 말한다면 낙제였다. 그것은 천황에 대한 보은이라고 말해야 했다.

신하와 천황의 관계는 주[忠] 덕분에 이중적 구조이다. 신하는 위를 향해서는 중간자를 거치지 않고 직접 천황을 우러러본다. 그는 직접 개인적으로 '천황의 마음을 편안케' 해 드리는 데 신명을 바친다. 그러나 신하가 천황의 명령을 받을 때는 그와 천황 사이에 끼어 있는 여러 중간자의 손을 거쳐서 중계된 것을 귀에 담는다. '이것은 천황의 명령이다'라는 표현은 주를 환기하는 표현으로서, 아마도 다른 어떤 근대 국가에도 없는 강한 강제력일 것이다. 로리(Hillis Lory)는, 평상시 군대의 훈련에서 어떤 사관이 "허가 없이는 수통의 물을 마셔서는 안 된다"는 명령을 내리고 연대를 인솔하여 행군한 일을 서술하고 있다. 일본 군대는 곤란한 상황 하에서 휴식도 없이 8, 90마일을 계속 강행군할 수 있도록 하는 데에 큰 중점을 두고 있었다. 이날에는 갈증과 피로로 20명이 쓰러지고, 그 중 5명이 사망하였다. 사망한 병사의 수통을 조사하여 보니 전혀 손을 대지 않은 채로 있었다.

"그 사관이 그런 명령을 내렸던 것이다. 그리고 그의 명령은 천황의 명령이었다."

일반 행정에서도 죽음에서부터 납세에 이르는 모든 의무가 주〔忠〕라는 개념을 통해 정당화된다. 징세관이나 경찰관 지방 징병관은 신민이 바치는 주를 매개하는 기관이다. 일본인 쪽에서 보면 법률에 복종하는 것은 그들의 최고 의무, 즉 고온〔皇恩〕을 갚는 일이다. 이것처럼 미국의 풍습과 뚜렷한 대조를 이루는 특징도 없을 것이다. 미국에서는 거리의 정지 신호등에서부터 소득세에 이르기까지 새로운 법률이 나올 때마다, 그것이 개인의 자유에 대한 간섭이라며 온 나라가 분개한다. 연방 법규는 이중으로 의문시된다. 그것은 나아가 각 주(州)의 입법권에도 간섭을 가하는 방침이 되기 때문이다. 연방 법규는 워싱턴의 관료들이 국민에게 일방적으로 강요하는 것이라는 느낌을 갖게 한다. 그리하여 많은 시민은 이들 법률에 대하여 아무리 반대하더라도 그 반대가 오히려 그들의 자존심을 위해서는 미흡하다고 생각한다. 이런 이유로 일본인은 미국인을 준법 정신이 결여된 국민이라고 판단한다. 또한 미국인은 일본인을 민주주의 관념이 결여된 국민이라고 판단한다. 양국 국민의 자존심은 각각 다른 태도와 결부되어 있다고 말하는 편이 더 진실에 가까울 것이다. 미국에서는 자신의 일은 자신이 처리한다는 태도에 의존하고, 일본에서는 자신에게 은혜를 베풀었다고 생각되는 사람에게 은혜를 갚는 것에 의존한다. 이 두 가지 태도는 모두 난점을 지니고 있다. 미국의 난점은 법규가 국가 전체에 이익이 될 때에도 국민의 승인을 얻기가 어렵다는 점이다. 그리고 일본의 난점은 무엇보다 어떤 사람의 온 생애를 뒤덮을 만한 큰 부채를 지우기는 어렵다는 점에 있다. 따라서 일본인은 누구라도 어떤 점에서는, 아마도 법률의 범위 안에서 생활하면서도 자기에게 요구되는 것을 회피하는 방법을 궁리할 것이다. 그들은 또한 미국인이라면 결코 칭찬하지 않는 어떤 형태의 폭력이나 직접 행동 또는 개인적 복수를 칭찬한다. 그러나 이러한 유보 조건이나 다른 여러 유보 조건이 강조되더라도 주(忠)가 일본인들에게 미치는 지배력은 여전하다.

 1945년 8월 14일 일본이 항복했을 때, 세계는 정말 믿을 수 없을 정도로 큰 힘을 발휘한 이 주를 목격하였다. 일본에 관한 경험과 지식이 풍부한 많은 서구인들은, 일본이 항복한다는 것은 있을 수 없는 일이라고 보았다. 아시아 대륙과 태평양 여러 섬 곳곳에 산재한 일본군들이 순순히 무기를 버리리라는 것은 안이한 생각이라고 그들은 주장하였다. 일본군의 대부분은 아직 국지적 패배를 당하지 않았고, 그들은 나름대로 전쟁 목적의 정당성을 확신하고 있었다. 또한 일본 본토의 여러 섬에도 최후까지 완강히 항전하는 군인들이 적지 않았다. 따라서 점령군은 전위 부대가 소부대가 될 수밖에 없기 때문에 함포의 사정권을 넘어서 진격할 때에는 전부 살육당할 위험을 각오해야 했다. 전쟁 중 일본인은 어떠한 대담한 일이라도 태연히 해치우지 않았던가! 그들은 호전적인 국민이다. 그러나 이렇게 생각한 미국인 분석가가 계산에 넣지 않았던 것이 있다. 바로 주(忠)이다. 천황이 입을 열자 전쟁은 끝났던 것이다.

 천황의 목소리가 방송되기 전에 완강한 반대자들이 궁성 주위에 비상선을 쳐서 종전(終戰) 선언을 저지하려는 일도 있었다. 그러나 그 종전 선언이 일단 라디오에서 읽힌 다음에는 모든 사람이 그것에 승복하였다. 만주나 자바의 현지 사령관도, 일본에 있던 도조(東條)도, 누구 하나 그것을 저항하려 들지 않았다. 미군이 곳곳의 비행장에 착륙하자 정중하게 맞아들여졌다. 외국인 기자 한 사람이 서술한 바와 같이 아침에는 소총을 겨누면서 착륙했지만, 점심때는 총을 치워 버렸고, 저녁때는 이미 장신구를 사러 외출할 정도였다. 일본인은 이제 평화의 길을 따름으로써 '천황의 마음을 편안케' 했던 것이다. 1주일 전까지는 천황의 마음을 편안케 해 드리기 위해서 죽창으로라도 오랑캐를 격퇴하기 위해 몸을 바치겠다고 했던 사람들이 말이다.

 이러한 변화는 불가능한 것이 아니다. 그것을 뜻밖이라고 느낀 사람은 인간의 행동에 영향을 미치는 감정이 얼마나 다양한가를 인정할 수 없었던 서구인뿐이었다. 일본은 사실상 멸망밖에 다른 길이 없다고 선언한 사람도 있었다. 또 일본이 나라를 구할 유일한 길은 자유주의자들이 권력을 잡아 정부를 쓰러뜨리는 것이라고 단언한 사람도 있었다. 국민 모두의 지지를 받아 총력전으로 싸우는 서구의 어떤 나라였다면 통하였을 이치이다. 그러나 이들 견해는 일본도 본질적으로 서구와 같은 행동 방침에 따를 것으로 생각했기 때문에 틀렸던 것이다.

몇 달이 지난 다음, 즉 평온하게 점령이 이루어진 다음에도 몇몇 서구의 예언자들은 서구와 같은 혁명이 일어나지 않았다든가 또는 '일본인은 패전한 사실을 인식하고 있지 않다'는 이유로 모든 것이 실패하였다고 생각하였다. 이것은 정당한 것과 알맞은 것에 관한 서구인의 표준에 기초한 훌륭한 서구식 사회 철학이다. 그러나 일본은 서구가 아니다. 일본은 서구 여러 나라의 최후 방법인 혁명을 이용하지 않았다. 또한 적국의 점령군에게 음험한 방해 활동을 하지도 않았다. 일본은 일본 고유의 강점, 즉 아직 전투력이 분쇄되지 않았는데도 무조건 항복을 수락한다는 막대한 대가를 주〔忠〕로서 스스로에게 요구했다. 일본인의 편에서 보면 이것은 분명히 막대한 지불임에는 틀림없었으나, 그 대신 무엇보다 높이 평가되는 것을 손에 넣을 수 있었다. 즉, 비록 그것이 항복의 명령이긴 했지만 명령을 내린 것은 천황이었다고 말할 수 있는 권리를 획득한 것이었다. 패전 때에도 여전히 최고의 법은 여전히 주〔忠〕였다.

제7장
기리처럼 쓰라린 것은 없다

일본인이 잘쓰는 말에 "기리〔義理〕처럼 쓰라린 것은 없다"는 말이 있다. 기리는, 기무〔義務〕와 마찬가지로 반드시 갚아야 한다. 그러나 그것은 기무와는 다른 일련의 의무이다. 영어에는 이것에 해당하는 말이 없다. 이것은 인류학자가 세계 문화 속에서 찾아낸 온갖 별난 도덕적 의무 체계 중에서도 가장 드문 것의 하나이다. 기리는 특히 일본적인 것이다. 한편 주〔忠〕와 고〔孝〕는 일본이 중국과 공유하고 있는 덕목으로, 일본은 이 두 개념에 여러 가지 변화를 주기는 했지만, 동양의 다른 나라들의 도덕적 명령과 동족적 유사성을 지니고 있다. 그러나 기리는 중국의 유교나 동양의 불교에서 받아들인 것이 아니다. 그것은 일본 특유의 범주로서, 기리를 고려하지 않고 일본인의 행동 방침을 이해하기란 불가능하다. 일본인은 누구나 행위의 동기나 명성 혹은 일본에서 사람들이 맞닥뜨리는 여러 가지 딜레마에 관해 이야기할 때는 반드시 기리를 입에 담게 된다.

서양인이 보면 기리에는 옛날에 받았던 친절에 대한 답례에서부터 복수의 의무에 이르기까지, 서로 이질적인 온갖 잡다한 의무(제6장의 일람표 참조)가 복잡하게 포함되어 있다. 일본인이 서구인에게 기리의 의미를 설명하려고 하지 않는 것도 무리는 아니다. 그들 자신의 일본어 사전에조차 이 말에 합당한 정의가 없기 때문이다. 어떤 일본어 사전의 설명—내가 번역한—에 따르면, 기리는 '올바른 도리, 사람이 좇아야만 할 길, 세상에 대한 변명을 하지 않도록 본의 아니게 하는 일'로 되어 있다. 이런 설명으로는 서구인은 전혀 이해를 하지 못한다. 그러나 '본의 아니게(unwillingly)'라는 말이 기무와의 차이점을 보여 준다.

기무란 곤란한 요구를 적잖이 들이민다. 그러나 그것은 가까운 혈육 사이나 조국, 생활양식, 애국심의 상징인 지배자에 대해 지는 의무이다. 그것은 출생과 동시에 맺어지는 강력한 고삐이기 때문에 사람들이 당연히 해야 하는 것이다. 그것에 복종키 위해 해야만 하는 특정한 행위가 아무리 마음내키지 않는 것일지라도, 결코 기무가 '본의 아니게'라고 정의되는 일은 없다. 그러나 '기리를 갚는' 행위는 내키지 않는 일이 많다. 채무자로서의 마음고생은 '기리의 세계'에서 극한에 달한다.

기리는 전혀 다른 두 개의 종류로 나누어진다. 여기에서 '세상에 대한 기리'—문자 그대로는 '기리를 갚는 것'—란 동료에게 은혜를 갚는 것이고, '이름에 대한 기리'란 대체로 독일인의 '명예(die Ehre)'와 같은 것으로 자신의 이름과 명성이 비난으로 더럽혀지지 않도록 깨끗이 지키는 것이다. 기무는 태어나자마자 생기는 친밀한 의무의 수행이라고 느껴지는 데 비하여, 세상에 대한 기리는 대략 계약 관계의 이행이라고 할 수 있다.

따라서 배우자의 가족에 대한 모든 의무는 기리에 포함되고, 직계 가족에 대한 모든 의무는 기무에 포함된다. 배우자의 아버지는 기리의 아버지 곧 의부(義父)라고 불리고, 배우자의 어머니는 기리의 어머니 곧 의모(義母), 배우자의 형제 자매는 기리의 형제 자매라고 불린다. 형제 자매의 배우자도 기리의 형제 자매가 된다. 일본에서 결혼은 가문과 가문 사이의 계약이어서 평생 동안 상대 가문에 대하여 이 계약의 의무를 수행하는 것이 '기리를 다하는 것'이다. 기리는 이 계약을 맺은 세대—어버이—에 대한 기리가 가장 무겁다.

그 중에서도 가장 무거운 것이 시어머니에 대한 며느리의 기리이다. 그 까닭은 신부는 자기의 생가가 아닌 다른 집에 가서 살아야 하기 때문이다. 장인 장모에 대한 남편의 의무는 그다지 크지 않지만, 그래도 역시 부담스러운 것은 사실이다. 남편은 장인 장모가 곤궁할 때는 돈을 빌려 주어야 하고, 그 외 여러 가지 계약에 따른 책임을 다해야 하기 때문이다. 어떤 일본인은, "장성한 아들이 그 자신의 어머니를 위해 이런 저런 일을 하는 것은 어머니를 사랑하기 때문이므로 그것을 기리라고는 할 수 없다. 마음속에서 우러나와 행한다면 그것은 기리가 아니다"라고 말하였다. 그러나 일본인은 법률상의 가족에 대한 의무를 세심하게 수행한다. 어떤 희생을 치르더라도 '기리를 모르는 인간'이라는 무서운 비난을 피해야 하기 때문이다.

법률상의 가족에 대한 의무를 그들이 어떻게 느끼는가 하는 것은 여자와 같은 방식으로 결혼하는 '데릴사위'의 경우에 분명하게 나타난다. 딸은 있고 아들이 없는 집일 경우, 부모는 집안의 대를 잇기 위해서 데릴사위를 들인다. 데릴사위의 이름은 생가의 호적에서 말소되고 장인의 성을 쓰게 된다. 그는 처가에 들어가서 장인, 장모에게 '기리를 다하기 위해' 복종한다. 그리고 죽으면 처가의 묘지에 묻힌다. 이런 모든 점은 결혼한 보통 여자의 경우와 똑같다.

데릴사위를 맞아들이는 이유는 단순히 집안에 아들이 없기 때문만은 아니다. 때때로 그것은 쌍방의 이익을 위한 거래로서 이루어지기도 한다. 이른바 '정략결혼'이다. 여자의 집안은 가난하지만 가문이 좋다. 그러면 남자는 지참금을 가지고 가는데, 그 대가로 계급적 계층제에서의 지위가 상승되는 것이다. 혹은 여자 집안이 부유하여 사위의 교육비를 부담할 능력이 있으면, 사위는 이 은혜를 입는 대신에 생가와 연을 끊고 처가에 입적하는 경우도 있다. 혹은 여자의 아버지가 이런 방법으로 자기 회사의 미래 공동 경영자를 고르기도 한다.

어떠한 경우에도 데릴사위의 기리는 특히 무겁다. 왜냐하면 일본에서 남자가 성을 바꾸어 호적을 옮긴다는 것은 중대한 일이기 때문이다. 봉건 시대 일본에서는 전쟁이 일어나면 설령 그것이 자기의 친아버지를 죽이는 결과가 된다 하더라도 의부 편에서 싸워 자신이 새로운 가문의 일원이라는 것을 입증해야 했다. 근대 일본에서 '정략결혼'으로 데릴사위가 되면 장인의 사업에 얽매여 처가와 운명을 같이해야 한다. 기리가 강력한 강제력을 발휘하기 때문이다. 이때의 굴레는 일본에서 유례가 없을 정도로 강력하다. 특히 메이지〔明治〕시대에는 이러한 일이 양쪽 가문에 모두 유리한 경우가 많았다.

그러나 데릴사위가 되는 것에 대한 거부감은 매우 커서, 일본 속담에 "쌀 세 홉만 있으면 데릴사위가 되지 말라"는 말이 있을 정도이다. 일본인은 이 거부감을 '기리 때문'이라고 말한다. 만일 미국에 이런 습관이 있었다면 미국인은 '남자 구실을 못하게 되기 때문'이라고 하겠지만. 그러나 그들은 그렇게 얘기하지 않는다. 어쨌든 기리는 아주 괴로운 일이요, '본의 아닌 일'이다. 따라서 '기리 때문'이라는 표현은 일본인에게는 번거로운 관계를 나타내는 데 적합한 말인 것이다.

기리는 오직 법률상의 가족에 대한 의무만은 아니다. 숙부와 숙모, 조카들에 대한 의무도 이 범주에 든다. 일본에서는 이와 같이 비교적 가까운 친척에 대한 의무를 고〔孝〕와 같은 계열로 취급하지 않는다. 이 점은 일본과 중국의 가족관계에서 볼 수 있는 큰 차이의 하나이다. 중국에서는 많은 친척들, 그리고 이들보다 훨씬 먼 친척들도 공동 재원에서 자기 몫을 분배받는다. 그런데 일본에서 이들은 기리의, 다시 말하면 '계약상'의 친척이다. 일본인은 도움을 청하는 친척에게 전에 한 번도 개인적으로 은혜를 베푼 일이 없었던 경우가 많다는 사실을 지적한다. 그러기에 그들을 도와주는 것은 공통된 조상으로부터 받았던 은혜를 갚는 것이다. 자기 아이들을 보살피는 것에도 이러한 강제력이 작용한다. 그것은 물론 기무이다. 그러나 강제력은 같을지라도 먼 친척에 대한 도움은 기리라고 생각한다. 이들에게 도움을 주어야 할 때는 법률상의 가족을 도와주는 경우처럼 "기리 때문에"라고 말한다.

대다수의 일본인들이 법률상의 가족관계보다 중시하는 전통적 기리는 가신의 영주에 대한 또는 전우에 대한 관계이다. 그것은 명예를 생명으로 여기는 인간이 그의 윗사람과, 같은 계급의 동료에 대하여 짊어지는 충절이다. 이 기리의 의무는 사무라이의 덕과 동일시되며, 수많은 전통적 문예 작품 속에서 칭송되고 있다.

옛날, 도쿠가와〔德川〕가 통일을 이루기 전의 일본에서, 기리는 때때로 쇼군〔將軍〕에 대한 의무인 주〔忠〕 못지 않게 소중한 덕으로 생각되었다. 12세기 미나모토 쇼군〔源將軍〕이 한 장수에게 그가 보호하고 있는 적장을 내놓으라고 요구하였다. 그때 그 장수가 회답한 편지가 지금도 보존되어 있다. 그는 자신의 기리를 비난한 일로 크게 분개하여 설령 주〔忠〕에 어긋나더라도 기리를 배반할 수 없다고 거절하였다. 그는 다음과 같이 쓰고 있다.

"공적인 일은 저로선 어찌할 수 없습니다. 그러나 명예를 존중하는 무사들 간의 기리는 영원한 진리입니다."

따라서 쇼군의 권력을 초월하는 것이라 하였다. 그는 '존경하는 친구를 배신하는 것'을 거절하였다. 이러한 옛날 일본 사무라이의 뛰어난 덕은 지금도 일본 어디에서나 널리 알려져 있으며, 노〔能〕와 가부키〔歌舞伎〕 또는 가구라〔神樂〕로 윤색된 수많은 역사적 민화 속에 담겨 있다.

그 가운데 가장 유명한 것은 저 위대한 무적의 로닌〔浪人〕—주군이 없는 사무라이—인 12세기의 호걸 벤케이〔弁慶〕의 이야기이다. 벤케이는 뛰어난 힘만 믿고 사찰에 몸을 피해 있으면서 수도승들을 벌벌 떨게 한다. 또한 몸을 치장할 비용을 마련하기 위해 지나가는 사무라이를 닥치는 대로 베어 죽이고 칼을 빼앗는다. 마침내 그의 앞에 한낱 애송이로만 보이는 가냘프면서도 맵시 있게 차린 귀공자가 나타난다. 벤케이는 그의 앞을 가로막고 싸움을 걸지만 이 귀공자는 만만치 않은 호적수였다. 이 청년은 사실 쇼군의 지위를 찾으려는 미나모토 가문의 자손, 바로 일본인들이 각별히 사랑하는 영웅 미나모토 요시쓰네(源義經)이다. 이 사실을 알게 된 벤케이는 그에게 열렬한 기리를 바치고 그를 위해 수많은 공훈을 세운다.

그러나 결국 그들은 압도적인 적의 세력에 밀려 종자들과 함께 쫓기게 된다. 일행은 적의 눈을 피하려고 절의 건립을 위해 일본 전역을 순례하는 수도승으로 변장한다. 요시쓰네는 일개 수도승 복장을 하고 벤케이는 그들의 우두머리로 차려 입었다. 그들은 길에서 적이 보낸 감시대를 만난다. 벤케이는 사원 건립을 위해 날조한 '기부자' 명부 두루마리를 꺼내어 읽는 시늉을 한다. 적은 그들을 통과시키려 하다가, 순간 비천한 행색을 해도 숨길 수 없는 요시쓰네의 귀족적인 기품을 보자 의심을 품고 일행을 다시 불러 세운다. 벤케이는 재빨리 요시쓰네가 받은 혐의를 일시에 날려버릴 기지를 발휘했다. 아주 사소한 이유를 들어 요시쓰네에게 모진 욕을 하면서 뺨을 때린 것이다. 적은 완전히 믿었다. 만일 이 수도승이 요시쓰네라면 가신이 그를 때릴 수는 없기 때문이다. 그러나 일행의 목숨을 구한 벤케이의 이 불경한 행동은 그야말로 생각조차 할 수 없는 기리의 위반이다. 일행이 안전한 지역에 이르자마자 벤케이는 요시쓰네의 발 앞에 몸을 던지며 자신을 죽여 달라고 청한다. 주군은 인자하게 그를 용서한다.

이처럼 기리가 마음속에서 우러나오고, 불신으로 더럽혀지지 않았던 옛 시대의 이야기는, 현대 일본이 꿈꾸는 황금 시대의 백일몽이다. 그 시절의 기리는 조금도 '본의 아닌' 것이 아니었다. 만일 그것이 주와 충돌하면 사람들은 당당히 기리에 충실할 수가 있었다. 당시의 기리는 온갖 봉건적 작법으로 치장되어 사랑받는 직접적인 관계였다. '기리를 안다'는 것은 평생 주군에게 충절을 다한다는 것이고, 주군은 그 대신 가신을 보살핀다. '기리를 갚는다'는 것은 자기가 모든 면에서 신세를 지고 있는 주군에게 생명까지도 바친다는 뜻이었다.

물론 이것은 환상이다. 일본 봉건 시대의 역사를 살펴보면 전투 중인 상대 다이묘(大名)에게 충성을 파는 가신들이 셀 수 없이 많다. 더욱 중요한 점은 다음 장에서 알 수 있듯이, 주군이 가신에게 무엇인가 치욕을 주었을 때에는 가신이 봉직을 버리고, 적과 손을 잡은 일도 많았다는 것이다. 이는 관례에도 어긋나지 않는다. 일본인은 복수라는 주제를 죽음을 건 충절과 마찬가지로 흔쾌히 찬양한다. 이 두 가지는 모두 기리이다. 충절은 주군에 대한 기리이고, 모욕에 대한 복수는 자기 명예에 대한 기리이다. 일본에서 이 두 가지는 동전의 양면과 같다.

그럼에도 불구하고 충성에 대한 옛이야기들은 오늘날 일본인에게 재미 있는 백일몽이다. 왜냐하면 이제 '기리를 갚는다'는 것은, 전통적인 주군에 대한 충성이 아니라, 온갖 사람에 대한 온갖 의무를 이행하는 일이기 때문이다. 오늘날 끊임없이 쓰이는 이 표현에선 원망만이 두드러진다. 자신의 의지에 반하여 기리를 행하도록 강제하는 세상 여론의 압력을 한탄하는 것이다. 그들은 "나는 오로지 기리 때문에 이 결혼을 성사시키려 한다"라든가, "단지 기리 때문에 저 남자를 채용해야만 한다"라든가, "기리 때문에 저 사람과 만나야만 한다"라고 말한다. 그들은 끊임없이, "기리에 얽매여 있다'라 한다. 이 표현은 사전에 'I am obliged to it(할 수 없이 해야만 한다)"이라고 번역되어 있다.

그들은 "기리를 이유로 나에게 강요하였다"라든가, "기리로써 나를 몰아세웠다"라고 말한다. 이 말들은, 은혜를 입었으면 당연히 갚아야 한다는 이유를 내세워 그 사람이 원하지도 않는 일을 무리하게 하도록 하는 것을 의미한다. 농촌에서나 작은 상점의 거래에서나 재벌의 상층 사회에서나 내각에서도 사람들은 기리로 강요당하고 기리로 압력을 받는다. 구혼자가 장래의 장인이 될 사람에게 예로부터 맺어 온 양가의 교분이나 거래를 들먹이면서 기리를 앞세우는 수도 있다. 농민의 토지를 빼앗기 위하여 이와 같은 수법을 쓰는 사람도 있다. 기리에 몰린 사람은 상대의 말에 따를 수밖에 없다고 느끼게 된다. 그는 "은인에게 매정하게 대한다면 나는 세상으로부터 기리를 모르는 인간이라는 비난을 받는다"라고 말한다. 이런 어법은 모두 본의 아니게, 또한 일영사전의 표현처럼 "for mere decency's sake(다만 체면 때문에)"에 상대의 말에 따른다는 뜻을 함축하고 있다.

기리의 규칙은 반드시 지켜야 하는 갚음의 규칙이다. 그것은 모세의 십계 같은 도덕 규칙이 아니다. 기리로 무엇인가를 강요당하면 경우에 따라서는 자신의 정의감을 무시하기도 한다. 일본인은 가끔 "나는 기리 때문에 정의를 관철할 수 없었다"라고 말한다. 기리의 규칙은 이웃을 내 몸과 같이 사랑한다는 것과도 아무런 관계가 없다. 일본인은 진심에서 우러나 자발적으로 하는 관대한 행위를 요구하지 않는다. 그들은, 사람이 기리를 지켜야 하는 까닭을 "만일 그렇게 하지 않으면 '기리를 모르는 인간'이라 불리고, 세상 사람 앞에서 수치를 당하기 때문"이라고 말한다. 기리를 지켜야 하는 것은 세상의 이목이 무섭기 때문이다. 사실 '세상에 대한 기리'는 주로 영어에서는 "conformity to public opinion(여론에 따르는 것)"이라고 번역된다. 또한 '세상에 대한 기리 때문에 피할 수 없다'는 사전에 "people will not accept any other course of action(세상 사람들은 그 밖의 다른 행동 방식을 승인하지 않을 것이다)"이라고 번역되어 있다.

이 '기리의 세계'는, 빌린 돈을 갚는 데 대한 미국인과 일본인의 태도를 비교하면 무엇보다 이해하기 쉽다. 미국인은 편지를 받았다든가 선물을 받았다든가 또는 시의적절한 말을 들었다고 해서, 이자나 은행에서 빌린 돈을 갚아야 할 때처럼 엄격하게 이 은혜를 갚아야 된다고는 생각지 않는다. 이러한 금전상 거래에서 변제 불능에 대한 형벌은 파산으로, 그것은 대단히 혹독하다. 그런데 일본인은 기리를 갚지 않으면 파산한 사람이라고 여긴다. 더욱이 실생활에서 남들과 접촉할 때마다 이런저런 기리가 생겨난다. 이는 미국인이 별 의미 없이 가벼운 기분으로 하는 사소한 말이나 행동을 일본인은 하나하나 기록해 두며 복잡한 세상을 조심스럽게 건너고 있음을 의미한다.

세상에 대한 일본인의 기리 관념과 미국인의 빌린 돈을 갚는 관념 사이에는 또 하나의 유사점이 있다. 기리를 갚을 때는 정확히 같은 양이어야 한다는 것이다. 이 점에 있어서 기리는 기무〔義務〕와 현저하게 구별된다. 기무에는 한계가 없다. 아무리 갚아도 충분할 수는 없다. 그러나 기리는 유한하다. 미국인에게는 이러한 은혜 갚음이 원래의 호의에 비해 터무니없이 균형을 잃고 있다고 생각되지만 일본인은 그렇게 보지 않는다. 우리는 또한, 매년 두 번씩 모든 가정이 6개월 전에 받은 선물의 보답으로서 무엇인가를 다시 보낸다든가, 또는 가정부의 고향집에서 그녀를 채용해 준 데 대한 사례로서 매년 선물을 보내거나 하는 일본인의 선물 습관을 이상하게 생각한다. 그러나 일본인은 받은 선물보다 더 큰 선물을 보내는 것을 금기시한다. 상대에게 불로소득을 얻게 하는 일은 결코 명예가 되지 않는다. 선물에 관한 가장 신랄한 욕은, "피라미를 도미로 갚는다"는 것이다. 기리를 갚을 때도 마찬가지이다.

노력이든 물건이든 서로 주고받은 복잡한 관계는 가능하면 문서로 기록된다. 마을에서는 이것을 촌장이나 협동 노동(work-party)의 관계자가 기록한다. 가정집 또는 개인이 쓴 일기가 그 역할을 하기도 한다. 장례식에는 '조의금'을 가지고 가는 것이 관습이다. 그 밖에도 친척은 만장(輓章)에 쓰는 색깔이 있는 천을 가져가는 경우도 있다. 이웃 사람들은 일을 돕기 위해 모여 여자들은 부엌일을, 남자들은 무덤을 파고 관을 짜는 일을 한다. 스에무라[須惠村]에서는 촌장이 이 일들을 기록한 장부를 만든다. 초상집에서는 그것이 매우 유용하게 쓰인다. 그 기록을 보면 동네 사람으로부터 어떤 부조를 받았는가를 알 수 있기 때문이다. 또한 다른 집에서 초상이 났을 때 갚아야 하는 상대를 확인할 수도 있다. 이런 것은 장기적인 상호 의무이다. 그 외에도 마을의 장례식 또는 여러 가지 축하연 때에는 단기적 상호 교환이 행해진다. 관 짜는 것을 도와주는 사람은 식사를 대접받는데, 그들은 그 대접의 일부나마 부담하고자 얼마간의 쌀을 상가에 가지고 간다. 그 쌀도 또한 촌장의 장부에 기입된다. 축하연 때에도 손님은 대체로 약간의 술을 지참한다. 그것이 생일잔치이건 장례식이건 또는 모내기이건 가옥 건축이건 친목회이건 어떤 상황에서도 기리의 교환은 장래의 변제에 대비하여 세밀하게 기록된다.

일본에는 기리에 관하여 서구의 채무 변제 관례와 비슷한 또 한 가지 관례가 있다. 그것은 갚는 기한이 늦어지면 마치 이자가 붙듯이 커진다는 것이다. 에크슈타인(G. Eckstein) 박사는 노구치 히데요[野口英世]의 전기 자료를 모으기 위하여 일본에 가는 경비를 후원해 준 어떤 일본 제조업자와의 관계에서 이러한 일을 경험하였다고 말한다. 에크슈타인 박사는 집필에 착수하기 위하여 미국으로 돌아와 완성된 원고를 일본에 보냈다. 그러나 받았다는 연락이나 편지가 없었다. 그는 책 속에 무언가 그의 기분을 상하게 하는 내용이라도 들어 있는 게 아닐까 걱정하였다. 그래서 몇 번이나 편지를 보냈지만 역시 답장이 오지 않았다. 몇 년 뒤에 그 제조업자가 박사에게 전화를 걸어 왔다. 그는 미국에 와 있었던 것이다. 그리고 얼마 뒤 그는 일본 벚나무 수십 그루를 가지고 에크슈타인 박사의 집을 방문하였다. 그 선물은 정말로 대단한 것이었다. 오랫동안 답례를 못했기 때문에 당연히 훌륭한 선물을 하지 않을 수 없었던 것이다. 일본인은 에크슈타인 박사에게 말했다. "내가 곧바로 답례하지 않은 것이 당신에게는 뜻밖의 행운이었지요."

기리에 내몰린 사람은 시간이 흐름에 따라 불어난 빚을 갚아야 하는 일이 많다. 어떤 사람이 은사의 조카라는 이유로 한 상인에게 도움을 청한다. 젊었을 때에는 가르침을 받은 교사에게 기리를 갚을 길이 없었기 때문에, 상인의 빚은 세월과 함께 점점 불어난 것이다. 그래서 이 상인은 그 빚을 '세상에 대한 변명을 하지 않도록 본의 아니게' 지불해야만 하는 것이다.

제8장
오명을 씻는다

이름에 대한 기리(義理)란 자신의 명성에 오점이 없도록 하는 의무이다. 그것은 일련의 덕으로 이루어진다. 그 가운데 어떤 것은 서양인에게는 서로 모순된다고 생각되지만, 일본인이 보기엔 충분히 일관적이다. 남으로부터 받은 은혜의 갚음이 아니라는 점, 즉 '온(恩)의 범위 밖'에 있다는 점에서 공통성을 갖기 때문이다. 그것은 이전에 다른 사람으로부터 받은 특정한 은의(恩義)에 구애됨이 없이 자기의 명성을 빛나게 닦아두는 행위이다. 따라서 그 덕목에는 '분수에 맞는' 잡다한 모든 예절을 계속 지키고, 고통에 임해서는 자제심을 발휘하며, 전문 직업이나 기능에서의 자기 명성을 옹호하는 일이 포함된다.

이름에 대한 기리는 비방이나 모욕을 제거하는 행위를 요구한다. 비방을 그대로 두면 자신의 명예에 어두운 그림자를 드리우게 되므로 어떻게 해서든 벗어버려야 한다. 이를 위해 명예 훼손자에게 복수해야 할 때도 있고, 자살해야 할 때도 있다. 이 양극단 사이에는 여러 가지 행동 방침이 있을 수 있다. 그러나 아무도 자신의 명예를 훼손시키는 일을 그저 가볍게 얼굴을 찡그리는 정도로 끝내지 않는다.

내가 여기에서 '이름에 대한 기리'라고 부르는 것에 상응하는 특별한 일본 용어가 있는 것은 아니다. 그들은 그것을 단순히 은혜의 범위 밖에 있는 기리라고 말할 뿐이다. 이 점이 바로 기리를 분류하는 기준이다. 세상에 대한 기리는 친질을 갚는 의무이며, 이름에 대한 기리는 주로 복수를 내포하고 있다. 그러나 이런 사실로 기리를 구별하지는 않는다. 서구의 언어가 이 두 가지를 감사와 복수라는 전혀 상반된 범주로 나누고 있다는 것이 일본인에게는 분명하게 납득되지 않는다. 타인의 호의에 반응하는 경우와 경멸이나 악의에 반응하는 경우를 왜 하나의 덕으로 묶어서는 안 되는 것일까?

일본에서는 그렇게 하고 있다. 훌륭한 사람은 자기가 받은 모욕에 대해서도 은혜만큼이나 강하게 느낀다. 어느 쪽도 그것에 보답하는 것이 도덕적으로 훌륭한 행위이다. 그들은 서구인처럼 이 두 가지를 구별하여 한쪽은 침해 행위이고, 다른 한쪽은 비침해 행위라고 부르지는 않는다. 그들에게 침해로 인정되는 행위는, 오직 그것이 '기리의 세계' 밖에서 행해지는 경우에 한정된다. 사람이 기리를 지키고 오명을 씻고자 하는 한, 결코 침해의 죄를 범하는 것이 아니다. 단지 빚을 갚아 셈을 치르는 것일 뿐이다. 일본인은 모욕이나 비방이나 패배를 되갚거나 지워버려야 한다. "자기가 사는 세상이 균형을 잃는다." 훌륭한 사람은 세상을 다시 균형 상태로 되돌리기 위해 노력해야 한다. 보복은 인간다운 훌륭한 덕행이지, 인간이라는 본질적인 약점에 기초한 악덕이 아니다.

유럽 역사에서도 한때 이름에 대한 기리가 서구인의 덕이라 여겨진 시대가 있었다. 더구나 일본에서처럼 언어적으로 감사나 충성과 연결되어 있다는 점에서도 동일했다. 그것은 특히 르네상스 시대의 이탈리아에서 아주 성행하였다. 또한 이것은 최성기 스페인에서의 '스페인의 용기(el valor Espanõl)'나, 독일의 '명예(die Ehre)'와도 많은 공통점을 지니고 있다. 100년 전까지 유럽에서 행해지던 결투의 관습도 밑바탕에는 이와 대단히 비슷한 동기가 잠재해 있었다. 일본이든 서구 여러 나라이든 자기 명예에 가해진 오점을 씻어 버리는 덕이 널리 성행하던 곳에서는 어디에서고, 그 덕이 물질적 이득을 초월한다. 바로 이 점이 현재에 이르기까지 변함없는 이 덕의 핵심이다. 자기 재산과 가족과 생명을 '명예'를 위해 희생하면 할수록 그는 덕이 높은 사람으로 여겨졌다. 이 점은 덕의 정의의 일부를 이루고, 이들 나라들이 항상 제창하는 '정신적' 가치의 밑바탕이 되었다.

그것은 분명히 그들에게 큰 물질적 손실을 초래하는 것으로서, 이해득실 면에서 본다면 대체로 긍정하기 어려운 일이다. 이 점에서 이러한 명예관과, 미국인의 생활에 종종 나타나는 극단적인 경쟁이나 노골적인 적대 사이에는 대단히 현격한 차이가 있다. 미국에서는 정치상 또는 경제상 협상을 할 때는 어떠한 수단을 써도 상관없다고 생각하며, 어떤 물질적 이익을 획득 또는 유지하기 위해선 전쟁도 불사한다. 그러나 이름에 대한 기리의 범주에 들어갈 만한 명예싸움은, 켄터키 산 속 주민 간의 반목처럼 예외적인 경우뿐이다.

어떤 문화에서나 이름에 대한 기리는 적의를 품거나 조심스럽게 노리는 등의 행동을 수반한다. 이것은 결코 아시아 대륙 특유의 덕은 아니다. 그것은 이른바 동양적인 것이 아니라는 것이다. 중국인이나 태국인, 인도인은 그것을 가지고 있지 않다. 중국인은 모욕이나 비방에 대해 그처럼 신경과민이 되는 것은 '소인(小人)', 즉 도덕적으로 보잘것없는 인간이라고 생각한다. 일본과 달리 그것은 그들의 고결한 이상의 일부가 되지 않는다. 중국에서는 아무 이유 없이 휘두르는 부당한 폭력이, 모욕을 갚는 데 쓰여졌다고 해서 올바른 행위가 된다고 여기지 않는다. 그들은 그렇게 신경을 곤두세우는 것을 오히려 조롱거리로 삼는다. 또한 누구에게서 나쁜 말을 들었다고 하여 신에게 맹세하면서 그 비방이 그릇되었음을 증명하려고 결심하지도 않는다. 태국인에게서도 이 같은 모욕에 대한 민감한 반응을 전혀 찾아볼 수 없다. 그들은 중국인처럼 비방자를 우롱하는 것을 좋아하기는 해도, 그로써 자신들의 명예가 위태로워졌다고는 생각지 않는다. 오히려 "상대가 비인간적이라는 것을 폭로하는 가장 좋은 방법은 상대방에게 져 주는 것이다"라고 말한다.

이름에 대한 기리의 완전한 의의는 그 속에 포함되어 있는 여러 가지 비공격적인 덕들을 모두 고려하지 않으면 결코 이해할 수가 없다. 복수는, 이름에 대한 기리가 특정한 경우에 요구하는 하나의 덕에 불과하다. 이름에 대한 기리 속에는 조용하고 차분한 행동도 많이 포함되어 있다. 체면을 소중히 여기는 일본인에게 요구되는 스토이시즘(Stoicism), 즉 자제(自制)는 이름에 대한 기리의 일부분이다. 여자는 분만할 때 큰 소리를 내어서는 안 되고, 남자는 고통이나 위험에 직면하여 초연해야 된다. 홍수가 마을을 덮치면 사람들은 당황하지 않고 저마다 최소한의 필수품만을 챙겨서 높은 지대로 피난간다. 그곳에서는 아비규환이나 우왕좌왕, 낭패를 당한 기색이 없다. 추분(秋分) 무렵 태풍이 엄습해 올 때에도 같은 자제심이 발동한다.

설령 완전하게 그런 태도를 취하지 못한다 하더라도 이런 행동은 일본인의 자존심의 일부이다. 그들은 미국인의 자존심은 자제를 요구하지 않는다고 생각한다. 일본인의 자제는 구미사회의 기본적인 윤리인 '신분이 높아질수록 책임이 무거워지는 경향(noblesse oblige)'과 닮아 있다. 따라서 봉건 시대에는 서민보다는 사무라이 계급에서 더 강한 자제심이 요구되었다. 그러나 이 덕은 사무라이만큼 엄격하지는 않았다 하더라도 모든 계급에 통하는 생활 원리였다. 사무라이가 극단적으로 육체적 고통을 극복하기를 요구당했다면, 서민은 극단적인 순종으로 무기를 지닌 사무라이의 공격을 감수해야 했다.

사무라이의 스토이시즘에 대해서는 유명한 일화들이 많이 전해진다. 그들은 굶주림에 굴복해서는 안 되었다. 그러나 이것은 굳이 언급할 필요가 없을 정도로 흔한 일이었다. 그들은 굶주릴 때에도 바로 지금 식사를 마친 듯한 모습을 보여야 한다고 명령받았다. 그래서 이쑤시개로 이를 쑤시는 시늉을 했다. "어린 새는 먹이를 찾아 울지만, 사무라이는 안 먹어도 이쑤시개를 물고 있다"는 속담이 있다. 이번 전쟁에서는 바로 이 말이 군대에서 병사들에 대한 격언이 되었다.

병사들은 고통에 져서도 안 되었다. 일본인의 태도는, 나폴레옹에게 "다쳤느냐고요? 아닙니다, 폐하. 저는 지금 살해당하고 있습니다" 하고 대답한 어느 소년병의 그것과 비슷하다. 사무라이는 쓰러져 죽을 때까지 조금도 괴로운 표정을 보여서는 안 되며, 눈 한 번 깜박이지 않고 고통을 참아 내야 한다. 1899년에 세상을 떠난 가쓰〔勝〕 백작에 관한 일화가 있다. 그는 어렸을 때 개에게 물려서 고환이 찢어졌다고 한다. 그는 사무라이 가문이었으나 집안은 아주 가난하였다. 의사가 수술하고 있는 동안 그의 아버지는 그의 코 앞에 칼을 뽑아들고 "한마디라도 우는 소릴 내면 무사로서 부끄럽지 않게 널 죽이겠다"고 말하였다.

이름에 대한 기리는 또한 신분에 맞는 생활을 할 것을 요구한다. 만일 이 기리를 잃게 되면 그는 창피를 당하게 된다. 도쿠가와 시대에는 입고 소유하고 사용하는 모든 것을 일일이 규정한 사치 금지법을 자기 사존의 일부로서 수락했다. 세습적 지위에 맞추어 일일이 규제하는 이 법률에 미국인은 대단히 충격 받을 것이다. 미국에서는 자존이란 자기 지위를 향상시키는 것과 밀접한 관계가 있으며, 따라서 고정된 절제령은 사회의 근본 자체를 부정하는 것이 된다. 어린아이에게 사 주는 인형 하나도 계급에 따라 다르게 규정한 도쿠가와 시대의 법률은 혐오를 일으킨다.

그러나 미국에서는 다른 규정에 의거해서 똑같은 결과를 거두고 있다. 우리는 공장 주인의 아이는 기차 모형 세트를 가지며, 소작농의 아이는 수수깡으로 만든 인형으로 만족하는 것을 비판 없이 인정한다. 수입의 차이를 인정하고 그것을 당연한 이치로 받아들인다. 그리고 많은 월급을 받는 것을 우리 자존 체계의 일부로 여긴다. 인형의 종류가 소득에 따라 제한되어 있더라도 그것은 결코 우리의 도덕관념에 위배되지 않는다. 부자가 되면 아이에게 고급 인형을 사 주는 것이 일반적이다. 일본에서는 부자가 되는 것은 의심을 받지만, 합당한 위치를 지키는 것은 훌륭한 일이다. 오늘날에도 그들은 부자는 물론 가난한 사람까지도 자존심을 지키기 위해서 계층제의 관례를 준수하고 있다. 이는 미국인에게는 생소한 덕이다.

프랑스인 토크빌은 앞에서 인용한 바 있는 책에서 이 점을 지적하였다. 그것은 1830년대의 일이다. 18세기에 태어난 토크빌은 평등을 제창하는 미국에 대해 관대한 논평을 하면서도, 귀족적인 생활을 잘 알았고 또한 사랑하였다. "미국은 여러 가지 훌륭한 미덕을 지니고 있지만 진정한 존엄성이 결여되어 있다." 그는 이렇게 말했다. "진정한 존엄성은 항상 너무 높지도 너무 낮지도 않은 자기에게 알맞은 지위에 머무름으로써 갖출 수 있다. 이것은 왕은 물론 백성에게도 가능한 일이다." 토크빌이라면, 계급 차별은 그 자체로는 결코 굴욕적이지 않다는 일본인의 태도를 이해하였을 것이다.

여러 민족의 문화를 객관적으로 연구하는 오늘날에는 '진정한 존엄성'이란 민족에 따라 그 정의가 달라진다고 인식한다. 마찬가지로 무엇이 굴욕인가도 저마다 다르다. 오늘날 미국인 중에는 일본인에게 자존심을 갖게 하기 위해서는 미국식 평등주의를 강제해야 한다고 주장하는 사람들이 있다. 그러나 그것은 자민족 중심주의의 오류이다. 그들이 원하는 바가 그들 말처럼 일본인에게 자존심을 갖게 하는 것이라면, 일본인의 자존심의 뿌리부터 살펴보아야 할 것이다. 일찍이 토크빌이 인정한 것처럼, 타고난 신분에 입각한 '진정한 존엄성'은 근대 세계에서 소멸되고 있다. 그리고 그보다 훌륭한—우리는 그렇게 믿고 있다—또 다른 존엄이 그 자리를 대체하고 있다. 일본에서도 언젠가는 반드시 그렇게 될 것이다. 그러나 오늘날의 일본은 미국의 기초 위에서가 아니라, 자국 일본의 기초 위에서 자존심을 재건해야 한다. 그리고 그것을 일본 특유의 방법으로 연마해 나가야 할 것이다.

또한 이름에 대한 기리를 관철하려면 분수의 개념에서 생기는 채무 이외에도 다양한 채무를 수행해야 한다. 일본인은 돈을 빌릴 때 이름에 대한 기리를 저당잡히는 수가 있다. 2, 30년 전만 해도 "만일 돈을 갚지 못하면 대중 앞에서 조롱당해도 좋다"는 말을 곧잘 썼다. 다만, 실제로는 돈을 갚지 못해도 말 그대로 조롱거리가 되는 일은 없었다. 일본에서는 공개적으로 망신을 주는 관습이 없었기 때문이다. 그러나 빚을 갚아야 하는 기한인 설날이 다가와도 갚을 길이 없는 채무자는 '이름을 더럽히지 않기' 위해서 자살하기도 했다. 오늘날에도 섣달 그믐에는 자신의 명성을 지키기 위하여 자살하는 사람이 많아진다.

　모든 종류의 직업상 채무에도 이름에 대한 기리가 수반된다. 특별한 사정으로 누군가가 세간의 주목을 받게 되고 온갖 비난을 받을 수 있는 경우, 일본인은 때때로 엄청난 요구를 하기도 한다. 예를 들면 학교에서 화재가 발생해—화재에 대한 책임은 전혀 없지만—교실에 걸려 있는 천황의 사진이 타버렸다는 이유만으로 자살한 교장도 수없이 많다. 이 사진을 구해내기 위하여 불타는 학교 건물로 뛰어들다 타 죽은 교사들도 있다. 이들은 죽음으로써 그들이 이름에 대한 기리와 천황에 대한 주[忠]를 얼마나 중요시하는가를 증명한 것이다. 또한 교육칙어(敎育勅語)나 군인칙유(軍人勅諭)를 읽다가 중간에 잘못 읽어서, 자살을 함으로써 오명을 씻은 사람에 관한 유명한 이야기도 있다. 히로히토[裕仁] 천황의 치세에서도 자식의 이름을 우연히 히로히토라고 지었다가(일본에서는 천황의 이름을 결코 입에 올리지 못한다) 그 아이와 더불어 자결한 사람도 있었다.

　직업인으로서의 이름에 대한 기리도 일본에선 대단히 엄격하다. 반드시 미국인이 생각하는 것처럼 고도의 전문가 수준에 달한 사람이 아니라도 그러한 기리에서 벗어날 수 없다. 교사는 "나는 교사라는 이름에 대한 기리 때문에 몰라도 모른다고 말할 수 없다"고 말한다. 곧, 개구리가 무슨 종에 속하는가를 모르더라도 아는 체해야만 한다는 뜻이다. 또한 기껏 몇 년간 학교에서 배운 지식만으로 영어를 가르치는 선생이라도, 그는 누가 자기의 틀린 점을 정정하는 사태를 인정할 수 없다. 교사로서의 '이름에 대한 기리'는 바로 이러한 자기방어를 가리킨다. 실업가도 실업가로서의 이름에 대한 기리가 있으므로, 자산이 고갈되어 위기에 빠졌다든가, 자신의 회사를 위해 세운 계획이 실패하였다는 사실은 아무도 모르게 덮어두어야 한다. 외교관도 기리 때문에 자신의 외교 방침의 실패를 인정할 수 없다. 이러한 말들을 보면,

한 인간과 그의 직업은 언제나 극단적으로 동일시되고 있다. 그리하여 어떤 사람의 행위 또는 능력에 대한 비판은 자동적으로 그 인간 자체에 대한 비판이 된다.

실패나 무능의 오명에 대한 일본인의 반응과 똑같은 태도를 미국에서도 종종 볼 수 있다. 우리는 다른 사람으로부터 나쁜 말을 들으면 불같이 화를 내는 사람이 있다는 것을 알고 있다. 그러나 우리 미국인은 일본인처럼 자기 방어에 급급해하는 일은 드물다. 개구리가 어떤 종에 속하는지 모르면, 교사는 설령 자신의 무지를 감추고 싶은 유혹에 빠진다 하더라도, 아는 체하기보다는 정직하게 모른다고 답하는 편이 훌륭한 태도라고 생각한다. 실업가는 추진하던 계획이 흡족하지 못하면 다시 다른 새로운 지시를 내리면 된다고 생각한다. 그는 지금까지 자신이 무조건 옳았다고 단언함으로써 자존심을 지킨다든가, 자기의 잘못을 인정하면 사표를 내든지 은퇴해야 한다고는 꿈에도 생각지 않는다. 그런데 일본에서는 이 자기방어가 대단히 깊이 뿌리를 내리고 있다. 따라서 어떤 사람 면전에서 그가 직업상 과오를 범하였다는 말을 하지 않는 것이 일반적인 예의이며 또한 현명한 태도인 것이다.

이러한 신경과민은 경쟁에 진 경우에 특히 현저하게 나타난다. 취직 때에도 자기가 아닌 다른 사람이 채용되었다든가, 경쟁시험에 낙제한 정도의 실패 때문에 그는 '창피를 당한다.' 이러한 굴욕은 분발을 위한 강한 자극이 되기도 하나, 대개는 의기소침하게 만드는 원인이 된다. 지면 자신감을 잃고 우울해지든지 화를 내든지 혹은 이 두 가지 상태에 동시에 빠진다. 그의 노력은 저해된다. 미국의 생활 구조 속에서는 그러한 경쟁이 바람직한 사회적 효과를 거둬들이지만, 일본에서는 그와 동일한 효과를 기대할 수 없다.

우리는 경쟁을 '건전한 것'으로 생각하고 크게 의지한다. 심리 테스트는 경쟁이 우리를 자극시켜 최고의 효과를 올리도록 한다는 것을 증명해 준다. 자극이 있어야 능률이 오르는 것이다. 우리는 혼자서 일할 때보다, 경쟁자가 있을 때 더 높은 성적을 올린다. 그런데 일본에서의 테스트 결과는 그 반대였다. 이러한 일은 특히 소년기 이후의 시기에 뚜렷하다. 일본의 어린이는 어른보다 경쟁을 재미있어하고 대수롭지 않게 여긴다. 그런데 청년기를 지나 성인이 되면 사정이 달라진다. 경쟁자가 있으면 작업 능률이 뚝 떨어진다. 혼자서 할 때에는 비교적 발전하고 실수도 적고 속도도 빨랐던 피험자가, 경쟁 상대와 함께 하면 자주 틀리고 속도도 늦어지는 것이다. 그들은 자신의 기록을 갱신하는 데 목표를 두었을 때 가장 좋은 성적을 올렸다. 그러나 타인과의 우열을 비교하는 경우에는 그렇게 되지 않았다.

이 실험을 하였던 일본인 학자는 경쟁할 때 성적이 저하되는 이유를 올바르게 분석하고 있다. 그들의 설명에 따르면, 경쟁 관계에 놓인 순간 피험자들은 질지도 모른다는 생각에 완전히 마음을 빼앗겨 일이 손에 잡히지 않는다는 것이다. 그들은 경쟁을 너무나 민감하게 자신에 대한 외부의 공격이라 여겼다. 자연히 주의가 공격자와의 관계로 쏠려 자기가 하고 있는 일에 전념할 수 없었던 것이다.

이 테스트를 받은 학생들은 실패한 경우의 치욕에 가장 많은 영향을 받는 경향을 보였다. 교사나 실업가가 전문가로서의 이름에 대한 기리에서 벗어날 수 없는 것처럼, 학생도 학생으로서의 이름에 대한 기리에 휩쓸리는 것이다. 시합에 진 학생 선수들 또한 이 실패의 치욕 때문에 상당히 극단적 행동을 보인다. 보트 선수는 노를 버리고 보트에 탄 채로 분해서 운다. 야구 시합에서 진 팀은 한덩어리가 되어 큰 소리로 마구 운다. 미국에서 그런 광경을 본다면 우리는 그것을 좋지 않은 태도라고 말할 것이다. 진 팀은 '강한 팀이 이겼다'며 승복하는 것이 우리의 예절이다. 패자는 승자와 악수하는 것이 예의이다. 우리도 지는 것은 싫어하지만, 졌다고 해서 울거나 소리지르는 사람은 경멸한다.

일본인은 예부터 직접적인 경쟁을 피하기 위한 방법을 끊임없이 궁리해왔다. 일본의 초등학교에서는 경쟁을 최소한으로 억제한다. 그것은 미국인에게는 도저히 무리라고 생각될 정도로 아주 철저하다. 일본의 교사들은, 아이들에게 각자 자신의 과거와 비교하여 성적을 더 좋게 하도록 가르쳐야 하며, 학생이 자기를 다른 아이와 비교할 기회를 주면 안 된다는 지시를 받는다. 일본 초등학교에서는 학생을 낙제시키지 않는다. 함께 입학한 아동은 모든 교육 과정을 함께 밟고 함께 졸업한다. 성적표에 표시된 학생의 순위는 학업 성적이 아니라 품행을 기준으로 한 것이다. 중학교 입학시험처럼 도저히 경쟁을 피할 수 없을 때 아이들의 긴장은 치솟는다. 교사라면 누구나 불합격 사실을 알고 자살한 소년의 이야기를 안다.

직접적 경쟁을 최소한으로 억제하려는 노력은 일본인의 생활 구석구석에서 나타난다. 미국인은 친구들과의 경쟁에서 좋은 성적을 올리는 것을 무엇보다 바람직하게 생각하는 반면, 온(恩)에 입각한 일본 윤리에서는 경쟁을 거의 허용하지 않는다. 각 계급이 준수해야 하는 규칙을 세밀하게 규정한 일본의 계층 제도 전체가 직접적 경쟁을 최소한으로 억제하고 있다. 가족 제도 또한 그것을 최소한도로 제한한다. 왜냐하면 관습상 아버지와 아들은 미국처럼 경쟁 관계가 아니기 때문이다. 그들은 서로 배척하는 일은 있어도 경쟁하는 일은 결코 없다. 미국인 가정에서 아버지와 자식이 서로 자동차를 사용하려고 경쟁하거나, 경쟁적으로 어머니와 아내의 주의를 끌고자 하는 것을 보면 일본인은 크게 놀란다.

일본에는 중개자를 세우는 관행이 방방곡곡에 널리 퍼져 있다. 이는 서로 경쟁하는 두 사람이 서로 직접 얼굴을 맞대는 것을 피하는 좋은 방법의 하나로, 경쟁을 회피하는 경향보다도 더욱 쉽게 눈에 띈다. 실패하여 치욕을 느끼게 되는 경우에는 언제나 중개자가 필요하다. 따라서 중개자는 혼담, 구직, 퇴직, 무수한 일상적 사무의 조정 등 수많은 상황에서 알선의 책임을 맡는다. 한 중개자가 당사자들에게 상대방의 의향을 전하기도 하지만, 결혼과 같은 중요한 거래에선 쌍방이 각기 자기 측의 중개자를 내세우기도 한다. 그리하여 중개자끼리 자세한 절충을 끝낸 후에 각기 자기 측에 보고한다. 이처럼 간접적인 거래를 함으로써, 당사자들은 혹시 직접 이야기하면 이름에 대한 기리 때문에 화낼 수밖에 없는 요구나 비난을 모르고 지나간다. 중개자 또한 이 같은 보증받은 자격으로 활동함으로써 신망을 얻고 알선에 성공하면 사회의 존경을 받는다. 중개자는 일을 잘 마무리짓는 데에 자신의 이익이 걸려 있으므로 더 한층 협상이 원만히 이루어지도록 노력한다. 중개자는 같은 방법으로, 취직을 부탁하는 사람을 위해 고용자의 의향을 알아내기도 하고, 퇴직하고자 하는 피고용자의 의사를 고용자에게 전달하기도 한다.

수치의 원인이 되는 사태를 미연에 방지하기 위한 온갖 종류의 예의범절도 규정되어 있다. 이름에 대한 기리가 위태로울 수 있기 때문이다. 그들이 되도록이면 일어나지 않기를 바라는 사태는 직접적 경쟁만이 아니다. 일본인은 손님을 맞이할 때에는 좋은 옷으로 갈아입고 일정한 예법에 따라 반갑게 맞아들여야 한다고 생각한다. 따라서 농부의 집을 방문했을 때 농부가 작업복을 입고 있으면 손님은 잠시 기다려야만 한다. 주인은 적당한 옷으로 갈아입고 적당한 예의를 갖춘 뒤에야 손님이 온 것을 아는 체한다. 그것은 손님을 기다리게 한 방에서 옷을 갈아입을 때에도 마찬가지이다. 알맞은 몸차림을 하기 전에는 그가 그 장소에 없는 것으로 여긴다.

또한 시골에서는 가족이 모두 잠들고 처녀도 잠자리에 든 뒤인 깊은 밤에 동네 총각이 처녀를 방문하는 풍습이 있다. 처녀는 총각의 요구를 들어 주기도 하고 거절하기도 하는데, 그때 총각은 수건으로 얼굴을 가린다. 설사 거절을 당해도 다음날 수치를 느끼지 않아도 되기 때문이다. 얼굴을 가리는 것은 처녀에게 누구인지 발각되지 않기 위해서가 아니다. 그것은 타조가 모래에 머리를 처박는 것처럼 치욕 당한 일을 스스로 인정하는 궁지에 빠지지 않으려는 수단에 불과하다.

또한 일본에서는 어떠한 계획이건 성공이 확실해지기까지는 되도록 다른 사람에게 알려지지 않도록 하는 것이 예절이다. 결혼 중매인의 임무 가운데 하나는 혼약이 이루어지기 전에 신랑과 신부 될 사람을 대면시키는 일이다. 그는 이 대면이 우연한 것으로 여겨지도록 모든 수단을 강구한다. 공개적으로 소개하였다가 혼담이 깨지기라도 하면, 한쪽 집 또는 양쪽 집의 명예가 손상되기 때문이다. 젊은 남녀가 만날 때는 반드시 부모가 함께 따라가야 하며 그 자리는 중매인이 관리한다. 따라서 연중 행사인 국화 전람회나 벚꽃놀이, 또는 이름난 공원이나 유원지에서 일행이 우연히 '만났다'는 듯이 꾸미는 것이 가장 적절한 방법이다.

이상과 같은 방법이나 그 밖의 여러 가지 방법을 철저하게 강구하여 일본인은 실패로 치욕을 당하는 상황을 피한다. 그들은 오명을 씻는 의무를 대단히 강조하지만, 실제로는 이 사실이 그들로 하여금 될 수 있는 한 모욕을 느끼지 않아도 되도록 일을 처리하게 한다. 이 짐은 일본과 마찬가지로 오명을 씻는 데 중점을 두는 태평양 여러 섬의 많은 부족과 비교해도 뚜렷한 대조를 보인다.

뉴기니와 멜라네시아의 원시적인 농경 민족 사이에서는 화를 낼 수밖에 없는 모욕이 부족 또는 개인의 행동을 촉발하는 원동력이 된다. 부족 차원의 잔치도 이 원동력이 발동되지 않으면 열리지 않는다. 그 방법은 어떤 마을이 다른 마을을 향하여, 너희는 가난하기 때문에 겨우 열 명의 손님도 대접할 수 없다, 너희는 구두쇠라서 타로토란(태평양 여러 섬에서 널리 주식으로 먹음)이나 야자 열매를 아까워서 내놓지도 못한다. 너희 지도자는 바보이기 때문에 잔치를 열려고 해도 열 수 없다며 온갖 욕을 퍼붓는다. 그러면 도전을 받은 마을에서는 호화스러운 과시와 환대로 참석자 전원을 압도함으로써 그 오명을 씻는 것이다. 혼담이나 경제상의 거래도 같은 방법으로 이루어진다. 싸움을 할 때에도 서로 활시 위에 화살을 재기 전에 끔찍한 욕부터 퍼붓는다. 그들은 정말 사소한 일에도 사투를 벌일 것처럼 벼른다. 그것은 강력한 행동의 동기가 되며, 그러한 부족은 대체로 넘치는 활력을 지니고 있다. 그러나 그들을 예의바른 민족이라고 말하는 사람은 아무도 없다.

일본인은 그 반대로 예의바름의 모범이다. 이러한 뚜렷한 예의바름은 그들이 오명을 씻어야 하는 상황을 얼마나 철저하게 제한하고 있는가를 평가하는 척도가 된다. 그들은 모욕이 불러일으키는 분노를 더없는 성공의 자극제로 삼지만, 그것이 필요한 사태를 제한하고 있다. 그것은 특별한 경우나 혹은 그것을 발산시킬 전통적 수단이 어떤 힘에 의해 방해되고 좌절된 경우에만 일어난다. 일본은 이러한 자극을, 극동에서 지배자가 되는 것에, 또 최근 10년 동안 일어난 영국과 미국에 대한 전쟁 정책에 이용했다. 그것은 의심할 바 없는 사실이다. 그러나 모욕에 대한 일본인의 민감성과 치열한 복수심을 설명하는 서양인의 주장은 대부분, 일본보다도 무슨 일에나 모욕을 이용하는 뉴기니의 부족에게 들어맞는 것이다. 이번 패전 이후 일본이 취할 행동에 관한 서구인의 온갖 예측이 완전히 빗나간 까닭은, 일본인이 이름에 대한 기리에 각별히 제한을 둔다는 사실을 인식하지 않았기 때문이다.

일본인은 분명히 예의바른 국민이지만, 그렇다고 해서 비방에 대한 그들의 민감성을 경시해서는 절대로 안 될 것이다. 미국인은 매우 가벼운 마음으로 서로 욕을 하곤 한다. 그것은 일종의 유희 같은 것이다. 그런 우리로서는 일본인이 왜 아무것도 아닌 말을 그처럼 심각하게 받아들이는지 이해하기 어렵다. 일본인 화가 마키노 요시오〔牧野義雄〕가 미국에서 영어로 출판한 자서전에는, 그가 '비웃음'이라고 해석한 것에 대한 아주 일본인다운 반응이 생생하게 묘사되어 있다. 그는 성년기 대부분을 미국과 유럽에서 보냈고 만년에 이 책을 썼지만, 지금 마치 고향인 아이치현〔愛知縣〕의 시골에 사는 것 같은 생생한 감정이 그 속에 고스란히 담겨 있다. 그는 유복한 지주의 막내 아들로서 행복한 가정에서 더없는 사랑을 받으며 자랐다. 그러나 겨우 유년기가 지났을 무렵에 어머니가 세상을 떠났으며, 얼마 지나지 않아 아버지는 파산하여 부채를 갚기 위해 재산을 몽땅 팔아 버렸다. 일가는 흩어졌다. 그에겐 자신의 야심을 실현해 줄 돈이 한푼도 없었다. 그의 야심 가운데 하나는 영어를 배우는 것이었다. 그는 영어를 배우겠다는 의지 하나로 가까운 미션스쿨에 몸을 의탁하고 문지기 일을 하였다. 그리고 열여덟 살이 되었을 때, 그때까지 이웃한 두어 개의 읍 외에는 나가 본 일도 없으면서 미국에 갈 결심을 하였다.

나는 누구보다도 신뢰하던 선교사 한 분을 찾아가서 미국에 가고 싶다는 뜻을 밝혔다. 어떤 유익한 정보를 가르쳐 줄 것이라고 기대했기 때문이다. 그러나 대단히 실망스럽게도 그 선교사는, "뭐야? 너 따위가 미국에 가겠다고?" 하면서 소리질렀다. 선교사의 부인도 같이 있었는데 두 사람이 함께 나를 비웃었다. 그 순간 내 머릿속의 피가 순식간에 발끝까지 내려가는 것처럼 느껴졌다. 나는 2, 3초 동안 잠자코 그 자리에 서 있었다. 그리고 나서 인사도 하지 않은 채 내 방으로 돌아왔다. '이제 모든 게 다 끝났다'고 생각했다.

다음날 아침 나는 도망쳤다. 여기에 그 이유를 밝히고 싶다. 나는 늘 이 세상에서 가장 큰 죄는 '불성실'이라고 믿어 왔다. 그리고 비웃음처럼 불성실한 것은 없다.

나는 늘 상대의 분노를 용서한다. 화를 내는 것은 인간의 본성이기 때문이다. 누가 거짓말을 한 경우에도 대체로 용서해 준다. 그 이유는 인간의 본성은 정말 약하므로, 곤란에 직면하면 마음을 굳게 다지고 진실만을 말하기가 매우 어렵기 때문이다. 또한 누가 나에 대해 근거 없는 소문을 낸다든가 험담을 해도 용서한다. 누군가에게 그런 말을 들으면, 어쨌든 그렇게 믿고 싶어지는 것이 보통이기 때문이다. 살인자까지도 사정에 따라서는 용서할 수 있다. 그러나 비웃음만은 전혀 변명의 여지가 없다. 고의적인 불성실이 아니고서야 죄 없는 인간을 비웃을 수는 없기 때문이다.

나는 내 나름대로 두 단어를 정의하고자 한다. 살인자는, 타인의 육체를 살해한 인간이다. 비웃는 자는, 타인의 혼과 마음을 살해한 인간이다.

혼과 마음은 육체보다 훨씬 귀한 것이다. 따라서 비웃음은 가장 큰 죄이다. 실제로 그 선교사 부부는 나의 혼과 마음을 살해하고자 했던 것이다. 나는 마음에 대단한 상처를 입었다. 그리고 내 마음은 외쳤다. "왜 하필 당신이!"

다음날 아침, 그는 전재산을 보따리에 싸 가지고 미션스쿨을 떠났다.
 돈 한 푼 없는 시골 소년이 화가가 되기 위해서 미국에 가겠다는 것을 선교사가 믿어주지 않자 그는 '살해되었다'고 느꼈다. 그의 이름에는 목적을 수행하지 않고는 도저히 씻어낼 수 없는 오점이 찍혔다. 선교사에게 '비웃음'을 당한 이상 그 땅을 떠나서 미국에 갈 능력이 있음을 보여 주는 것 이외에 그에게는 다른 방도가 없었다. 그는 'insincerity(불성실)'란 단어로 선교사를 비난하지만, 우리에게는 이 말이 이상하게 읽힌다. 우리에게 그 미국인의 놀람은, 우리가 이해하는 의미에서는 완전히 'sincere(성실한, 정직한)' 한 것으로 생각되기 때문이다. 그러나 그는 이 말을 일본인적인 의미로 쓰고 있는 것이다. 별로 싸움을 걸 생각도 없으면서 일 없이 남을 업신여기는 사람을 일본인은 항상 성실치 못한 인간이라 생각한다. 그러한 비웃음은 무례한 것이며 '불성실'의 증거이다.
 "사정에 따라서는 살인자까지도 용서할 수 있다. 그러나 비웃음만은 전혀 변명의 여지가 없다." '용서'가 올바른 태도가 아닌 이상, 비방에 대한 유일한 반응은 복수이다. 마키노는 미국에 감으로써 그 오명을 씻었다. 일본에서, 모욕이나 패배를 당했을 때 '훌륭한 대응'으로 높이 평가되는 것은 복수이다. 서구의 독자를 상대로 책을 쓰는 일본인은 때때로 생생한 비유를 써서 일본인의 복수에 대한 태도를 묘사한다. 일본에서 가장 박애심이 많은 사람으로 유명한 니토베 이나조〔新渡戶稻造〕는 1900년에 저술한 책에서 다음과 같이 쓰고 있다. "복수에는 무엇인가 정의감을 만족시켜 주는 것이 있다. 우리의 복수 관념은 수학적 능력처럼 엄밀한 것으로서, 방정식의 두 변이 만족되지 않는 한 무언가 못 다한 것이 남은 듯한 느낌을 지워 버릴 수 없다." 영어학자 오카쿠라 요시사부로〔岡倉由三郎〕는《일본의 생활과 사상》이란 저서에서 다음과 같이 복수를 일본의 독특한 관습으로 서술하고 있다.

일본인의 이른바 심리 특성의 대부분은 깨끗한 것을 좋아하는 점과 그것과 뗄 수 없는 불결한 것을 미워하는 태도에서 비롯된다. 그렇게밖에는 달리 설명할 길이 없다. 우리는 집안의 명예나 국가적 위신에 가하여진 모욕을, 오점이나 상처로 여기도록 배워왔다. 상대가 업신여기는 태도를 보이면, 그것의 부당함을 증명하여 누명을 완전히 벗어야 한다. 그렇지 않으면 오점을 씻어 낼 수가 없으며, 상처를 치유할 수도 없다. 일본의 공적·사적인 생활에서 빈번하게 만나는 복수들은, 깨끗함을 좋아한 나머지 결벽이 되어 버린 국민의 아침 목욕 같은 것에 지나지 않는다고 생각해도 좋을 것이다.

그리고 그는 이어서, "이리하여 일본인은 활짝 핀 벚꽃처럼 상큼하고 아름답게 보이는 청렴결백한 생활을 한다"라고 쓰고 있다. 바꿔 말하면, 이 '아침 목욕'은 다른 사람이 당신에게 던진 흙탕물을 씻어 내는 것으로서, 조금이라도 흙탕물이 묻어 있으면 훌륭한 인간이 될 수 없다는 것이다. 본디 사람은 스스로 모욕받았다고 생각하지 않는 한 모욕받을 수 없다. 그리고 사람을 모욕하는 것은 '본인의 내부로부터 나오는 것'이지, 그에 대한 다른 사람의 악담이나 악행에서 비롯되는 것이 아니다. 그러나 일본의 가치체계에는 이러한 가르침이 없다.

일본의 전통은 끊임없이 일반 민중 앞에 이 복수의 '아침 목욕'을 이상으로 내세운다. 가장 인기 있는 《47인의 로닌〔浪人〕이야기》를 비롯한 유명한 일화나 영웅담은 무수히 많다. 이들 이야기는 학교의 교과서에 수록되어 읽혀지고 극장에서 상연되며, 현대 영화로 제작되고 통속 출판물로도 간행된다. 그것은 오늘날 살아 있는 일본 문화의 일부분인 것이다.

이들 이야기의 대부분은 우연한 실패에 대한 과민반응을 다루고 있다. 이를테면 어느 다이묘〔大名〕가 3명의 가신들에게 어떤 명검을 보이며 제작자를 알아맞히게 하였다. 세 사람의 의견은 서로 달랐다. 전문가를 불러 알아본 결과, 그 칼의 제작자를 무라마사〔村正〕라고 옳게 알아맞힌 사람은 나고야 산자〔名古屋山三〕뿐이었다. 감정을 잘못한 다른 두 사람은 그것을 모욕으로 느끼고 산자의 목숨을 노리게 되었다. 두 사람 중 한 사람이 산자가 자고 있는 틈에 쳐들어가 산자의 칼로 그를 찔렀다. 산자는 가까스로 목숨을 건졌으나, 산자를 습격한 사람은 그 후에도 복수를 위해 온 힘을 다 바친다. 결국 그는 산자를 죽이고 그의 기리를 만족시켰다.

자기 주군에 대한 보복을 소재로 한 이야기도 있다. 일본 윤리에서 기리란 가신이 그의 주군에게 죽을 때까지 충성하는 것을 의미하는 동시에, 가신이 주군에게 모욕을 당하였다고 느끼면 갑자기 돌변하여 터무니없이 증오하는 것을 의미한다. 도쿠가와〔德川〕의 초대 쇼군〔將軍〕이었던 이에야스〔家康〕에 관하여 전해 오는 이야기 가운데 좋은 예가 있다. 이에야스의 가신 한 사람이, 이에야스가 그를 두고 '생선 가시가 목에 걸려 죽을 놈'이라고 말하였다는 사실을 전해 들었다. 사무라이의 체면에 관계되는 품위가 없는 방법으로 죽을 것이라는 비방은 도저히 참을 수 없는 말이었다. 그 가신은 이 모욕을 평생, 아니 죽어서도 잊지 말자고 맹세하였다. 당시 이에야스는 새로운 수도 에도〔江戶〕를 중심으로 국내 통일을 진행하고 있던 때여서, 아직 적은 완전히 소탕되지 않았을 때였다. 그 가신은 적군의 영주들과 내통하여 에도에 불을 질러 이에야스를 태워 죽일 것을 제안하였다. 그렇게 하면 자기의 기리를 만족시키고, 이에야스에게 보복할 수 있다고 생각했던 것이다. 일본의 충성에 관한 서양인의 논의가 대부분 공론(空論)인 까닭은, 기리가 단순히 충성이 아니라 어떤 경우에는 배반을 명령하는 덕이라는 점을 간과한 데 있다. 흔히 "매 맞은 사람은 모반한다"고 말하지만, 모욕을 당한 사람도 마찬가지이다.

역사물에 나오는 이러한 두 가지 주제—잘못한 사람이 옳은 대답을 한 이에게 복수하는 것, 설령 상대가 자기의 주군이더라도 모욕에는 복수하는 것—는 일본 문학에서 가장 잘 알려진 상투적인 주제로서 여러 가지 양상으로 서술되고 있다. 그러나 현대의 신변잡기나 소설, 실제 사건들을 조사해 보면, 전통적으로 복수를 크게 찬양하는 일본인이 실제로 복수를 했다는 실화는 서구 여러 나라와 비슷한 정도로, 아니 어쩌면 그 이상으로 드물다. 이것은 명예에 관한 강박관념이 약해졌다는 뜻이 아니다. 오히려 실패나 모욕에 대한 반응이 공격적이 아닌 방어적으로 되는 경우가 점점 많아졌다는 것을 의미한다.

일본인은 여전히 치욕을 심각하게 받아들이지만, 그 때문에 싸움을 벌이기보다는 자신의 활동을 자제하는 경우가 더욱 많다. 복수를 목적으로 직접 공격을 가하는 것은 법률이 정비되지 않았던 메이지 이전 시대에 주로 일어났다. 오늘날에는 법·질서가 정비되었고, 예전보다 훨씬 상호 의존적인 경제생활을 영위하기 때문에, 복수는 은밀한 것이 되거나 또는 자기 자신의 가슴에 묻어 두는 경향이 많아졌다. 원수에게 대변을 먹인 옛이야기처럼 책략을 꾸며서 은밀히 복수를 하는 수도 있다. 이 이야기의 주인공은 손님으로 초대한 원수에게 들키지 않도록, 교묘하게 좋은 음식 속에 대변을 넣어 대접했다. 그가 바란 것은 상대가 알아차리지 못하고 무사히 넘어가는 것뿐이었다. 손님은 전혀 눈치채지 못하였다. 그러나 오늘날에는 이러한 종류의 은밀한 공격까지도, 그 공격을 자기 자신에게 향하도록 하는 경우보다 드물어졌다. 공격을 안으로 향하는 것에는 두 가지 선택이 있다. 즉, '불가능한 일'에 맞서는 자극으로 이용하든가, 또는 공격 때문에 마음이 상하는 것을 간과하든가이다.

일본인은 실패나 비방, 배척 때문에 쉽게 상처받는다. 따라서 남을 탓하기보다는 자기 자신을 탓하는 일이 많다. 과거 수십 년간 교양 있는 일본인은 울적함이 한계에 달한 나머지 분노를 폭발시켜 답답함을 푸는 경우가 곧잘 있다. 일본 소설은 이러한 감정의 변화를 수없이 그리고 있다. 이들 소설의 주요 인물들은 권태를 느낀다. 매일 반복되는 단조로운 생활에 싫증나고 가정에 싫증나고 도시에 싫증나고 시골에 싫증난다. 그러나 그것은 그들이 마음에 그리는 목표가 너무 위대하여 일체의 다른 노력들이 시시하게 보이는, 높은 이상 세계에 짓눌린 울적함이 아니다. 즉, 현실과 이상 간의 너무 큰 차이에서 생기는 권태가 아닌 것이다. 일본인은 중대한 사명을 꿈꿀 때 권태를 잊는다. 그 목표가 아무리 원대한 것일지라도 완전히 자취도 없이 권태를 잊어버린다.

일본인 특유의 권태는 지나치게 상처받기 쉬운 국민 공통의 병이다. 그들은 배척받지 않을까 하는 두려움을 그들 내부로 돌려 그 자신을 괴롭힌다. 일본 소설에 묘사된 권태는 우리가 러시아 소설에서 흔히 보는 심리상태와는 매우 다르다. 러시아 소설에서는, 현실 세계와 이상 세계 사이의 차이가 주인공이 경험하는 온갖 권태의 바탕이 된다.

영국의 외교관이자 일본사학자인 조지 샌섬(George Sansom)은 일본인들이 현실과 이상의 대립에 관한 감각이 결여되어 있다고 쓴 일이 있다. 그것은 일본인 권태의 뿌리를 설명하기 위한 것이 아니라, 일본인의 철학과 인생에 대한 일반적 태도를 설명하기 위해서였다. 물론 서양인의 근본적인 관념과 대조를 이루는 이 차이점은 여기서 문제 삼는 특수한 경우를 넘어 훨씬 광범위한 범위에 미치는 것이지만, 그것은 일본인에게 끊임없이 따라다니는 우울과 특히 깊은 관련이 있다.

일본인은 러시아인처럼 소설 속에 곧잘 권태를 묘사하는 국민이다. 이 점에서 미국인과 뚜렷한 대조를 보인다. 미국 소설가는 이러한 주제를 다루는 일이 별로 없다. 작중 인물의 불행을 성격적 결함이나 무자비한 세상의 풍파 때문이라고 생각하며, 순수한 권태를 묘사하는 경우는 극히 드물다. 개인적인 부적응을 표현할 때 소설가는 상세하게 그 원인과 내력을 묘사하여, 독자로 하여금 주인공의 결함이나 사회 질서 속에 존재하는 해악에 대하여 도덕적 비난을 하도록 유도한다. 일본에도 프롤레타리아 소설이 있어, 도시의 열악한 경제나 고기잡이 배 위에서 벌어지는 무서운 사건을 고발하기도 한다. 그러나 그처럼 특이한 소설이 그리는 세계에서는, 어떤 저자가 말한 것처럼 사람들의 감정이 마치 바람에 날리는 독가스처럼 어디선지 모르게 솟아오르는 수가 많다.

작중 상황이나 주인공의 내력을 분석하면 그 어두운 구름의 원인을 설명할 수 있다. 그러나 작중 인물도 작가도 그 필요성을 인정하지 않는다. 그것은 변덕스럽게 나타났다가는 사라진다. 그들은 상처받기 쉽다. 옛이야기의 영웅들이 적에게 가했던 공격을 내면으로 돌리기 때문이다. 그들의 우울은 그들에게 뚜렷한 원인이 없는 것처럼 생각된다. 우울의 원인으로 어떤 사건을 지목하는 경우도 있으나, 그 사건은 단순한 상징에 지나지 않는다는 기묘한 위화감을 남긴다.

현대 일본인이 자기 자신에게 가하는 가장 극단적인 공격 행위는 자살이다. 그들의 신조에 따르면, 합당한 자살은 오명을 씻고, 죽은 후 평판을 회복시키는 구실을 한다. 미국에서는 자살을 죄악시하여 절망에 대한 자포자기적인 굴복으로 치부하지만, 자살을 존경하는 일본인에게는 명확한 목적을 지닌 훌륭한 행위가 된다. 어떤 경우에 자살은 이름에 대한 기리를 지키기 위한 최선의 행동 방식이 된다. 새해가 다가오는데도 빚을 갚지 못해 자살하는 채무자, 어떤 불운한 사건을 책임지고 자살하는 관리, 이루지 못할 사랑을 동반자살로 마무리하는 연인, 정부의 대중국 전쟁 지연 정책을 죽음으로써 항의하는 지사 등은 모두 시험에 낙제한 학생이나 포로가 되는 것을 피하는 병사와 마찬가지로 최후의 폭력을 자기 자신에게 가하는 것이다. 권위있는 몇몇 일본인은 저서에서, 일본에 이러한 자살 경향이 생긴 것은 최근의 일이라고 서술하고 있다. 과연 그럴까? 쉽게 단정할 수 없지만, 통계는 최근의 관찰자가 그 빈도수를 과대시하는 경향이 있다는 점을 보여 준다.

지난 세기에는 덴마크나 나치 이전의 독일에서 일본의 어느 시대보다 자살자 수가 많았다. 그러나 한 가지 확실한 것은 일본인은 자살이라는 주제를 애호한다는 점이다. 그들은 미국인이 범죄 사건을 크게 떠들어대는 것처럼 자살을 크게 떠들어대고, 미국인이 범죄에서 느끼는 대리 경험의 즐거움을 자살에서 느낀다. 그들은 살인 사건보다 자살 행위를 화제에 올리기 좋아한다. 베이컨의 말을 빌린다면, 자살은 그들이 가장 좋아하는 'flagrant case(중대한 사건)'이다. 다른 행위를 논할 때는 충족되지 않는 어떤 요구가 어느 정도 충족되는 것이다.

또한 현대 일본에서 자살은 봉건 시대의 역사물에 나오는 자살보다도 더욱 자학적이다. 이야기 속의 사무라이는 명예롭지 못한 처형으로부터 몸을 지키기 위해 상부의 명령에 따라 스스로 목숨을 끊었다. 그것은 서구에서, 사로잡힌 적군이 교수형을 피하고, 당연히 받으리라 생각되는 고문을 면하기 위하여 권총 자살을 당연시했던 것과 같다. 무사에게 '할복'이 허락되는 것 역시, 불미한 죄를 범하여 명예를 실추한 프로이센의 장교에게 때때로 비밀리에 권총 자살이 허락되던 것과 같은 경우이다. 프로이센 장교는 이제 자살 외에는 명예를 지킬 희망이 사라졌다고 확신하면, 거실 탁자 위에 한 병의 위스키와 권총을 올려 놓는다. 일본의 사무라이도 마찬가지여서 그런 사정으로 스스로 목숨을 끊는 것은 단지 수단의 선택에 지나지 않는다. 즉 그들에게 죽음은 피할 수 없는 운명이기 때문이다.

근대의 자살은 스스로 선택한 죽음이다. 다른 사람을 살해하는 대신 그 폭력을 자기 자신에게 가하는 것이다. 봉건 시대에는 용기와 결단의 최후 표명이었던 자살 행위가 오늘날은 스스로 선택한 자기 파멸이 되었다. 최근 5, 60년간 감정에 사로잡혀 자살하는 일본인이 늘었다. 그들은 '세상이 뒤집어졌다', '방정식의 양변'이 맞지 않는다, 또는 오명을 씻어 내기 위해 '아침 목욕'이 필요하다고 느끼는 것이다.

승리를 자신의 편으로 이끌기 위한 최후 수단으로서의 자살—이것은 봉건 시대뿐 아니라 현대에도 이루어진다—까지도 위와 같은 방향으로 변해 왔다. 도쿠가와 바쿠후의 고문관이었던 쇼군의 늙은 스승이, 고문관 일동과 중신들 앞에서 옷을 걷어 살을 드러내고 언제든지 할복할 자세로 시위하였다는 유명한 이야기가 있다. 그는 이렇게 자살 위협을 함으로써 결국 자신이 추천한 후보자에게 쇼군직을 계승시킬 수 있었다. 그는 목적을 관철했기 때문에 자살하지 않았다. 서양식으로 말하면 이 쇼군의 스승은 반대파를 협박한 것이다. 그런데 현대에서는 이러한 항의를 위한 자살은 협상이 아니라 자기 주장에 대한 순교적 행위이다. 그것은 어떤 목적의 달성에 실패한 뒤, 또는 해군 군비 축소 조약 같은 이미 체결된 협정에 반대한다는 증거를 남기기 위해 이루어지기도 한다. 자살은 위협이 아니고 실제로 결행함으로써 여론에 영향을 미치기 위해 연출된다.

이처럼 이름에 대한 기리가 위협을 받게 될 경우 공격을 자신에게 돌리는 경향이 점차 강해지고 있으나, 그렇다고 해서 반드시 자살이라는 극단적 수단을 취한다고는 할 수 없다. 내면으로 향해진 공격이 단지 우울과 무기력, 지식인의 일반적 풍조였던 일본인 특유의 권태를 자아내는 데 그치는 수도 있다. 이러한 권태가 왜 이 계급 사이에 널리 퍼졌는가에 대해서는 충분한 사회학적 이유가 있다. 지식 계급이 과잉 배출되어 그들의 위치가 계층제 속에서 매우 불안정했기 때문이다. 그들 중에 자신의 야망을 만족시킬 수 있는 자는 극히 소수였다. 더욱이 1930년대에는 당국이 인텔리 계급을 '위험 사상자'로 의심하고 감시하여 그들의 취약성은 배가 되었다. 일본의 지식인들은 그들의 좌절을 일본의 서구화로 인한 혼란에서 온 것이라 했지만, 이 설명은 별로 설득력이 없다.

열렬한 헌신에서 극단적 권태로 변하는 것은 전형적인 일본인의 감정 격변으로서, 많은 지식인이 겪은 심리적 난파 상태는 그런 전통적인 틀에 따른 것이었다. 1930년대 중반, 그들 대다수는 역시 그 전통적인 방법에 따라 좌절감을 극복했다. 국가주의적 목표를 세우고 공격을 내면으로부터 다시 밖으로 향하게 한 것이다. 외국에 대한 전체주의적 침략 속에서 그들은 다시금 '자신을 발견'할 수 있었다. 불쾌한 기분을 떨쳐버리고 자기 속에서 새로이 큰 힘을 느꼈다. 그들은 개인적인 관계에서는 그렇게 되지 못하였으나 정복

민족으로서는 그렇게 될 수 있다고 믿었다.

그런데 이번 전쟁의 결과로서 그 신념이 틀렸다는 것이 입증된 현재, 다시금 이러한 무기력이 일본에서 큰 심리적 위협이 되고 있다. 그들은 그들의 의지가 어떠하든 이 기분을 쉽게 극복할 수가 없다. 그것은 대단히 깊이 뿌리를 내리고 있기 때문이다. 도쿄의 한 일본인은 다음과 같이 말하였다. "더 이상 폭탄이 떨어질 걱정이 없어져서 정말 안심이다. 그런데 전쟁이 끝나니까 목적이 사라졌다. 모두 어리둥절하고 있고 아무것도 할 일이 없어진 듯하다. 나도 그렇고 나의 아내도 그렇고, 국민 전체가 입원 환자 같다. 우리는 모두 무엇을 하든 일이 손에 잡히지 않고 멍하니 정신을 놓고 있다. 사람들은 정부의 전쟁 후 뒤처리나 구제 사업이 지지부진하다고 불평을 하지만, 나는 그 이유가 관리들도 모두 우리와 같은 기분에 빠져 있기 때문이라고 생각한다." 이 허탈감이야말로 일본이 처한 위험의 본질이다. 이 점은 해방 후의 프랑스와 마찬가지이다. 항복 후 처음 6~7개월간 독일에서는 그것이 문제가 되지 않았다. 그러나 일본에서는 문제가 되고 있다.

미국인은 이러한 일본인의 반응을 충분히 이해할 수 있다. 그런데 우리가 정말로 믿을 수 없는 것은, 이러한 허탈상태에서도 일본인들은 전승국에게 그처럼 친선을 나타내고 있다는 점이다. 전쟁이 끝남과 동시에 일본인은 매우 호의적으로 패전에 대한 일체의 결과를 받아들였다. 미국인을 따뜻한 인사와 웃음으로 맞아들이고 손을 흔들어 환영하였다. 이들은 침울하거나 분노를 감추고 있지도 않았다. 항복을 고한 천황의 조서 속 표현을 빌린다면, 그들은 "감당할 수 없는 어려움을 감당하고, 참을 수 없는 어려움을 참은" 뒤였다. 그렇다면 어찌하여 그들은 국가라는 안식처를 정리하는 일에 힘쓰지 않는가? 섭령의 조선 속에 그것을 할 기회가 부여되어 있었다. 왜냐하면 마을마다 외국 군대가 점령하고 있는 것이 아니라 행정권은 여전히 그들의 손에 남아 있었기 때문이다. 그런데도 그들은 해야 할 일을 버려둔 채 연합군을 환영하기 위하여 웃음 짓고, 손을 흔드는 일에 전념하는 듯이 보였다. 그러나 이들이 바로 메이지 초기에는 국가 재건의 기적을 성취하고, 1930년대에 그처럼 막대한 정력을 쏟아 군사적 침략의 준비를 갖추며, 태평양 섬들마다 진격하여 용맹하게 싸운 국민이었다.

실제로 일본인은 조금도 변하지 않았다. 그들은 참으로 일본인다운 반응을 보이고 있는 것이다. 맹렬한 노력과 단순한 답보 상태인 무기력 사이를, 기분에 따라 반복하는 것이 일본인의 본성인 것이다. 지금 일본인은 패전국으로서의 명예를 옹호하는 데 모든 뜻을 집중하고 있다. 그리고 적잖은 일본인이 연합국에 대해 우호적 태도를 취함으로써 명예를 지킬 수 있다고 생각한다. 따라서 무엇이든 그들이 하는 대로 내맡겨 두면 그 목적을 가장 안전하게 달성할 수 있다고 믿는 것이다. 이쯤 되면 "노력은 의미가 없으니 잠시 걸음을 멈추고 형세를 관망하는 것이 제일이다"라고 생각하는 것은 시간문제이다. 이렇게 무기력은 확산되어 간다.

그러나 일본인은 결코 무기력을 좋아하지 않는다. 그렇기에 "무기력에서 탈출하자", "다른 사람을 무기력으로부터 탈출시키자"라는 생활 향상을 촉구하는 구호가 일본에서는 끊임없이 들려온다. 이것은 전시에도 라디오 방송 진행자가 습관적으로 입에 담은 말이었다. 그들은 그들의 방법으로 소극성을 극복하기 위해 싸우고 있는 것이다. 1946년 봄, 일본의 신문들은, '세계의 눈이 우리를 주목하는데' 우리는 아직도 폭격으로 인한 수라장과 전기·가스·수도 등의 공익사업을 복구하지 못하고 있으니, 이 얼마나 일본의 체면을 깎는 일이냐를 끊임없이 논하였다. 각 신문은, 집 없는 가족들이 밤에 정거장에 모여 잠을 자는 부끄러운 모습을 미국인의 눈앞에 드러내는 것을 비난하였다. 일본인에게는 이처럼 명예심에 호소하는 비평이 가장 설득력이 있다. 그들은 또한 국제연합 가맹국으로서 중요한 위치를 얻기 위해 최대의 노력을 쏟을 수 있는 날이 다시금 찾아오기를 원하고 있다. 다만 방향만 달라졌을 뿐, 그것 역시 명예를 회복하기 위한 일이기 때문이다. 장래에 열강 사이의 평화가 실현된다면 일본은 자존심 회복의 길이 열릴 것이다.

일본인이 이러한 태도로 나오는 까닭은 명예야말로 영원불변의 목표이기 때문이다. 타인에게 존경을 받는 것이 필수적인 일이다. 이 목적을 위하여 쓰이는 수단은 그때의 사정에 따라 받아들이기도 하고 버리기도 한다. 사태가 변하면 일본인은 진로를 변경하여 새로운 방향으로 나아간다. 그러나 태도의 변경을 서구인처럼 도덕의 문제라고는 생각지 않는다. 우리는 '주의(主義)'와 이데올로기에 관한 신념을 추구한다. 설령 싸움에 지더라도 여전히 생각을 바꾸지 않는다. 전쟁에 패한 유럽인들은 어느 나라에서나 무리를 지어 지하 운동을 계속한다. 일본인은 소수의 완강한 저항자를 빼고는 미국 점령군에 대하여 불복종 운동을 하거나 지하 운동을 할 필요가 없었다. 그들은 낡은 주의를 고수해야 한다는 도덕적 필요를 느끼지 않는다. 점령 당초부터 미국인은 혼자서 만원 열차를 타고 일본 벽촌을 여행해도 위험을 느끼지 않았으며, 이제까지 국가주의에 몰두해 있던 관리들에게서 정중한 환대를 받았다. 아직까지 한 번도 복수가 이루어진 일은 없었다. 우리의 지프가 마을을 지나면 길가에선 어린아이들이 나란히 서서 "헬로", "굿바이" 하고 소리지른다. 혼자서 손을 흔들 수 없는 갓난아이라면 어머니가 아이의 손을 쥐고 미국 군인을 향하여 흔들어 준다.

패전 후 일본인의 이러한 갑작스러운 전향은 미국인으로서는 아무래도 액면 그대로 받아들이기가 쉬운 일은 아니다. 그것은 우리로서는 도저히 할 수 없는 일이다. 그에 비하면 수용소에 있는 일본인 포로의 태도 변화가 훨씬 이해하기 쉽다. 포로들은 자기를 일본인으로서는 죽은 자라고 여겼으므로, 우리는 '죽은' 인간이면 무슨 일이든 가능하다고 판단할 수 있기 때문이다. 일본을 아는 서구인 중에서 포로의 특징적 변화와 똑같은 변화가 패전 후의 일본에서도 일어나리라고 예언한 사람은 거의 없었다. 그들 대부분은, 일본은 '승리 아니면 패배'밖에 모를 것이며, 또 일본인에게 패배란 필사적인 폭력으로써 집요하게 복수해야 하는 모욕으로 비칠 것이라고 믿었다.

어떤 사람은 그 국민성을 생각할 때 일본인은 어떠한 강화 조건도 수락하지 않을 것이라고 확신했었다. 이들 일본 연구자들은 기리를 이해하지 못했던 것이다. 그들은 명예를 획득하는 여러 방법 가운데 오로지 복수와 공격이라는 전통적 수단만을 생각했을 뿐, 순식간에 모든 것을 뒤집는 일본인의 습관을 고려하지 않았다. 그들은 일본인의 공격 윤리와 유럽인의 방침을 혼동하였던 것이다. 유럽인들은 개인이든 국가든 일단 싸울 때에는 먼저 그들이 내세운 주장이 영원히 옳은 것이라는 신념을 갖고, 가슴속에 축적된 증오나 도덕적 격분에서 힘을 얻어야 한다고 생각한다.

일본인은 침략의 근거를 다른 데서 구한다. 그들은 반드시 세계 사람들로부터 존경받기를 원한다. 그들은 대국(大國)이 존경을 받는 것은 무력 덕택이라 생각하고, 이들 나라와 대등한 나라가 되기 위한 방침을 세웠다. 그러나 그들은 인적자원이 부족하고 기술도 형편없었기 때문에 서구 여러 나라 이상의 악랄한 수단을 쓸 수밖에 없었다. 비상한 노력을 기울였음에도 불구하고 그들은 실패한다. 그들에게 그것은 결국 침략은 명예를 위한 길이 아니라는 것을 의미할 뿐이었다. 기리는 항상 침략 행위의 행사와 상호 존경 관계의 준수를 동시에 의미해 왔다. 패전에 이르자 일본인은 자기 자신에게 심리적 폭력을 가한다는 의식은 배제하고, 전자에서 후자로 방향을 바꾸었다. 그들의 목표는 여전히 명성을 획득하는 일이다.

일본은 역사상 다른 상황에서도 같은 태도를 보여 왔다. 그것은 항상 서구인을 당혹시키는 일이었다. 오랜 기간에 걸친 일본의 봉건적 쇄국체제가 종말을 고한 직후인 1862년, 리처드슨(Richardson)이라는 영국인이 사쓰마(薩摩)에서 살해되었다. 사쓰마 번(藩)은 양이(攘夷) 운동의 온상이며 사쓰마의 사무라이는 일본에서 가장 거만하고 호전적이기로 유명했다. 영국은 보복하기 위해 군함을 파견하여 사쓰마의 중요한 항구인 가고시마(鹿兒島)를 포격하였다. 일본에서는 도쿠가와 시대 초기부터 계속 총포를 제작해 오긴 했으나, 그것은 구식 포르투갈 대포를 모방한 것에 불과했다. 말할 것도 없이 사쓰마는 영국 군함의 상대가 못 되었다. 그런데 이 폭격은 의외의 결과를 낳았다. 사쓰마 번은 영국에 대한 영원한 복수를 맹세하는 대신에 오히려 영국과의 우호를 청하였다. 그들은 적이 강대함을 보고 적으로부터 가르침을 받고자 한 것이다. 영국과 통상 관계를 맺고, 다음해에는 사쓰마에 학교를 설립하였다. 당시 한 일본인은 다음과 같이 썼다. "이 학교에서는 서양의 과학과 지식의 신비를 가르쳤다…… 나마무기(生麥) 사건을 계기로 싹튼 우호 관계는 더욱더 깊어 갔다." 나마무기 사건이란 영국의 사쓰마 보복을 위한 가고시마 포격을 말한다.

이것은 결코 단발적인 사례가 아니다. 가장 호전적이고 맹렬하며 외국인 혐오라면 사쓰마 못지않던 또 하나의 번은 조슈(長州)였다. 이 두 번은 왕정복고의 주도적 역할을 했었다. 공적인 권력을 갖지 못한 조정은 1863년 5월 11일을 기하여 쇼군에게 일본 국토에서 모든 오랑캐를 쫓아내야 한다는 칙명을 내렸다. 바쿠후는 이 명령을 무시하였으나 조슈 번은 그렇지 않았다. 조슈는 연해의 요새에서 시모노세키(下關) 해협을 통과하는 서구 상선을 향하여 포화를 퍼부었다. 일본의 대포나 탄약은 매우 구식이었기 때문에 외국 배가 피해를 입지는 않았으나, 서구 제국은 조슈를 응징하기 위하여 즉시 연합 함대를 보내 요새를 분쇄하고 말았다. 포격은 사쓰마의 경우와 같은 기묘한 결과를 초래하였다. 더구나 서구 제국이 300만 달러의 배상금을 요구했는데도 말이다. 사쓰마 사건과 조슈 사건에 관하여, 캐나다의 외교관으로 일본사를 연구하는 노먼(Norman)은 다음과 같이 말하고 있다. "양이의 선봉이었던 이들 두 번이 태도를 바꾼 배후에 아무리 복잡한 동기가 숨어 있다 해도, 이 행동이 입증하는 현실주의와 냉정성에는 경의를 표할 수밖에 없다."

이러한 상황적인 현실주의는 일본인의 이름에 대한 기리의 밝은 면이다. 달과 마찬가지로 기리에는 밝은 면과 어두운 면이 있다. 일본으로 하여금 미국인 배척 법안을 만들게 하고, 해군 군축 조약을 크나큰 국가적 치욕으로 느끼게 하고, 마침내 파멸을 부른 전쟁 계획으로 내몬 것은 그 어두운 면이었다. 한편 1945년에 항복을 긍정적으로 받아들일 수 있게 한 것은 그 밝은 면이다. 일본은 변함없이 일본 특유의 방법으로 행동하는 것이다.

근대 일본의 저술가나 평론가들은 기리가 얽힌 여러 가지 의무 중에서 일부만을 선택하여 그것을 서구인에게 무사도(武士道), 즉 문자 그대로 사무라이의 길이라 소개하였다. 이것은 몇 가지 이유에서 오해를 불러일으켜 왔다. 무사도라는 명칭은 근대에 와서 처음으로 나타난 공인된 표현으로서 국민 감정에 근거한 것이 아니다. 반면 '기리에 몰려서'라든가, '단지 기리 때문에' 또는 '기리를 위하여 최선을 다한다' 같은 기리에 얽힌 표현은, 일반 대중의 마음에 깊이 뿌리내리고 있다. 무사도는 또한 기리의 복잡성과 다양한 뜻을 포괄하지 않는다. 무사도는 평론가의 창작이다. 더구나 이 말은 국가주의자와 군국주의자의 슬로건이 되었기 때문에, 이들 지도자가 신망을 잃음에 따라 그 개념 또한 불신의 대상이 되었다. 이것은 결코 일본인이 더 이상 '기리를 모른다'는 뜻이 아니다. 더욱이 오늘날 서구인에게는 일본에서의 기리의 의미를 이해하는 일이 전보다 더욱 중요한 과제이다.

무사도와 사무라이의 동일시하는 것 또한 오해의 근원이었다. 기리는 모든 계급에 공통된 덕이다. 일본의 다른 모든 의무나 규율과 마찬가지로 기리는 신분이 높아질수록 '더욱 무거워'지기는 하지만, 신분의 높고 낮음에 관계없이 모든 계층에 요구된다. 적어도 일본인은 사무라이가 누구보다도 무거운 기리를 지고 있다고 생각한다. 일본인을 관찰하는 외국인은, 기리는 서민에게 가장 큰 희생을 요구한다고 생각하기 쉽다. 기리를 지킴으로써 얻어지는 보답은 서민 쪽이 더 적어 보이기 때문이다. 그러나 일본인에게는 자신이 속해 있는 세계에서 존경을 받으면 그것으로 충분한 보답이 된다. 그래서 '기리를 모르는 인간'은 아직도 '비열한 놈'으로 간주된다. 그리고 멸시받고 배척당한다.

제9장
인정의 세계

극단적인 의무의 변제와 철저한 자기 포기를 요구하는 일본의 도덕률은, 당연히 개인적 욕망을 인간의 가슴속에서 제거해야 할 죄악이라고 낙인찍는다. 이것은 전통적인 불교의 가르침으로, 반드시 부자연스럽다고만은 할 수 없다. 그러나 그런 만큼 일본의 도덕률이 오감의 쾌락에 그토록 관대하다는 이중성은 놀랍기 그지없다. 일본은 세계 유수의 불교 국가 가운데 하나임에도 불구하고, 그 윤리는 이런 점에서 석가 및 불교 경전의 가르침과 두드러진 대조를 이룬다. 일본인은 자기 욕망의 만족을 죄악이라고는 생각하지 않는다. 그들은 청교도적이지 않으며 육체적 쾌락을 좋은 것, 함양할 만한 것으로 생각한다. 그들은 쾌락을 추구하고 아낀다. 그렇지만 쾌락은 일정한 한계 내에 머물러야 한다. 그것이 인생의 중대한 영역을 침입해서는 안 된다.

이러한 도덕률은 생활에 극도의 긴장을 강요한다. 일본인이 관능적 쾌락을 용인하면 당연히 그런 결과가 된다는 것을, 미국인보다 인도인이 훨씬 쉽게 알아채게 된다. 미국인은 쾌락을 배워서 익혀야 하는 것이라고는 생각하지 않는다. 관능적 쾌락에 빠지길 거부하는 것은, 이미 아는 유혹을 극복하는 일일 뿐이다. 그런데 일본에서는 쾌락을 의무와 마찬가지로 배운다. 많은 문화에서는 쾌락 그 자체를 가르치지 않는다. 따라서 사람들은 쉽게 자기희생이 필요한 의무에 헌신할 수 있다. 때로는 남녀간의 육체적 접촉조차 극도로 제한되어서 원활한 가정생활에 거의 아무런 위협을 주지 않는다. 그 나라들의 가정생활은 남녀 간의 애정과는 전혀 다른 기초 위에 놓여 있는 것이다.

일본인은 육체적 쾌락을 일부러 함양한 다음에, 엄숙한 생활양식에서는 쾌락에 빠져들어선 안 된다는 도덕률을 설정함으로써 스스로 인생을 괴롭게 만든다. 그들은 육체적 쾌락을 마치 예술처럼 연마한다. 그리고 쾌락의 맛을 충분히 알게 되었을 때, 의무를 위해 그것을 희생한다.

일본인이 가장 즐기는 소박한 육체적 쾌락의 하나는 온욕(溫浴)이다. 일본인은 매일 목욕을 한다. 아무리 가난한 농부나 천한 하인일지라도, 부유한 귀족과 조금도 다름없이 매일 저녁 뜨거운 탕에 몸을 담그는 것이 하나의 일과이다. 가장 흔히 사용되는 욕조는 나무로 만든 통으로, 그 아래에 숯불을 지펴 물이 섭씨 43도 이상의 온도를 유지하도록 한다. 사람들은 욕조에 들어가기 전에 온몸을 깨끗이 씻는다. 그런 다음에 욕조에 들어가 따뜻함과 휴식의 즐거움에 몸을 맡긴다. 그들은 욕조 속에서 태아처럼 두 무릎을 세운 자세로 앉아 턱까지 더운 물에 잠기도록 한다. 그들이 매일 목욕을 하는 까닭은 미국인과 마찬가지로 청결을 좋아하기 때문이다. 그러나 그와 더불어 다른 나라의 목욕 습관에서는 유례를 발견할 수 없는 일종의 수동적인 탐닉의 예술로서 가치를 부여하기 때문이기도 하다. 그들의 말에 따르면 나이를 먹음에 따라 목욕을 좋아하는 사람이 점점 늘어난다고 한다.

물을 데우는 데 드는 경비와 노력을 절감하기 위해 온갖 수단을 강구하고는 있으나, 어쨌든 일본인은 목욕을 하지 않고는 배겨날 수가 없다. 도시에는 수영장과 같은 커다란 공중 목욕탕이 있어, 거기에 가서 목욕을 하고 목욕탕에서 우연히 만난 옆사람들과 이야기를 나눈다. 농촌에서는 이웃의 몇몇 주부들이 교대로 안마당에서 목욕물을 데운다. 일본인은 조신하긴해도, 목욕하는 동안은 남이 보아도 조금도 부끄러워하지 않는다. 목욕물이 준비되면 그 여자들의 가족이 교대로 차례차례 목욕을 한다. 상류 가정을 비롯한 모든 가정이 반드시 이 공동 목욕탕을 이용한다. 이때 가족 내에서 목욕을 하는 순서는 엄격하게 지켜진다. 가장 먼저 손님, 다음으로는 할아버지, 아버지, 장남 순으로 차차 내려가서 마지막이 그 집의 가장 아래 하인이다. 그들은 삶은 새우처럼 새빨개져 탕에서 나온다. 그리고 온 가족이 모여서 하루 중 가장 느긋한 저녁 식사 전의 한때를 즐긴다.

온욕이 이처럼 매우 소중하게 여겨지는 즐거움인 것처럼, 신체의 '단련'에는 전통적으로 매우 엄격한 냉수욕의 습관이 있다. 이는 흔히 '간게이코〔寒稽吉〕' 또는 '미즈고리〔水垢離〕'라 불리며, 오늘날에도 여전히 실시되고 있다. 그러나 옛날의 전통적인 형태와는 다르다. 옛날에는 날이 새기 전에 나가서 에는 듯이 차가운 골짜기의 폭포수 아래에 앉아 있어야 하였다. 추운 겨울밤에 얼음과 같은 냉수를 몸에 끼얹는 것만으로도 난방이 없는 일본 가정에서는 결코 예사롭지 않은 고행이다. 미국 천문학자 퍼시벌 로웰(Percival Lowell)은 1890년대에 행해지던 이 습관을 사실적으로 묘사하고 있다. "치료 혹은 예언 같은 특별한 능력을 얻으려고 하는 사람들은 미즈고리를 한다. 그러나 이런 수행을 하여 승려나 신관(神官)이 되려는 것은 아니다. 미즈고리는 취침 전에 한번 하고, '신들이 목욕을 하는' 새벽 2시에 일어나서 다시 한 번 한다. 그들은 또한 아침, 정오, 일몰 때에도 그것을 되풀이한다." 새벽 고행은 단순히 소원성취를 바라는 사람들 사이에서 특히 인기가 있었다. 그들은 어떤 악기를 잘 다루고 싶다거나, 세속적인 성공을 거두겠다는 열의를 불태웠다. 신체를 단련하기 위해 혹한에 몸을 드러내 놓는 일도 있다. 습자(習字) 공부를 하는 어린이들은 손가락이 얼어 동상에 걸리면서도 그 연습 기간을 마치는 것이, 특히 효과가 있는 것으로 간주된다. 현대의 초등학교에서는 난방을 하지 않는다. 이것은 아이들의 신체를 단련하고, 장래 인생의 갖가지 난관에 견뎌낼 수 있게 한다는 이유에서 매우 좋은 방침으로 여기고 있다. 그렇지만 서구인에게는 그런 효과보다도 아이들의 끊임없는 감기와 코흘림이 더 인상에 남았다.

 잠 또한 일본인이 애호하는 즐거움이다. 그것은 가장 완성도 높은 기능의 하나이다. 그들은 어떤 자세로든, 우리는 도저히 잠들 수 없을 것 같은 상황 아래에서도 너끈히 잘 잔다. 이 사실은 서구의 많은 일본 연구가를 놀라게 했다. 미국인은 불면과 정신적 긴장을 거의 동의어로 생각한다. 그리고 우리의 기준으로 보면 일본인의 성격은 매우 심한 긴장을 내포하고 있다. 그런데도 그들은 어렵지 않게 숙면을 취한다. 더욱이 일찍 잠자리에 든다. 동양 여러 나라 중에서 이렇게 빨리 자는 국민은 달리 찾아 볼 수 없다. 시골 사람들은 모두 해가 지면 곧 삼사리에 드는데, 그것은 이튿날을 위해 정력을 저장한다는 우리의 방식에 따른 것이 아니다. 그들은 그런 계산을 하지 않는다. 일본인에 대해 잘 아는 어느 서구인은 다음과 같이 썼다. "일본에 가면, 잠과 휴식으로 내일의 일을 준비하는 것이 의무라는 생각을 버려야 한다. 잠은 피로 해소나 휴식, 보양 따위의 문제와는 떼어 놓고 생각해야 한다." 잠은 노동의 제공과 마찬가지로 '우리가 이미 아는 사활에 관계된 중대한 일과는 전혀 관계없이 독립된 것'이다. 미국인은 잠을 체력을 유지하기 위한 일과라고 생각하며, 그런 사고(思考)에 익숙하다. 그래서 우리의 대다수는 아침에 눈을 뜨면 가장 먼저 밤에 몇 시간 잤는지 계산하곤 한다. 잠의 길이로 그날 얼마만큼 정력을 소비하고 능률을 올릴 수 있는지 헤아리기 때문이다. 그러나 일본인은 이것과는 다른 이유로 잔다. 그들은 잠자는 것을 좋아하고 위험을 느끼지 않으면 기꺼이 잠을 잔다.

그러면서 그들은 또 가차없이 잠을 희생한다. 시험 준비를 하는 학생은 밤낮을 가리지 않고 계속 공부한다. 푹 자는 것이 시험을 치를 때 유리하다는 생각에는 얽매이지 않는다. 군대에서는 잠을, 훈련을 위해 희생해야 하는 사소한 것으로 여긴다. 1934년에서 1935년에 걸쳐서 일본 육군에 소속되어 있던 해럴드 다우드(Harold Doud) 대령은 데시마〔手島〕 대위와의 대담을 전하고 있다.

"평시의 훈련 중에 그 부대는 이틀 밤 사흘 낮 동안 두 번 행군하면서, 10분간의 휴식이나, 짧은 소강 상태에 잠깐 잠잘 뿐 그 외는 전혀 잠을 자지 않았다. 병사들은 때때로 걸으면서 잠을 잤다. 우리 부대의 어떤 젊은 소위는 아주 깊이 잠든 채 행군하다가 길가에 쌓아 놓은 목재 더미에 정면으로 부딪혀 큰 웃음거리가 되었다." 가까스로 병영에 당도한 뒤에도, 누구에게도 잠잘 기회가 주어지지 않은 채, 병사들은 전원 보초 근무나 순시 부서에 배치되었다. 나는 "어째서 일부 병사라도 잠을 잘 수 있게 해 주지 않습니까?"라고 물었다. 그러자 대위는 "천만에요, 그럴 필요는 없습니다. 놈들은 가르쳐 주지 않아도 잘 줄 압니다. 필요한 것은 잠을 자지 않는 훈련을 하는 일입니다"라고 말하였다.

이 일본인의 견해가 모든 것을 정확히 말해주고 있다.

식사 또한 온욕이나 잠과 마찬가지로 즐거움으로서 크게 향락되는 휴식인 동시에 훈련을 위한 수업이기도 하다. 오락의 하나로 일본인은 요리가 한 가지씩 잇따라 나오는 식사를 즐긴다. 이때 한 번에 나오는 요리는 티스푼으로 하나 정도의 적은 분량이다. 요리는 맛뿐 아니라 외관의 아름다움도 감상의 대상이다. 그렇지만 이런 오락으로서의 식사 외에는 훈련이라는 것이 크게 강조된다. "식사는 짧게, 용변도 짧게. 이것은 일본 최고 덕의 하나다"라고 에크슈타인(Eckstein)은 일본 농민의 말을 인용하고 있다. "식사는 중요한 행위로 간주되지 않는다. (중략) 식사는 생명을 유지하기 위해 필요하다. 따라서 되도록 빨리 먹어야 한다. 아이들, 그중에서도 사내아이는 되도록 빨리 먹도록 독촉받는다." 천천히 먹도록 교육받는 유럽과는 대조적이다. 불교 사찰에서 승려들은 식사 전 감사 기도에서 '음식은 약일 뿐이라는 점을 잊지 말라'며 스스로 경계한다. 그 뜻은, 자기를 단련하고자 한다면 음식을 즐거움으로 여기지 말고, 살아가기 위한 최소한의 필요라고 생각해야 한다는 것이다.

일본인의 생각에 따르면 먹고 싶은 것을 참고 단식하는 것이 얼마나 '단련'이 잘 되어 있는가를 아는 최고의 감별법이다. 온욕과 수면을 단념하는 것과 마찬가지로, 단식 또한 고난을 참고, 사무라이와 마찬가지로 '(먹지 않았으면서도) 이쑤시개를 입에 물 수 있다'는 것을 보여 주는 좋은 기회이다. 단식을 해서 이 시련을 견디어 내면 체력은 칼로리나 비타민 결핍으로 저하되기는커녕, 거꾸로 정신의 승리에 따라 높아지게 된다. 일본인은 미국인이 명백한 일로 여기는 영양과 체력과의 1대 1 대응 관계를 인정하지 않는다. 그래서 도쿄 방송국은 전쟁 중에 방공호에 피난하고 있던 사람들에게, 굶주린 사람도 체조로 체력과 기운을 회복할 수 있다는 따위의 말을 할 수 있었던 것이다.

로맨틱한 연애 또한 일본인이 함양하는 '인정(human feeling)'이다. 그것은 일본인의 결혼 형태와 가족에 대한 의무에 반하는 것임에도 불구하고 일본에 깊이 뿌리내리고 있다. 일본 소설은 연애소설로 넘쳐난다. 프랑스 문학과 마찬가지로 주요 인물은 모두 기혼자이다. 동반자살은 일본인이 즐겨 읽고, 또 즐겨 화제에 올리는 주제이다. 10세기의 《겐지 모노가타리〔源氏物語〕》는 세계 어느 나라가 내놓은 걸작에도 뒤지지 않는 걸출한 연애소설이다. 또한 봉건 시대의 다이묘〔大名〕나 사무라이들의 연애 이야기도 이와 마찬가지로 연애소설의 계보를 잇는다. 그것은 일본 현대 소설의 주요한 주제이기도 하다. 이 점에서 중국 문학과는 매우 다르다. 중국인은 낭만적인 연애나 성적 향락을 유달리 경시한다. 그렇게 함으로써 분란에 휩쓸리는 것을 미연에 방지하는 것이다. 따라서 중국의 가정생활은 매우 평온 무사하다.

물론 이 점에 관해서는, 미국인은 중국인보다도 일본인 쪽을 더 잘 이해할 수도 있다. 그러나 이 이해는 극히 표면적인 것이어서 별로 도움이 되지 않는다. 우리는 성적 향락에 관해서 일본인에게는 없는 금기를 적잖이 가지고 있다. 그 영역을 우리는 매우 엄격한 태도로 다루는 반면 일본인은 별로 시끄럽게 따지지 않는다. 일본인은 다른 '인정'과 마찬가지로 성 역시 인생에서 무대 뒤편에 머물러 있는 한 전혀 지장을 주지 않는 것으로 생각한다. '인정'에는 조금도 꺼림칙한 면이 없다. 따라서 성의 향락에 대하여 엄격한 태도를 보일 필요가 없다. 그런데도 그들은 영국이나 미국인들이 그들의 소중한 에도 시대 그림책(구사조시〔草雙紙〕)의 일부를 외설적이라 생각하고, 유곽인 요시와라〔吉原〕를 매우 역겨운 장소처럼 생각하는 사실에 이런 저런 변명을 늘어놓는다. 일본인은 서구 제국과의 접촉이 막 시작된 시기에도 이런 외국인의 비평에 매우 예민하여, 그들의 습관을 서구의 표준에 비슷하게 맞추기 위한 여러 가지 법률을 제정하였다. 그러나 아무리 법률로 단속해도 문화적 차이는 극복할 수 없었다.

　서구인은 일본인이 상상도 못할 부분에서 부도덕이나 외설을 찾아낸다. 교양 있는 일본인은 그것을 잘 알고 있다. 그러나 우리 서양인의 전통적인 태도와 일본인의 인생철학 사이의 깊은 균열은 미처 모르고 있다. 일본인의 철학이란 '인정'과 생활의 중대한 사항을 철저히 구별하는 것이다. 결국 그런 균열이 커다란 장해가 되어 연애 및 관능적인 향락에 관한 일본인의 태도를 이해하기가 어려워진다. 그들은 아내에 속하는 영역과, 성적 향락에 속하는 영역 사이에 선을 그어서 그 둘을 명확하게 구별한다. 이 두 영역은 모두 다 공공연히 인정된다. 미국인의 생활에서처럼 한쪽은 공인된 것이고, 다른 쪽은 남의 눈을 피하여 몰래 발을 들여놓아야 하는 것이 아니다. 이 둘은 한쪽이 인간의 주요한 의무의 세계에 속하는 데 반하여, 다른 한쪽은 사소한 기분 전환의 세계에 속하는 것으로 구별된다. 이처럼 저마다의 영역에 '알맞은 위치'를 정해 두는 습관은, 한량은 물론 가정의 이상적인 아버지에게도 이 두 영역을 다른 세계로 보게 한다.

　일본인은 미국인과 달리 연애와 결혼을 동일시하는 이상을 내걸지 않는다. 우리는 연애를 인정하며 그것이 배우자 선택의 기초가 된다. '연애하고 있다'는 것이 우리에게는 가장 훌륭한 결혼의 이유가 된다. 결혼 후 남편이 다른 여자에게 육체적으로 끌린다는 것은 아내를 모욕하는 일이다. 왜냐하면 그것은 당연히 아내에게 속해야 할 것을 다른 사람에게 주는 행위이기 때문이다. 그러나 일본인은 이와는 견해가 다르다. 배우자를 선택할 때 청년은 부모의 선택에 따라 맹목적으로 결혼한다. 그는 아내와의 관계에서 매우 완고한 태도를 지켜야 한다. 화목한 가정의 평범한 일상에서조차 아이들은 부모가 성애를 표현하는 행동을 볼 수 없다. 현대의 한 일본인은 어떤 잡지에서 이렇게 말했다. "이 나라에서는 결혼의 참다운 목적이, 아이를 낳고 그로 인해 가계를 존속시키는 데 있다고 생각한다. 그 밖의 어떠한 목적도 결혼의 참다운 의미를 왜곡하는 요인이 될 뿐이다."

그렇지만 이 사실은 결코 일본의 남자가 그와 같은 생활을 준수하여 품행이 방정하다는 뜻이 아니다. 만일 여유가 있다면 남자는 정부를 둔다. 단 중국과 크게 다른 점은 정부를 가정의 일원으로 맞아들이지 않는다는 것이다. 그렇게 하면, 구별해야만 하는 두 영역에 혼동이 오기 때문이다. 그 여자는 음악·무용·안마 등 남자를 즐겁게 하는 갖가지 예(藝)를 충분히 익힌 '게이샤'일 수도 있고, 창부일 수도 있다. 어느 경우에나 남자는 여자가 고용되어 있는 집과 계약을 맺는다. 이 계약은 여자가 버림받는 것을 방지하고, 또 여자에게 금전상의 대가를 보증한다. 남자는 여자에게 집을 주어 독립된 살림을 차리게 한다. 다만 예외적으로 여자에게 아이가 있고 남자가 그 아이를 자기 자식과 함께 기르기를 바라는 경우에 한하여, 여자를 자기 집으로 데리고 들어간다. 이 경우 여자는 첩이 아니라 종으로서 취급된다. 함께 들어간 아이는 본처를 '어머니'라고 부르고, 친어머니와의 관계는 인정되지 않는다. 동양 전체에 널리 퍼져 있는 일부다처제는 중국에서는 전통적 관습으로 굳어져 있지만, 전혀 일본적이라고는 할 수 없다. 일본인은 가정에 대한 의무와 '인정'을 공간적으로도 구별한다.

첩을 둘 만한 여유가 있는 것은 상류계급 사람뿐이지만, 대개의 남자는 한두 번쯤은 게이샤나 창부와 즐긴 경험이 있다. 그러한 유흥은 아주 공공연히 행해진다. 아내가 밤에 놀러 나가는 남편의 몸차림을 도와주는 일도 있다. 남편이 놀다 간 창부의 집에서 아내한테 청구서를 보내는 수도 있는데, 아내는 그것을 당연한 일로 여겨 지불한다. 아내가 그 일로 기분이 상하는 일이 있어도 그것은 그녀 자신이 처리해야 할 문제이다. 창부한테 가는 것보다 게이샤와 노는 편이 돈이 더 든다. 그러나 그 하룻밤의 유흥을 위해 큰 돈을 지불해도, 게이샤를 성행위의 상대로 삼을 수는 없다. 그가 얻는 것은 아름답게 옷을 차려 입고 예법을 꼼꼼히 익힌 소녀들의 대접을 받는 즐거움이다. 특정한 게이샤와 정을 통하려면 남자는 그 게이샤의 서방이 되어 그녀를 첩으로 삼는 계약을 하거나, 혹은 자신의 매력으로 여자의 마음을 사로 잡아 자진해서 그에게 몸을 맡기도록 유도해야 한다. 그렇다고 해서 게이샤와 지내는 밤의 유흥에 결코 애정 행위가 없는 것은 아니다. 게이샤의 무용, 경쾌하고 재치있는 응답, 노래, 동작은 전통적이고 은밀히 깨닫게 하는 솜씨로서, 상류계급의 부인은 삼가야 할 일체의 내용을 표현하도록 주도면밀하게 계획되어 있다. 그것들은 '인정의 세계 속에' 있는 것으로, '고(孝)의 세계'에 염증이 나고 지친 사람에게 위안을 준다. 도락에 빠져들 위험이 있기는 하지만, 이 두 영역은 따로따로 구분되어 있다.

게이샤와 즐긴 뒤 다시 생각이 있으면 창부에게로 가는 사람도 있다. 창부는 유곽에 산다. 창부 쪽은 큰 돈이 들지 않기 때문에 지갑이 가벼운 사람은 이 유흥만으로 만족하고, 게이샤와 노는 것은 단념한다. 창부가 있는 집 앞에는 창부의 사진이 나붙어 있다. 유객은 남의 눈을 신경쓰지 않은 채 오래도록 사진을 비교해 보고 상대를 선택하는 것이 보통이다. 창부는 게이샤와 달리 신분이 낮다. 이들은 대개 돈 때문에 팔려 온 가난한 집의 딸로, 게이샤처럼 남자를 대접하는 예를 교육받지 않는다. 일본은 매춘업이 서구인의 비난을 산다는 점을 눈치채고 표면적으로는 그것에 종지부를 찍었다. 그러나 그 전에는 여자들이 가게 앞쪽에 앉아서 육체라는 상품을 고르는 유객에게 무감동한 얼굴을 내놓고 있었다. 현재는 사진으로 대체되었다.

만약 남자가 창부에게 반하여 창부집과 계약을 맺고 첩으로 삼아 독립시키면, 그 여자는 계약 조건에 따라 보호받는다. 그런데 하녀나 여점원이 증서로 계약을 맺지 않은 채 첩이 되는 일도 있다. 이런 '자유의사로 된 첩'은 가장 무방비한 상태에 놓이게 된다. 대개 그런 경우에는 상대 남자와 사랑에 빠져 첩이 되긴 해도, 그녀들은 남자가 책임져야 하는 공인된 의무 세계의 바깥에 머문다. 일본인은 미국에서 연인에게 버림을 받아, '갓난아이를 무릎에 끌어안은 채' 비탄에 빠져 있는 젊은 여자의 이야기나 시를 읽으면, 이들 사생아의 어머니를 '자유의사로 된 첩'과 같은 부류로 본다.

동성애 또한 전통적인 '인정'의 일부분이다. 구시대의 일본에서 동성애는 사무라이나 승려와 같은 높은 지위에 있는 사람들의 공인된 즐거움이었다.

메이지 시대가 되자 일본은 서구인의 비판에 신경을 쓰면서 많은 관습을 법률로 금지했다. 이 관습도 법률에 따라 처벌되도록 규정하였다. 그런데 오늘날에도 여전히 이 관습은 심하게 비난받을 일이 아닌 '인정'의 하나로 명맥을 유지하고 있다. 다만 그것은 적당한 자리를 지켜야 하며, 가정을 유지하는 데 방해가 되어서는 안 된다. 따라서 구미에서처럼 남자나 여자가 동성애자가 '될' 위험은 거의 생각할 수 없다. 물론 직업적으로 남창이 되는 남자는 있을 수 있지만, 일본인은 미국에서 버젓한 남자가 동성애의 수동적 역할을 한다는 데 강한 충격을 받는다. 일본에서 성인 남자가 남색 상대로 찾는 것은 소년이다. 성인이 수동적인 역할을 하는 것은 남자의 위엄에 부적합하다고 생각하기 때문이다. 일본인은 해도 좋은 일과 해서는 안 되는 일 사이에 경계선을 긋고 자중한다. 그러나 그 경계선은 우리의 경계선과는 다르다.

일본인은 또 자위 행위에 대해서도 그다지 심각하게 생각하지 않는다. 일본인만큼 이 목적을 위해 여러 가지 도구를 고안한 국민은 없을 것이다. 여기에서도 일본인은 이들 도구가 너무 공공연히 나도는 상황을 조금은 축소함으로써 외국의 비난을 피하려 하였다. 그러나 그들 자신은 이 도구들을 결코 나쁜 것이라고 생각하지 않는다. 수음을 혐오하는 서구인의 강경한 태도—그 점에서는 미국보다도 유럽이 더욱 강경하지만—는 우리가 성인이 되기 전에 우리의 의식 속에 깊이 새겨진다. 소년들은 자위를 하면 미친다든지, 대머리가 된다든지 하는 말을 듣게 된다. 또는 유년 시절에 엄중한 감시를 하는 어머니에게 발각되어 체벌을 받기도 한다. 어머니는 두 손을 묶어 버리거나 또는 천벌을 받는다고 겁을 주기도 한다. 일본의 어린아이나 소년은 이런 경험이 없다. 따라서 어른이 된 뒤에도 서구인과 같은 태도를 취할 수가 없다. 자위는 일본인이 어떤 죄악감도 느끼지 않는 향락이다. 그들은 그것을 근엄한 생활 표면으로 튀어나오지 않게 함으로써 충분히 통제할 수 있다고 생각한다.

술에 취하는 것 또한 용서받을 수 있는 '인정'의 하나이다. 일본인이 볼 때, 미국인의 절대 금주 서약은 서양풍의 색다른 행위의 하나이다. 그들은 또한 지역 일대에 금주령을 포고하고자 하는 우리의 지방 운동도 이상하게 생각한다. 음주는 정상적인 인간이 향유하는 마땅한 쾌락이다. 그렇지만 술은 어차피 하찮은 기분 전환의 한 수단일 뿐이기 때문에, 제대로 된 사람은 이에 빠져들지 않는다. 그들의 사고방식에 따르면, 동성애자가 '될' 염려가 없는 것과 마찬가지로, 알코올중독자가 '될' 걱정도 없다. 사실 일본에서는 알코올중독이 사회 문제가 되지 않는다. 알코올은 유쾌한 기분 전환 수단으로, 가족은 물론 세상조차도 술에 취해 있는 사람을 혐오스러운 존재로 생각하지 않는다. 술 취한 남자가 폭력을 휘두르는 일은 극히 드물다. 또 그가 아이를 때린다고 생각하는 사람도 아무도 없다. 웃고 떠들고 춤추는 것이 보통이며, 이때는 일본인의 태도나 행동을 얽매는 예법도 느슨해진다. 도시의 술자리에서 사람들은 서로 무릎을 맞대고 앉기를 즐긴다.

완고한 전통적 일본인은 음주와 식사를 엄중히 구별한다. 술이 나오는 마을잔치에서 밥을 먹으면, 그것은 이제 술은 그만 마시겠다는 의사표현이다. 즉 다른 '세계'에 발을 들여놓은 것으로, 두 '세계'는 확실히 구별된다. 집에서도 식후에 술을 마시는 일은 있지만 술과 밥을 동시에 먹는 일은 없다. 차례로 어느 한쪽의 즐거움에 전념하고 다른 즐거움은 뒤로 돌린다.

이상과 같은 일본인의 '인정'관은 몇 가지 중요한 귀결로 수반된다. 그것은 육체와 정신이라는 두 개의 힘이 각자의 생활에서 패권을 획득하기 위해 끊임없이 싸우고 있다는 서구의 철학과 정면으로 대립한다. 일본인의 철학에서 육체는 악이 아니다. 육체의 쾌락을 즐기는 것은 조금도 죄가 아니다. 정신과 육체는 우주에서 대립하는 세력이 아니다. 일본인은 이 신조에서 세계는 선과 악의 싸움터가 아니라는 논리적 결론을 도출한다. 조지 샌섬(George Sansom)은 다음과 같이 말한다. "일본인은 악의 문제를 인식하는 능력이 결여되어 있거나, 혹은 그 문제와 정면으로 부딪치는 것을 회피하고 있다. 이 능력의 결여 및 회피는 일본 개벽 이래 줄곧 계속되어 온 것으로 생각된다." 그뿐만이 아니다. 일본인은 악의 문제를 인생관에 포함하는 것을 내내 거부해 왔다. 그들은 인간에게 두 가지의 영혼이 있다고 믿는데, 그것은 서로 싸우는 선의 충동과 악의 충동을 말하는 것이 아니다. 그것은 '온화한' 영혼(니기타마[和魂])과 '거친' 영혼(아라타마[荒魂])이다. 모든 인간—그리고 국가—의 생애에는 '온화'해야 할 때와 '거칠어'야 할 때가 있다. 한쪽 영혼은 지옥으로, 또 다른 한쪽은 천국으로 가는 것으로 정해져 있는 것은 아니다. 양쪽 모두 저마다 다른 경우에 필요하고 선이 된다.

이와 마찬가지로 일본에서는 신들도 선악의 양면을 두루 갖추고 있다. 그들에게 가장 인기 있는 신은 아마테라스 오미카미(天照大神)의 동생, 스사노오노미코토(素戔嗚尊)—날래고 사나운 남성 신—이다. 만일 그것이 서구의 신화라면 그는 누이에 대한 온갖 난폭한 행동 때문에 아마 악마라고 여겨질 것이다. 아마테라스 오미카미는 스사노오노미코토가 자기에게 온 동기를 의심하고 그를 밖으로 내쫓으려 한다. 그러자 그는 닥치는 대로 난폭한 행동을 일삼으며 돌아다닌다. 아마테라스 오미카미와 그의 추종자들이 추수 감사 의식인 니나메사이(新嘗祭)를 하고 있는 식당에 똥을 뿌리고, 또 밭두렁을 파괴한다(이는 중죄이다). 그 중에서도 가장 흉악한—이는 서구인이 가장 이해할 수 없는 부분이다—죄로서, 그는 아마테라스 오미카미의 저택 지붕에 구멍을 내고 '등가죽을 벗긴' 얼룩 망아지를 던져 넣는다. 이런 온갖 악행을 저지른 스사노오노미코토는 신들의 재판을 받아 무거운 과료(科料)를 지고 '암흑의 나라(뿌리의 나라)'로 쫓겨난다. 그러나 그는 여전히 일본의 수많은 신들 중에서도 특히 인기가 있으며, 그 나름의 숭배를 받고 있다. 스사노오노미코토와 유사한 신격은 세계 여러 민족의 신화에 곧잘 등장한다. 그러나 수준 높은 윤리 종교가 성립되면서 이 신들은 모두 배제되었다. 왜냐하면 선과 악이 우주의 패권을 다투는 철학에서는, 초자연적 존재를 흑과 백처럼 전혀 다른 두 집단으로 나누는 편이 더 편리하기 때문이다.

일본인은 한결같이, 악과의 투쟁 속에 선이 있다는 것을 분명하게 부정해 왔다. 일본의 철학자나 종교가들이 몇 세기 동안이나 끊임없이 주장해 온 것처럼, 그러한 도덕률은 일본과는 인연이 없다. 그들은 이 점으로 일본인의 도덕적 우수성을 알 수 있다고 목청껏 외친다. 그들이 주장하는 바에 따르면 중국인은 런(仁), 즉 정의와 자비로 가득한 행동을 절대적 표준으로 삼는 도덕률을 만들어야 했다. 모든 인간, 모든 행위는 그 표준에 비추어—이에 도달하지 못하면—결함을 드러낸다는 것이다. 18세기의 뛰어난 신토(神道)학자 모토오리 노리나가(本居宣長)는 "이러한 도덕률은 심지가 약하기 때문에 그와 같은 인위적인 구속 수단이 필요했던 중국인에게 꼭 적합한 것이다"라고 말한다. 또한 근대의 불교가나 국가주의적 지도자들도 같은 논지를 펼쳐 왔다. 그들은 말한다. 일본에서는 인간의 성질이 태어날 때부터 선하며 신뢰할 수 있는 것이다. 따라서 자기의 나쁜 반쪽과 싸울 필요가 없다. 그들에게 필요한 것은 다만 마음의 창문을 깨끗하게 하고, 상황에 맞춰 알맞게 행동하는 것뿐이다. 인간성이 어쩔 수 없이 '더럽혀졌다' 하더라도 더러움은 쉽게 제거되며, 인간의 본질적인 선이 다시 빛을 발하기 시작한다.

일본의 불교 철학은 다른 어떤 나라보다도 철저하게 다음과 같이 가르친다. 인간은 누구나 부처가 될 가능성이 있고, 도덕은 경전 속에서가 아니라 깨달음을 얻은 청정무구한 자신의 마음속에서 저절로 발견할 수 있다. 자신의 마음속에서 발견하는 것에 대하여 의혹을 품을 필요가 있는가. 인간의 마음에는 본디 악이 존재하지 않는다. 그들에겐〈시편〉을 쓴 다윗처럼, "내가 죄악 중에 출생하였음이여, 어머니가 죄 중에 나를 잉태하였나이다"(시편 51편)라고 부르짖는 신학이 없다. 그들은 '인간타락'의 가르침을 설교하지 않는다. '인정'은 사람이 비난할 수 없는 하늘의 축복이다. 학자도 농민도 그것을 비난하지 않는다.

미국인에게 이런 가르침은 방종과 나쁜 품행을 인정하는 철학으로 이어지는 것처럼 생각된다. 그런데 일본인은 앞에서 말한 바와 같이 의무의 수행을 인생 최고의 임무로 정해 놓고 있다. 온〔恩〕을 갚는 일은 개인적 욕망이나 쾌락을 희생하는 것이다. 그들은 그 사실을 충분히 받아들이고 있다. 행복 추구를 인생의 중대한 목표로 하는 사상은, 그들에게는 당치도 않은 부도덕한 가르침이다. 행복은 그것에 탐닉해도 좋을 때만 탐닉하여 기분을 푸는 것이지, 그것을 마치 국가나 가정의 좋고 나쁨을 판단하는 기준인 양 과장하는 것은 전혀 생각할 수 없는 일이다. 사람은 주〔忠〕나 고〔孝〕, 기리〔義理〕의 의무를 수행하기 위해서 때때로 큰 대가를 치러야 한다. 그들은 이 사실을 처음부터 각오하고 있다. 의무에 충실하고자 하면 인생이 고통스러워지지만 그들은 그것을 견디어 낼 마음가짐이 되어 있다. 그들은 끊임없이, 조금도 나쁘다고는 생각지 않으면서도 쾌락을 단념한다. 거기에는 강한 의지가 필요하지만 그러한 의지야말로 일본인이 가장 칭송하는 미덕이다.

이러한 자세를 반영하듯 일본의 소설이나 연극은 해피엔드로 끝나는 것이 극히 드물다. 미국의 일반 관중은 원만한 해결을 열망한다. 우리는 극중 인물이 그 뒤로도 언제까지나 행복하게 살게 되리라 믿고 싶고, 그의 덕행이 보답받기를 원한다. 만일 어떤 극의 결말을 보고 울어야 한다면, 그 이유는 주인공의 성격에 어떤 결함이 있거나, 혹은 그가 열악한 사회 질서에 희생되었기 때문이다. 어쨌든 주인공의 행복한 결말이 훨씬 관중의 환영을 받는다.

그러나 일본의 일반 관중은 흐느껴 울면서, 주인공이 비극적인 결말을 맞이하고, 아름다운 여주인공이 운명에 농락당하여 살해되는 것을 지켜본다. 그러한 줄거리야말로 하루 저녁 오락거리로서 손색이 없다. 사람들은 그것을 보기 위하여 일부러 극장까지 발걸음을 옮긴다. 현대 영화조차도 주인공의 고뇌를 주제로 구성된다. 서로 사랑하는 남녀가 헤어지거나, 행복하게 살던 부부의 한쪽이 자신의 의무를 수행하기 위해 자살하기도 한다. 묻혀 있던 남편을 세상에 내보내어 배우로서 천부적인 소질을 발휘하도록 온몸을 바친 아내가, 남편의 성공이 눈앞에 보이자 새로운 생활에 방해가 되지 않게 대도시 속으로 몸을 숨기고, 남편이 대성공을 거두는 날 가난 속에서 한마디 불평도 없이 죽어 가는 줄거리도 있다. 요컨대 해피엔드로 끝날 필요가 없는 것이다. 자기를 희생하는 주인공에 대한 연민과 동정을 불러일으키면 그것으로 충분하다. 주인공의 괴로움은 하늘이 내린 심판이 아니다. 그것은 그들이 모든 희생을 참고 자기 의무를 수행하였다는 사실, 어떤 불행이 닥쳐도 ─버림받거나, 병에 걸리거나, 목숨을 빼앗기더라도─올바른 길을 벗어나지 않았다는 사실을 말해주는 것이다.

현대 일본의 전쟁 영화 또한 같은 전통을 따르고 있다. 이 영화를 본 미국인은 흔히 지금까지 본 것 중에서 가장 뛰어난 반전(反戰) 영화라고 평가한다. 이것이 미국인의 전형적인 반응이다. 왜냐하면 이 영화들은 오로지 전쟁의 희생과 고통만을 다루기 때문이다. 일본의 전쟁 영화는 분열식이나 군악대의 연주 장면, 함대의 훈련이나 거포의 위용을 기세 좋게 그려내어 자랑하지 않는다. 러일전쟁을 다루든, 중일전쟁을 다루든, 적나라하게 그려지는 장면은 끊임없이 이어지는 단조로운 진흙탕 속의 행군, 쌓여가는 전투의 피로, 끝이 보이지 않는 작전 등이다. 마지막 장면은 승리도 아니고, '반자이(萬歲)'를 외치며 돌격하는 모습도 아니다. 그것은 별다른 것 없는 진흙에 묻힌 중국의 어느 도시에서 숙영(宿營)하는 정경이다. 아니면 세 번의 전쟁에 출정하여 저마다 상이군인이 된 부자 3대를 비춰 준다. 또는 한 집안의 버팀목이었던 남편 또는 아버지가 전사한 뒤, 유족이 슬픔을 꾹 참고 용기를 내어 어떻게든 살아가는 모습을 그린다. 박진감 넘치는 영국과 미국의 '캐벌케이드(Cavalcade, 1933년에 제작된 미국영화)'식 배경은 전혀 찾아볼 수 없다. 그들은 상이군인의 갱생이라는 주제를 영화화하지 않는다. 그것은 고사하고 전쟁의 목적조차 말하지 않는다. 일본 관중에게는 화면에 나타나는 인물이 전력을 다해 온(恩)을 갚기만 하면 그로써 충분한 것이다. 그리하여 이들 영화가 군국주의자들의 선전 도구가 된다. 영화를 기획한 사람들은 일본 관중이 그것을 보아도 결코 반전 사상을 품지 않는다는 사실을 알고 있었다.

제10장
덕의 딜레마

 일본인의 인생관은 그들의 주(忠), 고(孝), 기리(義理), 진(仁), 인정(人情) 등에 나타난 그대로이다. 그들은 '인간의 전체적인 의무'가 마치 지도 위의 여러 지역처럼 명확하게 구별되어 몇 개의 부문으로 나누어져 있는 것처럼 생각한다. 그들의 언어 습관으로 미루어 보면, 인생은 '주의 세계', '고의 세계', '기리의 세계', '진의 세계', '인정의 세계', 그리고 그 밖의 많은 부문으로 이루어져 있다. 저마다의 세계에는 각각 특유하고 세밀한 규범이 있다. 그리고 다른 사람을 완전한 인격체로 보지 않고, '효를 모른다'든지, '기리에 어둡다'든지 하는 말로 판단한다. 그들은 미국인처럼 어떤 사람을 부정하다고 비난하지 않는다. 그 대신에, 그 사람이 소홀히 하는 행동의 세계를 분명하게 제시한다. 또한 어떤 사람이 이기적이라든지 불친절하다든지 하고 이유를 드는 대신에, 그가 위반한 규범의 특정 부문을 명시한다. 그들은 (철학자 칸트가 말하는) 지상 명령이나 황금률 같은 것에 호소하지 않는다. 그들이 옳다고 여기는 행동은, 그 행동이 나타나는 세계에 좌우된다. 일본인은 '고를 위해' 행동할 때와, '단순히 기리를 위해', 혹은 '진의 세계에서' 행동할 때에 전혀 다른 사람처럼—서구인에게는 그렇게 생각된다—행동한다. 또한 각각 세계의 규범은 융통성이 있으므로 그 '세계' 속의 조건이 변화함에 따라서, 완전히 다른 행동이 당연히 해야 할 행동으로서 요구된다. 주군에 대한 기리를 다하려면 최고도의 충성을 바쳐야 하지만, 주군에게서 모욕을 받은 뒤에는 모반을 일으켜도 전혀 상관이 없다. 1945년 8월까지 일본 국민에게는 최후의 한 사람까지 적에게 항전하는 것이 주(忠)였다. 그러나 천황이 라디오로 일본의 항복을 고함으로써 주의 내용이 뒤바뀜과 동시에, 일본인은 여태까지와는 정반대로 외국인에게 협력하는 모습을 보였다.
 이런 점을 서구인들은 이해하기 어렵다. 우리의 경험에 따르면, '인간은 그 인격(character)에 맞게' 행동한다. 우리는 충실한지 불충실한지, 사람이 하는 말을 듣는지 안 듣는지로 양과 염소를 구별한다. 우리는 사람들을 분류하여 딱지를 붙인다. 그리고 그들이 다음에 행하는 행동이 전에 한 행동과 같을 것으로 예상한다. 인간은 씀씀이가 좋든지 인색하든지, 자진해서 협력하든지 의심이 많든지, 보수주의자이든지 자유주의자이든지 둘 중의 하나이다. 우리는 사람들이 어떤 특정한 정치적 이데올로기를 믿고, 반대하는 이데올로기와는 한결같이 싸울 것으로 예상한다. 전쟁 중 유럽에는 진격하여 주둔하던 독일군에 협력하는 사람들도 있었고, 레지스탕스를 지지하는 사람들도 있었다. 우리는 유럽전쟁에서 승리를 한 뒤 친독파에 속했던 사람들이 그 입장을 바꾸리라고는 생각하지 않았다. 그리고 이 추측은 옳았다. 이를테면 미국 내의 정쟁에서도 뉴딜파와 반뉴딜파의 차이는 뚜렷하다. 그리고 이 두 파는 새로운 사태가 발생해도 여전히 자기 파의 특유한 성격대로 행동할 것이라고 우리는 판단한다. 예를 들면 신앙이 없는 사람이 가톨릭 신자가 된다든지, 공산주의자가 보수당원이 된다든지—개인이 다른 쪽으로 옮겨가는 경우가 있다고 하더라도, 그러한 변화가 바로 전향이며 그에 알맞은 새로운 인격이 형성된 것으로 바르게 평가를 내려야 한다.

서구인은 인간의 행동에 통일성이 있다고 굳게 믿는다. 물론 이 신념이 반드시 정당화된다고는 할 수 없지만 그것은 결코 환상이 아니다. 미개와 문명을 가릴 것 없이 대다수의 문화에서 사람들은, 자기들이 저마다 특정한 종류의 인간으로서 행동하고 있다고 상상한다. 만일 그들이 권력에 관심이 있다면, 타인이 자기의 의사에 복종하는지 그 여부를 기준으로 하여, 자신의 실패와 성공을 측정한다. 사랑을 받는 것에 관심이 있는 사람은, 인간적 접촉이 없을 때 욕구불만의 상태에 빠진다. 그들은 각각 자기 인식을 한다. 예를 들어 자기들이 엄격히 올바른 인간이라든지, '예술가적 기질'이 있다든지, 혹은 가정적이라고 생각한다. 그들은 일반적으로 자신의 성격 속에 '게슈탈트(Gestalt)'를 만들어 낸다. 그것이 인간 개개인의 생활 속에 질서를 가져온다.

그러나 일본인은 정신적 고통을 수반하지 않고도 하나의 행동에서 다른 행동으로 옮겨 갈 수 있다. 서구인은 이런 일본인의 능력을 좀처럼 이해하지 못한다. 그처럼 극단적인 일이 일어날 가능성이 우리에게는 없다. 그러나 이러한 모순—우리에게는 모순이라고밖에 생각되지 않는—은 일본인의 인생관 속에 깊이 뿌리내려 있다. 마치 우리의 획일성이 우리의 인생관에 뿌리박고 있는 것과 마찬가지이다. 서구인에게 특히 중요한 것은 일본인이 생활을 구분하는 '세계' 속에 '악의 세계'가 들어 있지 않다는 점을 인식하는 일이다. 일본인이 나쁜 행동의 존재를 인정하지 않는다는 뜻이 아니다. 다만 인생을 선의 힘과 악의 힘이 싸우는 무대로는 보지 않는다는 것이다. 그들은 생활을 인생의 극장으로 여긴다. 그래서 어느 한 '세계'와 다른 '세계', 어느 하나의 행동 방침과 다른 행동 사이의 균형에 주의를 기울여야 한다. 저마다의 세계, 저마다의 행동은 그 자체로는 선이다. 만일 만인이 참다운 본능에 따른다고 한다면, 만인은 선인이 될 것이다. 앞에서 말한 바와 같이 그들은 중국 도덕의 가르침조차, 중국인이 그러한 기준이 없으면 살 수 없음을 입증하는 것이라고 생각한다. 그것은 중국인의 열등성을 증명한다. 그들은 일본인에게는 사람을 얽어매는 윤리적 계율이 전혀 필요 없다고 말한다. 앞에서 인용한 조지 샌섬의 말을 빌린다면, 그들은 "악의 문제와 정면에서 부딪치려 하지 않는다"는 것이다. 그들의 견해에 따르면 악의 행위는 알기 쉬운 논법으로도 충분히 설명할 수 있다. 각자의 영혼은 원래 새 칼처럼 미덕으로 빛난다. 다만, 갈지 않으면 녹이 슨다. 그들이 곧잘 말하는 '자신의 몸에서 나온 녹'은 칼의 녹과 마찬가지로 좋지 않은 것이다. 칼을 손보는 것처럼 사람도 자신의 인격을 갈고 닦아야 한다. 그렇지만 설사 녹이 슨다 하더라도 그 녹 아래에는 여전히 빛나는 영혼이 있으므로 그것을 다시 한 번 갈기만 하면 되는 것이다.

   이러한 일본인의 인생관 때문에 그들의 민간 설화나 소설이나 연극을 서구인이 이해하기란 쉽지 않다. 그러나 우리가 흔히 행하는 것처럼 그 줄거리를 고쳐 써서 인격의 일관성과 선과 악의 투쟁 요구에 합치되도록 만들면 이해할 수는 있다. 그런데 일본인은 작품을 그런 식으로는 보지 않는다. 그들은 이렇게 비평한다. 주인공은 '기리와 인정(人情)', '주와 고' '기리와 기무' 등의 갈등에 얽혀 있다. 주인공이 실패하는 것은 인정에 빠져서 기리의 의무를 등한히 하기 때문이거나, 주로서 고의 온의를 동시에 갚을 수 없기 때문이다. 그는 기리에 매여서 정의를 행할 수 없거나, 기리에 정신을 빼앗겨 가족을 희생시킨다. 그런 식으로 그려진 갈등은 모두 여전히 그 자체가 구속력 있는 두 가지 덕 사이의 갈등이다. 이 의무들은 모두 '선'이다. 어떤 덕을 선택하는가는 엄청난 빚을 진 채무자가 어떤 빚을 먼저 갚을지를 선택하는 것과 비슷하다. 그는 둘 중 어떤 부채는 우선 지불하고 남은 빚은 당분간 뒤로 미뤄 두어야 한다. 그렇지만 부채의 일부를 지불하였다고 해서 다른 부채를 면제받지는 못한다.

주인공의 생활에 대한 이와 같은 견해는 서구인의 그것과 매우 큰 차이가 있다. 우리는 이야기의 주인공이 선인(善人) 쪽에 가담하여 반대자인 악인(惡人)을 상대로 싸우기 때문에 훌륭한 인간이라고 한다. 우리가 흔히 입에 올리는 '선이 승리하는' 이야기란 해피엔드로 끝나고 선량한 사람들이 보답을 받는 것이다. 그런데 일본인은 완전히 다른 줄거리를 바란다. 주인공은 엄청난 혼란 속에 빠져야 한다. 그는 세상에 대한 기리와 이름에 대한 기리 사이에 끼어 유일한 해결책으로서 마침내 죽음을 택한다. 대개의 문화에서 이러한 내용은 가혹한 운명을 참고 따르라고 가르치는 이야기가 될 것이다. 그런데 일본에서는 정반대이다. 그것들은 자발성과 단호한 결단에 대한 이야기이다. 주인공은 모든 노력을 마다 않고, 자기가 빚진 것의 일부를 갚는다. 그리고 남은 빚을 뒤로 미룬 채 마침내 뒤에 남겨진 '세계'와 결산을 한다.

일본의 참다운 국민적 영웅담이라고 할 수 있는 것은 《47인의 로닌〔浪人〕이야기》이다. 세계 문학 속에서 높은 지위를 차지하는 이야기는 아니지만, 이만큼 일본인의 마음을 강하게 사로잡는 것은 달리 찾아볼 수 없다. 일본의 소년은 누구든지 이 이야기의 주요 줄거리뿐 아니라 일화까지도 잘 알고 있다. 그 이야기는 끊임없이 전해져서 문자로 인쇄되고 각색되어 현대의 통속 영화로까지 제작되었다. 47인의 로닌의 묘소는 예로부터 지금에 이르기까지 몇 천만 명이 참배하는 명소가 되었다. 무덤 주위에는 참배객들이 놓고 간 명함으로 하얗게 뒤덮인 적도 여러 번 있었다.

《47인의 로닌 이야기》의 주제는 주군에 대한 기리를 중심으로 한다. 일본인의 견해에 따르면, 이 이야기는 기리와 주〔忠〕의 갈등 또는 기리와 정의의 갈등—물론 기리가 정당하게 승리를 얻는다—을 다룬다. 또한 갈등은 '일시적인 기리'와 '무한한 기리' 사이에서도 일어난다. 이것은 1703년에 일어난 실화로 당시는 봉건제도의 전성기였다. 근대 일본인이 상상하기에 남자는 어디까지나 남자다우며 언제나 참마음을 가지고 기리를 다했다. 47명의 로닌은 명성, 아버지, 아내, 누이동생, 정의 등 모든 것을 기리를 위해 희생하었다. 그리고 최후에 자살을 하는 것으로 그들 자신의 생명을 주에 바친다.
 아사노〔淺野〕영주는 막부(幕府)로부터 큰 임무를 받았다. 전국의 모든 다이묘가 정기적으로 쇼군〔將軍〕에게 문안을 드리는 의식을 관장하는 두 다이묘 중 한 사람으로 임명된 것이었다. 이 두 다이묘는 모두 시골 다이묘였기 때문에, 궁정에서 전례를 담당하던 다이묘인 기라〔吉良〕영주에게 필요한 예법을 지도받아야 했다. 아사노 영주의 가신 중에서 가장 지혜로운 오이시〔大石〕—바로 이 이야기의 주인공—가 있었더라면 주군에게 빈틈없는 조언을 했을 것이나 공교롭게도 그는 고향에 내려가 있었다. 그리고 아사노는 세상 물정을 잘 모르고 재치가 없어서 지도자에게 충분한 선물을 바칠 생각을 하지 못하였다. 기라의 지도를 받고 있던 또 다른 다이묘의 부하들은 처세에 능하여 지도자에게 넉넉하게 사례하였다. 그래서 기라 영주는 아사노 영주에게 필요한 예법을 잘 가르쳐 주지 않고, 더군다나 고의로 전혀 걸맞지 않은 복장을 입고 의식에 나오도록 지시하였다. 아사노 영주는 기라 영주가 가르쳐 준 복장을 하고 영예로운 날에 입성했다. 그러나 그곳에서 자기가 모욕을 당하였다는 것을 깨달은 그는 칼을 뽑아 미처 다른 사람이 말리기도 전에 기라의 이마를 단칼에 내리쳤다. 기라의 모욕에 복수하는 것은 명예를 중시하는 남자로서 그가 당연히 해야 할 행위—즉 이름에 대한 기리—였으나, 쇼군의 어전에서 칼을 뽑는 것은 주에 반하는 행위였다. 아사노 영주는 이름에 대한 기리에 대해서는 훌륭한 행동을 하였지만, '셋푸쿠〔切腹〕'의 예법에 따라서 자살하는 것 이외에는 주를 다할 길이 없었다. 그는 집으로 돌아와 문을 잠그고 셋푸쿠의 차림을 갖춘 뒤 오로지 그의 가신 중 가장 총명하고 가장 충실한 오이시가 돌아오기만을 고대하였다. 두 사람은 이별의 인사를 나누는 대신 잠시 눈길을 주고받았다. 그리고 이미 예법에 따라 바르게 앉아 있던 아사노 영주는 자기의 배를 칼로 찔러 스스로 목숨을 끊었다. (실제로는 오이시와 만나지 않았다) 주에 반하여 막부의 노여움을 산 고인의 뒤를 상속하려는 친척이 한 사람도 없었으므로, 아사노의 영지는 몰수되고 가신들은 주인 없는 로닌〔浪人〕이 되었다.
 기리의 의무를 다하려면, 아사노 가의 가신들도 옛 주군을 따라 셋푸쿠를 해야 한다. 만일 그들이 주군에 대한 기리로서 주군이 이름에 대한 기리를 위해 한 것과 똑같은 일을 한다면, 기라가 그들의 주군에 가한 모욕에 대한

항의를 드러낸 것이 된다. 그런데 오이시는 마음속으로 셋푸쿠는 그들의 기리를 표현하기에 너무도 가치 없는 행위라고 규정하였다. 아사노 영주가 성안에서 체포되었기 때문에 다하지 못했던 복수를 그들이 수행해야 하기 때문이다. 그들은 기라 영주를 죽여야 한다. 그렇지만 이 일을 성취하려면, 주를 위반해야 한다. 기라 영주가 막부와 너무나 긴밀한 관계인지라, 로닌들이 관부에서 원수를 갚도록 허락을 받을 수 없기 때문이다. 보통, 복수를 계획하는 사람들은 기한을 정해서 복수 계획을 막부에 제출한다. 그리고 그 기한이 지나면 복수를 포기한다. 이 제도 덕택에 운이 좋은 몇몇 로닌들은 주와 기리 모두를 다할 수 있었다. 오이시는 그와 그의 동지에게는 이 길이 닫혀 있다는 현실을 알았다. 그는 전에 아사노의 가신이었던 로닌들을 불러모았다. 그러나 기라를 칠 계획에 대해서는 한마디도 발설하지 않았다. 아사노 가의 로닌들은 300명이 훌쩍 넘었다. 1940년도에 일본의 초등학교에서 가르치던 내용에 따르면, 그들은 모두 셋푸쿠하자는 의견에 동의하였다고 한다. 그렇지만 오이시는 그들이 다 무한한 기리―일본어로 표현하면 '마코토노기리〔まことの義理, 진정한 기리〕―를 품었다고는 생각지 않았기 때문에 기라에 대한 보복 같은 위험한 일을 그들 모두와 도모할 수는 없었다. '형식적인 기리'와 '진정한 기리'를 구별하는 방법으로서, 그는 주군의 재산을 어떻게 분배하면 좋을까 하는 문제를 내놓았다. 이는 일본인에게 '자기 가족에게 이익이 될 것이므로, 이제 자해할 마음이 없어졌는가' 하는 물음과 다름없었다. 재산 분배의 기준에 관하여 로닌들 사이에서는 의견이 첨예하게 대립되었다. 우두머리 집사는 가신 중에서 가장 많은 녹을 받던 사나이였는데, 재산을 종래의 봉록 액수에 따라 분배할 것을 주장하는 무리의 앞장을 맡았다. 오이시는 모두에게 균등하게 분배할 것을 주장하는 무리를 맡았다. 이리하여 로닌 중에 누가 '형식적인 기리'를 가진 인간인가가 분명히 가려지자 오이시는 우두머리 집사의 재산 분할안에 찬성하였다. 그리고 언쟁에서 승리를 얻은 패거리가 동료를 버리고 떨어져 나가는 것을 묵인하였다. 우두머리 집사는 '비겁한 사무라이', '기리를 모르는 인간', '절개와 지조도 없는 인간'이라는 오명을 얻었다. 오이시는 오직 47명만이 그의 복수 계획을 털어놓을 수 있는, 기리를 지키는 사람들이라는 것을 확신하였다. 오이시와 약속을 맺은 이 로닌 47명은 선의, 애정, 의무 등 그들의 숙원 달성에 방해가 되는 일

체의 것을 유보한다는 서약을 하였다. 이제 기리가 그들에게 최고의 법도가 되었다. 그들은 손가락을 잘라 피로써 맹세하였다.

첫 번째 과제는 기라가 눈치채지 못하게 하는 일이었다. 그들은 서로 흩어져서 명예라는 것은 일체 잊어버린 사람들처럼 행동하였다. 오이시는 가장 저속한 유곽에 틀어박혀 추악한 싸움질로 나날을 보냈다. 이렇게 방종한 생활을 핑계 삼아 아내와도 헤어졌다. 이것은 법률에 위반하는 행위를 하려는 일본인 누구나가 흔히 사용하며, 매우 정당한 것으로 여겨지는 수단이었다. 이로써 그의 처자가 나중에 궁극적 행위의 책임을 추궁당하는 것을 피할 수 있었기 때문이다. 오이시의 처는 깊은 슬픔을 억누르며 그를 떠났지만, 그의 아들은 로닌의 무리에 가담하였다.

에도(江戶)의 모든 사람들은 보복에 대해서 이러쿵저러쿵 억측을 하였다. 로닌들을 존경하는 사람들은 그들이 기라 영주의 살해를 기도할 것이라고 확신하고 있었다. 그렇지만 로닌 47명은 그럴 생각이 전혀 없다고 소문을 부인하였다. 그들은 '기리를 모르는' 사람처럼 행동하였다. 그들의 장인들은 그런 치욕스러운 행동에 분개하여 그들을 집에서 쫓아내 결혼을 취소시켰고, 그들의 친구는 그들을 비웃었다. 어느 날 오이시의 친한 친구가 술에 취해 여자와 희희낙락하고 있는 오이시를 찾아왔다. 그런데 오이시는 이 친구에게조차 주군에 대한 기리를 부정하였다. "뭐, 원수를 갚는다고? 바보같은 소리야. 인생이란 모름지기 재미있게 웃으면서 지내는 것이 제일 아닌가. 술을 마시고 여자들과 노는 것보다 좋은 일은 없어." 친구는 그가 본심을 숨기고 있다고 생각하고 오이시의 칼을 칼집에서 뽑아보았다. 오이시의 말과는 달리 칼이 잘 닦여 있어서 그의 거짓말이 들통날 것이라고 생각했기 때문이었다. 그런데 예상과 달리 칼은 새빨갛게 녹이 슬어 있었다. 친구는 오이시의 말을 믿을 수밖에 없었다. 그래서 그는 길거리에서 술에 만취해 있는 오이시에게 공공연히 발길질을 하고 침을 뱉었다.

로닌 중의 하나는 복수에 필요한 자금을 마련하기 위해 자기 처를 창녀로 팔아넘겼다. 이 여자의 오빠 역시 로닌의 한 사람으로, 복수의 비밀이 누이동생에게 알려졌다는 것을 알고, 충성의 증거를 보여 줌으로써 오이시의 복수 일당에 가담하기 위해서라고 말하며 자기 칼로 누이동생을 죽이려 하였다. 장인을 죽인 로닌도 있었다. 또 어떤 로닌은 기라 저택의 내부에서 정보를 캐내어 적당한 공격 시기를 정하기 위하여, 자기 누이동생을 기라 영주의 하녀 겸 첩으로 들어가 살게 하였다. 그 결과 그녀는 복수가 성공한 뒤에는 자살하였다. 비록 정보를 빼내기 위해서였다 하더라도 기라 영주를 곁에서 섬긴 과오를 죽음으로 씻어야 했기 때문이다.

눈이 내리는 12월 14일 밤, 기라가 주연을 베풀어 경호 무사들은 취해 있었다. 로닌들은 방비가 철저한 기라의 저택을 습격하여 호위 무사들을 베고 곧바로 기라 영주의 침소로 향하였다. 그는 거기 없었으나 침상에 아직 온기가 남아 있는 것으로 보아, 저택 어딘가에 몸을 숨긴 것이 분명했다. 드디어 그들은 숯을 저장하는 별채 안에서 웅크려 있는 남자를 발견하였다. 로닌 한 사람이 광 벽에서 창을 찔러 넣어 보았으나 도로 뽑아 낸 창 끝에는 피가 묻어 있지 않았다. 실은 창이 기라의 몸에 박혔으나 창을 도로 빼낼 때 기라가 소매로 피를 닦아 냈던 것이다. 그러나 그의 이런 꾀는 아무런 소용이 없었다. 로닌들은 그를 끌어냈다. 그런데 그는 자기는 기라가 아니라 우두머리 집사에 지나지 않다고 주장하였다. 이때 로닌 47명 중 한 사람이 쇼군의 궁정에서 아사노 영주가 기라를 칼로 벤 흉터가 남아 있을 것이라는 사실을 떠올렸다. 이를 근거로 그가 기라라는 것이 밝혀졌다. 로닌들은 그 자리에서 그에게 즉시 셋푸쿠할 것을 요구했으나 그는 거절하였다. 물론 이것은 그가 겁쟁이라는 사실을 증명하는 것이었다. 그래서 로닌들은 그들의 주군인 아사노 영주가 셋푸쿠할 때 썼던 칼로 그의 목을 치고 관례에 따라 그 목을 씻었다. 이리하여 사명을 다한 그들은 대오를 정비하고, 두 번이나 피에 젖은 칼과 기라의 머리를 바치기 위해 아사노의 묘를 향해 출발하였다.

에도 사람들은 로닌들의 쾌거를 듣고 열광하였다. 로닌들의 의로운 마음을 의심했던 가족이나 장인들은 로닌들을 껴안고 갈채를 보내기 위해 앞다투어 달려왔다. 넓은 영지를 가진 영주들은 연도에서 기다리고 있다가 그들을 대접하려고 애를 썼다. 로닌들은 묘 앞에 나아가 기라의 목과 칼 그리고 망군(亡君)에 대한 제문(祭文)을 바쳤다. 이 제문은 지금도 보존되어 있다 (현재 남아 있는 것은 / 후세의 위서이다).

우리는 오늘 여기에 삼가 존령(尊靈)께 올릴 것이 있어 찾아뵈었습니다. (중략) 우리는 영주님의 원한을 풀어드리려고 묘전에도 들지 못한 채

때를 기다리다가 오늘에서야 이렇게 뵈었습니다. (중략) 우리는 지금 묘전에 기라 영주를 데리고 왔습니다. 이 단도는 생전에 귀중히 하시다가 우리에게 맡기신 칼입니다. 이제 영전에 돌려 드리겠습니다. 원컨대 다시 이 단도를 쥐고 원적(怨敵)의 목을 쳐서 유한을 푸십시오. 이상 저희 47인, 삼가 존령께 말씀을 바칩니다.

로닌들의 기리는 이것으로 끝났다. 그러나 이제 주를 수행해야 한다. 이 두 개의 덕을 일치시키는 길은 죽음 외에는 없다. 미리 관부의 허락을 얻지 않고 복수하는 것은 금령이었고, 그들은 국법을 어긴 것이다. 그러나 주를 배반한 것은 아니었다. 설사 그것이 어떤 일이었든지 그들은 주의 이름 아래 요구되는 사항을 행해야만 했다. 바쿠후는 로닌 47인에게 셋푸쿠를 명령하였다. 일본의 초등학교 5학년 교과서에는 다음과 같이 나와 있다.

그들은 주군의 원수를 갚았기 때문에, 그 견고한 기리는 무사들의 영원한 귀감으로 간주해야 했다. (중략) 그래서 막부는 숙고 끝에 셋푸쿠를 명하였다. 그것은 바로 일석이조의 방책이었다.

즉, 로닌들은 스스로 생명을 끊음으로써, 기리와 기무 모두를 훌륭하게 완수하였다.
이 《47인의 로닌 이야기》는 여러 작품이 나와 있지만 전하는 바에 따라 내용이 조금씩 다르다. 현대 영화에서는 사건의 발단이 뇌물이 아니라 연정이다. 기라 영주는 아사노의 부인에게 구애하는 현장을 들키게 된다. 그리고 부인을 짝사랑하는 마음이 더해진 그는 일부러 잘못된 예법을 가르쳐 주어 아사노가 수치를 당하게 한다. 이렇게 뇌물 사건이 삭제되어 있다. 그러나 기리(義理)의 모든 의무는 소름이 돋을 만큼 빠짐없이 상세하게 서술되어 있다. "47인의 로닌들은 기리를 다하기 위해 아내를 버리고, 자식과 헤어지고, 부모를 잃었다(죽였다)."
기무와 기리의 갈등이라는 주제는 다른 많은 이야기나 영화의 기초가 된다. 실화를 바탕으로 만들어진 가장 뛰어난 영화 중 하나는 도쿠가와(德川) 3대 쇼군 시대 무렵을 배경으로 한다. 이 쇼군은 나이가 젊어서 앞날을 예측할 수 없을 때에 후계자로 지명되었다. 그리하여 후계자를 둘러싸고 막부의 신하들 사이에서 내분이 일어났다. 어떤 사람들은 그와 혈통이 가까우며 나이도 비슷한 자를 옹립하였다. 결국 분쟁에서 진 다이묘 한 사람은 3대 쇼군이 뛰어난 정치 수완을 발휘했음에도 이 '모욕'을 가슴속 깊이 품고 있었다. 그는 때를 기다렸다. 그리고 마침내 그 시기가 찾아왔다. 쇼군과 그 측근 몇몇이 영지를 순찰한다는 통보가 온 것이다. 이 다이묘는 일행을 접대하는 임무를 명령받았다. 드디어 숙원을 풀고 이름에 대한 기리를 다할 기회가 왔다. 그의 저택은 이미 방비가 견고했지만 다가올 사건에 대비하여 모든 출구를 막아 사람들의 출입을 금할 수 있도록 해두었다. 또 벽과 천장이 쇼군 일행에게 무너져 내리도록 장치하였다.

다이묘의 음모는 화려한 분위기 속에서 시작되었다. 그는 쇼군을 대접하는 데에 세심한 주의를 기울였다. 쇼군을 즐겁게 하는 여흥으로서 그는 가신 한 사람에게 칼춤을 추게 하였다. 이 무사는 춤이 최고조에 달했을 때에 칼로 쇼군을 찌르라는 명령을 이미 받았다. 그가 섬기는 다이묘에 대한 기리 때문에 무사는 군명(君命)을 거절할 수가 없었다. 그렇지만 주(忠)를 따르면 쇼군에게 대항할 수 없었다. 스크린에 비친 칼춤 장면은 이 갈등을 남김없이 그려내고 있다. 그는 해야 하지만, 용서받을 수 없는 일이다. 칼로 찌르려 하지만 아무래도 결단이 서지 않는다. 기리도 그렇지만 주는 거부할 수 없을 만큼 강력하다. 점차 춤의 기세가 흐트러진다. 그러자 쇼군 일행은 수상쩍은 연회라고 의심하여 자리에서 일어나려 한다. 바로 그 순간 이제 필사적이 된 다이묘는 건물의 파괴를 명령한다. 쇼군은 가까스로 살해당할 위기에서 벗어났으나 이번에는 무너져내리는 잔해에 깔려 목숨을 잃을 위험에 처하게 된다. 이때 아까 칼춤을 추던 자가 나타나, 앞장서서 쇼군 일행을 안내하여 지하 통로를 지나 무사히 집 밖의 광장으로 도망치게 한다. 주가 기리를 이긴 것이다. 쇼군의 시종은 그에게 사의를 표하고 충심에 보답하고자 일행과 함께 에도로 가기를 권하였다. 그러나 그 사무라이는 무너지는 건물을 돌아보고, "그렇게 할 수 없습니다. 저는 여기에 머물겠습니다. 그러지 않으면, 기무와 기리를 다할 수 없습니다"라고 말한다. 그는 발길을 돌려 무너지는 건물 속으로 뛰어들어간다. 그는 죽음으로써 주와 기리를 둘 다 완수하였던 것이다. 목숨을 던지지 않는 한, 주와 기리는 양립할 수 없다.

옛이야기에서는 기무와 인정(人情)의 갈등이 중심적 지위를 차지하지 않지만, 근년에는 그것이 주요 주제 중 하나가 되었다. 근대 소설에서는 기무나 기리를 위해 희생해야 하는 사랑이나 인정에 대한 이야기를 그리고 있다. 그런데 이 주제를 조심스럽게 취급하기는커녕 오히려 크게 내세운다. 일본의 전쟁 영화를 뛰어난 반전 홍보물이라고 생각하기 쉬운 것처럼 우리 서양인들은 이들 소설을 자기 감정을 가지고 살아가는 자유의 확대를 바라는 호소처럼 생각한다. 일본 소설에서는 확실히 이 충동이 드러난다. 그런데 소설이나 영화의 줄거리를 논의하는 일본인은 흔히 우리와는 다른 의미를 찾아낸다. 우리 미국인들은 사랑에 빠졌다든지, 어떤 개인적인 소망을 품고 있기 때문에 주인공에 공감하지만, 그들은 그러한 감정에 빠져 자기의 기무 또는 기리를 수행하지 못하였다는 이유로 주인공을 약한 인간이라고 비난한다. 서구인은 대개 인습에 반기를 들고 수많은 장애를 극복하여 행복을 손에 넣는 것을 강함의 증거라고 생각한다. 그런데 일본인의 견해에 따르면 강자란 개인의 행복에 얽매이지 않고 기무를 완수하는 인간이다. 그들은 강인한 성격은 반항이 아니라 복종으로써 증명된다고 생각한다. 따라서 그들의 소설이나 영화의 줄거리는 서구인의 관점으로 이해하는 것과는 전혀 다른 의미를 담는 일이 많다.

일본인이 각자의 생활, 혹은 자기가 알고 있는 사람들의 생활에 대해서 판단을 내릴 때에도 마찬가지이다. 만일 의무의 법도를 저버리고 개인적 욕망에 마음을 빼앗긴 사람이 있다면, 그를 의지가 약한 자라고 판단한다. 모든 상황이 이런 식으로 판단된다. 그 중에서도 서구의 윤리와 가장 대조적인 것은 아내에 대한 남편의 태도이다. 아내는 남편의 '고〔孝〕의 세계' 가장자리에 자리 잡을 뿐이지만, 그의 부모는 그 중심을 차지하고 있다. 따라서 남편의 의무는 명백하다. 윤리적으로 인격이 강직한 사람은 고를 따르며, 만일 어머니가 아내와 이혼하도록 결정하면 그 뜻을 받아들인다. 그가 아내를 사랑하고 두 사람 사이에 아이가 있어도 마찬가지이다. 그것은 그를 더욱 강인하게 만드는 수단에 불과하기 때문이다. 일본인의 표현에 따르면 "고를 다하려면 아내와 자식을 타인처럼 대해야 할 때도 있다"고 한다. 이때 기껏해야 '진〔仁〕의 세계'에 속할 만큼만 처자를 대한다. 최악의 상황이라면 아내는 남편에게 (자식도 아버지에게) 아무것도 요구할 수 없다. 결혼 생활이 원만할 때에도 아내가 여러 가지 덕목의 세계에서 중심을 차지하는 일은 없다. 따라서 남자는 아내와의 관계를 부모나 조국에 대한 감정과 동일 선상에 두어서는 안 된다. 1930년대에 어느 진보 인사는 대중 앞에서 일본 귀국 소감으로서 아내와 재회하게 되어 기쁘다고 한 것이 사회적 물의를 일으킨 적도 있었다. 그는 부모를 만날 수 있으니까, 후지산을 다시 올려다볼 수 있으니까, 또는 일본의 국가적 사명에 헌신할 수가 있으니까 기쁘다고 말해야 했다. 그의 아내는 이런 것들과 똑같은 수준에 속하지 않는 것이다.

근대에 들어 일본인들 스스로 보여주듯이, 그들은 윤리 규범을 번잡한 상태로 방치하는 것에 만족하지 않았다. 종래의 윤리 규범에서는 수준이나 영역에 따라 구분 짓는 것에 중점을 두었다. 이제 일본인은 첫 번째 규범으로서 주(忠)를 지상 최고의 덕으로 삼고 가르친다. 마치 정치가가 천황을 정점에 두고 쇼군 및 다이묘들을 배제함으로써 계층 질서를 간략하게 했던 것과 마찬가지로, 그들은 도덕의 영역에서도 하위의 덕을 모조리 '주'라는 범주 아래에 둠으로써 의무의 체계를 단순화하려고 노력한 것이다. 이리하여 국가를 '천황 숭배' 아래에 통일했을 뿐 아니라, 세분화된 일본의 도덕적 상태를 해제하려고 하였다. 그들은 주를 완수함으로써 다른 모든 의무를 수행한 것이 된다고 가르치려 하였다. 주를 단순한 지도 위의 한 영역이 아니라, 도덕 체계의 초석으로 삼으려 했던 것이다.

이러한 방침을 더욱더 훌륭하고 권위있는 문장으로 만든 것이 메이지 천황이 1882년에 발표한 '육해군 군인에게 내리는 칙유'(줄여서 군인칙유라고 한다)이다. 이 칙유와 교육칙어야말로 일본의 참다운 성전(聖典)이다. 일본의 대표적인 두 종교 경전도 본디 특성을 발휘할 기회가 없다. 신토(神道)는 애초부터 경전이 없고, 불교의 여러 종파도 교외별전(敎外別傳)이나 불립문자(不立文字)를 규정하거나 경전 대신에 '나무아미타불' 또는 '나무묘법연화경'이라는 문구를 되풀이하면 된다고 가르치고 있다. 오로지 메이지 천황의 칙유와 교육칙어만이 참다운 성전이다. 그것은 황송한 마음으로 정중하게 예를 갖춰, 기침 소리 하나 나지 않는 청중 앞에서 신성한 의식으로서 봉독된다. 일본인들은 그것을 '모세오경'처럼 다루었으며, 봉독 때마다 봉안전에서 꺼냈다가 봉독이 끝나면 다시 정중히 봉안전에 넣었고, 청중도 그 뒤에야 해산한다. 봉독 임무를 맡은 사람들 중에서는 그 속에 있는 문장을 잘못 읽었다는 이유로 자살하는 이도 있었다. 군인칙유는 주로 복무중인 군인을 대상으로 하였다. 군인은 그것을 한 자도 빠뜨리지 않고 암기했고, 매일 아침 10분씩 묵상하였다. 국경일이나 신병의 입영, 만기병의 제대, 그 밖에 이에 준하는 날에는 군인들 앞에서 봉독하였다. 또 제국 중학교와 청년 학교 학생들에게도 가르쳤다.

'군인칙유'는 여러 페이지에 걸친 문서이다. 조심스레 몇 가지 항으로 구성되어 있으며 문장은 명료하면서도 정확하다. 그러나 서구인은 이해할 수 없는 내용이다. 칙유의 교훈이 서로 모순되어 보이기 때문이다. 선을 쌓고 덕을 닦는 것을 참다운 목표로 되어 있고, 이는 서구인도 이해할 수 있는 방법으로 설명되어 있다. 한편, 공도(公道)의 옳고 그름을 가늠하지 못하고 사사로운 신의를 지켜 불명예한 최후를 마친 옛날 영웅호걸의 전철을 밟아서는 안 된다 경고하고, "이런 일이 다시 생기지 않도록 엄히 경고로 삼아야 할 것이다"라고 훈계하고 있다.

여기에 쓰인 '경고'라는 말의 뜻은 의무를 지도처럼 구분하는 일본식의 지식이 없으면 이해할 수 없다. 칙유 전체를 읽어보면 알 수 있듯이 기리를 가볍게 다루고, 주를 드높이려는 정부의 노력을 보여 주고 있다. 이 칙유에서는 기리라는 말이 일본인이 일상적으로 사용하는 의미로는 단 한 번도 쓰이지 않는다. 칙유는 기리 대신에, '주'라는 상위 규범과 '사사로운 신의'라는 하위 규범이 있다고 한다. 칙유는 '주'를 다하는 것만이 충분히 모든 덕의 근거가 될 수 있다는 것을 입증하려고 노력한다. 기(義)란 "기무를 수행하는 것이다"라고 말한다. 몸과 마음이 '주'로 차 있는 군인은 반드시 '참다운 용기'를 지닌다. 참다운 용기란 "평소에 사람들과 사귈 때에 온화를 제일로 삼고 모든 사람의 존경과 애정을 얻으려고 힘쓰는 일"이다. 이러한 가르침을 따르기만 하면 굳이 기리에 호소할 필요 없이 이것만으로도 충분한 선이 된다고 말한다. 이것이 바로 칙유가 말하고자 하는 내용이다. 기무 이외의 여러 가지 의무는 하위 규범으로서, 이런 의무를 승인할 때에는 무엇보다도 신중하게 고려해야 한다.

사사로운 약속을 지키면서 기리를 다하려 생각한다면, 처음부터 그 일을 할 수 있을 것인가 하지 못할 것인가를 신중히 생각해야 한다. 확실치 않은 것을 경솔히 승낙하여 쓸데없는 관계를 맺고, 나중에 가서 신의를 지키려 하면 진퇴유곡이 되어 몸 둘 바를 모르게 되는 일이 있을 것이다. 그러므로 약속을 지키는 것과 기(앞에서 기무를 이행하는 것으로 정의되었다)를 일관하는 것이 양립할 수 없다고 생각될 때에는, 곧바로 (사사로운) 약속을 파기해야 한다. 사사로운 신의를 지키려고 근본 원리에 비추어 옳고 그름을 가려내는 것을 게을리한다. 또는 공적인 책임을 다하는 길을 잃고, 소절(小節)의 신의를 지키려는 이유로, 비운에 휩싸여 몸을 망치고 자손에게 오명을 남기는 위대한 인물이나 영웅들은 예로부터 수없이 많다.

주〔忠〕가 기리〔義理〕에 우선한다는 위의 가르침은 앞에서 말한 바와 같이 기리라는 말로 쓰여 있지 않지만, 일본인은 모두 "기리를 위해 기〔義〕를 행할 수 없었다"고 하는 표현을 알고 있다. 군인칙유에서는 그것을 "(사사로운) 약속을 지키는 것과 기를 일관하는 것이 양립할 수 없다고 생각될 때"라는 말로 바꾸어 말한다. 군인칙유는 천황의 권위를 빌려서, 어차피 기리는 하위 규범이므로 이러한 상황에 처했을 때는 기리를 희생하라고 설명한다. 설사 칙유의 가르침에 따라 기리를 버려도 상위 규범은 지킨 것이므로 유덕(有德)한 인간으로 여겨진다.

주를 찬양하는 이 성전은 일본의 기본적인 문서 중 하나이다. 그렇지만 칙유가 우회적으로 기리를 비난한 결과로, 과연 기리가 일본인에게 덜 중요해졌는지는 쉽게 단정할 수 없다. 일본인은 자주 자기나 타인의 행위를 설명하고 또 정당화하기 위해 칙유의 다른 대목―"기란 자기 의무를 다하는 것을 말한다", "마음만 청렴하다면 무슨 일이든 이룰 수 있다"―을 인용한다. 그렇지만 대체로 그렇게 하는 것이 적절하다고 여겨질 때가 있더라도 사사로운 신의를 지키지 말라는 경고를 입에 담는 일은 드문 것 같다. 기리는 오늘날에도 여전히 중요한 권위를 가진 덕으로, "기리를 모른다"는 말은 일본에서 가장 심한 비난이다.

일본인의 윤리는 상위 규범을 도입한다 해도 쉽게 단순화되지는 않는다. 그들이 종종 자랑 삼아 말하듯이, 일본인에겐 선행의 시금석으로 사용해야 할 보편적인 덕이 없다. 대부분의 문화에서 개개인은 이를테면 선의, 절약,

사업의 성공 등 어떤 일이 잘되면 자신을 대견하게 생각한다. 그들은 행복, 타인에 대한 지배력, 자유, 출세 등을 인생의 목표로 내건다. 그러나 일본인은 상황과 상대에 따라 규범을 바꾸는, 상황대응적이며 장면주의적 규범을 따른다. 봉건 시대에든, 군인칙유에서든, '대절(大節, 고도의 절조)'이라는 상위 규범을 입에 담을 때에도, 다만 상위 계층에 있는 사람에 대한 의무가 하위에 있는 사람에 대한 의무보다 중요하다는 의미일 따름이다. 그들은 항상 특수주의적이다. 서구인과 달리 충실을 관철하는 것을 중요하게 여기지 않는다. 일본인은 어느 특정한 개인, 혹은 특정한 주의 주장에 대한 충성을 우선한다.

현대 일본인이 모든 '세계'를 지배하는 어떤 한 가지 덕목을 들 때는 '성실'을 선택하는 것이 보통이다. 오쿠마 시게노부〔大隈重信, 1838~1922〕는 일본의 윤리를 논하며 "마코토〔誠, 성실〕야말로 가장 긴요한 가르침이며, 여러 가지 도덕적 교훈의 기초는 이 한마디 말 속에 들어 있다고 할 수 있다. 고대 일본어 속에는 '마코토'라는 한마디 말을 제외하고는 달리 윤리적 개념을 나타내는 말이 없다"고 말하였다. 20세기 초엽에 새로운 서구적 개인주의를 구가한 근대의 소설가들 또한 서구의 신조에 불만을 느끼고, 성실을 유일하고 참다운 '교의(敎義)'로 찬미하는 데 노력하였다.

일본인이 이처럼 성실에 도덕적 역점을 두는 까닭은 그것이 군인칙유 자체가 지지하는 내용이기 때문이다. 칙유는 역사적 회상으로 시작하는데, 그것은 '국부(國父)들(Founding Fathers)'인 조지 워싱턴(George Washington, 1732~1799)과 토머스 제퍼슨(Thomas Jefferson, 1743~1826)의 이름을 드는 미국의 역사담에 해당한다. 일본에서 이 부분은 온〔恩〕과 주〔忠〕에 호소함으로써 최고소에 달한다.

짐은 너희를 고굉(股肱)으로 믿고 너희는 짐을 두수(頭首)로 두어야만 그 친함이 특히 깊어질 것이다. 짐이 국가를 보호하여 황조(皇祖)의 은혜에 답할 수 있느냐 없느냐는 너희 군인이 그 직무를 다하느냐 못하느냐에 달려 있다.

그 뒤로 5개의 가르침이 쓰여 있다.

(1) 최고의 덕은 주(忠)의 의무를 다하는 일이다. 군인은 아무리 기량이 뛰어나도 주가 견고하지 않으면 꼭두각시와 다를 바 없다. 또 주가 없는 군대는 위기가 닥쳤을 때 오합지졸이 된다. 그러므로 "여론에 좌우되지 말고 정치에 구애받지 말고 오직 한결같이 주를 지키며, 기(義)는 산보다 무겁고 죽음은 새털보다도 가볍다는 것을 기억하라."

(2) 제2의 계율은 군대의 계급에 따라 체제를 정비하고 예의를 바르게 하는 일이다. '하급자는 상관의 명령을 받드는 것이 바로 짐의 명령을 받드는 것'임을 알아야 하고, 상급자는 하급자를 배려해야 한다.

(3) 제3의 계율은 무용(武勇)이다. 참된 무용은 '혈기에 날뛰는 난폭한 행동'과는 전혀 다른 것으로, '약한 적이라도 깔보지 말고 강한 적이라도 두려워하지 말라. 진정한 무용을 숭상하는 자는 평소에 사람을 대할 때 온화를 첫째로 하고 여러 사람의 애경(愛敬)을 얻으려 힘쓰라.'

(4) 제4의 계율은 '개인의 신의'에 얽매이지 말라는 훈계이다.

(5) 제5의 계율은 검소한 생활에 대한 훈유이다. "무릇 검소하지 않으면 유약하고 경박해져 사치와 낭비를 좋아하여, 마침내는 마음도 한없이 천해지고 절조도 무용도 헛되이 세인으로부터 멸시를 당하고 따돌림당하기에 이를 것이다. (중략) 그 악습이 나올까 두려워 마음이 편하지 않아, 짐이 일부러 다시 이를 훈계하는 바이다."

칙유의 마지막 구절은 이 다섯 가지 가르침을 '천지의 공도(公道)이자 상경(常經)'이라고 부른다. 그것들은 '우리 군인의 정신'이다. 그리고 또 이들 5개조의 '정신'은 '마고코로(誠心, 성심)'이다. "마음이 성실하지 않으면 어떠한 좋은 말도 선행도 모두 겉치레이니 무슨 소용이 있겠는가? 마음만 성실하면 무슨 일이든 할 수 있을 것이다." 이리하여 이 5개조는 '행하기 쉽고 지키기 쉬운' 것이다. 모든 덕과 의무를 열거한 후에 마지막에 성심을 덧붙이는 것은 매우 일본적이다. 일본인은, 일체의 덕이 자비심에서 비롯된다고 여기는 중국인처럼 생각하지 않는다. 그들은 먼저 의무의 체계를 세우고, 가장 마지막에 그 의무들을 다할 때에는 몸과 마음을 다하고 또 온 힘을 다해 정신을 집중하여 수행해야 한다는 요구를 덧붙인다. '성실'은 불교의 한 종파인 선종(禪宗)의 가르침에서도 동일한 뜻이다. 스즈키 다이세츠(鈴木大拙, 1870~1966)는 그의 훌륭한 선 개론(禪槪論)에서 다음과 같은 사제간의 문답을 듣고 있다.

  제자 : 사자는 적을 습격할 때, 그것이 토끼든 코끼리든 가리지 않고 전력을 다합니다. 그 힘은 무엇입니까?
  스승 : 지성(至誠)의 힘이다. 지성, 즉 불기(不欺)란 '사람의 눈을 속일 수 없고 존재를 모두 드러내는 것'을 말하며, 선어(禪語)에서는 이것을 전체 작용이라고 한다. (중략) 아무것도 유보하지 않고, 아무것도 더불어 표현하지 않고, 아무것도 헛되게 하지 않는 것이다. 이렇게 생활하는 사람을 금모(金毛)의 사자라 부르며, 그는 용맹스러움과 지성, 전심(專心)의 귀감이다. 신과 같은 자비로 가득 찬 사람이다.

'성실'이라는 말이 일본에서 가지는 특수한 의미에 대해서는 앞에서 다른 것을 설명할 때 이미 언급하였다. '마코토(誠)'는 영어 'sincerity'와는 그 의미가 다르다. '마코토'가 포함하는 내용은 'sincerity'에 비해 훨씬 적으면서도 훨씬 많다. 서구인은 늘 이 말이 자기네 단어보다 의미하는 범위가 훨씬 좁다고만 속단하여, 때때로 일본인이 누군가가 성의가 없다고 말하면 다만 그가 상대방과 의견이 불일치한다고 생각할 뿐이라 여긴다. 어느 정도 일리가 있는 말이다. 일본에서 '성실한 사람'이란 그가 '정말로' 마음을 지배하는 사랑이나 미움, 결의 또는 놀람에 따라 행동하느냐와는 무관하기 때문이다. 미국인이 예사롭게 쓰는 말인 "He was sincerely glad to see me(그는 나를 만난 것을 진심으로 기뻐하였다)"라든지, "He was sincerely pleased(그는 진심으로 만족하였다)"와 같은 긍정적인 표현 양식이 일본어에는 별로 없다. 오히려 그들에겐 이처럼 감정을 드러낸 표현을 경멸하는 여러 가지 관용구가 있다. 그들은 "저봐, 저 개구리는 입을 벌리면 뱃속까지 다 보여"라든지, "입을 벌리면 석류처럼 마음속에 있는 것이 다 보인다"고 말하며 비웃는다. 어떤 남자라도 '감정을 드러낸다'는 것은 수치다. 그것은 자신을 '속속들이 드러내는' 셈이기 때문이다. 미국에서는 매우 중요시하는 'sincerity'라는 단어에서 연상되는 행동은, 일본의 '마코토'란 의미 속에는 존재하지 않는다. 앞에서 화가를 지망하는 일본 소년이 미국인 선교사를 불성실하다고 비난했을 때, 가난한 소년이 빈손으로 미국으로 간다는 계획을 듣고, 그 미국인이 '진심으로' 놀라움을 느꼈는지 어땠는지 생각해 보는 일 따위를 그는 전혀 염두에 두지 않았다. 일본의 정치가들은 과거 10년간 끊임없이 미국과 영국을 성의가 없다고 비난했는데, 그들은 서구 제국이 취하는 행동의 본의가 무엇인지는 생각해 보려고도 하지 않았다. 그들이 미국과 영국을 비난한 것은 양국이 위선자라는 이유에서가 아니었다. 위선자라 해도 그렇게 크게 비난할 필요는 없었다. 군인칙유에 "성심은 5개조의 정신이다"라고 쓰인 것도 마찬가지이다. 다른 모든 덕에 실효를 부여하는 덕이, 사람으로 하여금 자기 내부의 소리가 명하는 바에 따라 행동하게 하는 마음의 순수성이라는 것을 의미하지는 않는다. 또한 자기의 신념이 다른 사람의 신념과 다르더라도 순수하게 자기의 신념에 따라 행동해야 한다고 명령하는 것도 아니다.

그렇지만 일본에서의 '마코토'는 몇 가지의 긍정적인 의미를 함축하고 있다. 그리고 일본인은 이 개념의 윤리적 역할을 매우 중시하므로, 서구인은 반드시 일본인이 이 말을 쓸 때의 의미를 파악해야 한다. 마코토의 근본적인 의미는 《47인의 로닌 이야기》에 유감없이 예시되어 있다. 그 이야기 속의 '마코토'는 기리에 덧붙여진 더하기 기호이다. '마코토+기리'는 '형식적인 기리'에 반대되는 것으로, '영구 불멸의 귀감이 되는 기리'이다. 오늘날에도 일본인은 "마코토가 그것의 반석이 된다"라고 말한다. 이 표현 속의 '그것'은 문맥에 따라서 일본의 도덕 규범 속에 포함되는 어떤 계율, 또는 '일본 정신'이 요구하는 어떠한 마음가짐을 가리킨다.

전시중의 일본인 수용소 내에서의 마코토의 용법도 《47인의 로닌 이야기》와 마찬가지로 기리를 철저히 지킨다는 의미로 쓰였다. 그리고 어디까지 논리가 확장될 것인가, 또 어떻게 미국에서 쓰이는 '성실'이라는 단어의 용법과 반대 의미가 될 수 있는가를 분명히 보여 주고 있다. 일본을 지지하는 일본계 1세가 미국을 지지하는 이민 2세에게 비난을 퍼부을 때마다 상투적으로 하는 말은 그들에게는 '마코토'가 없다는 것이었다. 이는 2세에게 '일본인의 고유한 정신'—전시중에 일본에서 공식으로 정의된—을 지속시킬 만한 기질이 결여됐다는 의미이다. 2세들의 친미 태도가 위선적이라는 뜻이 아니다. 그들이 뜻하는 바는 전혀 다른 것이었다. 그 증거로 2세가 미군에 지원하여 순수한 애국심에 따라 제2의 조국을 지지하고 있다는 것이 분명해졌을 때에도, 1세는 비난을 그만두기는커녕 더욱더 확신을 가지고 성의가 없다고 비난하였다.

일본인이 '성실'이라는 말을 쓸 때의 근본적인 의미는, 일본의 윤리 규범과 '일본인의 고유한 정신'에 따라 지도 위에 그려진 '길'을 걸어가는 열의이다. 각각의 문맥에서 '마코토'라는 말이 아무리 특수한 의미라 하더라도, 일반적으로 '일본인의 고유한 정신'이라고 여겨지는 어떤 측면의 칭찬, 덕의 지도 위에 세워진 공인된 이정표로 해석하면 틀림이 없다.

'성실'이 미국인이 생각하는 것과는 다른 의미라는 사실을 이해하면, 이 말이 모든 일본어 문헌에서 주의해야 하는 동시에 극히 유용한 말임을 알 수 있다. 왜냐하면 이 말로 표현되는 사항은 언제나 일본인이 실제로 중시하는 적극적인 덕이라고 생각하면 거의 정확하기 때문이다. 마코토는 사리사욕에 집착하지 않는 인간을 칭찬하는 말로서 끊임없이 사용된다. 이 사실은 일본인이 윤리적으로 이윤 추구를 매우 나쁜 일이라고 생각한다는 것을 반영한다. 이윤은—그것이 계층 제도의 당연한 결과가 아니라면—착취의 결과라고 판단된다. 그리고 자기 일에서 이윤을 얻기 위해 악착같이 구는 중개인을 사람들은 매우 경멸하여 고리대금업자처럼 취급한다. 또한 그런 부류는 항상 '마코토가 없는 인간'이라는 말을 듣는다.

또 마코토는 감정에 치우치지 않는 사람을 칭찬하는 말로 쓰인다. 이것은 일본인의 자기 수양 관념을 반영한다. 성실한 일본인은 싸움을 걸 생각이 없는 사람에게 모욕을 주는 것과 같은 위험에는 절대로 접근하지 않는다. 이는 사람이 행위 자체는 물론이요 그 행위의 파생적인 결과에 대해서도 책임져야 한다는 일본인의 신조를 반영한다. 마지막으로 마코토가 있는 사람만이 비로소 '사람들을 통솔하며', 그 수완을 유효하게 활용하고 심리적 갈등에서도 벗어날 수 있다. 이 세 가지 의미, 그리고 그 밖의 여러 가지 의미는 일본 윤리의 등질성을 단적으로 보여준다. 즉 사람은 그저 정해진 법도를 이행할 때에만 성공을 거둘 수 있고, 또 모순이나 갈등을 느끼지 않아도 된다는 사실을 반영하는 것이다.

이처럼 일본인의 성실에는 갖가지 의미가 있다. 따라서 이 덕은 칙유나 오쿠마 백작이 말하듯이 일본인의 윤리를 단순화하는 것은 아니다. 일본인의 도덕의 '기초'를 이루는 것도 아니고 '요점'도 아니다. 어떤 수라도 적당히 그 수에 덧붙여 쓰면, 그 수를 고차(高次)의 거듭제곱으로 만드는 지수가 된다. 2라는 조그만 숫자를 오른쪽 위에 붙이면 9든 159든 b든 x든 전혀 관계없이 제곱수가 된다. 그것과 마찬가지로 마코토는 일본인의 도덕 법전의 어떤 조항도 고차의 거듭제곱으로 만든다. 말하자면 개별적인 덕이 아니라 스스로의 신조에 대해 심취한 것이라고 할 수 있다.

일본인이 그들의 윤리 규범에 어떤 수정을 가하려고 노력하였다 하더라도 그것은 여전히 원자론적이며, 덕의 원리는 여전히 그 자체가 선인 어떤 행동과 또한 그 자체가 선인 다른 행동 사이의 균형을 유지하는 일이다. 그들의 윤리 체계는 마치 콘트랙트 브리지(Contract bridge, 일종의 트럼프놀이)와 같다. 능숙한 경기자란 규칙에 따라 경기하는 사람이다. 그가 서툰 경기자와 구별되는 점은, 추리 훈련한 결과 다른 경기자들이 낸 패가 경기 규칙 아래에서 무엇을 의미하는가에 대한 지식이 충분하다는 것이다. 그는 교본대로 경기한다. 그리고 각 수마다 무한한 경우를 고려해야 한다. 우연히 일어날 수 있는 상황은 경기의 규칙 속에 망라되어 있고 점수도 미리 정해져 있다. 미국인이 말하는 의미의 선의란 문제 밖에 놓여진다.

어느 나라 말이나 어떤 문맥에서 사람들이 자존심을 잃거나 지켰다고 말하는 것은, 그 국민의 인생관을 이해하는 데 많은 도움이 된다. 일본에서 '자신을 존중한다'는 말은 자기가 주의 깊은 경기자라는 뜻이다. 그것은 영어에서처럼 남에게 아부하지 않는다든지, 거짓말하지 않는다든지, 거짓 증언하지 않는다든지 하는, 어떤 훌륭한 행위의 기준에 의식적으로 따르는 것은 아니다. 일본에서 자중(自重)은 곧 문자 그대로 '묵직한 자아'라는 것이고, 그 반대는 '경박한 자아'이다. "자중하라"는 말은 "당신은 빈틈없이 그 사태 속에 들어 있는 모든 원인을 검토하여 결코 남으로부터 비난을 받거나, 성공의 기회를 놓치는 행동을 하지 말라"는 의미이다.

'자신을 존중하는 일'은 때때로 미국에서와는 정반대의 행동을 의미할 때가 있다. 피고용자가 "나는 자중해야 한다"고 말하는 것은 자기의 권리를 주장해야 한다는 뜻이 아니고, 고용주를 곤란하게 하는 발언을 삼가야 한다는 뜻이다. 이 표현이 정치적으로 쓰일 때에도 같은 의미가 된다. 만일 '중책을 맡은 사람'이 무분별하게 '위험한 사상'에 빠져드는 일이 있다면, 이미 자신을 존중할 수 없다는 것을 의미한다. 미국에서처럼 설사 사상이 위험하더라도 자신을 존중한다면 자기의 견해와 양심에 따라 사고해야 한다는 의미는 들어 있지 않다.

"너는 자중해야 한다"는 부모가 청소년기의 자식을 훈계할 때 끊임없이 입에 담는 말이다. 예절을 지키고 타인의 기대에 어긋나지 않도록 행동하라는 의미에서이다. 예를 들어 여자아이는 바른 자세로 앉아 몸을 움직이지 않도록 하고, 사내아이는 심신을 단련하고 남의 안색을 살피도록 훈계를 받는다. '지금이야말로 장래가 결정되는 중요한 시기이기 때문'이다. 부모가 자식에게 "너는 자중하는 사람처럼 행동하지 않았다(경박한 거동을 하였다)"고 말하는 것은, 자식의 행동이 예의에 어긋남을 책망하는 것이다. 자녀가 옳다고 생각하는 일을 위하여 일어설 용기가 없다는 것에 대한 질책이다.

대금업자에게 빚을 갚지 못하는 농부는 "나는 자중했어야 하였다"고 반성한다. 그러나 자신의 나태나 채권자에게 비굴하게 군 태도를 책망하는 것은 아니다. 그것은 그런 궁지에 빠질 상황을 예상해서 좀더 신중하게 행동했어야 하였다는 뜻이다. 사회적 지위가 높은 사람 중에 "자존심을 지키려면 이러이러한 일을 해야 한다"고 말하는 사람이 있다. 그것은 성실이나 정직 같은 일정한 도덕적 원칙을 따라서 행동해야 한다는 뜻이 아니고, 그의 가문을 충분히 배려하여 일을 처리해야 한다는 것, 그의 신분의 무게를 충분히 분별하여 행동해야 한다는 것을 의미한다.

실업가가 그의 회사에 대하여 "우리는 자중해야 한다"고 말하는 것은 신중에 신중, 조심에 조심을 거듭해야 한다는 뜻이다. 복수의 필요성을 주장하는 사람은 "자중해서 복수한다"고 말한다. 그러나 이것은 결코 '덕으로써 원한을 갚는다'는 정신이나 그가 따르려는 윤리를 가리키는 표현이 아니다. 그것은 "나는 기어코 완전히 복수하고야 말 것이다"라는 말과 같으며, 주도면밀하게 계획을 세워 모든 요소를 고려해 복수하겠다는 뜻이다. 일본어의 이런 표현 중에서도 극단적인 말은 "자중에 자중을 거듭한다"로, 항상 신중한 태도를 취한다는 뜻이다. 결코 경솔한 결론을 내리지 않고, 또한 목표에 도달하기 위해 필요 이상의 노력도 필요 이하의 노력도 소비하지 않도록 여러 가지 방법과 수단을 강구한다는 것이다.

이런 모든 자중의 의미는 인생을 세심한 주의로써 '철칙대로' 행동해야 하는 세계로 보는 일본인의 인생관과 잘 맞아떨어진다. 자중을 위와 같이 정의

하는 그들로선 의도가 좋았다는 말로 실패를 정당화하는 것은 허용되지 않는다. 일거수일투족이 여러 가지 결과를 수반하므로 사람은 그 결과를 고려해서 행동해야 한다. 남에게 선뜻 은혜를 베푸는 것은 매우 좋은 일이지만, 은혜를 받은 사람이 '은혜를 입었다'고 느낄 것임을 미리 예견하고 조심해야 한다. 남을 비판해도 전혀 상관이 없지만 비판받은 사람의 미움을 모두 감당할 각오를 해야 한다. 앞에서 이야기한 미국인 선교사가 젊은 화가(마키노 요시오)를 비웃었다고 비난받았을 때 선교사가 한 말에 악의가 담긴 것은 아니라고 말해 보았자 아무런 변명도 되지 않는다. 선교사는 바둑판 위에서 그의 한 수가 어떤 의미가 될지 충분히 예측하지 않았던 것이다. 일본인이 보기에 그것은 세상 물정을 모르는 것과 같다.

이처럼 신중과 자중을 동일시하는 것에는, 타인의 행동으로 알 수 있는 모든 암시를 주의 깊게 관찰하고 주변 사람들이 자기의 행동을 비판한다는 것을 강하게 의식하라는 의미가 들어 있다. 그들은 "세상이 시끄럽게 구니까 자중해야 한다"라든지, "만일 세상이라는 것이 없다면, 자중하지 않아도 된다"라는 식으로 말한다. 이것은 자중이 외부의 강제력에 의거함을 보여주는 극단적인 표현이며, 올바른 행동의 바탕이 되는 내면적 강제력을 전혀 고려하지 않은 표현이다. 많은 나라들의 통속적인 언어 습관과 마찬가지로 이런 말투도 사실을 과장한다. 현재 일본인은 때에 따라서는 자기 죄과에 대하여 청교도에 결코 뒤지지 않을 정도로 강렬한 반응을 나타내는 일이 있다. 그렇지만 역시 위의 극단적인 표현은 일본인이 무엇을 중시하는지 올바로 지적하고 있다. 즉, 일본인은 죄보다도 수치를 심각하게 여기는 것이다.

여러 문화를 인류학적으로 연구할 때에 중요한 것은 수치를 기조로 하는 문화와 죄를 기조로 하는 문화를 구별하는 일이다. 도덕의 절대적 기준을 설정하고 사람들의 양심에 의지하는 사회는 '죄의 문화'라고 정의할 수 있다. 그렇지만 미국과 같이 죄의 문화를 기반으로 하는 사회의 인간도, 그 자체는 결코 죄가 아니지만 어떤 실수를 저질렀을 때 치욕감을 느끼고 상심할 수 있다. 이를테면 장소에 알맞은 복장을 갖추지 않았거나, 실언을 하여서 매우 번민하는 때이다. 한편, 수치가 주요한 강제력을 행사하는 문화 속의 사람들은 당연히 누구라도 죄를 범하였다고 느끼는 행위를 했을 때 번민한다. 이 번민은 때때로 매우 강렬하다. 더욱이 그것은 죄처럼 참회나 속죄를 통해 경감될 수 없다. 죄를 범한 사람은 그 죄를 고백함으로써 평온을 얻을 수 있다. 이 고백이라는 수단은 카운슬링 요법으로, 또 거의 공통점이 없는 많은 종교 단체에서 이용하고 있다. 우리는 고백이 마음을 가볍게 해 준다는 것을 알고 있다. 그러나 수치가 주요한 강제력을 행사하는 사회에서는 설사 사제에게 고해성사를 하였다 해도 전혀 마음이 편해지지 않는다. 오히려 나쁜 행위가 '세상 사람들에게 알려지지' 않는 한 고민할 필요가 없으며, 고백은 도리어 스스로 고민을 자초하는 일로 생각한다. 따라서 '수치의 문화'에서는 신에게 고백한다는 습관도 없다. 행운을 기원하는 의식은 있으나 속죄를 구하는 의식은 없다.

참다운 죄의 문화는 내면적인 죄의 자각에 의거하여 선행을 이끌어내지만, 참다운 수치의 문화는 외부의 강제력에 의거하여 선행을 한다. 수치는 타인의 비판에 대한 반응이다. 사람은 남 앞에서 조소당하거나 거부당하거나, 혹은 조소당하였다고 확실히 믿게 됨으로써 수치를 느낀다. 언제나 수치는 강력한 강제력이 된다. 그러나 다만 수치를 느끼기 위해서는 실제로 그 자리에 타인과 같이 있거나, 혹은 적어도 함께 있다고 믿어야 한다. 그런데 명예가 마음속에 그린 이상적인 자아에 걸맞도록 행동하는 것을 의미하는 나라에서는, 사람들은 자기의 악행을 아무도 모른다 해도 죄의식에 고민한다. 그리고 그의 죄책감은 실제로 죄를 고백함으로써 경감된다.

미국으로 이주한 초기의 청교도들은 죄책감을 윤리의 기반으로 삼으려고 하였다. 그리고 현대 미국인이 양심의 가책 때문에 얼마나 고민하고 있는가는 모든 정신과 의사가 알고 있는 바다. 그렇지만 수치라는 족쇄가 점차 무게를 너해가고 있긴 해도 죄는 예전만큼 심하게 느끼지 않는다. 미국에서는 이 사실을 도덕의 쇠퇴로 해석한다. 여기에는 다분히 진리가 들어 있는데, 우리가 수치에는 도덕적 책임을 지울 필요가 없다고 생각하기 때문이다. 우리는 수치에 수반되는 통한의 감정을 도덕의 기본 체계를 이루는 원동력으로 생각하지 않는다.

그러나 일본인은 치욕감을 원동력으로 한다. 분명히 정해진 선행의 이정표에서 벗어난 것, 여러 가지 의무 사이에서 균형을 유지하지 못하거나 뜻밖에 일어난 일을 예견할 수 없었다는 것, 그것이 치욕(하지(恥))이다. 그들은 수치가 덕의 근본이라고 말한다. 수치를 느끼기 쉬운 인간이야말로 선행의 모든 율법을 실행하는 사람이다. '수치를 아는 사람'이라는 말은 'virtuous man(고결한 사람)'이나 'man of honor(신의를 중하게 여기는 사람)'로 번역된다. 수치는 일본의 윤리에서 '양심의 결백', '신 앞에 부끄러움이 없는 것', 죄를 피하는 것이 서구의 윤리에서 차지하는 것과 같은 권위를 차지하고 있다. 논리적으로 당연한 결과이지만 따라서 사람은 사후 세계에서 벌을 받는 일이 없다. 일본인은—고대 인도 경전을 믿는 승려를 제외하면—이 세상에서 쌓은 공덕(功德)에 따라 다른 세상에서 다시 태어난다는 윤회 사상을 전혀 알지 못한다. 또 기독교에 귀의하여 충분히 교의를 이해한 사람을 제외하면, 사후의 상벌이나 천국과 지옥이라는 것을 인정하지 않는다.

일본인의 생활에서 수치가 최고의 지위를 차지하고 있다는 것은, 그들이 수치를 심각하게 느끼는 부족 또는 국민과 마찬가지로 저마다 자기 행동에 대한 사람들의 평가에 마음을 쓴다는 의미이다. 그들은 다만 타인이 어떤 판단을 내릴까 하는 것을 추측하고, 그 판단을 기준으로 자기의 행동 방침을 정할 뿐이다. 모두가 같은 규칙에 따라 게임을 하여 서로가 서로를 지탱하고 있을 때는 일본인은 편하게 스스럼없이 행동할 수 있다. 특히 그것이 일본의 '사명'을 수행하는 길이라고 느낄 때 그들은 그 게임에 열중한다. 그들이 가장 심한 마음의 상처를 받은 것은 그들의 덕을 일본 특유의 선행 지표가 그대로 통하지 않는 외국에 적용하려고 시도했을 때였다. 그들은 '선의'에 의거한 '대동아'의 사명에 실패했는데, 중국인이나 필리핀인이 그들에게 취한 태도를 보고 많은 일본인들이 느낀 분노는 진심이 담긴 감정이었다.

국가주의적 동기 때문이 아니라 유학이나 업무상의 목적으로 미국으로 건너간 일본인들 또한 이를 절감하였다. 도덕이 명확하게 구분되지 않은 세계에서 생활할 때 그들이 지금까지 받아 온 주도면밀한 교육은 '아무런 도움이 되지 않았다.' 그들은 자기들의 미덕이 대외적으로는 부적절하다는 것을 느꼈다. 그들의 논점은 문화를 변화시키기 어렵다는 일반적인 사항이 아니라 그 이상의 것이다. 그들은 때때로 일본인이 미국의 생활에 맞추는 것이 매우 곤란한 데 비해, 중국인이나 태국인은 그렇게 어려움을 느끼지 않는다는 사실을 지적한다. 그들이 보는 일본인 특유의 문제는, 그들은 일정한 법도를 지키며 행동하기만 하면 반드시 남이 자기 행동의 미묘한 뉘앙스를 인정해 주리란 안도감에 의지하여 생활하도록 길들여져 왔다는 것이다. 일본인은 외국인이 이런 예절에 전혀 개의치 않는 것을 보고 어찌할 바를 모른다. 그들은 어떻게든 서구인이 생활의 기준으로 삼고 있을 만한 면밀한 예절을 일본의 도덕 속에서 발견해내려 한다. 그리고 그런 것이 없다는 사실을 알았을 때 화가 났다는 일본인도 있었고, 깜짝 놀랐다는 일본인도 있었다.

도덕적으로 그렇게 엄하지 않은 문화에서 맞닥뜨린 이러한 경험을 누구보다도 잘 엮어낸 것은, 미시마 스미에(三島すみ江, 1900~1992)의 자서전 《나의 좁은 섬나라》이다. 그녀는 어떻게든 미국에서 유학하려고 노력하였다. 그리고 미국 대학의 장학생이 되어 미국인에게서 '온'을 받는 것을 반대하는 보수적인 가족들을 겨우 설득해서 웰즐리 대학에 입학하였다. 교수도 학우도 매우 친절하게 대해 주었으나 그녀는 그 때문에 더욱 괴로움을 느꼈다.

"모든 일본인이 그러하듯, 나도 예의를 완벽하게 익혔다고 자랑스러워하고 있었는데, 그 자부심은 무참히 상처받았다. 이 나라에서는 대체 어떻게 행동하면 되는지 전혀 짐작하지 못하는 나 자신에게, 또 내가 이때까지 받아온 예절을 비웃는 것처럼 느끼게 하는 이 환경에 나는 분노를 느꼈다. 막연하지만 뿌리 깊은 응어리 외에는 이미 아무런 감정도 남지 않았다."

이어서 그녀는 "이곳에서는 나 자신이 아무 소용도 없는 감각과 감정을 지닌, 어느 다른 행성에서 떨어진 생물체처럼 느껴졌다. 모든 행동을 얌전하게 하고, 모든 말을 예의에 맞도록 하기를 요구하는 나의 일본식 예절이, 미국이라는 환경 속에서―사회적으로 말하면 완전히 장님이었지만―나를 극도의 신경과민과 자의식에 빠지게 하였다"고 하였다.

긴장이 풀리고 호의를 흔쾌히 받아들이게 될 때까지는 2, 3년의 세월이 걸렸다. 그녀는 표현하길, 미국인은 이른바 '세련된 허물없음'으로 생활하고 있다고 하였다.

"그런데 허물없이 군다는 것은 예의 없는 행동이기 때문에, 나는 그것을 세 살 때 이미 마음속에 묻어버렸다."

미시마 스미에는 미국에서 알게 된 일본 여성들과 중국 여성들을 서로 비교하여, 미국 생활이 양국의 여성들에게 어떻게 다른 영향을 주었는지를 설명하였다.

"중국의 여성들은 여느 일본 여성들에게서는 전혀 찾아볼 수 없는 차분함과 사교성을 갖추고 있었다. 이 상류층 중국 여성들은 한결같이 왕족의 위엄과 우아함을 가지고 세계를 지배하는 여왕 같은 멋이 있어서, 나에게는 세상에서 가장 세련된 사람들처럼 보였다. 기계와 스피드를 특징으로 하는 이 위대한 문명 속에 있으면서도 조금도 동요하지 않는 그녀들의 대담한 태도와 당당한 침착성은 우리 일본 여성의 겁에 질린, 과도하게 신경질적인 태도와 매우 대조적이었다. 사회적 배경에 어떤 근본적인 차이가 존재함을 알 수 있다."

미시마 스미에는 다른 많은 일본인과 마찬가지로 테니스의 명수가 하키 시합에 나갔을 때와 같은 느낌을 받았다. 그녀의 뛰어난 기량은 전혀 소용이 없었다. 그녀는 지금까지 배워 온 것을 새로운 환경에 도저히 가지고 들어갈 수 없다고 느꼈다. 그녀가 익힌 예의범절은 소용이 없었다. 미국인은 그런 것 없이도 잘 생활하고 있었다.

짧은 기간일지라도 그다지 딱딱하지 않고 번잡스럽지 않은 미국의 행동 규칙에 익숙해진 일본인에게, 과거에 일본에서 보낸 그 답답한 생활을 되풀이한다는 것은 도저히 생각할 수 없는 일이다. 그들이 말하는 옛 생활은 잃어버린 낙원, '멍에', '감옥' 또는 분재를 심는 '조그만 화분' 등에 빗댄 것이다. 분재로 꾸며진 소나무의 뿌리가 화분 속에 갇혀 있는 동안은 아름다운 정원에 미관을 더해 주는 예술품이 된다. 그러나 한 번 정원에 옮겨 심은 분재는 절대로 다시 화분으로 돌아갈 수 없다. 그들은 이제는 도저히 저 일본 정원의 분재가 될 수는 없다고 느낀다. 두 번 다시 옛날의 제약을 이겨낼 수 없는 것이다. 이 사람들이야말로 가장 첨예한 형태로 일본인의 덕의 딜레마를 경험하였기 때문이다.

제11장
자기 수양

 어떤 문화에 있어서의 자기 훈련은 항상 다른 나라에서 온 관찰자에게 어리석은 짓으로 생각되기 쉽다. 어째서 저렇게 구태여 고생을 해야 하는가? 어째서 일부러 철봉에 매달리거나, 배꼽을 뚫어져라 쳐다보거나, 전혀 돈을 쓰지 않는가? 어째서 이런 고행에 전념하면서도, 국외자에게는 참으로 중요하고 훈련할 필요가 있다고 생각되는 충동은 제어하지 않는가? 자기 훈련을 위한 특별한 방법을 가르치지 않는 나라의 관찰자가 그 방법을 매우 신뢰하는 국민의 한가운데 있을 때, 오해의 가능성은 최고도에 달한다.
 미국은 자기 훈련을 위한 특별한 전통적 방법이 비교적 발달되지 않은 나라이다. 미국인은 자기 생애에서 실현할 수 있는 사항에 대해 계획을 세운 뒤에, 만일 그럴 필요가 있다면 자기가 선택한 목표에 도달하기 위해 자기 훈련을 한다. 자기 훈련을 하는가 안 하는가는 그 사람의 뜻이나 양심, 혹은 소스타인 베블런(Thorstein Veblen, 1857~1929)이 말한 '제작 본능(The instinct of workmanship)'이 있는지의 여부에 따라서 달라진다. 그들은 축구 선수로 경기에 참가하기 위해 금욕적인 규율에 따르거나, 음악가로서 솜씨를 익히기 위해 또는 사업에 성공하기 위해 모든 오락을 단념하기도 한다. 그는 자신의 양심에 비추어 잘못되거나 경솔한 행위를 하지 않는다. 그렇지만 미국에서 기술적인 훈련법으로서의 자기 수양 그 자체는, 산수처럼 저마다의 응용을 완전히 도외시하고 따로 배워야 하는 것은 아니다. 만일 그런 방법이 미국에 있다면, 그것은 유럽에서 온 어떤 종교의 지도자나, 인도에서 고안된 방법을 전수하는 스와미(힌두교 교사)들이 퍼트린 것이다. 아빌라의 테레사(Teresa of Ávila, 1515~1582)나 십자가의 성 요한(Saint John of the Cross, 1542~1591)이 설교하고 실천한 것처럼 명상과 기도를 내용으로 하는 종교적 수련조차도 미국에서는 거의 흔적을 찾아볼 수 없다.

그런데 일본인은 중학교 입시를 치르는 소년도, 검도 시합에 출전하는 선수도, 혹은 또 단순히 귀족으로서의 생활을 보내는 데 지나지 않는 사람도, 시험을 치를 때에 필요한 공부뿐만 아니라 그와는 전혀 별개의 자기 수양을 해야 한다고 생각한다. 아무리 시험 공부를 하였다 하더라도, 아무리 검술이 뛰어나다 하더라도, 또 아무리 예의범절에 빈틈이 없다 하더라도, 그는 책이나 죽도(竹刀)를 곁에 놓고 사교계에 나가는 것도 잠시 미룬 채 특수한 수행을 한다. 물론 일본인 모두가 다 수행에 몸을 바치는 것은 아니다. 그렇지만 그런 수행을 하지 않는 사람조차도 자기 수양에 관한 언어 표현이나 그 관행이 인생에서 차지하는 일정한 위치를 인정한다. 어떤 계급에 속하는 일본인도 일반적으로 행해지는 특수한 자제와 극기의 방법에 대한 개념으로 자타의 행동을 판단한다.

그들의 자기 훈련 개념은 능력을 몸에 익히는 훈련과 그 이상의 것을 익히는 훈련으로 나눌 수 있다. '능력 이상의 것'을 숙달이라 부르기로 하자. 이 두 가지를 일본에서는 확연히 구별하는데, 인간의 심성 속에 서로 다른 결과를 남게 하는 것을 목적으로 하고, 서로 다른 근거를 가지고 서로 다른 기준에 따라 식별된다. 첫 번째 종류, 즉 능력을 배양하는 수행에 대해서는 이미 많은 사례를 소개하였다. 10분간의 휴식 시간에만 잠깐 꾸벅꾸벅 졸 뿐, 60시간을 자지 않고 행군에 참가한 부하 병사들에 대하여 "놈들은 가르쳐 주지 않아도 자는 것을 알고 있습니다. 필요한 것은 잠을 자지 않는 훈련을 하는 일입니다"라고 말한 그 육군 장교의 이야기는 우리에게 극단적인 요구처럼 생각된다. 그러나 그는 다만 제대로 된 병사로서 필요한 능력을 길러 주려 했을 뿐이다.

이러한 그의 말은 무한한 발전의 가능성을 가진 육체를 의지로써 지배해야 한다는 의미이다. 또한 사람이 육체를 무시한다고 해서 반드시 건강을 해치는 것은 아니라는 일본인의 정신적 통념이 보편적으로 인정하는 원리를 말하는 것이다. 일본인의 '인정' 이론 전체가 이 가정에 근거를 두고 있다. 인생에서 참으로 심각한 문제가 생길 때에는 육체의 요구가 아무리 건강에 필수적일지라도, 또 그 자체로서 아무리 인정되고 정성들여 배양된다 하더라도 철저히 멸시해야 한다. 어떠한 자기 훈련을 해서라도 사람은 일본 고유의 정신을 발휘해야 한다.

그렇지만 일본인의 견해를 이렇게 표현하는 것은 그들이 당연시하는 것들을 왜곡할 우려가 있다. 왜냐하면 보통 미국의 표현으로 '어떤 자기 훈련을 견뎌서라도(at the price of whatever self-discipline)'는 '어떤 자기희생을 해서라도(at the price of whatever self-sacrifice)'와 대략 같은 의미가 되기 때문이다. 또 흔히 '아무리 자신의 욕망을 억제해도'라는 뜻이 된다. 훈련(discipline)에 대한 미국인의 생각은—외부에서 강요하는 것이든, 자신의 행동을 감시하는 양심으로서 마음속에 깃들인 것이든—사람은 성별에 관계없이 어렸을 때부터 자진해서 받거나 아니면 권위가 강요하는 훈련에 따라 사회화되어야 한다는 것이다. 여기에서 욕구불만이 생겨난다. 당사자는 이렇게 자신의 욕망이 제한되는 것을 불쾌하게 느낀다. 강제로 희생을 치러야 하기 때문에 아무래도 그의 마음속에는 반항적인 감정이 생겨난다. 이것은 단지 미국의 전문 심리학자들의 견해가 아니다. 그것은 각각의 세대가 부모에게 가정교육을 받을 때의 철학이다. 그러므로 심리학자의 분석이 우리 사회에서는 많은 진리가 되는 것이다.

어린아이는 일정한 시간에 '잠자리에 들어야' 한다. 점차 그 아이는 부모들의 눈치를 보면서 잠자는 것이 일종의 억압이라는 것을 깨닫는다. 헤아릴 수 없을 만큼 많은 가정에서 어린아이들은 밤마다 떼를 쓰면서 말썽을 피운다. 아직 연령이 낮다고 해도, 이 아이는 이미 미국식 사고에 물들어 있는 것이다. 그는 잠을 아무래도 '해야만 하는' 일이라고 여기고 저항한다. 그의 어머니는 또 그가 먹어야 '하는' 것을 정한다. 그것은 오트밀일 수도 있고, 시금치일 수도 있고, 빵일 수도 있고, 오렌지주스일 수도 있지만, 미국의 어린아이는 먹어야만 '하는' 음식에 저항한다. '몸에 좋은' 음식은 맛없는 음식이라고 생각하기 때문이다. 미국에서는 끊임없이 반복되는 이런 습관은 그리스와 같은 몇몇 서유럽 국가와 일본에서는 볼 수 없는 것이다. 미국에서 어른이 된다는 것은 음식의 구속에서 해방되는 것을 의미한다. 사람은 어른이 되면 몸에 좋은 음식이 아니라 맛있는 음식을 먹을 수 있다.

그렇지만 이 같은 잠이나 음식에 대한 관념은 서구인의 자기희생 개념 전체에 비하면 하찮은 것이다. 부모는 어린이를 위해 크고 많은 희생을 치르고, 아내는 남편을 위해 그 인생을 희생하고, 남편은 한 집안의 생계를 책임지기 위해 자신의 자유를 희생한다는 것이 표준적인 서구인의 신조이다. 미국인에게 자기희생의 필요를 인정하지 않는 사회가 존재한다는 것은 생각할 수도 없는 일이다. 그런데도 실제로 그런 사회가 존재한다. 그리고 그와 같은 사회의 사람들은, 부모는 인정으로서 당연히 아이를 사랑하고, 여자는 다른 어떤 생활보다도 결혼 생활을 바라며, 한 가정의 생계를 책임지는 남자는 사냥꾼이든 정원사든 자기가 좋아하는 일에 힘쓴다고 말한다. 왜 자기희생이니 뭐니 하는 말을 입에 담아야 하는가? 사회가 이런 해석을 강조하고 사람들이 그에 따라 생활하는 것을 허용할 때, 자기희생의 관념은 거의 인정되지 않는다.

미국에서는 남을 위해 하는 일들을 '희생'이라고 느끼지만, 다른 문화에서는 상호 교환이라고 생각한다. 그것은 나중에 변제받는 투자이거나 혹은 이전에 남으로부터 받은 가치에 대한 답례이기 때문이다. 그러한 나라에서는 부자의 관계조차 이처럼 다루어진다. 아버지가 어린 아들을 위해 해주는 것을 아들은 아버지의 만년이나 사후에 갚는다. 모든 실무상의 관계가 암묵적인 계약으로 이루어져 있다. 그것은 흔히 어떤 것을 그 양만큼 변제할 것을 보증하는 동시에, 당사자의 한쪽에는 비호의 의무를, 다른 쪽에는 봉사의 의무를 지게 한다. 이리하여 쌍방이 서로 이익을 얻게 되어서 좋다고 생각하는 일은 있어도, 당사자의 어느 쪽도 자기가 수행하는 의무를 희생이라고는 생각하지 않는다.

일본에서 타인에 대한 봉사의 배후에 있는 강제력은 물론 이러한 상호 의무로서, 그것은 남에게서 받은 것과 같은 양을 교환할 것을 요구하는 동시에, 계층적 관계에 선 사람끼리 서로 보완하여 그 책임을 수행할 것을 요구한다. 따라서 자기희생의 도덕적 지위는 미국의 경우와 매우 다르다. 일본인은 여태까지 항상 기독교 선교사의 자기희생의 가르침에 대하여 반대 입장을 보여 왔다. 그들은 고결한 사람은 남을 위해 하는 일을 자기 욕구의 억압이라고 생각해서는 안 된다고 주장한다. 어떤 일본인은 이렇게 말하였다.

"우리가 당신들이 말하는 자기희생을 하는 것은 단지 우리가 그렇게 하기를 원하기 때문이거나, 혹은 그것이 올바른 행위이기 때문이다. 우리는 그것을 결코 유감스럽게 생각하지 않는다. 우리가 실제로 남을 위해 아무리 많은 것을 희생한다 하더라도, 그렇게 함으로써 우리가 정신적으로 고매해진다거나 그 '보답'을 받아야 한다고는 생각하지 않는다."

일본인처럼 정교하고 치밀한 상호 의무를 생활의 중추로 삼는 국민이 자기 행동을 자기희생이라고 여기는 생각을 엉뚱하다고 보는 것은 당연하다. 그들은 미국인에게는 곤란하고 극단적인 것으로 비춰지는 책임을 다하기 위해, 철저하게 자기 자신을 추궁한다. 그러나 전통적인 상호 의무의 강제력 덕분에, 개인주의적인 경쟁사회에서 자칫 일어나기 쉬운 자기 연민과 독선의 감정은 품지 않아도 된다.

따라서 일본에서 일반적으로 행해지는 자기 훈련의 습관을 이해하기 위해서는 미국인의 '자기 훈련(self-discipline)'의 관점에 일종의 외과 수술을 가해야 한다. 우리는 우리의 문화에서 이 개념의 주위에 달라붙어 있는 '자기희생(self-sacrifice)'이나 '억압(frustration)'이라는 부산물을 잘라 내야만 한다. 일본에서는 잡념에 사로잡히지 않는 훌륭한 경기자가 되기 위해서 자기 훈련을 한다. 그리고 일본인은 브리지를 하는 사람과 마찬가지로 전혀 희생을 치른다는 의식 없이 훈련을 받는다. 물론 훈련은 엄격하다. 사항의 본질에 뿌리 박힌 것이므로 엄격한 것이 당연하다. 태어난 그대로의 어린아이는 행복하지만 '인생을 맛보는' 능력은 없다. 정신적 훈련(슈요〔修養〕)을 거쳐야 비로소 사람은 충실한 생활을 하고 인생의 '맛을 음미하는' 능력을 얻는다. 이 표현은 통상 "이리하여 비로소 인생을 즐길 수 있다(only so can he enjoy life)"고 번역되고 있다. 자기 훈련은 단전(자제력이 깃드는 곳)을 강하게 한다. 그리고 인생의 폭을 넓힌다.

일본에서 '능력'을 기르는 자기 훈련의 근거는 그것이 처세에 대한 태도를 개선한다는 점에 있다. 훈련 첫 무렵에는 도저히 참을 수 없다고 느낄지 모르지만 그 느낌은 이내 사라진다고 한다. 나중에는 훈련이 즐거움이 되거나 혹은 훈련을 포기해 버리기 때문이다. 견습 점원은 징사에 정성을 쏟고, 소년은 '주도〔柔道〕'를 배우며, 며느리는 시어머니의 기대에 순종한다. 훈련의 최초 단계에서 새로운 요구에 익숙하지 않은 사람이 이러한 '슈요'를 피하려는 것도 무리는 아니다. 그러면 그들의 아버지는 그들에게, "너는 잘못 생각하고 있다. 인생을 맛보기 위해서는 아무래도 다소의 훈련이 필요하다. 만일 그것을 내던지고 전혀 수행하지 않으면, 나중에 반드시 불행한 꼴을 당한다. 그런 결과에 빠져 세상 사람들로부터 이러쿵저러쿵 말을 듣게 되어도, 나는 너를 보호해 줄 수 없다"고 타이를 것이다. 그들이 자주 사용하는 표현을 빌려서 말하면 수양은 '자기 몸에서 나온 녹'을 떨구어 내는 것이다. 수양은 사람을 잘 갈아서 예리한 칼로 만든다. 그리고 물론 그는 그렇게 되고 싶어 한다.

일본인은 이러한 자기 훈련이 자신에게 이익이 된다는 것을 강조한다. 그러나 그들의 도덕률이 자주 요구하는 극단적인 행위가 실로 중대한 억압이 되고, 또 그러한 억압이 공격적 충동을 자아내는 일도 있다. 이런 구별은 게임이나 스포츠라면 미국인도 이해할 수 있다. 브리지의 선수권자는 실력을 닦기 위해 어려움을 참고 이겨낸 자기희생에 대해서 불평하지 않는다. 그는 그 분야에서 달인이 되기 위해 들인 시간을 억압이라고 간주하지 않는다. 그럼에도 의사의 말에 따르면, 큰 판돈을 걸고 승부를 낼 때나 우승을 노릴 때 필요한 주의력이 이따금 위궤양이나 신체적 긴장의 한 요인이 된다고 한다.

일본에서도 마찬가지이다. 그렇지만 상호 의무의 구속력이 작용하고, 또 자기 훈련이 자신에게 이익이 된다고 확신하기 때문에 일본인은 미국인이 도저히 참을 수 없다고 여기는 많은 행위를 손쉽게 생각한다. 그들은 유능하게 행동하기 위해 미국인보다도 훨씬 세심한 주의를 기울이고 변명도 잘 하지 않는다. 그들만큼 빈번히 생활의 불만을 남에게 전가하지 않고, 자기 연민의 정에 젖는 일도 없다. 그들은 미국인에게 있는 이른바 '남들과 같은 행복(average happiness)'이라는 것을 모르기 때문이다. 그들은 '자기 몸에서 나온 녹'에 대하여, 미국인 사이에서 보통 행해지는 것보다 훨씬 세심한 주의를 기울이도록 훈련받고 있다.

'능력'을 기르는 자기 훈련을 넘어서면 그 다음에는 달인의 경지를 목표로 한다. 이런 종류의 훈련 방법은 서구인으로선 이에 대한 일본인의 저서를 읽는 것만으로는 잘 이해할 수 없으며, 이 문제를 전문적으로 연구하는 서구 학자들은 때때로 그것을 멸시하는 태도를 취해 왔다. 그들은 때로 그것을 '기이하고 이상한 습관'이라고 불렀다. 어느 프랑스의 학자는 그 수행 방법이 완전히 '상식을 무시한 것'이며, 훈련에 중점을 두는 모든 종파 중에서 가장 힘 있는 선종(禪宗)을 '엄숙한 난센스 덩어리'라고 쓰고 있다. 그렇지만 일본인이 이 훈련 방법으로 달성하려는 목적은 결코 이해할 수 없는 것이 아니다. 그리고 이 문제를 추구하는 것은 일본인의 심리 구조를 밝히는 데에 적지 않은 도움이 된다.

일본어 중에는 훈련의 달인에 도달한다고 여겨지는 심경을 나타내는 여러 가지 말이 있다. 이 말들 가운데 어떤 것은 배우에 대해 쓰이고, 어떤 것은 종교 신자에 대하여, 어떤 것은 검객에 대하여, 어떤 것은 승려에 대하여, 어떤 것은 화가에 대하여, 어떤 것은 다도의 스승에 대하여 쓰인다. 이 말들은 어느 것이나 동일한 일반적 의미를 지니지만 그 중에서 '무가〔無我〕'라는 말만을 살펴보기로 한다. 이 단어는 상류계급 사람들 사이에서 번창하는 선종에서 쓰이는 말이다. 무가의 경지는 그것이 세속적 경험이든 종교적 경험이든, 의지와 행동 사이에 '머리카락 한 올만큼의 빈틈도 없을' 때의 체험을 말한다. 방출된 전류는 순식간에 양극에서 음극으로 나아간다. 그러나 무가의 경지에 도달하지 않은 사람들의 경우에는 의지와 행동 사이에 일종의 절연벽이 가로막는다. 일본인은 이 장벽을 '보는 나(observing self)', '방해하는 나(interfering self)'라고 부른다. 그리고 특별한 훈련을 통해 이 장벽이 제거되면, "지금 내가 하고 있다"는 의식이 전혀 없게 된다. 회로는 열려 있고 전류는 자유로이 흐른다. 행위는 노력 없이 행해지게 된다. 그것은 '주객합일(主客合一, one-pointed)'로 변한다. 행위는 행위자가 마음속에 그린 형태와 한 치도 다르지 않게 실현된다.

일본에서는 아주 평범한 사람들조차 이런 '무가'의 경지에 도달하려고 한다. 영국의 불교 연구 권위자인 찰스 엘리엇(Charles Eliot, 1862~1931)은 다음과 같은 이야기를 전하고 있다.

어떤 여학생이 도쿄의 어느 유명한 선교사를 찾아가서 크리스천이 되고 싶다고 말하였다. 그가 그 이유를 묻자, 그녀는 "비행사가 되고 싶어 견딜 수가 없기 때문입니다"라고 대답하였다. 비행기와 기독교 사이에 대체 어떤 관계가 있는지 설명해 보라고 하자 그녀는 이렇게 대답하였다. "비행사가 되려면 우선 마음이 매우 침착하고 맑고 깨끗해야 하는데, 그런 마음은 종교적 훈련을 통해야 비로소 익힐 수 있다는 말을 들었습니다. 그런데 종교 중에서 가장 훌륭한 종교가 기독교라고 생각했기 때문에 가르침을 받고자 찾아온 것입니다."

일본인은 단지 기독교와 비행기를 연결시키는 데 그치지 않는다. 그들은

'침착하고 맑고 깨끗한 마음'을 기르는 훈련을, 교육학 시험을 치를 때에도, 연설을 할 때에도, 정치가로서 활약할 때에도 필수적인 것으로 생각한다. 집중하는 태도를 기르는 훈련은 어떤 사업을 할 때에도 거의 틀림없이 이익을 가져다 준다고 믿는다.

많은 문명이 이런 종류의 훈련법을 발달시키고 있는데, 일본의 목표와 방법은 완전히 독자적이고 현저히 다른 성격을 띤다. 이러한 사실은 일본의 수행법이 대개 요가라고 알려진 인도의 수행에서 유래되는 것인 만큼 더욱 흥미로운 일이다. 일본의 자기 최면이나 정신 집중이나 오감 제어 방법은 지금도 여전히 인도의 관행과 밀접한 관계를 나타내고 있다. 그것은 마음을 비우는 것, 신체를 부동으로 유지하는 것, 동일한 문구를 몇만 번이나 되풀이하는 것, 어느 특정한 상징에 정신을 집중시키는 것에 심혈을 기울인다. 인도에서 쓰이는 전문용어는 지금 일본에서도 볼 수 있다. 그렇지만 공통되는 것은 수행 방법뿐 그 외에는 공통점이 거의 없다.

인도의 요가파는 극단적인 금욕 고행을 하는 종파이다. 그것은 윤회에서 해탈을 얻는 하나의 방법이다. 인간에게 해탈, 즉 열반 이외의 구원은 없다. 그리고 인간의 번뇌가 그 길을 가로막는다. 번뇌는 그것을 굶겨 죽이고, 모욕하거나, 자기 자신을 가혹하게 책망하여 괴롭힘으로써만 제거할 수 있다. 이를 통해 사람은 성자가 되고, 속세를 벗어나 영성(靈性)과 신불(神佛)의 합일을 얻을 수 있다. 요가 수행은 육신의 세계를 버리고 한없이 되풀이되는 허무에서 도피하는 방법이요, 영적 능력을 파악하는 수단이다. 고행이 극단적일수록 목표에 도달하는 거리도 짧아진다.

이러한 철학을 일본에서는 볼 수 없다. 일본은 굴지의 불교 국가임에도 지금까지 윤회와 열반사상이 국민의 불교적 신앙의 일부분으로서 받아들여진 적은 없다. 이러한 가르침을 소수의 승려들이 개인적으로 받아들인 적은 있어도 민중의 풍습이나 민중의 사상에 아무런 영향을 미치지는 않았다. 일본에서는 짐승이나 벌레를 인간의 영혼이 다시 태어난 것이라는 이유로 죽이지 않는 일은 없다. 또 일본의 장례식이나 출생 의식은 윤회 사상의 영향을 전혀 받지 않는다. 윤회설은 일본적인 사상에 어울리지 않는다. 열반 사상 또한 일반 민중은 전혀 이해할 수 없을 뿐만 아니라 승려 자신이 이를 손질하여 결국 없애 버리는 실정이다. 학문을 한 승려들은 득도한 인간은 이미 열반의 경지에 있다고 말한다. 열반은 지금 여기에 있다. 또 사람은 소나무에서도 야생의 새에게서도 '열반을 본다'고 단언한다. 일본인은 예로부터 항상 사후 세계를 상상하는 일에는 흥미를 보이지 않았다. 그들의 신화는 신들의 이야기를 전하고 있으나 죽은 자의 삶에 대해서는 언급이 없다. 그들은 사후 세계에서의 인과응보라는 불교 사상조차 버리고 말았다. 어떤 사람이라도, 다시 말해서 하잘것없는 농부들조차 죽으면 부처가 된다고 말하였다. 각 가정의 불단에 모셔진 가족의 위패를 나타내는 말이 바로 '부처님'이다. 이런 말을 하는 불교 국가는 일찍이 없었다. 그리고 극히 평범하게 살다 죽은 사람에게 이렇게 대담한 말투를 쓰는 국민이, 열반의 달성과 같은 어려운 목표를 내세우지 않는다는 것은 충분히 이해할 수 있는 일이다. 어차피 부처가 되는 것이라면 사람은 굳이 한평생 육체를 괴롭히고, 절대적 정지(停止)의 목표에 도달하려고 노력할 필요가 없다.

　마찬가지로 일본에서 볼 수 없는 것은 육체와 정신이 대립된다는 교의(敎義)이다. 요가 수행은 번뇌를 제거하는 방법이다. 그리고 욕망은 육체 속에 머문다. 그런데 일본인은 이런 가르침을 받지 않는다. '인정'은 악마에 속하는 것이 아니다. 그러므로 관능의 즐거움을 맛보는 것은 생활 지혜의 일부분이다. 유일한 조건이 있다면, 인생의 중대한 의무 앞에서는 관능을 희생시켜야 한다는 것뿐이다. 이 신조는 일본인의 요가 수행에서 논리적으로 극한에까지 도달하고 있다. 고행이 모조리 제거되었을 뿐 아니라, 일본에서의 이 교파는 금욕주의적이지도 않다. 득도하여 은둔 생활을 하는 사람들을 '속세를 버린 사람'이라고 하지만, 그러한 승려들도 처자와 함께 산수 밝은 곳에 거처를 정하고 안락하게 사는 것이 보통이다. 아내를 맞이하고 아이를 얻는 것은 그들이 성자라는 것과 조금도 모순되지 않는다고 생각한다. 모든 불교 종파 중에서 가장 통속적인 종파의 승려는 어떤 형태로든 아내를 얻고 아이를 낳는다.

　일본은 지금까지 정신과 육체가 상반된다는 설을 쉽게 받아들인 일이 없다. 득도한 승려의 덕이 높은 까닭은 명상을 통해 수행의 공을 쌓는 것과 그 간소한 생활에 있다. 그것은 더러운 옷을 몸에 두르고 다니거나, 자연의 아름다움에 눈을 감거나, 고토(琴) 샤미센(三味線) 등 악기의 감미로운 소리에 대하여 귀를 막거나 하는 일이 아니다. 일본의 성자들은 우아한 시가를 읊고, 다도를 즐기고, 달맞이나 꽃구경을 하면서 세월을 보냈다. 실제로 선종에서는 신도들에게 '세 가지, 즉 의식 면(眠)의 부족'을 피할 것을 명한다.

요가 수행의 마지막 신조 즉, 요가 수행이 가르치는 신비주의적 수행법이 수행자를 망아입신(忘我入神)의 경지로 인도하여 우주와 합일시킨다는 궁극적 신조 또한 일본에서는 볼 수 없다. 문명화되지 않은 민족, 이슬람교의 탁발수도자(다르위시, darwish), 인도의 요가 수행자, 중세의 기독교도 등 온 세계 어디서나 신비주의적 수행법이 행해져 온 곳에서 수행자들은, 신앙은 다르지만 거의 이구동성으로 '신과 하나가 된다'고 말하고 '이 세상 것이 아닌' 법열(法悅)을 경험할 수 있다고 생각했다. 일본에는 신비주의적 수행법은 있으나 신비주의는 없다. 이것은 그들이 황홀경에 빠지는 일이 없다는 의미는 아니다. 그들 또한 망아의 경지에 달한다. 그렇지만 그들은 황홀경조차 '집중'하는 태도를 기르는 훈련법으로 간주한다. 그들은 그것을 입신(入神)의 상태라고 표현하지 않는다. 선종에서는 다른 나라의 신비주의자들처럼 '황홀경에 빠져 있는 동안 오감이 활동을 정지한다'고 말하지 않는다. 그들은 이 방법을 통해 '육감(六感)'이 비정상적으로 예민한 상태에 달한다고 한다. 육감은 마음속에 머물고 있다. 그리고 보통 훈련을 통해 육감이 오감을 지배하게 되는데, 그러나 황홀경에 빠져 있는 동안에는 미각·촉각·시각·후각·청각도 각각 특별한 훈련을 받는다. 소리 없는 발소리를 듣고, 그 발소리가 이곳저곳으로 움직여 가는 것을 정확하게 뒤쫓아갈 수 있게 되는 것, 혹은 또 삼매경을 중단하지 않고 맛있는 음식 냄새―그런 냄새를 일부러 나게 하여―를 식별하는 것이 참선자들의 수행 중 하나이다. 맡는 것, 보는 것, 듣는 것, 만지는 것, 맛보는 것이 '육감을 보조'한다. 그러므로 사람들은 이 삼매경에서 '모든 감각(感覺)을 예민하게' 할 수 있게 된다.

이런 일은 초감각적 경험을 중시하는 종교로서는 실로 이례적이다. 삼매경에서조차 선(禪)의 수행자는 자기 밖으로 빠져나가려 하지 않고, 니체가 고대 그리스인에 대해서 한 말처럼 "있는 그대로의 자기에게 머물며, 시민으로서 자신의 이름을 그대로 유지하려 한다." 일본의 위대한 불교 지도자들의 말 중에는, 이러한 견해를 명료하게 표현한 것이 많다. 그 중에서도 뛰어난 것은 현재 선종 가운데 가장 유력한 종파인 조동종(曹洞宗)을 연 13세기의 고승 도겐(道元, 1200~1253)의 말이다. 그는 자신의 '깨달음'에 대해서 이렇게 이야기한다.

"나는 다만 수직으로 달린 코 위에 눈이 수평으로 달려 있음을 안 것뿐이다. (중략) (선의 체험 속에는) 무엇 하나 이상한 것이 없다. 시간은 자연히 흘러가고, 해는 동쪽에서 떠오르며, 달은 서쪽으로 진다."

또 선에 대해서 쓰인 책은 삼매경의 경험이 인간의 능력을 훈련하는 이외에 어떤 다른 능력을 준다는 일설을 인정하지 않는다. 일본의 어떤 불교도는 "요가 수행자들은 명상을 통해 갖가지 초자연적 능력을 획득할 수 있다고 하지만, 선종은 그런 터무니없는 주장은 하지 않는다"고 하였다.

일본은 이처럼 인도 요가 수행의 밑바탕이 되는 가정을 완전히 말살해 버렸다. 고대 그리스인을 떠올릴 정도로 시공의 유한성에 대해 강한 애착을 보이는 일본인은, 요가 수행이 인간을 완전하게 하는 자기 훈련이며, 인간과 그 행위 사이에 머리카락 한 올의 틈도 없는 '숙달'을 이루게 하는 수단이라고 해석한다. 그것은 힘을 유효하게 쓰도록 하는 훈련이며, 스스로의 힘에 의지하는 태도를 기르는 훈련이다. 그것으로 현세적인 공덕을 쌓고, 이로써 사람은 어떤 사태에 임해도 지나치거나 부족함이 없이 꼭 알맞은 노력을 해서 대처할 수 있게 된다는 것이다. 또 수행을 쌓음으로써 끊임없이 흔들리는 자기 마음을 통제할 수 있어, 밖으로부터의 신체적 위험이나 내부의 번뇌에도 침착성을 잃지 않게 된다.

이러한 훈련은 승려뿐만 아니라 무사에게도 유익한 것임은 더 말할 나위가 없다. 사실 선종을 자기들의 종교로 만든 것은 다름 아닌 무사들이었다. 신비주의적 수행법이 극치에 이르러 신비적 체험을 한다는 것을 목표로 하지 않고 무사의 일 대 일 전투의 훈련법으로서 이용하는 곳은 일본 외에는 없다. 일본에서는 선이 영향력을 발휘하기 시작한 최초의 시기부터 항상 그러하였다. 일본 선종의 개조(開祖) 에이사이〔榮西, 1141~1215〕가 12세기에 저술한 저작은 〈흥선호국론(興禪護國論 : 선을 보급함으로써 나라를 지킴)〉이라 불려졌다. 그리고 무사나 정치가나 검객이나 학생들은 아주 세속적인 목표에 도달할 수 있도록 선을 훈련해 왔다. 찰스 엘리엇이 말하듯이, 중국의 선종사(禪宗史)에서도 선이 일본으로 건너가 군사적 훈련의 수단이 될 만한 것을 암시하는 사실은 전혀 없다.

"선은 다도나 노가쿠〔能樂〕와 마찬가지로 완전히 일본적인 것이 되었다.

12, 13세기의 동란 시대에 경전 속에서가 아니라 인간 마음의 직접적 체험 속에서 진리를 발견해 내려는 명상적이고 신비적인 가르침이, 사원이라는 피난처로 세상의 폭풍을 피해 출가한 사람들 사이에서 유행한다는 것은 상상할 수 있는 일이다. 그러나 설마 그것이 무사 계급이 애호하는 생활 규범으로 받아들여지리라고 누가 생각했으랴. 그런데 실제로 그렇게 되었다."

불교와 신토〔神道〕를 포함한 일본의 많은 종파는 명상, 자기최면, 황홀경 등의 신비적 수행법에 역점을 두었다. 그런데 그런 종파들 가운데 어떤 것은 이러한 훈련의 결과를 신의 은총의 증거라고 주장하고, 그 철학의 근저를 '다리키〔他力〕'—아미타여래의 힘—에 매달리는 것 위에 두고 있다. 이와 반대되는 종파에서 선이 그 중에서도 가장 두드러진 예인데, '지리키〔自力〕' 즉 자신의 힘만을 의지한다. 이들 종파에서는 잠재력은 자기 속에만 존재하고, 또 그것은 자신의 노력을 통해서만 증대할 수가 있다고 가르친다. 일본의 무사들은 이것이야말로 그들의 성품에 꼭 맞는 가르침이라고 생각했다. 그래서 승려로서 활동할 때에도, 정치가로서 활동할 때에도, 혹은 교육자로서 활동할 때에도—이런 직능은 모두 무사의 몫이었다—선의 수행법을 세련되지 못한 개인주의를 받치는 지주로 이용하였다. 선의 가르침은 매우 구체적이었다.

"선은 사람이 자기 속에서 발견할 수 있는 광명만을 추구한다. 선은 이 추구의 방해가 되는 어떤 것도 용서하지 않는다. 그대 앞의 장애를 모조리 제거하라. (중략) 만일 도중에 부처를 만나면 부처를 죽여라. 만일 조사〔祖師〕를 만나면 조사를 죽여라. 성자〔阿羅漢〕를 만나면 성자를 모조리 죽여라. 그것이야말로 구원에 도달하는 유일한 길이다."

진리를 탐구하는 사람은 부처의 가르침이든, 경전이든, 법제이든 일체의 간접적인 것을 받아들여서는 안 된다. "3승 12분경은 모두 쓸모없는 것이다." 그것을 연구해서 이익이 없는 바는 아니지만, 깨달음을 얻는 일, 즉 자기 영혼 속에서 번쩍 빛이 나는 것과 아무런 관계가 없다. 이 빛이 한 번 번쩍 나는 것만이 깨달음을 준다. 어떤 선의 문답집에 나오는 이야기를 보면, 제자가 선승에게 〈법화경〔法華經〕〉을 해설해 달라고 청한다. 선승은 실로 훌륭한 해설을 해 준다. 그런데 그 설명을 듣고 있던 제자는 버릇없는 말투로, "놀랍습니다. 저는 선승은 경전이나 이론이나 논리적 설명의 체계 따위는 경멸하시는 줄로만 알았는데요"라고 말하였다. 그러자 선승은, "선은 아무것도 모른다는 것이 아니라, '아는 것(깨달음)'은 모든 경전이나 모든 문헌의 밖에 있다고 믿는 것이다. 너는 아는 것(깨달음)을 원한다고는 말하지 않았다. 다만 경전의 설명을 듣고 싶다고 말하지 않았느냐?"라고 대답하였다.

 선의 스승들이 시킨 전통적인 훈련의 목적은 제자에게 '깨닫는' 방법을 가르치는 것이었다. 육체적인 훈련도 있고, 정신적인 훈련도 있었으나, 어느 경우에나 마지막은 학습자의 내면 의식에서 그 효력이 발휘되어야 한다. 검술가의 선 수행은 이에 대한 좋은 예증이 된다. 물론 검객은 칼의 올바른 사용법을 배우고 또 그것을 끊임없이 연습해야 한다. 그렇지만 아무리 검술을 잘하게 되더라도 그것은 단순한 '능력'의 영역에 속한다. 그는 그 위에 다시 '무가〔無我〕'의 경지를 개척해야 한다. 그에게 내려지는 첫 번째 명령은 평평한 바닥 위에 서서, 그의 몸을 받치는 겨우 몇 인치의 발판에 정신을 집중하는 것이다. 그는 손바닥만한 발판을 점점 높여 마침내 1미터 높이의 기둥 위에 서 있어도, 마치 들에 서 있을 때와 마찬가지로 태연할 수 있게 된다. 이렇게 되었을 때 그는 '깨달음'을 얻는다. 그때 비로소 그의 마음은 현기증을 느끼게 하거나, 추락의 공포를 품게 해서 그를 배반하는 일이 없게 된다.

 이 기둥 위에 서는 수행은 누구나가 아는 중세 서구의 주상 수행자인 성 시메온(390~459)의 고행을 의도적인 자기 훈련으로 변형한 것이다. 그것은 이미 고행이 아니다. 선의 수행이든, 농촌의 풍습이든, 일본에서 모든 종류의 육체적 훈련은 모두 이런 종류의 변형을 거친다. 세계 곳곳에서 행해지는 얼음처럼 차가운 물 속으로 뛰어들어가거나 산 속의 폭포수를 맞는 것은, 육욕을 극복하거나, 신의 자비를 얻거나, 또 황홀경을 맛보기 위한 아주 평범한 고행이다. 일본인이 애호하는 간교〔寒行〕는 동이 트기 전에 살을 에는 듯한 차가운 폭포수를 맞거나, 혹은 겨울밤에 냉수를 세 번 뒤집어쓰는 것이다. 그 목적은 마침내 고통을 느끼지 않는 경지에 이르도록 의식적 자아를 훈련하는 일이다. 물의 차가움도 추운 미명의 떨림도 의식 위에 떠오르지 않게 되었을 때, 그 사람은 '달인'의 경지에 도달한 것이다. 그 밖에는 아무런 보답도 요구하지 않는다.

 정신적 훈련 또한 이와 마찬가지로 스스로 깨달아야 한다. 스승을 모시는 일은 있어도 서구처럼 스승이 '가르치는' 법은 없다. 왜냐하면 제자가 자기 이외의 원천으로부터 배우는 것은 아무런 가치도 없기 때문이다. 스승은 제자와 토론하는 일은 있지만 친절히 제자를 새로운 지식의 영역으로 유도해 주지는 않는다. 제자를 가장 난폭하게 다루는 스승이 가장 도움이 된다고 여긴다. 스승이 갑자기 제자가 입으로 가져가려는 찻잔을 쳐서 깨버리거나, 다리를 걷어차 자빠지게 하거나, 여의(如意)로 제자의 손가락 관절을 때리거나 하면, 제자는 그 충격을 받는 찰나에 갑자기 마치 전류에 닿은 것처럼 깨달음을 얻는 일이 있었다. 그것은 그의 안일한 마음을 때려부수는 것이었다. 승려의 언행을 기록한 책은 이런 종류의 삽화로 가득 차 있다.

전력을 다하여 '깨달음'을 얻고자 하는 제자를 위해 가장 애용되는 방법은 '고안(公案)'이었다. 이것은 문자 그대로 '문제'라는 뜻으로, 그 종류가 1,700가지에 달한다고 한다. 선승의 일화집을 보면, 하나의 고안을 풀기 위해 7년의 세월을 소비하는 일은 예사이다. 고안은 합리적 해답을 얻는 것을 목적으로 하는 것이 아니다. 예를 들면 "한 손으로 박장하는 것을 상상한다"라든가 "태어나기 전부터 어머니를 그리워하다"는 것이 있다. 또 "자기의 시신을 업고 있는 자는 누구냐?", "나를 향하여 걸어오는 자는 누구냐?", "만물은 하나로 돌아온다. 그러면 그 하나는 어디로 돌아가는가?"라는 것도 있다. 이러한 선의 고안은 12세기 혹은 13세기 이전에 중국에서 수행하던 것이다. 일본은 선종과 함께 이를 받아들였다. 그 뒤 고안은 중국 대륙에서는 없어졌지만 일본에서는 '숙달' 수행의 가장 중요한 요소의 하나가 되었다. 선의 입문서에서는 고안을 매우 중요하게 다루고 있다. "고안은 인생의 딜레마를 포장하고 있다." 고안을 생각하고 있는 사람이 '궁지에 몰린 쥐'처럼 막다른 골목에 이르면, 마치 '뜨거운 쇳덩어리를 삼키려는 사람'이나 '철괴(鐵塊)(선서(禪書)에는 철우(鐵牛))를 물어뜯으려는 모기'와 비슷해진다고 한다. 그는 정신없이 노력에 노력을 거듭한다. 마지막으로 그의 마음과 고안 사이를 가로막고 있던 '보는 나'의 장벽이 제거된다. 마치 섬광처럼 순식간에 마음과 고안이 융합한다. '깨달음'을 얻은 것이다.

이렇게 극도로 긴장된 심적 노력의 예를 읽은 뒤에 그 농축된 노력의 결실인 위대한 진리를 선승의 언행록에서 찾아보면, 약간 허탈해진다. 이를테면 당(唐)의 남악(南嶽, 677~744)은 "나를 향하여 걸어오는 자는 누구인가?"라는 고안을 8년간 생각하고 또 생각하였다. 그리고 마침내 깨달았다. 그의 말은 "여기에 한 물건이 있다고 단언하는 바로 그 순간에 전체가 도망쳐 버린다"는 것이었다. 그런데 깨달음에는 전반적으로 통하는 일정한 틀이 있다. 그것은 다음 몇 줄의 문답에 나타나 있다.

제자 : 어떻게 하면 생사의 윤회를 면할 수 있을까요?
스승 : 너를 속박하는 자(즉, 이 윤회에 너를 얽매어 놓은 자)는 누구인가?

중국의 유명한 격언을 빌려 말하면, 그들은 그때까지 '소에 탄 채 소를 찾고 있었다'는 점을 배우는 것이다. 그들은 "필요한 것은 그물이나 덫이 아니고, 그런 도구로 잡을 물고기나 짐승"이라는 것을 배운다. 서구식으로 고쳐서 표현하면, 그들은 딜레마를 일으키는 양 각(角)이 모두 본질과는 상관이 없다는 것을 배운다. 또한 만일 심안(心眼)이 열리기만 하면 목전에 있는 손쉬운 수단으로 목표에 도달할 수 있다는 것을 배운다. 어떤 일이라도 가능하다. 자기 이외의 누구의 도움도 빌리지 않고 말이다.

일본에서 행해지는 고안의 의의는 진리 탐구자가 발견하는 진리에 있는 것은 아니다. 그 진리는 온 세계 곳곳의 신비주의자가 발견하는 진리와 조금도 다를 바가 없다. 고안의 의의는, 일본인이 진리탐구라는 것을 어떻게 생각하는가를 나타낸다는 점에 있다.

고안은 '문을 두드리는 기왓장'이라고 불린다. '문'은 현재의 수단만으로 과연 충분할까 하고 지레 걱정하고, 자기의 행동을 칭찬하거나 비난하는 무수한 사람들이 자신을 둘러싼 채 지켜본다고 망상하는, 인간의 번뇌라는 벽에 붙어 있다. 이 벽은 모든 일본인이 대단히 절실하게 느끼는 하지[恥, 치욕]의 벽이다. 기왓장으로 문을 두들겨 부수고, 문이 열리자마자 사람은 자유의 천지로 해방되어 기왓장을 내던져 버린다. 이제 더 이상 고안을 푸는 일은 하지 않는다. 수행은 이미 다 했고 일본인 특유의 덕의 딜레마는 해결된 것이다. 그들은 필사적인 기세로 막다른 골목에 몸을 내던지고, '수행을 쌓기 위해' '철우(鐵牛)를 무는 모기'가 되었다. 그 결과 드디어 그들은 막다른 골목은 존재하지 않는다는 것—기무와 기리의 사이, 기리와 인정의 사이, 정의와 기리의 사이에도 역시 막다른 골목이 없다는 것을 깨달았다. 그들은 한 갈래의 길을 발견하였다. 그들은 이제 자유의 몸이 되어, 태어나서 처음으로 마음껏 인생을 '만끽'한다. '무가'의 경지에 달한 것이나 다름없다. 그들의 '숙달' 훈련은 훌륭하게 목적을 달성한 것이다.

선불교 연구의 권위자인 스즈키(鈴木)는 무가를 '지금 내가 하고 있다는 의식이 전혀 없는 황홀경', '노력이 필요 없는 상태'라고 설명한다. '보는 나'는 배제되고, 사람은 '나를 잃는다.' 즉, 이미 자기 행위의 방관자가 된다. 스즈키는 이렇게 말한다.

"의식이 눈을 뜨자마자 의지는 행위자와 방관자로 분열된다. 그리고 반드시 모순 상극이 일어난다. 행위자(로서의 나)는 방관자로서의 나의 구속에서 벗어나기를 원하기 때문이다."

따라서 '깨달음'에 있어서 보는 내가 존재하지 않는다는 것, "미지의 혹은 불가지(不可知)의 양(量)으로서의 정신적 실체가 존재하지 않는다는 것"을 제자는 발견한다. 존재하는 것은 단지 목표와, 그 목표를 달성하는 행위뿐이다. 인간의 행동을 관찰하는 연구자는 이 표현을 쉽게 고쳐서 좀더 구체적으로 일본 문화의 특성을 가리키는 말로 나타낼 수 있을 것이다. 일본인은 어린아이일 때부터 자기의 행위를 관찰하고 타인이 무슨 말을 할지를 기준으로 하여 시비를 판단하도록 철저히 훈련받는다. '보는 나'는 매우 상처 입기 쉽다. 그러나 영(靈)의 삼매경에 몰입할 때, 그는 이 나약한 자아를 배제한다. 이제 '지금 내가 하고 있다'고 느끼지 않게 된다. 그때 그는 이로써 자기는 마음의 수양이 되었다고 느낀다. 그것은 검술을 배우는 사람이 자기는 이제 두려움 없이 1미터의 기둥 위에 서는 훈련이 되었다고 느끼는 것과 마찬가지이다.

화가도, 시인도, 법사도, 무사도, 마찬가지로 이 '무가'의 훈련을 이용한다. 그들이 습득하는 것은 무한이 아니라, 유한한 미를 방해받지 않고 명료하게 지각하거나, 혹은 목표에 도달하기 위해 '지나치지도 부족하지도 않게' 꼭 알맞은 정도의 노력을 할 수가 있도록 수단과 목적을 조화시키는 일이다.

전혀 훈련받지 않은 사람도 '무가' 체험을 할 때가 있다. 노(能)나 가부키(歌舞伎)를 구경하는 사람이 무대에 빨려들어가 완전히 자신을 잃어버릴 때에도 마찬가지로 '보는 나'를 잃는다고 말한다. 관객은 손에 땀을 쥐고, '무가의 땀'을 느낀다. 목표에 근접하려는 폭격기의 조종사도 드디어 폭탄을 투하하기 직전에 '무가의 땀'을 흘린다. 그는 '자기가 하고 있다'는 것을 의식하지 않는다. 그의 의식에서 방관자로서의 자아는 완전히 모습을 감추어 버린다. 다른 일에는 정신을 팔지 않고 오로지 열심히 적기의 동태를 살피는 고사포의 사수 또한 마찬가지로, '무가의 땀'을 흘리고 '보는 나'를 잃는다고 한다. 이런 경지에 들어간 사람은 모두 컨디션이 최상일 것이다.

이러한 생각은, 일본인이 자기 감시와 자기 감독에 얼마나 중압감을 느끼는가를 잘 말해 준다. 그들은 이런 제약에서 벗어날 때 여유로워지고 마음껏 일할 수가 있다고 말한다. 미국인은 '보는 나'를 자기 안에 있는 이성적 행동원리로 간주하여 위기에 임해서도 이에 세심한 주의를 기울이면서 행동하는 것을 자랑으로 삼는 데 비하여, 일본인은 영혼의 삼매경에 몰입하여 자기 감시가 부과하는 제약을 잊을 때 멍에가 떨어져 나간 것 같은 느낌을 받는다. 앞에서 말한 바와 같이 그들의 문화는 신중하게 행동해야 한다는 것을 그들의 영혼에 끊임없이 주입한다. 그런데 일본인은 이런 무거운 짐을 내팽개쳐 버리고 한층 유효한 일을 할 수 있는 인간의 의식 세계가 있다고 선언함으로써 이에 대항해 왔다.

일본인의 이 신조를 표명하는 가장 극단적인—적어도 서구인의 귀에는 그렇게 들린다—표현은 '죽은 셈치고'로, 그들은 '죽은 셈치고 사는' 사람을 매우 높이 평가한다. 이 표현을 문자 그대로 서구어로 바꾸면 우선 '산 송장'이라고 하겠는데, 서구 어느 나라의 언어에서도 이 '산 송장'은 혐오스러운 말이다. 이 표현은 인간의 자아가 이 지상에 오직 귀찮은 존재로 남아 있는 그의 육체에서 떠나 버린 것을 나타낸다. 이미 그 인간 속에는 생명력이 전혀 남아 있지 않다. 그런데 일본인은 '죽은 셈치고 산다'는 표현을 '숙달'의 경지에서 살아간다는 의미로 쓴다. 그것은 극히 보편적인 일상적 사항에 관하여 누군가를 격려하는 말로 흔히 쓰인다. 중학교 졸업 시험으로 고민하는 소년을 격려할 때 사람들은 흔히 "죽은 셈치고 쳐라 봐라. 쉽게 합격한다"고 말한다. 중대한 상거래를 하고 있는 사람을 격려하는 친구도 흔히 "죽은 셈치고 해 보라고" 하고 말한다. 중대한 정신적 위기에 직면하여 앞으로 대체 어떻게 하면 좋을지 짐작도 할 수 없는 처지에 빠져 있을 때에도, 사람들은 '죽은 셈치고' 살 결심을 하여 그 궁지에서 벗어난다. 종전 후 귀족원 의원으로 선출된 위대한 기독교 지도자 가가와 도요히코〔賀川豊彦, 1888~

1960)는 그의 자전 소설에서 다음과 같이 말한다.

"마치 귀신들린 사람처럼 그는 매일 자기 방에서 울면서 지냈다. 그가 발작적으로 흐느끼는 울음소리는 히스테리에 가까웠다. 고뇌는 1개월 반이나 계속되었으나 마침내 마지막에 생명이 승리를 얻었다. (중략) 나는 죽음의 힘을 몸에 지니고 살아가리라. (중략) 죽은 셈치고 싸움 속으로 뛰어들어가자. (중략) 나는 크리스천이 될 결심을 하였다."

전쟁 중 일본의 군인은 흔히 "나는 죽은 셈치고 살아, 고온(皇恩)에 보답할 각오이다"라고 말하였다. 이 말은 출정 전에 자신의 장례식을 집행하거나, 자기의 몸이 "이오지마(硫黃島)의 흙이 되게 하겠다"고 맹세하거나, "미얀마의 꽃과 더불어 지겠다"는 각오를 다지거나 하는 행동들을 한마디로 말한 것이다.

무가의 밑바탕에 있는 철학이, '죽은 셈치고 산다'는 태도의 밑바탕에도 숨어 있다. 이 상태에 있을 때 사람은 모든 자기 감시나 공포심이나 경계심을 버린다. 그는 죽은 자와 마찬가지이므로, 이미 올바른 행동 방침이라는 것에 대해 걱정할 필요를 초월한 사람이 된다. 죽은 자는 이제는 온(恩)을 갚는 것이 아니다. 기무에서 해방되었기 때문이다. 따라서 '죽은 셈치고 산다'는 표현은 모순 상극으로부터의 궁극적 해방을 의미한다.

"나의 활동력과 주의력은 아무런 속박도 받지 않고 목적의 실현을 향하여 똑바로 나아갈 수 있게 되었다. 여러 가지 불안의 무거운 짐을 진 '보는 나'는 이제 나와 내 목표 사이를 가로막고 서지 않다. 보는 나와 더불어 지금까지 나의 노력에 방해가 되어 왔던 긴장감과, 노력 의식 그리고 의기 소침에 빠지는 경향도 역시 없어졌다. 이제 앞으로 나는 무슨 일이라도 할 수 있다."

서구식으로 말하면 일본인은 무가의 경지에 달하여 죽은 셈치고 살 때에 자책감을 배제하는 것이다. 그들이 말하는 이른바 '보는 나', '방해하는 나'란 인간 행위의 시비를 판단하는 감시자의 역할을 한다. 미국인에게 양심에 얽매이지 않은 인간이란 비행에 당연히 수반되는 죄의식을 이미 느끼지 않게 된 인간을 말하는 것인데 비하여, 일본인이 동일한 표현('무심', '무념 무상' 등)을 쓸 때에는 긴장이 풀어졌거나 방해받지 않게 된 인간을 의미한다. 여기에서 서양인과 동양인의 심리 차이를 실로 명료하게 엿볼 수 있다. 미국에서는 악인의 뜻이고, 일본에서는 선인, 즉 수행을 쌓은 인간, 그 능력을 최대한으로 활용할 수 있는 인간이라는 뜻이다. 또한 가장 어렵고 헌신적인 무사(無私)의 행위를 할 수 있는 인간이라는 뜻이기도 하다. 미국인에게 선행을 하도록 요구하는 강력한 강제력은 죄의식이다. 양심이 마비되어 이미 죄를 느낄 수 없는 인간은 반사회적인 존재가 되어 버린다. 그러나 일본인은 문제를 전혀 다른 식으로 해석한다. 그들의 철학에 따르면 인간의 마음 바탕은 선(善)이다. 만일 충동이 그대로 즉시 행위로 나타날 수 있다면 인간은 쉽게 선행을 할 수 있다. 그래서 그는 '숙달'의 수행을 쌓아 '하지'의 자기 감시를 배제하려 한다. 그렇게 되었을 때 그의 '육감'은 비로소 구속에서 해방된다. 그것은 자의식과 모순 상극으로부터의 궁극적 해방이다.

  자기 훈련에 대한 일본인의 철학은 일본 사회에서 살아가는 개개의 생활 체험에서 떼어 내 고찰하지 않는 한 불가사의한 수수께끼다. 그들이 '보는 나'로 귀속시키는 이 '하지'의 의식이 얼마나 무겁게 일본인을 억누르는가 하는 것은 이미 말한 바와 같지만, 그들의 정신 구조 철학의 참된 의미는 일본의 자녀 양육법을 설명하지 않는 한 여전히 불확실하다. 어느 문화에서도 전통의 도덕적 규율은 차례 차례로 새로운 세대에, 단순히 말로만 아니라 아이에 대한 연장자의 모든 태도를 통해 전해진다. 국외자가 그 나라의 자녀 양육법을 연구하지 않고서 인생 중대사를 이해하기란 거의 불가능하다. 지금까지는 성인의 경우만을 다루었으나, 이제부터는 그들의 자녀 양육법을 살펴보려고 한다. 이로써 일본 국민 전체가 품은 인생에 관한 가정의 많은 부분이 한층 분명해질 것이다.

제12장
어린아이는 배운다

일본의 아이들은 관념적인 서구인이 상상하는 것과는 아주 다른 방법으로 양육되고 있다. 미국의 부모들은 일본에 비하여 신중함과 금욕을 훨씬 덜 요구하는 생활에 맞추어 아이들을 훈련시키지만, 아이가 태어나는 순간부터 그의 작은 소망이 이 세상의 최고가 아니라는 점을 가르쳐 준다. 우리는 일정한 시간을 정하여 젖을 주고 일정한 시간에 재운다. 어떤 상황에서도 갓난아이는 젖을 먹거나 자는 일정한 시간이 될 때까지 기다려야 한다. 얼마 뒤에 어머니는 손가락을 빨거나 그 밖에 신체 부분을 만지는 것을 금지시키기 위해 아이의 손을 때린다. 어머니는 가끔 아이들에게 모습을 감출 때도 있다. 어머니가 외출한 동안에 아이는 집에서 홀로 있어야 한다. 또한 갓난아이는 다른 음식보다 젖을 더 먹고 싶을 때 젖을 떼이고, 혹은 분유로 자란 아이는 젖병을 빼앗겨 버린다. 아이는 몸에 좋다고 정해진 음식을 먹어야 한다. 바른 일을 하지 않으면 벌을 받는다. 미국에서도 이러한데 일본에서는 오죽할까. 어느 정도 자라서 사람 구실을 하게 되면 자신의 소망을 억제하고, 그처럼 주의 깊게 엄격한 도덕을 실천하는 일본인이니, 그 젖먹이들은 분명히 이보다 몇 배는 더 엄격한 교육을 받으리라고 미국인이 상상하는 것은 당연하다.

그러나 일본인의 양육 방법은 예상을 완전히 뒤엎는다. 일본의 생활 곡선은 미국의 생활 곡선과 정반대로 되어 있다. 그것은 깊이가 얕고 큰 U자형으로, 곡선의 양 끝에 있는 갓난아이와 노인에게는 최대의 자유와 제멋대로인 행동이 허락된다. 유아기를 지나면서부터 서서히 구속이 커져, 결혼 전후의 시기에 이르면 자의대로 누릴 수 있는 자유는 최저선에 달한다. 이 최저선은 장년기에 이르기까지 몇십 년이나 계속되는데, 그 뒤 곡선은 다시 점차 상승하여 60세가 지나면 유아와 거의 마찬가지로 '하지[恥]'에 구애받지 않게 된다. 미국에서는 이 곡선이 정반대이다. 갓난아이 때에는 엄한 교육을 받지만 아이가 체력을 갖춤에 따라 엄격함은 차츰 완화되어, 드디어 직업을 가지고 가정을 꾸리고 자력으로 생활을 영위하는 나이가 되면 거의 타인의 간섭을 받지 않게 된다. 우리에게는 장년기가 자유와 자발성의 정점이다. 나이가 들고 늙어서 기력이 쇠하거나 남의 신세를 지게 되면 다시 구속의 그림자가 드리워지기 시작한다. 이렇다 보니 미국인으로선 일본인과 같은 형태로 조직된 생활을 상상하기조차 어렵다. 그러한 일생은 우리에게 사실과 전혀 상반되는 것처럼 여겨진다.

그러나 미국인들이나 일본인들은 그들의 생활 곡선을 이상과 같이 규정함으로써, 저마다 자기의 나라에서 장년기에 마음껏 활약하여 그들 문화에 참가하는 길을 확보하여 왔다. 미국에서는 이 목적을 위해서 장년기에 개인적 선택의 자유를 증대하는 것이 중요하다고 생각한다. 반대로 일본인은 개인에게 가해진 구속을 최대화하는 것이 필요하다고 여긴다. 돈 버는 능력이나 체력이 정점에 달하는 이 시기에, 그러나 일본인은 자신의 인생을 원하는 대로 누릴 권리를 인정받지 못한다. 그들은 속박이 가장 좋은 정신적 훈련(슈요(修養))이요, 자유로는 달성할 수 없는 결과를 만들어 낸다고 굳게 믿는다. 이처럼 일본인은 가장 활동적이고 생산적인 시기에 도달한 남녀에게 최대의 속박을 가하는데, 이것은 결코 속박이 일생 동안 계속된다는 의미는 아니다. 유년기와 노년기는 '자유로운 영역'이다.

이처럼 아이들에게 관대한 국민은 분명 아이를 원하는 경향이 매우 강할 것이다. 일본이 바로 그렇다. 그들이 아이를 원하는 첫 번째 이유는 미국의 부모들이 그런 것처럼 아이를 사랑하는 일이 즐겁기 때문이다. 그러나 단지 이 뿐만이 아니라, 미국에서는 훨씬 작은 비중을 차지하는 다른 이유 때문이기도 하다. 일본인이 아이를 원하는 것은 단지 정서적인 만족을 얻기 위해서뿐만 아니라 혈통을 이어야 하기 때문이다. 만일 혈통이 끊긴다면 그들은 인생의 실패자가 된다. 일본의 모든 남자는 아들을 얻어야 한다. 그는 자신이 죽은 뒤 매일 불단의 위패 앞에서 명복을 빌어 줄 자식이 필요한 것이다. 또 가계를 영원히 이어 가고, 가문의 명예와 재산을 유지하는 데도 아들이 필요하다. 예로부터 사회적 이유로서 아버지가 아들을 필요로 하는 것은 어린 자식이 아버지를 필요로 하는 그것과 거의 다름이 없다. 아들은 장래에 아버지의 위치를 이어받는데, 그것은 아버지를 밀어내는 것이 아니라 안심시키는 일이라고 생각한다. 얼마 동안 아버지가 '가재(家財)'를 관리하는 역할을 맡는다. 그리고 그것을 자식이 이어받는다. 만일 아버지가 자식에게 호주를 물려주지 못한다면, 그가 여태까지 맡아온 역할은 헛일이 되어 버린다. 이러한 뿌리 깊은 연속 의식 때문에 완전히 성인이 된 자식이 아버지에게 신세 지는 기간이 미국에 비해 훨씬 길어도, 그들은 그것을 서구 여러 나라에서와 같이 부끄러운 일, 면목없는 짓이라고 느끼지 않는다.

여자들도 아이를 원하지만, 그것은 정서적 만족을 얻기 위해서뿐만 아니라, 어머니가 됨으로써 비로소 지위를 획득할 수 있기 때문이다. 아이가 없는 여자는 가정 안에서 지위가 대단히 불안정하다. 비록 이혼당하지 않더라도, 앞으로 시어머니가 되어 아들의 결혼에 발언권을 행사하며 며느리에게 권력을 휘두르는 날이 오는 걸 즐겁게 기다릴 수가 없다. 그 여자의 남편은 가계가 끊어지지 않도록 사내아이를 양자로 들이겠지만, 일본인의 관념에 따르면 그러한 경우에 그 여자는 패자가 된다. 일본 여성들은 아이를 많이 낳기를 바란다. 1930년대 전반의 평균 출생률은 인구 1,000명당 31.7명인데, 이것은 동부 유럽의 다산국과 비교해 보더라도 높은 비율이다. 1940년도 미국의 출생률은 인구 1,000명당 17.6명이었다. 더구나 일본 여성은 일찍부터 아이를 낳기 시작한다. 그리하여 19세에 다른 연령의 여자에 비해 가장 많이 아이를 낳는다.

일본에서는 분만을 성교와 마찬가지로 은밀히 행한다. 여자는 산통을 겪을 때 큰 소리를 내어서는 안 된다. 아이 낳는 것을 이웃에 광고하는 꼴이 되기 때문이다. 갓난아이에게는 미리 이불이 갖추어진 작은 침상이 준비된다. 아이의 침상을 따로 새로이 장만하지 않으면 불길하다고 생각한다. 새것을 살 여유가 없는 가정이라도 이불보와 솜을 세탁하여 다시 만들어 '새롭게' 꾸민다. 아이의 이불은 어른의 이불처럼 딱딱하지 않으며 또 훨씬 가볍다. 따라서 갓난아이는 어머니와 함께 자는 것보다 자기의 침상에서 자는 편이 편안하다고 여겨진다. 그러나 그들이 갓난아이 침상을 따로 마련하는 깊은 이유는 새로운 사람에게는 새로운 침상을 주어야 한다는 공통적인 인식에 기초한 것이라 생각된다. 갓난아이의 침상은 어머니의 침상 옆에 붙어 있지만, 갓난아이가 어머니와 함께 자는 것은 그런 의사를 몸짓으로 표현할 정도로 자란 다음의 일이다. 즉, 첫돌이 지나면 갓난아이는 양손을 뻗어서 자신의 요구를 전하게 된다. 그러면 갓난아이는 어머니의 이불 속에서 어머니의 품에 안겨 잔다.

태어난 뒤 사흘 동안은 갓난아이에게 젖을 물리지 않는다. 좋은 모유가 나올 때까지 기다리는 것이다. 그 뒤부터 갓난아이는 때를 가리지 않고 언제나 젖을 먹거나 위안을 얻기 위해 엄마 젖을 물 수 있다. 일본인들은 수유가 여자의 가장 큰 생리적 쾌락의 하나라고 믿는다. 그리하여 갓난아이는 어머니의 즐거움에 쉽게 동참하게 된다. 유방은 영양뿐만 아니라 기쁨과 즐거움도 주는 것이다. 출생 후 1개월 동안 갓난아이는 그의 작은 침상에 눕든가 어머니의 팔에 안기든가 한다. 아이가 태어나고 30일이 지났을 때 그 지방의 신사에 데리고 가 참배하는데, 신사 참배가 끝난 뒤에야 비로소 생명이 갓난아이의 몸에 단단히 뿌리를 내리게 되어 이제부터는 밖에 데리고 다녀도 좋다고 생각하게 된다. 1개월이 지나면 갓난아이는 어머니의 등에 업힌다. 이중으로 된 띠로 아이의 겨드랑이 밑과 궁둥이를 받친 다음 어머니의 어깨를 거쳐 앞으로 돌려 허리 앞에서 맨다. 추운 날에는 어머니가 솜옷으로 갓난아이를 덮는다. 그 가정의 남자아이든 여자아이든, 좀더 큰 어린이가 갓난아이를 업기도 하는데, 놀 때에도 갓난아이를 업은 채로 뛰어다니기도 하고 사방차기를 하기까지 한다. 특히 농가나 가난한 가정에서는 큰 아이들한테 아이보기를 맡기는 수가 많다.

"일본의 갓난아이는 사람들 가운데서 생활하기 때문에, 빨리 영리해지고 흥미로운 표정을 짓는다. 그리고 자기를 등에 업고 있는 아이들의 유희를 당사자처럼 즐기는 듯한 모습을 보인다."

갓난아이를 대(大)자로 업는 일본의 풍습은 태평양 여러 섬이나 그 밖의 곳에서 일반적으로 행해지는, 갓난아이를 숄로 어깨에 걸어 데리고 다니는 풍습과 많은 공통점을 지니고 있다. 즉 아이를 수동적으로 만든다. 그리고 이렇게 데리고 다닌 갓난아이는 일본인이 그렇듯이, 자라게 되면 장소나 조건에 구애받지 않고 잘 수 있는 능력을 익히게 된다. 그런데 띠를 매어 아이를 짊어지는 일본의 습관은 숄이나 포대기로 싸서 안는 습관처럼 완전한 수동성을 기르지는 않는다. 갓난아이는 "자기를 업어 주는 사람의 등에 새끼 고양이처럼 매달리는 법을 배운다. (중략) 띠로 등에 묶기 때문에 떨어질 염려는 없다. 그런데 갓난아이는 (중략) 자신이 여러 가지로 노력하여 편한 자세를 취하려 한다. 그리하여 얼마 뒤에는 마치 등에 맨 보따리와는 달리, 업는 사람의 등을 대단히 교묘하게 타는 법을 익히게 된다."

어머니는 집에서 일할 때는 갓난아이를 침상에 눕혀 두고, 밖으로 외출할 때에는 등에 업고 나간다. 어머니는 갓난아이에게 말을 붙이고 자장가를 들려주고 여러 가지 행동을 보고 익히게 한다. 어머니가 누구에게 인사를 할 때마다 갓난아이의 머리와 어깨를 앞으로 숙이게 하여 갓난아이에게도 인사를 시킨다. 갓난아이는 항상 한 사람으로 계산되는 것이다. 매일 오후 어머니는 갓난아이와 함께 목욕을 하며 아이를 무릎 위에 올려 놓고는 장난을 치며 논다.

갓난아이는 3, 4개월 동안 기저귀를 찬다. 이 기저귀는 두툼하고 무겁기 때문에 일본인이 안짱다리인 이유가 기저귀 탓이라고 말하는 사람도 있다. 생후 3, 4개월이 되면 어머니는 용변 훈련을 시작한다. 어머니는 적당한 때를 가늠하여 갓난아이를 문 밖으로 데리고 나가 아이 몸을 손으로 받쳐 주고 보통 단조로운 휘파람을 불면서 아이가 용변을 보기를 기다린다. 그리하여 아이는 이 청각 자극의 목적을 배운다. 중국의 경우도 그렇지만, 일본에서는 아이가 대단히 빨리 용변 가리는 법을 배운다. 오줌을 싸면 아이의 궁둥이를 때리는 어머니도 있으나 대개는 꾸지람을 하는 정도로 그치고, 그 아이를 더욱 훈련시키기 위해서 자주 밖으로 데리고 가서 용변을 보게 한다. 변비에 걸리면 관장이나 설사를 하게 한다. 어머니들이 이처럼 용변 가리는 법을 가르쳐 주는 것은 갓난아이를 기분 좋게 해주기 위해서인데, 용변 습관이 붙으면 더는 두껍고 불쾌한 기저귀를 차지 않아도 되기 때문이다. 실제로 일본 아이들은 기저귀를 싫어한다. 기저귀가 두꺼운 데다가, 젖었다고 해서 금방 갈아주지도 않기 때문이다. 그러나 아이들은 아직 어리기 때문에 용변을 가리는 것과 축축한 기저귀를 차는 것의 차이를 모른다. 그저 일과를 강요당할 뿐이다. 아이에게 용변 가리는 법을 가르치는 어머니는 아이를 몸에서 떼어 붙잡고 있어야 하므로, 자연스레 손에 힘이 들어갈 수밖에 없다. 이처럼 가차없는 훈련을 통하여 갓난아이는 나중에 성인이 되었을 때 일본 문화의 복잡 미묘한 강제에 따를 마음가짐을 배운다.

일본의 갓난아이는 보통 걷기보다는 먼저 말을 하게 된다. 일반적으로 기어다니는 것은 좋지 않다고 여긴다. 또한 갓난아이는 만 한 살이 될 때까지는 서거나 걷도록 해서는 안 된다는 생각이 전통적으로 있어서 어머니는 갓난아이가 그런 시도를 하는 것을 일체 금지시키려 하였다. 그런데 요사이 십여 년간 정부는 대단히 많은 독자들에게 읽히는 값싼 〈임산부 수첩〉을 발행하여 보행을 장려해야 한다고 가르쳐 왔다. 그리하여 지금은 이를 따르는 편이 훨씬 일반적이다. 어머니는 갓난아이의 겨드랑이 밑에 띠를 매어 끌거나 손으로 받쳐 주며 보행 연습을 시킨다. 그럼에도 갓난아이는 걷기보다는 말을 먼저 하는 경향이 있다. 어른들은 늘 갓난아이와 이야기하여 갓난아이를 달랜다. 아이의 이야기는 그가 단어를 쓰기 시작하면서 점차 목적이 분명해지게 된다. 일본인은 갓난아이의 언어 습관을 우연한 모방에 맡겨 두지 않는다. 아이에게 단어를 가르치고 문법을 가르치고 경어를 가르친다. 또한 아이도 어른과 함께 언어유희를 즐긴다.

아이들은 걷게 되면서부터 여러 가지 장난을 한다. 손가락으로 문의 창호지를 뚫는다든가, 방바닥 한가운데에 있는 이로리〔圍爐裏〕안으로 떨어지곤 한다. 그러나 아이들의 장난을 두고 볼 수만은 없기에, 일본인들은 아이들 장난 때문에 집이 무너진다고 과장한다. 문지방을 밟는 것은 '위험하다'는 이유로 금기시되어 있다. 일본의 집은 지하실이 없고, 마루는 지면에 닿지 않은 채 마룻귀틀이 이를 떠받치고 있는 구조이다. 그래서인지 아이들이 문지방을 밟아도, 집 전체가 기운다고 진짜로 믿는다. 그뿐 아니라 아이들은 다다미를 이은 데를 밟는다든지 그곳에 앉지 않도록 조심해야 한다. 다다미는 크기가 일정하여, 방을 '다다미 석 장 방'이든지 '다다미 열두 장 방'하는 식으로 부른다. 아이들은 때때로, 옛날 사무라이가 방 밑으로 숨어 들어와서 다다미를 이은 틈으로 칼을 넣어 방 안에 있는 사람을 찔렀다고 하는 이야기를 듣게 된다. 다다미의 두껍고 부드러운 부분은 안전하고, 다다미의 이음새 틈은 위험하다. 어머니가 어린아이를 꾸짖을 때 늘 쓰는 '위험해'와 '안 돼'라는 말 속에는 이러한 감정이 들어 있다. 그 다음으로 늘 쓰이는 훈계의 말은 '더럽다'이다. 일본의 집은 정연하게 정돈되고 깨끗하게 청소되어 있는 것으로 유명하며, 어린아이는 그것을 존중하도록 배운다.

일본의 아이는 대체로 다음 아이를 낳을 때까지 젖을 떼지 않는다. 그런데 최근 들어 정부가 발행한 〈임산부 수첩〉은 갓난아이가 생후 8개월에 젖을 떼는 것이 좋다고 주장한다. 중산층에서는 가끔 그대로 실행하는 사람도 있지만 그것이 일반화되려면 아직 멀었다. 젖 먹이는 것은 어머니의 큰 즐거움이라고 생각하는 일본인의 감정은 변함없지만, 서서히 새로운 습관을 따르는 사람들은 수유 기간을 줄이는 것이 아이들의 행복을 위해 참아야 하는 어머니의 희생이라고 생각하고 있다. "오랫동안 젖을 먹는 아이는 몸이 약하다"는 새로운 주장을 믿는 사람들은 젖을 떼지 않는 어머니를 자제심이 없다고 비난한다. "저 사람은 젖을 뗄 수 없다고 말하지만 그것은 결심이 서지 않았기 때문이다. 단지 언제까지나 젖을 먹이고 싶은 거다. 저 사람은 자기만 즐기려고 한다." 그러므로 생후 8개월 만에 젖을 떼는 풍습이 일반적으로 보급되지 않는 것도 당연하다. 또 하나 젖을 늦게 떼는 실제적 이유가 있다. 일본인은 예로부터 이유식을 준비하는 관습이 없다. 빨리 젖을 뗀 갓난아이에게는 미음을 먹이지만 보통은 젖을 뗌과 동시에 보통 어른들이 먹는 음식을 먹인다. 일본인은 우유를 마시지도 않고, 유아에게 먹일 수 있는 특별한 야채도 없다. 실정이 이렇다 보니 "오랫동안 젖을 먹는 아이는 몸이 약해진다"고 가르치는 정부의 지도가 과연 옳은 것인가 하는 의심을 품는 것도 무리는 아니다.

보통은 아이들이 말을 알아들을 수 있게 된 다음에 젖을 뗀다. 아이들은 식사 때에 어머니의 무릎에 앉아서 조금씩 입에 떠넣어 주는 음식을 받아먹다가, 젖을 뗀 후에는 많은 양을 먹게 된다. 아이에 따라서는 이 시기에 모유 이외의 것을 먹으려 하지 않아서 어려움을 겪기도 한다. 그러나 새로운 아이가 태어났기 때문에 젖을 떼야 한다고 이야기하면 훨씬 쉽게 아이를 납득시킬 수 있다. 어머니는 과자를 주어서 젖을 찾는 아이를 달랜다. 때로는 젖꼭지에 후춧가루를 바르기도 한다. 그러나 대부분의 어머니들이 쓰는 수단은 젖을 찾는 아이를 아직도 갓난아이를 벗어나지 못하였다고 놀려 대는 것이다. "사촌인 아무개를 봐라. 그 애는 정말 어른이 되었던 걸. 너처럼 작은데도 젖 달라고는 안 하더라"라든가, "이것 봐, 저 애가 보고 웃어요. 너는 형인데 아직 젖을 찾다니" 하고 놀려 댄다. 두 살이 되고, 세 살이 되고, 네 살이 되어도 아직 어머니의 젖을 찾는 아이는 자기보다 큰 아이가 가까이 오는 발소리를 들으면 급히 입을 떼고 아무것도 먹지 않은 듯 딴전을 피운다.

이처럼 아이를 놀려 대어 어른이 되기를 재촉하는 것은 젖 떼는 경우에 한

한 일이 아니다. 아이들이 자기에게 하는 말의 의미를 이해할 수 있게 되었을 때부터는 어떤 상황에서건 이 방법이 잘 쓰인다. 사내아이가 울면 어머니는 "너는 여자아이가 아니야"라든가, "너는 남자잖아"라고 말하든가 또는 "저 애를 봐. 저 애는 울지 않잖아"라고 비교한다. 손님이 갓난아이를 데리고 온 경우에 어머니는 자기 아이 앞에서 손님이 데리고 온 아이를 귀여워하며, "이 애를 엄마의 아이로 삼아야겠다. 엄마는 이렇게 나무랄 데 없이 착한 애가 좋아. 너는 벌써 다 컸는데도 아직도 아기처럼 굴잖니" 하고 말한다. 그러면 아이는 어머니에게 달라붙어 어머니를 주먹으로 계속 때리면서 "싫어요, 싫어. 이젠 갓난아이 같은 건 싫어요. 나도 엄마 말 잘 들을게" 하고 운다. 한두 살 된 아이가 떠들거나 말을 잘 안 들으면, 어머니는 남자 손님에게 "이 애를 댁으로 데려가세요. 우린 이런 애가 필요 없어요" 하고 말한다. 손님은 맞장구를 치며 그 역할을 맡아 그 애를 집 밖으로 데리고 나가려고 한다. 아이는 울부짖으면서 어머니에게 도움을 청한다. 어머니가 이젠 충분하다고 생각되면 태도를 부드럽게 하여 아이를 다시 집으로 불러들인다. 그리고 아직도 심하게 울고 있는 아이에게 이제부터 얌전히 해야 한다고 약속을 받는다. 이 짧은 연극은 때로는 대여섯 살 된 아이들한테도 연출된다.

아이들을 난처하게 하는 또 다른 연극도 있다. 어머니는 남편 곁으로 가서 아이를 향해 "엄마는 너보다 아빠가 더 좋단다. 아빠는 좋은 사람이니까" 하고 말한다. 아이는 질투가 나서 아빠와 엄마 사이로 뛰어들려 한다. 어머니는 "아빠는 너처럼 집 안을 시끄럽게 하거나 방 안에서 이리저리 뛰어다니지 않으셔"라고 한다. 그러면 아이는 "아니, 아니야. 나도 이제 그런 짓 안 할 거예요. 나는 좋은 아이가 될 거예요. 자, 이제 예뻐해 줄 거죠?" 하고 말한다. 이제는 충분하다고 생각될 정도로 연극이 진행되면 부모는 서로 얼굴을 마주보고 빙긋 웃는다. 그들은 사내아이뿐 아니라 여자아이도 이렇게 놀려 준다.

이러한 경험은 성인이 된 일본인에게 현저하게 나타나는 조소와 배척에 대한 공포심을 기르는 비옥한 기반이 된다. 자신이 놀림을 받고 있다는 사실을 몇 살이 되어야 알게 되느냐를 단정하기는 불가능하지만, 늦든 빠르든 아이는 자신이 놀림의 대상이 되었음을 알게 된다. 그렇게 되면 조롱받고 있다는 의식과 함께 친근하고 익숙한 모든 것을 잃어버리게 되지 않을까 하는 불안이 아이들의 무서운 공포 중 하나가 된다. 어른이 된 뒤 타인에게 조롱을 당하게 될 때에도 이 유아기의 공포가 되살아난다.

이러한 놀림이 두 살에서 다섯 살까지의 아이들 마음속에 큰 공포를 일으키는 이유는, 가정이라는 곳이 정말 안전을 보증하며 아이들의 어리광이 허용되는 안식처이기 때문이다. 아버지와 어머니는 육체적으로나 감정적으로 완벽한 분업이 이루어져 있기 때문에, 부모가 아이들 눈에 경쟁자로 비치는 일은 거의 없다. 어머니나 할머니가 집안일을 담당하고 아이를 훈육한다. 그녀들은 아버지를 받들어 올려 숭배하는 위치로 모신다. 가정의 계층제에서 서열은 명확히 정해져 있다. 아이들은 이미 연장자에게 특권이 부여되어 있다는 것과 남자는 여자에게 없는 특권을 지녔고, 형은 동생이 갖지 못한 특권을 지녔음을 알고 있다. 그러나 유아기 동안 아이들은 가족 모두에게 관대한 대우를 받는다. 사내아이의 경우에는 더욱 그러하다. 어머니는 사내아이에 대해서건 여자아이에 대해서건 언제나 어떤 일이건 원하는 걸 받아 준다. 그런데 세 살 난 남자아이가 맹렬한 분노를 마음대로 어머니에게 퍼부을 때가 있다. 아버지에게는 반항하지 못하지만, 어머니나 할머니에게는 짜증을 폭발시켜 부모에게서 놀림을 받았을 때의 모든 감정, 또는 "다른 사람에게 주어 버린다"는 말을 들었을 때의 울분을 발산한다. 물론 어린 사내아이 모두가 짜증을 내는 것은 아니다. 그러나 시골에서건 상류계급 가정에서건 짜증은 세 살에서 여섯 살까지 아이들의 공통적 성질이라고 보고 있다. 어린아이는 어머니를 계속 때리기도 하고 울부짖기도 하는 등 난폭하기 짝이 없고, 예쁘게 빗어올린 소중한 어머니의 머리카락을 형편없이 만들고 만다. 어머니는 여자이고 그는 비록 세 살이지만 틀림없는 남자이다. 그러므로 어머니에게 제멋대로 공격을 가하는 일도 있다.

그러나 아버지에 대해서는 언제나 존경의 태도를 나타낸다. 아버지는 아이에게는 높은 계층적 지위를 대표하는 훌륭한 모범이다. 항상 쓰이는 일본식 표현을 빌린다면, 아이는 '예의범절을 익히기 위해서' 아버지에게 적절한 경의를 표하는 방법을 배운다. 일본 아버지는 서구 어떤 나라의 아버지보다도 자녀의 훈육에 간섭하는 일이 드물다. 아이의 훈육은 여자의 일이기 때문이다. 아버지가 자신의 의지를 아이에게 전하려고 할 때는 대체로 그저 잠자코 노려보든가, 또는 간단히 훈계할 뿐이다. 그러한 일이 드물기 때문에 아이는 곧 아버지가 하는 말을 듣는다. 아버지는 여가를 쪼개어 아이들에게 장난감을 사줄 때도 있고, 아이가 걸어다닐 수 있게 된 뒤에도 이따금 목말을 태워주기도 한다. 이 점은 어머니도 마찬가지이다. 그 나이의 어린아이를 위하여 아버지는 때로 미국의 아버지라면 보통 어머니에게 맡길 만한 육아상의 임무를 흔쾌히 다하기도 한다.

아이들은 할머니 할아버지에게 어리광을 피울 수 있다. 또한 조부모는 아이에게 존경의 대상이 되기도 하지만, 실제로 아이들을 훈육하는 역할은 하지 않는다. 아이들을 기르는 부모들의 방법이 못마땅해서 조부모 자신이 그 역할을 떠맡을 때도 있지만, 그것은 고부간의 갈등을 일으키는 원인이 된다. 할머니는 보통 온종일 아이들 옆에 있다. 그러므로 아이들을 둘러싼 시어머니와 며느리 간의 다툼은 일본 가정에서는 아주 평범한 일이다. 아이의 입장에서는 양쪽에서 귀여움을 받는 결과가 된다. 할머니는 며느리를 제압하기 위해서 가끔 손자를 이용한다. 그러나 아이의 어머니인 며느리는 시어머니에게 순종하는 것이 인생 최대의 의무이기 때문에, 조부모가 아이들을 버릇없이 키워도 이의를 제기할 수 없다. 어머니가 아이에게 과자를 더 이상 안 주겠다고 말하면, 할머니는 바로 아이에게 과자를 준다. 그리고 "할머니가 준 과자는 독약이 아니에요"라고 빈정거린다. 많은 가정에서 할머니는 어머니가 손에 넣을 수 없는 좋은 물건을 아이들에게 준다. 또한 어머니보다 아이들과 놀 수 있는 시간이 더 많으므로, 어머니보다 우위를 차지하고 있다.

형이나 누나들은 동생들의 비위에 거슬리지 않도록 가르침을 받는다. 일본인은, 동생이 태어나면 우리가 흔히 말하는 "코가 납작해진다(nose being put out of joint)"는 위험에 떨어진다는 것을 충분히 알고 있다. 소외된 아이는 새로 태어난 아이 때문에 어머니의 젖과 어머니와의 잠자리를 단념해야만 한다는 사실을 관련시켜서 생각하게 된다. 새 아이가 태어나기 전에 어머니는 아이에게 "이번에는 가짜 아이가 아니라 진짜 살아 있는 인형이 나온다"고 말해 준다. 또한 이제부터 어머니가 아니라 아버지와 같이 자야 된다고 일러 주고, 그것이 상당한 특권이나 되는 듯이 말한다. 아이는 새로운 갓난아이를 위한 여러 가지 준비에 흥미를 느낀다. 그리고 갓난아이가 태어나면 진정으로 흥분하여 기뻐하지만 얼마 되지 않아 그 흥분과 기쁨은 식어 버린다. 그러나 충분히 예상하고 있는 일이므로 특별히 걱정할 일은 아니라고 생각한다. 주인공 자리를 빼앗긴 아이는 어머니에게 "이 갓난아이는 누구에게 줘 버려요"라고 말하면서 아기를 안고 다른 곳으로 데려가려 할지도 모른다. 그러면 어머니는 "아니야, 우리 아가야. 그러니까 모두 귀여워해 줘야 해. 아가는 너를 좋아해. 그러니까 너도 아가를 돌보는 데 도와줘야지" 하고 대답한다. 때로는 이런 말다툼이 꽤 오랫동안 몇 번이고 되풀이되는 수도 있으나, 어머니들은 별로 신경쓰지 않는다. 아이들이 많은 가정에서는 이러한 사태를 해결하는 방법이 자동적으로 나타난다. 아이들이 위에서부터 순서대로 한 사람 건넌 형제자매와 특별히 친밀한 유대로써 맺어지는 것이다. 제일 큰 아이는 세 번째 아이와, 두 번째 아이는 네 번째 아이와 마음이 통하는 상대가 되고 보호자가 된다. 동생들도 한 사람 건넌 형이나 누나를 잘 따른다. 아이들이 7, 8세가 될 때까지는 남녀의 차이가 이 풍습에 어떤 영향을 끼치지는 않는다.

  일본 아이들은 누구나 장난감을 가지고 있다. 부모나 많은 친척, 친지들이 아이들을 위해 인형이나 인형에 부속되는 물건을 만들어 주거나 사 준다. 가난한 사람들은 장난감 사는 데 돈을 쓰지 않고 직접 만든다. 어린아이들은 인형과 그 외의 장난감을 써서 소꿉놀이라든가 결혼식 놀이, 축제 놀이 등을 한다. 놀이를 시작하기 전에 어떻게 하는 것이 '올바른' 어른들이 하는 방법인가를 철저하게 의논한다. 때때로 의논이 정리되지 않는 문제는 어머니에게 판단을 해 달라고 할 수도 있다. 싸움이 시작되면 어머니는 곧잘 '노블레스 오블리주(noblesse oblige)'에 호소하여, 나이가 많은 아이에게 어린아이가 하는 말을 들어주라고 말한다. 그때 잘 사용하는 표현이 "지는 것이 이기는 거야"라는 말이다. 어머니가 하는 말의 의미는 세 살 난 아이도 곧 터득하게 되는데, 큰아이가 작은아이에게 자신의 장난감을 양보하면, 작은아이는 금방 그것에 싫증이 나서 다른 것에 마음을 돌린다. 그러면 큰아이는 일단 주었던 장난감을 되찾을 수가 있게 된다는 뜻이다. 또는 이제부터 시작할 주인과 하인 놀이에서 설령 인기 없는 역을 맡더라도, 그렇게 해서 모두가 재미있게 놀 수 있고, 자신도 즐길 수 있기 때문에 결코 손해가 아니라는 의미이다. '지는 것이 이기는 것'이라는 논리는 어른이 된 뒤에도 일본인의 생활 속에서 크게 존중되는 논리이다.

  훈계와 놀림 외에 아이들 훈육에서 중요한 위치를 차지하는 수단은, 아이들의 마음을 달래어 주의를 다른 데로 옮기는 방법이다. 일본인은 때를 가리지 않고 아이들에게 과자를 주는데, 그것도 일반적으로 관심을 돌리는 수단의 일부라고 생각한다. 아이들이 취학 연령에 가까워지면 여러 가지 '치료법'이 이용된다. 어린아이가 짜증을 내든지 말을 잘 듣지 않는다든지 소란스럽다든지 하면 어머니는 그 아이를 신사나 절에 데리고 간다. 어머니는 "자, 함께 참배해서 치료를 받자꾸나"라는 태도를 취한다. 아이는 그것을 정말 즐거운 소풍처럼 생각하기도 한다. 치료를 행하는 신관(神官)이나 승려는 엄숙한 어조로 아이들과 이야기하고 아이의 생일과 나쁜 점을 묻는다. 그리고 안으로 들어가 기도를 하고, 다시 돌아와 병이 나았다고 말한다. 때로는 벌레가 있었기 때문에 아이가 버릇이 없었는데, 벌레를 잡아 주었더니 이젠 다 나았다고 할 때도 있다. 아이는 정화 의식을 받고 병에서 완전히 해방되어 집으로 돌아간다. 일본인은 이 방법이 얼마 동안은 효력이 있다고 말한다. 일본의 어린아이가 받는 가장 엄한 벌은 '뜸'이다. 그것은 아이의 피부 위에 모구사(艾, 약쑥)라는 분말을 원뿔형으로 쏟아 놓고 태우는 것이다. 그 흔적은 일생 동안 지워지지 않는다. 뜸은 예부터 동아시아 일대에서 널리 행해졌던 민간요법으로, 일본에서도 전통적으로 여러 가지 병을 고치기 위하여 사용한다. 그런데 이것으로 짜증을 잘 내거나 고집 센 아이도 고칠 수 있다고 한다. 6, 7세의 소년은 이렇게 어머니나 할머니로부터 치료를 받는다. 증세가 심할 경우에는 두 번 되풀이하는 수도 있으나, 버릇을 고치려고 일부러 모구사를 세 번 쓰는 일은 별로 없다. 뜸은 이를테면 미국에서 "그런 짓 하면 엉덩이 맞을 줄 알아" 하는 말과 같은 뜻의 벌이 아니다. 엉덩이를 때리는 것과 비교할 수 없을 정도로 대단한 고통을 준다. 그리하여 아이들은 나쁜 짓을 하면 꼭 벌을 받는다는 것을 깨닫게 된다.

위와 같이 다루기 힘든 아이를 다스리는 수단 이외에도 일본에는 몸으로 익혀야 할 여러 관습이 있다. 이 경우 가르쳐 주는 사람이 손으로 아이의 몸을 붙잡고 그 동작을 하게 하는 데 역점을 둔다. 아이는 수동적으로 시키는 대로 해야 한다. 아이가 두 살이 되기 전에 아버지는 아이에게 정좌(正坐) 자세를 취하게 한다. 처음에 아이가 뒤로 넘어지지 않도록 하는 것은 상당히 어려운 일이다. 정좌 훈련에서 빠뜨릴 수 없는 요소, 즉 몸을 움직여서는 안 된다는 점 때문에 더욱 그러하다. 아이는 안달을 하거나 자세를 흩뜨리면 안 된다. 앉는 법을 배우려면 몸의 힘을 완전히 빼고 수동적인 자세가 되어야 한다고 일본인은 말한다. 그리고 이 수동성은 아버지가 아이의 다리를 쥐고 올바른 위치에 놓아 줌으로써 더욱 강조된다.

아이들이 배워야 할 것은 앉는 자세뿐만 아니라 자는 자세도 있다. 미국 여인이 자신의 벗은 몸이 드러나는 것을 부끄러워 하는 것만큼 일본 여인은 자는 모습이 보이는 것을 꺼려한다. 일본인은 정부가 외국에서 인정을 받기 위한 운동의 일환으로 부끄러운 일이라고 시끄럽게 선전하기 전까지는, 나체로 목욕하는 모습을 사람들에게 보이는 것을 조금도 부끄럽게 여기지 않았다. 그러나 자는 모습을 남에게 보이는 것은 매우 부끄러워하였다. 사내아이는 아무렇게나 잠을 자도 괜찮지만, 여자아이는 두 발을 가지런히 모으고 몸을 쭉 뻗은 채로 자야 한다. 이것이 남녀의 예의범절을 구별하는 최초의 규칙 중 하나이다. 다른 모든 면에서도 마찬가지였지만, 이 요구 또한 하류계급보다 상류계급에서 더 엄격했다. 스기모토 에스코〔杉本鉞子, 1873~1950〕 부인은 《무사의 딸》에서 자신이 경험하였던 사무라이 가정의 예의범절에 대하여 다음과 같이 술회한다.

"내가 철이 든 이후부터 나는 항상 밤에는 작은 목침 위에 얌전히 누워 있도록 신경을 썼다. (중략) 사무라이의 딸들은 어떤 상황에서도—가령 잠들 때에도 몸과 마음을 흐트러뜨려서는 안 된다는 가르침을 받았다. 사내아이는 큰 대(大)자로 몸을 벌리고 자도 괜찮지만 여자아이는 조심성 있고 품위 있게 き(기)자처럼 몸을 구부리고 자야 했다. 그것은 '자제의 정신'을 나타내는 자세이다."

나는 일본 부인들로부터 잠자리에 들기 전, 어머니나 유모가 손발을 가지런히 모아 주었다는 이야기를 들었다.

전통적인 서예 학습에서도 선생은 아이의 손을 잡고 글자를 쓰게 하였다. 그것은 아이에게 '감촉을 깨닫게 해 주기 위해서'이다. 아이는 글을 쓰기는 커녕 아직 읽을 수도 없을 때, 흐트러짐 없고 율동적인 운필법(運筆法)을 체득한다. 현대에 이르러 많은 학생을 동시에 교육하게 된 뒤부터 이 교수법은 전보다 눈에 띄지 않게 되었으나, 아직도 때때로 행해지고 있다. 절하는 법이나 젓가락 쓰는 법, 활 쏘는 법, 베개를 이용한 아기 업는 법 등은 모두 아이의 손을 잡고 움직이거나 아이의 몸을 잡고 바른 자세를 취하게 하는 방법을 통해 가르친다.

상류계급의 경우를 제외하고 아이들은 학교에 가기 전부터 이웃 아이들과 자유롭게 어울린다. 시골 아이들은 세 살이 되기 전부터 무리를 지어 논다. 도시에서도 아이들은 차가 다니는 곳이든 다니지 않는 곳이든 사람이 많이 다니는 큰길에서 아슬아슬할 정도로 자유분방하게 뛰어논다. 일본 아이들은 특권을 부여받았다. 상점 앞에 떼지어 모여서 어른들의 말을 엿듣기도 하고 사방치기나 공놀이를 하기도 한다. 또한 시골의 신사에 모여서 수호신의 보호를 받으며 논다. 학교에 들어가기 전이나 또 학교에 들어간 뒤에도 2, 3년간은 사내아이와 여자아이가 함께 어울린다. 그러나 동성끼리, 특히 같은 나이의 아이끼리 가장 친밀한 관계가 맺어지는 일이 많다. 이러한 동갑(도넨 (同年)) 집단은 특히 농촌에서는 평생 계속되며, 다른 모든 집단보다 오래 지속된다. 〈스에무라(須惠村)〉에서는 "성적인 관심이 감퇴함에 따라 동갑 모임이 일생에 남는 진짜 즐거움이 된다. 스에(그 마을) 사람들은 '동년배의 우정이 아내보다 인연이 깊다'고 말한다"고 한다.

이처럼 취학 전 아동들은 친구들과 서로 터놓고 지낸다. 그 아이들이 하는 놀이는 서구인의 눈으로 보면 저속한 것도 많은데, 그들은 이런 상스러운 놀이를 태연하게 드러내 놓고 한다. 아이들이 성에 대해 아는 까닭은 어른들이 주저하지 않고 일상적으로 음란한 말을 주고받기 때문이기도 하고, 가족들이 좁은 집에서 함께 생활하기 때문이기도 하다. 더구나 그들의 어머니는 아이와 놀아주거나 목욕시킬 적에 장난 삼아 곧잘 그 아이의 성기, 특히 사내아이의 성기에 주의를 기울이도록 한다. 일본인은 좋지 않은 장소나 나쁜 친구와 함께 했하는 경우가 아니면, 아이의 성적 유희를 꾸짖지 않는다. 수음(手淫)도 몸에 해가 되는 일이라고는 생각하지 않는다. 더구나 아이들은 대단한 욕—어른들이라면 모욕이 될 만한 욕—을 서로 주고받고, 자기 자랑—어른이라면 심한 치욕감을 일으킬 만한 자기 자랑—을 한다. 이럴 때 일본인은 잔잔한 미소를 지으면서 "아이들은 부끄러움(하지(恥))을 모르기 때문이죠" 하고 말한다. 그리고 "그래서 행복한 것입니다"라는 말을 덧붙인다. 이것은 어린아이와 어른 간의 근본적인 차이이다. 왜냐하면 어른에게 "저 녀석은 부끄러움을 모른다"고 하면 그 사람은 완전히 파렴치한이라는 소리이기 때문이다.

이 나이 또래의 아이들은 서로 상대방의 가정과 재산에 대해 욕을 주고받는다. 그리고 곧잘 "우리 아버진 너희 아버지보다 힘이 세다"든지, "우리 아버진 너의 아버지보다 머리가 좋다"면서 자기 아버지를 자랑한다. 그렇게 저마다 자신의 아버지 편을 들다가 주먹다짐을 할 때도 있다. 이런 행동은, 미국에서야 거의 주목할 일이 못 되겠지만, 일본에서는 아이들이 듣는 어른들의 대화와는 크게 대조되는 것이다. 어른들은 모두 자신을 낮추고 타인을 존경하여, 자기 집을 말할 때는 '누옥〔拙宅〕', 남의 집을 말할 때는 '존택〔御尊宅〕'이라 하고, 자신의 가족을 말할 때는 '우처(愚妻)', '우식(愚息)', 타인의 가족을 가리킬 때는 '영실〔ご令室〕', '영식〔ご令息〕'이라고 한다. 일본인은 누구나 같이 노는 동무들이 생길 때부터 초등학교 3학년, 즉 만 아홉 살이 될 때까지 이러한 자기 본위의 주장을 하며 유년기를 보낸다. 어떤 때에는 "내가 도노사마〔殿樣, 영주〕가 될 테니 너는 부하가 되어라", "싫어, 부하는 싫어. 내가 도노사마다"라는 말을 주고받으며, 때로는 자신을 자랑하고, 다른 사람을 깔보기도 한다. 아이들은 무엇이든 말하고 싶은 대로 말할 수 있다. 그러나 점점 자라면서, 말하고 싶은 것을 전부 말할 수는 없음을 깨닫게 된다. 그래서 그들은 누구에게 질문을 받기 전까지는 자신의 의견을 말하지 않고, 또 자랑도 하지 않는다.

아이들은 가정에서 초자연적인 것에 대한 태도를 배운다. 신관이나 스님은 아이를 '가르치는' 일은 하지 않는다. 따라서 아이들이 조직적으로 종교와 접하게 되는 것은 마쓰리〔お祭り〕에 가거나 다른 사람들과 함께 간누시〔神主〕로부터 정화수를 뿌려 받을 때이다. 어떤 아이는 근행을 하러 절에 따라가기도 하나, 이것 또한 마쓰리가 행해질 경우에 국한된다.

또한 아이들은 끊임없이 가장 뿌리 깊은 종교적 경험을 하는데, 항상 자기 집의 불단과 신토의 신단(가미다나〔神棚〕)에 가족들과 함께 배례하는 것이다. 그 중에서도 가장 눈에 띄는 것은 조상의 위패를 모신 불단으로서 그 앞에 꽃이나 붓순나무의 가지 또는 향을 바친다. 그리고 매일같이 음식을 공양한다. 또한 가족의 연장자가 집안에서 일어났던 모든 일을 선조에게 고하고 불단 앞에 손을 모아 배례한다. 저녁에는 작은 촛불을 켠다. 일본인들은 다른 곳에서 머물게 되면 이렇게 집을 지켜 주는 존재가 없기 때문에 불안해서 싫다고 말한다.

가미다나는 보통 이세진구〔伊勢神宮〕의 부적을 모신 검소한 선반이다. 그 외에 여러 종류의 공물(供物)을 여기에 바칠 때도 있다. 또한 부엌에는 그 을음으로 덮인 부뚜막 귀신이 있고, 창과 벽에는 많은 부적이 붙어 있다. 이 것들은 모두 재난을 막고 집안의 안전을 지켜 준다. 마찬가지로 마을에서는 그 동네 사당이 안전한 장소이다. 그곳에서는 수호신들이 지켜주기 때문이다. 어머니들은 아이들을 안전한 절에서 놀게 하기를 좋아한다. 어린아이는 그런 경험 때문에 신을 두려워한다거나 혹은 공정한 감시자로서의 신들을 만족시키려고 자기 행위를 규제하는 일은 없다. 그저 신의 은총을 마음껏 누릴 뿐이다. 그들의 신들은 권위를 내세우지 않기 때문이다.

아이를 일본인들의 용의주도한 생활에 적응시키는 중대한 과업이 정말로 시작되는 것은 아이가 학교에 들어가서 2, 3년 지난 다음이다. 그때까지 아이들은 자신의 몸을 통제하는 법을 배운다. 심한 말썽꾸러기라면 버릇을 '치료'하고, 산만한 주의력을 차분하게 가라앉힌다. 그는 조용히 야단을 맞기도 하지만, 예전처럼 부모에게 놀림을 받을 때도 있다. 그러나 아직까지는 응석을 부리거나 어머니에게 폭력을 휘둘러도 용납된다. 그의 작은 자아는 의도적으로 조장되어 온 것이다.

아이들이 처음 학교에 가게 되어도 큰 변화는 일어나지 않는다. 처음 3년간은 남녀공학이다. 남자 교사든 여자 교사든 모두 아이들을 사랑하고 그들과 하나가 된다. 그렇지만 가정에서건 학교에서건 지금보다 더 자주, '곤란한' 사태에 발을 들여놓는 데 대한 위험을 강조한다. 아이들은 아직 어려서 '부끄러움'을 느끼지는 못하지만, 자신이 '부끄러운 기분'을 느끼지 않도록 행동해야 한다는 것을 배워야 한다. 이를테면 늑대가 없는데도 "늑대가 나타났다"고 외치는 이야기 속의 소년을 가리키며 "사람을 속인 것이다. 만일 네가 그런 일을 하면 더는 누구도 너를 믿어주지 않는다. 그것은 정말 곤란한 일이다" 하고 가르친다. 일본인들은 대개 그들이 잘못했을 때, 처음으로 그들을 조롱한 사람은 학교 친구들이지 교사나 부모님은 아니었다고 말한다. 사실 이 시기에 어른들이 하는 일은 아이들을 비웃는 것이 아니라, 사람들로부터 비웃음을 당한다는 사실과 '세상에 대한 기리'에 따라 행동해야 한다는 도덕적 교훈을 서서히 연결짓는 것이다. 아이들이 여섯 살이 되면, 충견(忠犬)의 헌신적 충성 이야기로 설명된 기무가—앞에서 인용한, '하치(ハ

チ)'라는 개가 주인의 온〔恩〕에 보답하는 이야기는 여섯 살 난 아이가 읽는 책에 나온다―이제 점차 갖가지 종류의 구속이 되어 간다. 연장자는 아이들에게 "이런 저런 일을 하면 세상 사람들로부터 비웃음을 산다"고 말해 준다. 그 규칙은 상황에 따라 정해져 있는데, 대부분은 우리가 에티켓이라고 부르는 일에 관한 것이다. 이 규칙은 자신의 의지를 뒤로 미뤄두고, 점차로 증대되는 가족, 이웃, 나아가서는 국가에 대한 의무를 우선시할 것을 요구한다. 아이들은 자기를 억제해야 한다. 그리고 자신이 신세를 지고 있다는 것을 인정해야 한다. 그는 부채를 갚기 위해 신중하게 세상을 살아가야 하는 채무자의 지위로 서서히 옮겨 간다.

놀림당하던 유년기를 새롭게 그러나 진지한 형태로 체험함으로써, 성장기 아이들은 이러한 지위의 변화를 배운다. 8, 9세 아이들은 가족에게 정말로 따돌림을 받을 때가 있다. 아이가 버릇이 없고 말썽을 피운다고 학교에서 연락이 오거나 품행에 낙제점을 주면 가족은 등을 돌린다. 나쁜 짓을 했다고 상점 주인에게 비난을 받으면 그것은 '가문의 명예를 더럽힌' 것이나 다름없다. 가족은 한편이 되어 그 아이에게 비난과 공격의 화살을 돌린다. 내가 아는 두 일본인은 열 살이 되기 전에 아버지에게 야단을 맞고 집에서 쫓겨난 적이 있는데, 부끄러운 나머지 친척집에도 갈 수 없었다고 한다. 교실에서 교사에게 벌을 받았기 때문이다. 결국은 집 밖에 있는 헛간에서 살다가 어머니에게 들켜 어머니의 중재로 가까스로 집으로 돌아갔다.

초등학교의 상급반 남자아이들은 긴신〔謹愼〕, 즉 '회개'하기 위해서 집에 갇혀, 일본인들에게 습관으로 자리잡힌 일기를 쓰는 일에 전념하기도 한다. 가족들은 이제 그 소년을 그들의 대표자로 여기게 된다. 그리하여 소년이 세상의 비난을 받았다는 이유로 그를 책망한다. 그가 세상에 대한 기리를 저버렸기 때문이다. 그는 가족의 도움을 받을 수도 없고 친구의 지지도 받을 수 없다. 그의 학교 친구들은 과오를 범한 그를 따돌린다. 그는 앞으로는 그런 일을 하지 않겠다고 사죄하고 맹세하고 나서야, 다시금 동무가 된다.

문화인류학자인 제프리 고러(Geoffrey Gorer)는 이 사실에 대해 다음과 같이 말하였다.

"특기할 가치가 있는 것은, 이상의 일이 사회학적으로 유례를 찾아보기 어려울 정도로 철저히 행해진다는 것이다. 대가족이나 기타 사회 집단이 활동하는 대부분의 사회에서는, 어떤 집단의 구성원이 다른 집단의 구성원에게 비난이나 공격을 받을 때 그 집단은 일치단결하여 보호에 나선다. 자기 집단으로부터 정당성을 인정받는 한, 그는 곤경에 처하거나 습격을 받아도 전면적인 지지를 얻을 수 있다는 확신을 가지고 자기 집단 이외의 모든 사람에게 대항할 수 있다. 그런데 일본에서는 정반대의 일이 벌어진다. 즉, 다른 집단으로부터 정당성을 인정받지 못하면, 자기 집단에서도 지지를 얻지 못하는 것이다. 만일 외부 사람의 찬성을 얻지 못하거나 비난을 산 구성원이 있다면, 그가 속한 집단은 다른 집단이 그 비난을 철회할 때까지 그에게 등을 돌려 징벌을 가한다. 따라서 '외부 세계'에서 인정받는 것은 다른 어떤 사회에서도 그 유례를 찾아볼 수 없을 정도로 중요성을 지닌다."

여자아이도 그 나이에 이르기까지는 사내아이와 별반 다르지 않게 예의범절 훈련을 받는다. 다만 사소한 차이는 있다. 여자아이는 가정 안에서 사내아이보다 많은 제약을 받고, 해야 할 일도 더욱 많다. 어린 사내아이도 아이 보는 일을 할 때가 있지만, 여자아이는 늘 사내아이만큼 선물이나 배려 등의 대접을 받지 못한다. 또한 사내아이처럼 울화통을 터뜨리지도 않는다. 그러나 일본의 여자아이는 아시아의 소녀치고는 놀랄 만큼 자유롭다. 화려한 옷을 입고서 사내아이와 함께 길거리에서 놀고, 사내아이와 싸우기도 하며, 끝까지 고집을 부릴 때도 많다. 또한 어린아이 때는 '부끄러움'을 모른다.

대체로 여자아이들은 6세에서 9세가 되는 동안 사내아이와 같은 경험을 하면서 점차적으로 '세상'에 대한 기리를 배운다. 9세가 되면 학급이 여자반과 남자반으로 나뉘어, 사내아이들은 새로운 사내아이들과의 단결을 중요시하게 된다. 그들은 여자아이를 따돌리고, 여자아이와 말하는 걸 사람들에게 보이기를 꺼린다. 여자아이들도 어머니에게서 사내아이와 같이 노는 것은 좋지 않다는 말을 듣는다. 이 나이 때의 소녀들은 곧잘 새침해지고 자기 안으로 움츠러들어서 가르치기가 힘들다고 말한다. 일본의 부인들은 그것이 '어린이다움'을 즐길 수 있는 마지막 시기라고 말한다. 여자아이의 유년기는 사내아이의 생활에서 배척됨으로써 끝난다. 앞으로 몇 년, 아니 몇십 년의 세월 동안 그녀들이 걸어가야 할 길은 오로지 '자중(自重)에 자중을 거듭하는' 것 말고는 없다. 이 교훈은 약혼이 성립되었을 때나 결혼한 뒤에라도 평생 계속된다. 그러나 사내아이는 '자중'과 '세상에 대한 기리'를 배운 것만으로는 일본의 성인 남자가 부담해야 하는 의무를 모두 습득한 것으로 볼 수 없다. 일본인들은 "사내아이는 열 살 무렵부터 이름에 대한 기리를 배운다"고 말한다. 물론 모욕을 당했을 때 분노하는 것이 덕이라는 것을 배운다는 의미이다. 그는 또한 어떤 경우에 적에게 직접 공격을 가하고, 어떤 경우에 간접적 수단을 써서 오명을 씻는가에 대한 규칙을 배운다. 이름에 대한 기리를 배운다는 것이 모욕을 당했을 때 반드시 상대를 공격하는 것을 배워야 한다는 의미는 아니라고 나는 생각한다. 이미 어린 시절부터 어머니에게 심한 폭력을 휘두르는 것을 허락받았고, 또한 또래 아이들과 싸우면서 여러 가지 잡다한 비방과 항변을 해 왔던 소년들이, 열 살이 되어 새삼스럽게 공격하는 법을 배울 필요는 없다. 그러므로 이름에 대한 기리의 법도는 소년이 열 살 이후에 이 조항의 적용을 받게 됨과 동시에, 그들의 공격성을 기존의 틀에 맞추어 처리하는 특정한 방법을 제공하는 것이다. 앞에서 서술한 바와 같이, 일본인은 폭력을 타인에게 행사하는 대신에 자기 자신에게 행하는 일이 잦다. 학교에 다니는 소년들도 예외는 아니다.

6년제 초등학교를 마치고 진학하는 소년―그 수효는 인구의 약 15퍼센트인데 남자의 비율이 조금 높다―에게는 차츰 이름에 대한 기리를 발휘해야만 하는 시기가 중학교 입학시험의 치열한 경쟁과 모든 과목의 석차 경쟁이 갑자기 닥쳐오는 시기와 일치한다. 그들은 한 걸음 한 걸음 경험을 쌓아 올린 다음 이러한 사태에 부딪히는 것이 아니다. 초등학교나 가정에서의 경쟁은 될 수 있는 대로 피하게 되어 있어 거의 없는 것과 같다. 따라서 경쟁은 돌연 닥쳐오는 완전히 새로운 경험이기 때문에 더욱 치열한 걱정거리가 된다. 석차 경쟁과 함께 불공평에 대한 의심이 커진다.

그러나 일본인의 기억에 선명하게 남아 있는 것은 이런 경쟁이 아니라 상급생이 하급생을 괴롭히는 습관이다. 중학교의 상급생은 하급생을 부리기도 하고 호된 훈련을 시키기도 한다. 그들은 하급생에게 굴욕적인 일을 시킨다. 이런 일을 당한 하급생은 대체로 엄청난 원한을 품게 된다. 일본의 소년들은 이러한 일을 결코 재미로 받아들이지 않기 때문이다. 상급생에게 기합을 받거나 야비한 심부름을 당한 하급생은 자신을 괴롭힌 상대에게 원한을 품고 복수를 계획한다. 당장 보복할 수는 없기에 더욱 복수에 열중하게 된다. 복수는 이름에 대한 기리이므로, 그들은 그것을 덕행이라고 생각한다. 때로는 가족의 연고를 이용하여, 몇 년이 지난 뒤에 자신을 괴롭힌 상대가 직장에서 해고당하도록 술책을 쓰는 일도 있다. 또한 유도나 검도 실력을 닦아 졸업 후에 길거리에서 공공연하게 상대에게 창피를 주는 수도 있다. 그러나 언젠가 되갚지 않으면 '무언가 아직 할 일이 남은 것 같은 느낌'을 받게 된다. 그런 느낌이 바로 일본식 보복의 핵심이다.

중학교에 진학하지 않은 소년들은 군대 교육에서 같은 경험을 한다. 평상시에는 청년들이 네 명에 한 명꼴로 군인으로 징집되었다. 고참병이 신참병을 못살게 괴롭히는 행태는 중학교나 그 이상의 학교에서 상급생이 하급생을 괴롭히는 것보다 훨씬 극단적이었다. 장교도 그것에 전혀 관여하지 않는다. 또한 부사관도 특별한 예외를 제외하고는 관계하지 않았다. 일본 군대에서 법도의 제1조는 "장교에게 일러바치는 것은 자신의 체면을 잃는 일"이다. 모든 일은 병사들끼리 해결을 한다. 장교는 그것을 병사를 '단련시키는' 방법의 하나로서 인정한다. 1년이 지나 고참이 된 병사는 지난 1년간 쌓이고 쌓였던 갖가지 울분을 신참병을 괴롭힘으로써 해소하고, 여러 가지 교묘한 방법을 만들어 그들을 '단련'시킨다.

징집병이 군대 교육을 받고 나오면 완전히 인간이 변하여 '진짜 저돌적인 국가주의자'가 된다는 말이 있었는데, 이 변화는 그들이 전체주의적 국가 이론을 배웠거나 천황에 대한 주〔忠〕를 주입받았기 때문이 아니다. 가장 중대한 원인은 굴욕적인 기합을 당했던 경험이다. 일본식 가정 교육을 받고 자라 '자존심(amour-propre)'에 집착하는 청년은 그러한 사태에 직면하면 완전히 이성을 잃고 짐승처럼 변하기 쉽다. 그들은 조롱당하는 것을 참지 못한다. 배척당했다고 생각하게 하는 대우를 받으면 그들은 신랄한 고문자가 되기도 한다.

근대 일본의 중학교나 군대에서 볼 수 있는 이러한 사태의 성격은, 예로부터 전해 내려오는 조소와 모욕의 관습에서 비롯되었음은 굳이 말할 필요도 없다. 중학교나 여러 상급 학교, 또는 군대가 그러한 사태에 대한 일본인의 반응을 처음으로 만들어 낸 것은 아니다. 이름에 대한 기리라는 일본의 전통적 법도가 아랫사람을 괴롭히는 관습을 미국의 그것보다 훨씬 격렬한 감정을 일으키도록 만들었다는 점은 쉽게 이해할 수 있다. 또한 선배에게 괴롭힘당한 집단은 뒤이은 집단에게 학대를 가하면서도, 한편으로는 자신을 괴롭힌 당사자에 대한 복수에 열중한다. 이 역시 예부터 내려오는 유형과 일치한다. 울분을 다른 사람에게 전가하는 것은 서구의 많은 나라에서 끝없이 반복되는 풍습인데, 일본에서는 그렇지 않다. 예를 들어, 폴란드에서 새로 들어온 도제(徒弟)나 일이 서투른 일꾼은 심하게 학대를 받는데, 그 원한을 가해자가 아니라 나중에 들어온 도제나 일꾼에게 갚는다. 물론 일본 소년들도 이런 방법으로 원한을 풀기도 하지만 그들이 가장 관심을 쏟는 것은 직접적인 보복이다. 괴롭힘을 당한 사람은 괴롭힌 사람에게 복수를 해야만 '시원한 기분'을 느낀다.

일본의 재건에 앞서 나라의 장래를 염려하는 지도자들은, 국민들이 청춘 시절을 보내는 학교나 군대에서의 학대와 소년들을 괴롭히는 습관에 특별히 주의해야 한다. 그들은 상급생과 하급생의 차별을 철폐하기 위하여 애교심과 '그리운 동창의 인연'을 강조해야 한다. 또한 군대에서는 신참병 학대를 금지해야 한다. 가령 고참병이 신참병에게 이전에 모든 계급의 일본 장교들이 했던 것처럼 스파르타식 훈련을 시킨다 하더라도 강제적인 훈련 차원에서라면 일본에서는 모욕이 되지 않으나, 신참병을 괴롭히는 일은 모욕이 된다. 만일 학교나 군대에서 나이 많은 소년이 나이 어린 소년에게 개처럼 꼬리를 흔들게 하거나, 매미 흉내를 내도록 시키거나, 다른 사람들이 식사를 하고 있는 가운데 물구나무서기를 시키는 것을 처벌한다면, 그것은 천황의 신성을 부정하거나, 교과서에서 국가주의적 내용을 제거하는 것보다도 일본의 재교육이라는 점에서 더욱 효과적인 변화가 될 것이다.

여자는 이름에 대한 기리의 법도를 배우지 않으며 사내아이처럼 중학교나 군대 교육이라는 근대적인 경험도 하지 않는다. 그와 유사한 경험도 없다. 그녀들의 생애는 사내아이의 생애에 비하여 훨씬 변화가 적다. 철이 든 시기부터 어떤 일에서도 사내아이가 우선이며, 사내아이에게는 여자아이에게 부여되지 않는 보살핌과 선물이 주어진다는 사실을 인정하도록 훈련받는다. 여자아이들이 존중해야 할 처세술은 공공연하게 자기 주장을 내세울 특권이 없다는 사실을 인정하는 것이다. 그러나 유아기 때는 여자아이들도 사내아이와 함께 일본 어린아이의 특권적 생활을 누린다. 특히 어린 소녀기에는 새빨간 옷을 즐겨 입는다. 그러나 어른이 되면 이미 그러한 색깔의 옷은 제2의 특권적 시기가 시작되는 60세까지는 입을 수 없다.

여자아이들도 가정에서는 서로 아옹다옹하는 어머니와 할머니에게 사내아이들처럼 귀여움을 받을 때가 있다. 남동생과 여동생도 가족 누구보다도 언니에게 '제일' 예뻐해 달라고 조른다. 아이들은 그녀에게 사이가 좋다는 증거로 같이 자게 해 달라고 부탁한다. 그래서 그녀는 할머니가 해준 것처럼 두 살 난 어린 동생과 함께 자기도 한다. 일본인은 혼자서 자는 걸 좋아하지 않는다. 따라서 밤이 되면 아이들은 자신의 요를 사이가 좋은 오빠나 누나 옆에 펴기도 한다. '누구누구는 나를 제일 예뻐한다'는 증거로 두 사람의 이부자리를 붙이는 것이다. 여자아이는 아홉 살이나 열 살이 되어 사내아이들에게서 제외당할 시기에도 그것으로 놀이 친구를 대신한다.

여자아이들은 새로운 머리 모양을 좋아한다. 일본에서 14세부터 18세까지의 여자아이는 정성들여 머리를 묶는다. 그 나이 때가 되면 무명옷 대신에 명주옷을 입을 수 있는데, 주변에서도 여자아이의 용모가 돋보이도록 옷을 입게 하는 데 갖은 노력을 다한다. 이로써 여자아이도 어느 정도 만족을 느낀다.

여자아이는 갖가지 구속에 따라야 하지만, 그 의무를 이행하는 책임은 바로 자신에게 있는 것이지 마음대로 권력을 휘두르는 부모에게 있는 것은 아니다. 부모는 딸에게 체벌을 가하지 않고, 훌륭하게 시키는 대로 인생을 살아갈 것이라는 조용하고 흔들림 없는 기대를 표시함으로써 친권을 행사한다. 다음은 그러한 가정 교육의 극단적인 예이다. 자녀의 특권을 인정하는 비교적 관대한 교육이 지닌 무언의 압력이 대략 어떠한 성질의 것인가를 잘 보여 주는 예로서 충분히 인용할 만한 가치가 있다. 이나가키 에쓰(稻垣, 스기모토 부인의 전 이름)는 여섯 살 때부터 어느 학식이 풍부한 유학자로부터 한문 고전 읽기를 교육받았다.

2시간의 수업 동안 선생님은 손과 입술 외에 미동도 하지 않았다. 나는 선생님을 마주보고 선생님과 마찬가지로 다다미 위에 부동 자세로 앉아 있었다. 나는 수업 도중에 몸을 한번 움직인 일이 있었다. 웬일인지 나는 마음이 진정되지 않아서 약간 몸을 움직여 무릎을 원래 있던 자리에서 약간 옆으로 비켰다. 어렴풋이 놀란 기색이 선생님의 얼굴 위를 스쳐갔다. 선생님은 조용히 책을 덮더니 침착하게 그러나 엄한 말투로 이렇게 말씀하셨다.

"아가씨, 오늘은 아무래도 공부가 하기 싫은 모양이죠. 방으로 돌아가서 반성하세요."

너무나 부끄러워서 나의 작은 심장이 멈출 것만 같았다. 나는 어떻게 할 수가 없었다. 먼저 공자님의 영정에, 다음으로 선생님께 공손히 절을 하였다. 그리고 조용히 그 방에서 나와, 공부가 끝났을 때 늘 하던 것처럼 아버지에게로 보고하러 갔다. 아버지는 아직 공부가 끝날 시간이 아니었기 때문에 놀라셨다. 그러나 아무렇지 않은 듯이 말씀하셨다.

"공부가 빨리 끝났구나."

이 말씀은 마치 죽음을 알리는 종소리처럼 울렸다. 그때 일을 생각하면 지금도 상처가 쑤시듯이 가슴이 아프다.

한편, 스기모토 부인은 다른 대목에서 할머니에 대해서 묘사하였는데, 일본에서 가장 특징적인 부모의 태도가 간결하게 표현되어 있다.

할머니는 조용히 차분하게, 모든 사람이 할머니의 생각대로 행동할 것으로 기대하셨다. 나무라거나 반박하거나 하는 일은 없었지만, 할머니의 기대는 명주실처럼 부드러우면서도 아주 강인하였다. 가족들은 그녀가 옳다고 생각하는 길로 따라갔다.

이 '명주실처럼 부드러우면서도 아주 강인한 기대'가 그만큼의 효과를 거둘 수 있는 한 가지 이유는, 가정 교육이 그 어떠한 기술이나 방법보다도 직접적이기 때문이다. 가정 교육은 '습관'이지 규칙은 아니다. 유아기에 익히는 젓가락 사용법이나 방에 들어갈 때의 예의범절도 그렇고, 조금 뒤에 배우게 되는 다도나 안마의 방법도 그렇듯이, 모든 동작은 글자 그대로 어른의 직접적인 지도하에 익숙하게 될 때까지 반복 실습을 통해 자연스레 익혀진다. 어른들은 아이가 올바른 습관을 보고 흉내내어 '스스로 익힐 것'이라고 생각하지 않는다. 스기모토 부인은 14세 때 약혼한 뒤, 약혼자를 위해서 가게젠(陰膳 : 객지에 나가 있는 사람의 무사를 빌기 위해 가족이 아침저녁으로 차려 놓는 밥상)을 차린 일을 설명하고 있다. 그녀는 그때까지 한 번도 미래의 남편을 만나본 적이 없었다. 그는 미국에, 그녀는 에치고〔越後〕에 있었다. 그런데도 여러 차례 어머니와 할머니의 감독하에 "오빠가 우리에게 마쓰오〔松雄, 약혼자〕가 좋아하는 음식이라고 일러준 요리를 내 손으로 만들었다. 남편 밥상을 내 밥상 옆에 놓고 항상 먼저 그의 밥을 퍼서 올렸다. 이처럼 나는 미래의 남편에게 기쁨을 주도록 끊임없이 마음 쓰는 법을 배웠다. 할머니와 어머니는 항상 마치 마쓰오가 눈앞에 앉아 있는 것처럼 말을 걸었다. 그래서 나도 남편이 실제로 그 방에 있는 것처럼 옷차림이나 행동거지에 조심하였다. 이렇게 나는 차츰 남편을 존경하고, 나 스스로도 그의 아내로서의 지위를 존중하게 되었다."

사내아이 또한 실례와 모방을 통해서 습관의 훈련을 정성스레 받는다. 하기야 여자아이의 가정 교육만큼 엄격하진 않지만, 습관을 '익힌' 후에는 절대 변명이 받아들여지지 않는다. 그러나 청소년기 이후 삶에서 중요한 분야에서만큼은 행동이 대부분 그의 자발성에 맡겨진다. 연장자는 그에게 구애 방법을 가르쳐 주지 않는다. 가정에서는 공공연히 성애를 표현하는 일체의 행동이 금지되어 있다. 그리고 연고가 없는 사내아이와 여자아이는 9, 10세 때부터 지나치게 격리된다. 일본인이 이상적으로 생각하는 것은 사내아이가 성에 흥미를 보이기 전에 부모가 그를 위해서 결혼을 결정하는 일이다. 그러므로 사내아이가 여자아이를 대할 때는 '수줍어'하는 것이 바람직한 태도이다. 시골에서는 이 문제에 대해서 몹시 놀려대기 때문에 소년이 더욱 '수줍어'하는 수가 많다. 그래도 소년들은 어떻게 해서든지 알려고 한다. 예전이나 그리고 최근에도 벽촌에서는 많은 처녀가, 때로는 대다수의 처녀가 결혼도 하기 전에 임신하였다. 이러한 혼전 경험은 이들에게 인생의 심각한 문제가 되지 않는 '자유로운 영역'이었다. 부모는 혼전 관계를 안중에 두지 않고 혼담을 결정하였다. 그러나 오늘날에는 〈스에무라〉에서 어떤 일본인이 엠브리 박사에게 이야기한 것처럼, "하녀조차도 처녀성을 지켜야 한다는 것을 알 만큼 교육받고 있다". 중학교에 진학하는 소년이 받는 훈육 또한 이성과의 교제를 일체 엄금하고 있다. 일본 공교육이나 여론도 결혼 전 이성 간의 친밀한 교제를 방지하도록 노력하고 있다. 일본 영화에서 젊은 여성에게 허물없이 대하는 청년은 '불량'한 사람이다. '선량한' 청년은 예쁜 소녀에게, 미국인이 보면 무뚝뚝하게―아니 오히려 예의에 어긋나게―대한다. 여자에게 허물없이 군다는 것은 그 청년이 '놀았다'는 것, 곧 게이샤나 창부나 술집 여자의 뒤꽁무니를 쫓아다녔다는 것을 의미한다. 게이샤집에 다니는 것은 색정을 배우는 '가장 좋은' 방법이다.

"게이샤는 여러 가지를 가르쳐 준다. 남자는 편안한 마음으로 그저 보고 있기만 하면 된다." 그는 자신의 꼴사나운 모습이 남에게 드러날 것을 두려워할 필요가 없으며, 게이샤와 성관계를 맺는 것도 예기할 수 없다. 그러나 일본 청년 중에서 게이샤집에 갈 만한 여유가 있는 사람은 그리 많지 않다. 대개의 청년들은 술집에 가서 남자가 여자를 허물없이 다루는 모습을 보고 배운다. 그러나 그러한 예행연습은 그들이 다른 분야에서 받았던 훈련과는 종류가 다르다. 그들은 서투른 솜씨에 대한 두려움에 오랫동안 휩싸인다. 성행위는 그들이 생활 속에서 어떤 새로운 행동을 배울 때, 신뢰할 수 있는 연장자가 몸소 지도해 주지 않는 극소수의 영역 중 하나이다. 유서 깊은 집안에서는 젊은 부부가 결혼할 때 춘화와 갖가지 체위가 상세하게 그려진 병풍을 준다. 한 일본인이 말한 것처럼 "책을 보고 배울 수 있다. 마치 정원 만드는 법을 배우는 것과 같다. 아버지는 일본식 정원 만드는 법을 가르치지 않는다. 그것은 나이를 먹으면서 스스로 배우는 취미이다." 책을 보고 배우는 것으로서 성행위와 정원 만들기를 결부시킨 것이 흥미롭다. 대개의 일본 청년은 여러 가지 방법으로 성행위를 배우지만, 여하튼 어른에게 자상한 지도를 받지는 못한다. 이러한 훈련의 차이가, 성은 연장자가 지휘하고 애써 습관 들이는 인생의 중대한 일과는 별개의 영역이라는 신조를 청년의 마음속에 깊이 새겨준다. 성은 청년이 다분히 당혹감과 두려움을 느끼면서 차츰 익혀가는 자기의 욕정 만족의 영역이다. 이 두 가지 영역에는 서로 다른 법도가 있다. 남자가 결혼한 뒤 공공연히 밖에서 성적 쾌락을 추구하더라도, 그것은 아내의 권리를 침해하거나 결혼 생활의 안정을 위협하지 않는다.

아내에게는 이와 동등한 특권이 없다. 그녀의 의무는 남편에게 정절을 바치는 것이다. 만일 남편 이외의 남자와 정을 통하고자 한다면 눈에 띄지 않도록 해야 한다. 그리고 설령 유혹을 받았다 해도 남몰래 외도할 수 있을 만한 생활을 하는 부인은 일본에 소수밖에 없다. 신경과민이나 정서 불안에 빠졌다고 여겨지는 여성은 일본식 영어로 '히스테리'라고 한다.

"가장 빈번히 볼 수 있는 부인의 심적 장애는 사회 생활이 아니라 성생활과 관련이 있다. 대부분의 정신이상 또는 히스테리(신경과민이나 정서 불안)는 분명히 속궁합이 잘 맞지 않는 데서 기인한다. 여자는 남편이 주는 성적 만족만을 감수해야 한다."

스에무라의 농민들은 부인병의 대부분이 '자궁에서 시작되어' 머리로 올라간다고 말한다. 남편이 다른 여자에게 빠져서 조금도 자기를 돌봐 주지 않을 때 아내는 일본인이 일반적으로 용인하는 자위 행위로 마음을 달래기도 한다. 그리하여 농촌에서부터 고귀한 사람들의 가정에 이르기까지 부인들은 전통적으로 이 목적을 위해 만들어진 도구를 숨겨 놓았다. 그뿐만 아니라, 시골에서는 부인은 아이를 낳은 뒤부터는 상당히 분방하게 에로틱한 언동을 할 수 있다. 어머니가 되기 전에는 성에 관한 농담을 한마디도 하지 않지만 어머니가 된 뒤에 특히 점점 나이가 들어감에 따라 남녀가 합석한 연회에서 그녀는 그러한 농담을 많이 한다. 또 흥을 돋우기 위해 외설스런 노래에 맞춰 허리를 앞뒤로 흔들며 몹시 성적인 춤을 추기도 한다. "이러한 여흥은 반드시 폭소를 유발한다." 스에무라에서는 또 군대에 갔던 사람이 제대하여 돌아올 때는 마을 사람이 총출동하여 마을 어귀까지 마중을 나가는데, 그때에 남장한 여자들이 음란한 농담을 던지고 젊은 처녀를 욕보이는 흉내를 낸다.

이처럼 일본의 여성은 성적인 영역에서 일종의 자유를 누린다. 더구나 신분이 낮을수록 자유가 늘어난다. 그녀들은 생애의 대부분을 금기로 묶여 지내지만, 성적인 사항을 부정할 것을 요구하는 금제는 없다. 그녀들은 남자를 기쁘게 해 줄 수 있다면 음탕해지기도 하며, 남성도 여성도 아닌 무성(無性)이 되기도 한다. 중년이 되면 금제를 내던져 버리며, 만일 신분이 낮은 여자라면 남자에 뒤지지 않을 정도로 음탕해지기도 한다. 일본인은 서구에서 말하는 '순결한 부인'이나 '음탕한 여자'와 같이 변하지 않는 성격을 목표로 하는 것이 아니라, 나이에 따라 그때그때의 상황에 직합한 행동을 취하는 것을 목표로 삼는다. 남자 또한 특히 삼가야 할 영역과 마음대로 행동해도 좋은 경우가 있다. 친구와 함께 특히 게이샤를 옆에 앉히고 술을 마시는 것은 남자가 가장 좋아하는 즐거움이다. 일본 남성은 술에 취하는 기분을 즐긴다. 그리고 술을 마셔도 취해서는 안 된다는 법도 없다. 그들은 사케(일본의 정종)를 두세 잔 마시면 딱딱한 자세를 풀어 편안히 앉는다. 그리고 서로 기대어 아주 친근하게 군다. 소수의 '상종하기 힘든 인간'을 제외하면 대개는 술에 취해도 난폭한 행동을 하거나 시비를 거는 일이 좀처럼 없다. 음주와 같은

'자유로운 영역'을 제외하고, 사람은 절대로 기대에 어긋난 행동을 해서는 안 된다. 인생의 중요한 부분에서 기대에 어긋난 행동을 하였다는 말은 '바보' 다음으로 가장 심한 악담이다.

종래 모든 서구인이 묘사한 일본인의 성격적 모순은 일본인이 아이를 훈련시키는 방법을 보면 납득할 수 있다. 그것은 일본인의 인생관에 그 어떤 측면도 무시할 수 없는 이원성을 낳는다. 그들은 유아기의 특권과 심리적으로 안정감을 느꼈던 경험 덕에 그 뒤 여러 가지 훈련을 받은 뒤에도 다시금 '부끄러움을 몰랐던' 때의 편안했던 생활을 기억에 담아둔다. 미래의 천국을 따로 그릴 필요가 없다. 그들에겐 과거의 천국이 있다. 인간은 본디 선하고 신들은 자애로우며 그들이 일본인이라는 사실은 비할 바 없이 자랑스러운 일이라고 주장하는 것은, 그들의 유년 시대를 다른 말로 표현한 것과 같다. 유아기의 경험은 모든 인간 속에 부처가 될 가능성이 있다든가, 모든 인간은 죽음과 동시에 가미(神)가 된다고 하는 극단적인 윤리 해석의 바탕이 된다. 그리고 그들에게 자신의 주장을 굽히지 않는 경향과 일에 대한 자신감을 부여한다. 비록 그것이 그들의 능력을 훨씬 능가할 만큼 어렵다고 하여도, 앞장서서 부딪쳐 나가는 태도의 기초가 된다. 또한 그들이 자기 나라 정부의 반대편에 서서 싸우고, 자살로써 자신의 주장을 내세우는 것을 마다 않는 태도의 기초가 된다. 그것은 때로 그들을 집단적 과대망상증에 사로잡히게 할 때도 있다.

예닐곱 살이 지나서부터 차츰 주의 깊게 행동하고 '부끄러움을 아는' 책임을 져야 한다. 거기에는 만일 그 책임을 다하지 않으면 자신의 가족에게 냉대를 받는다는 가장 강력한 강제성이 뒤따른다. 이 압력은 프로이센의 기율(紀律)에서 유래한 것은 아니지만, 면할 수 없다. 이렇게 발전해 갈 수 있는 기반은 특권을 누리는 유아기 때부터 이미 집요하게 되풀이되어 도저히 피할 수 없었던 용변 습관과 올바른 자세 훈련 그리고 부모가 아이를 버리겠다고 말하는 속임수를 통해 준비되어 왔다.

이러한 유아기의 경험은 '세상 사람들'로부터 비웃음을 사서 눈 밖에 난다는 말을 듣게 되었을 때, 아이들로 하여금 자기에게 부과된 엄청난 구속을 받아들이게 한다. 그리고 그는 어렸을 때 거리낌 없이 표현하였던 충동을 억누르게 되는데, 그것은 그 충동을 드러내는 것이 좋지 않아서가 아니라 이제는 정당하게 인정되지 않기 때문이다. 그는 이제 진지한 생활을 해야 한다. 그러나 점차 유아기의 특권을 빼앗김에 따라 점점 성인으로서의 유희를 누리게 된다. 그렇다고 유아기의 경험이 뇌리에서 사라져 없어진 것은 결코 아니다. 그 경험은 그들의 인생철학에서 큰 버팀목이 된다. 그들은 '인정(人情)'을 시인하는 태도를 취하여, 다시금 유아기의 경험에 복귀하려는 것이다. 그리고 성년기를 통하여 삶의 '자유로운 영역'에서 그것을 다시 체험한다.

유년 시절의 전반기와 후반기를 하나로 잇는 것은 친구에게 받는 인정을 대단히 중요시한다는 점이다. 아이들의 마음에 새겨지는 것은 절대적인 덕의 기준이 아니라 바로 이것이다. 유년 시절 전기에는 어머니에게 떼를 쓰면, 어머니의 잠자리에서 함께 잘 수 있었다. 그는 자신과 형제 자매가 받는 과자 갯수를 비교해 보고 자신이 어머니에게 몇 번째로 사랑을 받는가를 알 수 있었다. 그리고 관심을 받지 못하면 바로 알아차리고 누나를 향해서 "누나는 날 '제일' 귀여워하지?"라고 물었다.

그러나 후기에 접어들면, 아이는 점차 많은 개인적 만족을 포기하라고 요구받는데, 약속되는 보상은 '세상 사람들'에게 인정받고 받아들여지게 되는 것이요, 벌은 '세상 사람들'에게 웃음거리가 되는 것이다. 이는 물론 대부분의 문화에서 어린아이를 훈련할 때 의지하는 강제력이긴 하지만, 일본에서는 달리 유례가 없을 정도로 중요하게 여긴다. '세상 사람들'에게 버림을 받는다는 것이 무엇인가는, 이미 부모가 밖에 내다 버리겠다고 협박했을 때 아이들의 뇌리에 생생하게 남겨졌다. 그는 일생에 걸쳐 친구들 사이에서 배척되는 것을 폭력보다 무서워하게 되었다. 그래서 조소나 고립의 공포를 단지 머릿속에서 상상하는 것만으로도 이상하리만치 민감하게 반응한다. 실제로 일본 사회에서는 사생활을 지키기가 어렵다. '세상'은 그가 하는 일을 모두 알게 되므로, 만일 낙인이 찍히면 배척당할 가능성이 매우 크다. 우선 일본의 가옥 구조—소리가 새어 나가고, 대낮에는 훤히 열리는 얇은 벽장지문—만 보더라도, 담과 뜰을 둘 여유가 없는 사람들의 사생활은 널리 공개되어 있는 것이나 다름없다.

일본인이 사용하는 두 상징은 종잡을 수 없는 자녀 교육에 근거를 둔 그들의 양면적 성격을 분명히 하는 데 도움을 준다. 초기에 형성된 측면은 '부끄러움 없는 자아'가 얼마나 남아 있는지를 살펴보기 위하여 자신의 얼굴을 거울에 비추어 본다. 그들은 "거울은 영원한 순결성을 비춘다"고 말한다. 거울은 허영심을 기르지도 않고, '방해하는 자아'를 비추지도 않는다. 오로지 혼이 깊은 곳을 비춘다. 인간은 거울을 통해 자신의 '부끄러움 없는 자아'를 보게 되어 있다.

사람들은 거울 속에서 영혼의 문인 자기 눈을 본다. 이것은 '부끄러움 없는 자아'로서 살아가고, 순수한 이상상을 찾아낼 수 있도록 도움을 준다. 이 목적을 위하여 거울을 늘 소중하게 몸에 지니고 다니는 사람도 있다. 또한 자신의 모습을 비춰 보고 혼을 반성하기 위한 특별한 거울을 집에 모신 불단에 놓아 두는 사람도 있다. 그는 '자기 자신'을 받들어 모시고, '자기 자신'을 예배한다. 분명히 이례적이다. 그러나 이 사람의 행동은 일본인이 보통 행하는 것을 조금 더 발전시킨 것뿐이다. 어느 가정에서나 가미다나에 예배의 대상으로 거울을 모신다. 전쟁 중 일본의 라디오 방송에서는 돈을 모아 거울을 사서 교실에 비치한 여학생을 칭찬한 일이 있었다. 그 여학생의 행동이 허영심의 표현이라고 생각하는 사람은 없었다. 오히려 그녀들 마음속 깊이 있는 잔잔한 목적을 위하여 몸을 바친 행위로 끊임없이 서술되었다. 거울을 보는 것은 그녀들의 고귀한 정신을 증명하는 의식이었다.

일본인의 거울에 대한 감정은 아직 아이들의 마음속에 '관찰하는 나〔我〕'가 심어지지 않았던 시기에 싹텄음을 알 수 있다. 그들은 거울 속에서 '관찰하는 나'를 보지 않는다. 그 속에 비추어진 자아는 과거 유아기 때처럼, '부끄러움'이라는 스승이 필요 없으며 근본적으로 선량하다. 그들이 거울에 부여하는 상징적 의미는 '숙달'이라는 자기 훈련에 관한 그들의 사고방식의 바탕이 되어 있다. 모든 일본인들은 '관찰하는 나'를 제거하고 어린 시절의 솔직한 모습으로 되돌아가기 위하여 끊임없이 자기를 훈련한다.

이처럼 특권을 누렸던 유아기의 생활이 일본인에게 여러 가지 영향을 미치고 있음에도, 부끄러움이 도덕의 기초가 된 인생의 구속을 단지 특권의 박탈이라고는 느끼지 않는다. 앞에서 서술한 바와 같이 자기희생이라는 개념은 일본인이 때때로 이의를 제기했던 기독교적 개념 중 하나로서, 그들은 자기를 희생하고 있다는 생각을 거부한다. 극단적인 경우에도, 일본인은 주〔忠〕나 고〔孝〕, 기리를 다하기 위하여 '스스로' 죽는 것이라고 말한다. 그리고 이러한 일은 자기희생의 범주에 든다고 생각하지 않는다. 그들은 스스로 죽음으로써 자기가 원하는 목적을 성취할 수 있는 것이라고 말한다. 만일 그렇지 않다면 그것은 '개죽음'이다. '개죽음'이란 그들에게는 가치 없는 죽음이라는 의미로서, 영어의 'dog's death'처럼 길에 쓰러져 죽는 것을 의미하지 않는다. 그처럼 극단적이지 않은 일련의 행위로서 영어에서 'self-sacrificing (자기희생)'이라고 부르는 것도 일본어에서는 오히려 자중의 범주에 속한다. '자중'은 보통 자제를 의미하는데, 자제는 자중과 마찬가지로 매우 소중한 마음가짐이다. 큰 일은 자제함으로써만 달성할 수 있다.

미국인은 목적 달성을 위한 필요조건으로서 자유를 강조하지만, 다른 경험을 쌓아 온 일본인은 그것만으로는 결코 충분치 않다고 여긴다. 그들은 자제함으로써 자아를 한층 더 가치 있는 것으로 만든다는 생각을 도덕률의 중요한 신조로 여겼다. 그렇지 않다면 시도 때도 없이 속박에서 벗어나 올바른 생활을 무너뜨릴지도 모르는 충동을 품은 위험천만한 자아를 어떻게 통제할 수 있겠는가? 어느 일본인은 다음과 같이 서술하였다.

몇 년 동안 나뭇결 위에 꾸준히 덧칠되어 완성된 칠기는 옻칠의 층이 두터울수록 고가품으로 취급된다. 사람도 마찬가지이다. (중략) "러시아인의 껍질을 벗겨 보면 타타르인이 나타난다"고 말하듯이, "일본인을 깎아서 칠을 벗기면 왜구가 나타난다"고 할 수 있을 것이다. 그러나 잊어선 안 될 것은, 일본에서 옻은 값비싼 제작품으로서 수공업의 보조 수단이라는 사실이다. 옻칠에는 속임수가 조금도 없다. 그것은 흠을 감추기 위한 덧칠이 아니다. 적어도 나뭇결을 좀 더 아름답게 만든 만큼의 가치가 있다.

서구인을 놀라게 하는 일본 남성의 행동적 모순은 어린 시절의 훈육이 급변하여 생겨났다. '덧칠'을 한 다음에도 그들의 의식 속에는 그들이 자신의 좁은 세계에서 작은 신처럼 지냈던 시절, 마음대로 투정을 부릴 수 있었던 시절, 어떤 소망이든 이루어질 수 있다고 생각했던 시절이 깊은 흔적으로 남아 있다. 이처럼 마음속 깊은 곳에 다른 두 요소가 심어져 있기 때문에, 그들은 어른이 된 뒤 로맨틱한 연애에 빠졌다가도 갑자기 손바닥 뒤집듯 가족의 의견에 무조건 복종한다. 쾌락에 빠져들고 안일을 탐하는가 하면, 가혹한 의무를 다하기 위해 어떤 고생도 마다하지 않는다. 신중의 필요성을 강조하는 가정 교육 때문에 그들은 때때로 겁 많은 국민이 되지만, 때로는 저돌적으로 보일 만큼 용감해진다. 그들은 계층 제도에 따라 복종이 요구되는 상황에서는 철저히 순종하는 태도를 보이면서도 위에서의 통제에는 쉽게 따르지 않는다. 그들은 대단히 예의가 바르면서도 오만불손하다. 그들은 군대에서 광적인 훈련에 복종하면서도 반항적이다. 그들은 열렬한 보수주의자이면서도 중국의 관습이나 서구의 학문을 도입했을 때처럼 새로운 생활양식을 쉽게 받아들인다.

이러한 성격의 두 요소는 긴장을 초래한다. 이 긴장에 대해 일본인은 사람마다 각각 다른 반응을 나타낸다. 그러나 그것은 자신이 원하는 대로 해도 받아들여졌던 유아기의 경험과 그 뒤 생활의 안녕을 약속하는 속박을 융화시키는 동일한 중요 문제에 대해, 각자가 자기 나름으로 반응하는 것일 뿐이다. 많은 사람들이 이 문제를 해결하는 데 곤란을 느낀다. 어떤 사람은 바리새인처럼 자신의 생활을 규칙에 맞게 규율화하는 데 급급하여 인생을 흐름에 맡기기를 극도로 두려워한다. 그것은 환상이 아니라 그들이 전에 실제로 경험한 것이기 때문에 그 공포는 더욱 커진다. 그들은 고결함을 지키며 그들이 스스로 만든 규칙을 엄수하는 것으로, 마치 자신이 사람들에게 명령하는 권위자가 되었다고 생각한다.

어떤 사람은 인격 분열에 빠진다. 그들은 마음속에 숨 죽이고 있는 공격성에 두려움을 품고, 부드러운 태도를 가장하여 그것을 숨긴다. 그들은 때때로 그들의 진실한 감정을 억누르기 위하여 쓸데없는 일에 몰두하기도 한다. 그들은 훈련을 통해 배웠으나 실제로는 전혀 무의미한 일상적 일을 기계적으로 수행한다. 또 어떤 사람은 유아기의 경험에 사로잡혀서, 어른이 해야 할 임무에 직면하였을 때 몸을 깎아 내는 듯한 불안을 느낀다. 그리하여 더 이상 다른 사람에게 의지할 수 없는 나이인데도 타인에게 더욱더 많이 의지하려고 한다. 그들은 실패를 권위에 대한 반역이라고 여긴다. 그래서 그들이 하는 모든 행동 하나하나가 그들을 극심한 동요 속으로 몰아넣는다. 정해진 순서에 따라 기계적으로 처리할 수 없는 뜻밖의 사태는 그들에게 대단한 공포심을 불러일으킨다.

이런 것들은 배척이나 비난을 지나치게 염려할 때 일본인이 빠지기 쉬운 전형적인 공황상태를 말하는 것이다. 지나친 압박을 느끼지 않을 때, 그들은 생활을 즐기는 능력과 타인의 감정을 해치지 않도록 어린 시절에 훈육으로 익혔던 신중함과 용의주도한 면을 나타낸다. 이것은 대단한 태도이다. 그들은 유아기에 자기 주장을 관철하는 태도를 배웠다. 마음을 괴롭히는 죄의식을 각성하는 일은 없다. 그 뒤 여러 가지 속박이 가해지지만, 그것은 친구들과의 연대성을 지키기 위한 것이며, 의무는 상호적이다. 어떤 종류의 일에서는 자기의 희망을 타인에게 저지당하기도 하지만, 아직도 여전히 생각대로 충동적 생활을 영위할 수 있는 '자유로운 영역'이 정해져 있다.

일본인은 예로부터 늘 세속에서 초연한 즐거움―벚꽃이나 달, 국화, 첫눈을 감상하든지, 집 안에 벌레장(蟲籠)을 달고 벌레의 노래를 듣든지, 짧은 시구를 읊든지, 정원을 가꾸든지, 꽃꽂이나 차(茶)를 탐닉하든지―을 즐기는 것으로 유명하다. 이러한 즐거움을 즐기는 것은 심각한 문제를 품고 있는 국민의 행동이 아니다. 그들은 또한 슬픈 얼굴로 한탄하며 즐기는 것도 아니다. 일본이 아직 그 비참한 '사명'에 매진하기 전의 행복한 시대에는 일본의 농촌 사람들은 현대의 어떤 국민에 비해도 뒤지지 않을 정도로 밝고 쾌활하게 여가를 즐길 수 있었다. 또 일을 할 때에는 누구보다 열심히 하였다.

그러나 일본인은 스스로에게 많은 요구를 한다. 세상 사람들로부터 배척당하여 비방당하는 큰 위험을 피하기 위하여 그들은 모처럼 맛을 알게 된 개인적인 즐거움을 포기해야 한다. 인생의 중대사에 앞서 즐거움을 추구하려는 충동을 억제해야 한다. 이러한 관례를 위반하는 소수의 인간들은 양심의 가책에 빠질 위험이 있다. 한편, 스스로를 존중하는(자중하는) 인간은 '선'이냐 '악'이냐가 아니라, '기대에 부응하는 인간'이 되느냐 '기대에 어긋나는 인간'이 되느냐 하는 것을 목표로 삼아 진로를 정하며, 집단의 '기대'에 부응하기 위해 자신의 개인적 요구를 포기하기도 한다. 이러한 사람이야말로 '부끄러움(하지(恥))을 알며' 한없이 신중하고도 훌륭한 인간이다. 이들이야말로 자기 가정에, 자기 마을에, 또한 자기 나라에 명예를 가져오는 사람들이다. 이로써 빚어지는 강력한 긴장은 일본을 동양의 지도자이자 세계의 최고 강국으로 만들고자 하는 대망(大望)으로 나타난다.

그러나 이러한 긴장은 개인이 지기에는 무거운 부담이다. 그는 실패하지 않도록, 또한 많은 자기희생을 감수하는 일련의 행위를 업신여김당하지 않도록 경계를 늦추지 말아야 한다. 때로는 울분을 폭발시켜 극도로 공격적인 행동을 취할 때도 있다. 그것은 미국인처럼 자신의 원칙이나 자유가 침해당했을 때가 아니라, 모욕당했거나 비방당했다고 느꼈을 때이다. 그때 그들의 위험한 자아는 만일 가능하다면 그 비방자에게, 그렇지 않으면 자기 자신을 향해 폭발한다.

일본인은 그들의 생활양식 때문에 값비싼 대가를 치러 왔다. 미국인이 공기처럼 매우 당연한 것으로 여기는 단순한 자유를 스스로 거부해 왔다. 이제 일본인은 패전 이래 일본식 민주화로 향하고 있다. 쓸데없는 걱정이나 잡념을 떨치고 자신이 원하는 대로 행동하는 것이 일본인을 얼마나 미치도록 기쁘게 하는지를 우리는 명심해야 한다. 스기모토 부인은 이 기쁨을 누구보다 잘 표현하였다. 그녀는 영어를 배우기 위해 입학한 도쿄의 미션스쿨에서, 무엇이든 자신이 좋아하는 것을 심을 수 있는 정원을 배당받았을 때의 감명을 기록하였다. 교사는 학생 한 사람 한 사람에게 황폐한 땅을 나눠 주고 학생이 원하는 씨앗을 주었다.

무엇을 심어도 좋은 이 정원은 나에게, 아직까지 경험한 적 없는 개인의 권리라는 완전히 새로운 감정을 맛보게 하였다. (중략) 그러한 행복이 인간의 마음속에 존재할 수 있다는 사실 자체가 나는 놀라웠다. (중략) 지금까지 한 번도 전통을 등진 일도 없고, 가문의 명예를 더럽힌 일도 없으며, 부모나 선생님이나 마을 사람들의 빈축을 산 적도 없는, 이 세상 누구에게도 피해를 끼친 적이 없는 내가 자유를 얻은 것이다.

다른 학생들은 모두 꽃을 심었다. 그런데 그녀가 심고자 했던 것은 감자였다.

이 바보 같은 행위로 내가 얻을 수 있었던 무모한 자유의 감정은 누구도 알지 못할 것이다. (중략) 자유의 정신이 내 마음의 문을 두드렸다.

그것은 새로운 세계였다.

나의 집 정원 한쪽에 방치된 듯이 보이는 장소가 있었다. (중략) 그런데 언제나 누군가가 부지런히 소나무를 손질하고 생나무 울타리를 반듯하게 다듬었다. 또한 매일 아침 지야(늙은 하인)는 디딤돌을 닦아 내고 소나무 아래를 청소한 뒤, 숲에서 모아 온 솔잎을 조심스럽게 뿌렸다.

이 위장된 자연은 그녀에게, 여때까지 교육받아 왔던 위장된 의지의 자유를 상징하였다. 일본 곳곳에는 이러한 위장이 가득 차 있었다. 일본 정원속에 반쯤 파묻힌 큰 바위들도 모두 신중하게 선택되어 운반해 온 것으로, 땅 밑에 자갈을 깔고 그 위에 놓은 것이다. 돌은 연못, 건물, 나무들과의 관계를 신중하게 고려하여 배치한다. 국화도 마찬가지로, 화분에 심어서 매년 일본 각지에서 개최되는 품평회에 출품하기 위하여 가꾼다. 꽃잎은 한 잎 한 잎 사람의 손으로 정돈하고 또 때때로 살아 있는 꽃 속에 작은 철사 고리를 끼워서 정해진 자리를 지키게 한다.

이 고리를 뗄 기회를 얻은 스기모토 부인은 해맑고 천진난만한 행복을 느꼈다. 지금까지 작은 화분 속에서 재배되어 꽃잎 하나하나 가지런히 가꿔진 국화가 자연으로 돌아가게 되는 데서 순수한 기쁨을 발견하였다. 그러나 오늘날 일본인들 사이에서는 '기대에 어긋나는' 행동을 하며 '하지(부끄러움)'의 강제력에 의혹을 품는 자유는 그들 생활양식의 미묘한 균형을 깨뜨릴 우려가 있다. 그들은 새로운 체제를 세우고 새로운 강제력을 습득해야 할 것이다. 그러나 변화는 값비싼 것이다. 새로운 마음가짐으로 새로운 도덕을 수립하기란 쉬운 일이 아니다.

서구 여러 나라는 일본 국민이 서구의 도덕을 단번에 자기 것으로 받아들일 수 있으리라 생각해서는 안 된다. 또 일본이 결국 좀 더 자유롭고 좀 더 관용적인 윤리를 세울 수 없다고 생각해서도 안 된다. 미국에 사는 일본인 2세들은 일본 도덕을 알지도 못하고, 실천하지도 않는다. 그들의 핏속에는 부모의 조국인 일본의 습관을 지키도록 하는 요소는 하나도 존재하지 않는다. 그와 마찬가지로 일본 본국에 있는 일본인도 새 시대를 맞아 예전처럼 개인의 자제에서 생겨난 의무를 요구하지 않는 생활양식을 구축할 가능성을 지니고 있다. 국화는 철사 고리를 떼내고 그처럼 철저한 손질을 하지 않아도 충분히 아름답게 필 수 있다.

이러한 그들의 정신적 자유를 증대할 수 있는 과도기에 처하여, 일본인은 예로부터 전해지는 오랜 전통적 덕에 의지하여 평형을 잃지 않을 수 있었다.

그 한 가지는 그들이 '몸에서 나온 녹'을 방지하는 책임이라고 표현하는 자기 책임의 태도이다. 이 비유는 사람의 신체와 칼을 동일시하는 것이다. 칼을 찬 무사에게 칼이 빛을 잃지 않도록 할 책임이 있는 것과 마찬가지로, 사람은 저마다 자기 행위의 결과에 대하여 책임을 져야 한다. 사람은 자신의 약점, 지속성의 결여, 무능함 등에서 오는 당연한 결과를 모두 승인하고 받아들여야 한다. 일본에서는 자기 책임이라는 것을 자유로운 미국에서보다도 훨씬 철저하게 해석한다. 이러한 일본적인 의미에서 칼이란 침략의 상징이 아니라, 더할 나위 없이 훌륭히 자기 행위에 책임지는 인간에 대한 비유이다. 개인의 자유를 존중하는 시대에 이 덕은 평형을 유지하는 데 가장 훌륭한 역할을 한다. 더구나 일본 아이들의 훈육과 행위의 철학을 통해 일본 정신의 일부로서 일본인의 마음에 심어 온 덕이다. 오늘날 일본은 '칼을 버리고' 항복할 것을 자청하였다. 그런데 일본적인 의미에서 일본인은 여전히 자칫하면 녹슬기 쉬운 마음속의 칼을 녹슬지 않게 하는 일에 마음을 쓰는 강점이 있다. 그들의 도덕적인 어법에 따르면, 칼은 자유롭고 평화로운 세계에서도 그들이 보존할 수 있는 상징인 것이다.

제13장
패전 후의 일본인

　대일본 전쟁에서 승리한 미국인은 일본을 통치하며 이루어 온 역할에 대해 자랑스러워 하기에 충분했다. 미국의 대일정책은 국무, 육군, 해군 3부의 공동 지령에 따라 작성되었다. 8월 29일 무전으로 통보된 방침은 실권자 맥아더 장군이 수완을 발휘해 실행에 옮겼다. 그러나 이러한 자랑의 근거가 되는 실적은 미국의 신문지상과 라디오에서 당리당략에 기초한 옹호와 비난으로 자주 거론됨에 따라 과소평가되고 있다. 그리고 일본 통치 정책이 바람직한가 아닌가를 확신에 차서 판단할 만큼 일본 문화를 아는 지식인층도 매우 미약했다.
　일본 항복 당시 가장 중대한 문제는 어떤 성질의 점령을 할 것인가에 있었다. 전승국은 천황을 포함한 기존의 정부를 이용해야 하는가 아니면 타파해야 하는가? 미군정 관리의 지도하에 각 시, 현 단위로 행정 기구를 둘 것인가? 이탈리아나 독일의 경우, 전투 부대의 필수 요건으로서 각지에 AMG(연합군 군정부) 본부를 설치하여 연합국 행정관이 지방 행정권을 맡아 지휘하였다. 일본 패전 당시에 태평양 지역의 AMG 담당자는 일본 역시 이와 같은 지배 체제를 구성할 것으로 예상하였다. 일본 국민 또한 어떠한 행정책임을 맡을지 모르고 있었다. 포츠담 선언은 단지 "연합국이 지정된 일본 영역 내의 모든 지점은 우리가 여기에서 밝힌 근본적 목적을 달성하기 위해서 점령되어야 한다" 또 "일본 국민을 기만하고 오도하여 세계 정복을 감행한 과오를 범한 권력 및 세력은 영구히 제거되어야 한다"는 규정에 불과했다.
　맥아더 장군이 수용한 국무, 육군, 해군 3부의 공동 지령은 이런 일에 관한 중대한 결정을 구체화한 것이었고, 그 결정은 맥아더 장군 사령부의 전면적 지지를 얻었다. 그 내용은 일본 국민이 자국의 행정 및 재건의 책임을 진다는 것이 그 핵심요소였다.

"최고 사령관은 미합중국의 목적을 하루 빨리 달성하기 위해 일본 정부 기구와 천황을 포함한 여러 기관을 통해서 그 권력을 행사한다. 내정문제에 관해서는 최고 사령관(맥아더 장군) 지시하에 일본 정부의 정상적 정부 권력 행사를 허락한다."

따라서 맥아더 장군의 일본 통치는 독일이나 이탈리아의 점령정책과는 성질이 전혀 다르다. 그것은 일본 관료기구를 유용하게 활용한 연합국총사령부의 국가경영이었다. 지령은 일본 정부에 통첩을 할 뿐, 일본 국민이나 지역 시민에게 직접 전달되지는 않았다. 그 임무는 일본 정부의 활동 목표를 정하는 것이었다. 만일 일본 관료가 자신이 맡은 목표에 대해 달성이 불가능하다고 판단하면 스스로 그 자리에서 물러날 수 있으며, 또 그의 의견이 정당하면 지령이 수정될 수도 있었다.

이러한 통치 방식은 대담한 조처였다. 미국 측에서 보면 이러한 정책의 이득은 명백하였다. 당시 힐드링(Hilldring) 장군은 다음과 같이 말하였다.

일본 정부를 이용해서 얻는 이익은 막대하다. 만약 이용가치가 있는 일본 정부가 존재하지 않았다면, 우리는 인구 7천만의 국가를 통치하기 위해 필요하고도 복잡한 기구를 모두 우리 손으로 직접 운영해야 한다. 일본인은 우리와 언어·습관·가치관이 모두 다르다. 일본 정부의 기구를 대청소하고 재이용함으로써 우리는 시간과 인적자원을 절약할 수가 있다. 바꾸어 말하면, 우리는 일본인에게 자력으로 자기 나라를 대청소하도록 요구하는 것이며, 우리는 그 방법을 제시하는 것이다.

그런데 이러한 초기 대일 방침이 워싱턴에서 작성될 당시 미국인들은, 일본인이 불복하고 적대적 태도를 보일 것이라 예상했다. 호시탐탐 복수할 기회를 엿보며 전후 처리 계획에 방해공작을 펼치지나 않을까 하는 근심을 거두지 못했다. 하지만 그런 걱정은 한낱 기우로 끝났다. 그러한 미국의 근심이 빗나간 이유는 패전 국민이나 패전국의 정치 경제에 관한 보편적 진리에 있다기보다 오히려 일본의 특이한 문화 속에 존재했다. 일본 이외의 다른 나라 국민이었다면, 아마도 이러한 신의에 바탕을 둔 정책은 일본처럼 성공을 거둘 수 없었을 것이다. 일본인이 느낀 대일정책은 패전이라는 냉혹한 현실에서 연합군의 직접통치라는 굴욕적 상징을 제거하고, 그들에게 새로운 국책의 실시를 촉구하는 것이었다. 그들이 이 새로운 정책을 수용할 수 있었던 이유는 다름아닌 독자적인 문화를 바탕으로 형성된 일본인의 독자적인 국민성 때문이었다.

미국에서는 강화 조약을 엄격히 할 것인가, 관대히 할 것인가에 대해 끊임없는 논의를 되풀이하였다. 진정한 쟁점은 엄격함이나 관대함이 아니다. 문제는 낡고 위험한 침략적 성향을 타파하고, 새로운 목표를 세우는 데 꼭 맞는 적절한 엄격함을 구사함에 있다. 어떤 수단을 선택할 것인가의 문제는 그 국민의 성격이나 그 나라의 전통적 사회 질서에 따라 달라진다. 프로이센적 강권주의가 가정생활 속에, 또 일상의 시민 생활 속에 깊이 뿌리박힌 독일에는 독일에 알맞은 강화 조건이 필요하다. 현명한 점령 정책이라면 일본의 경우에는 독일과는 다른 조건이 정해져야 한다. 독일인은 일본인과 달리 자기를 세상과 조상의 채무자로 생각하지 않는다. 독일인은 무한한 부채를 갚기 위해 노력하지 않을 뿐만 아니라 희생자가 되기를 싫어한다. 아버지는 권위주의자처럼 강압적이어서, 독일인의 표현과 같이 '존경을 강제한다.' 사람들로부터 존경받지 못하면 자신의 위치가 위협받는다고 느끼기 때문이다. 독일에서 사춘기의 아들들은 권위적인 아버지에게 반항한다. 그러나 그 아들도 어른이 되면 아버지의 생활과 다름없이 무료하고 아무런 감흥도 없는 생활에 굴복하게 될 것이다. 이런 패턴은 세대가 바뀔 때마다 되풀이된다. 독일인의 일생을 통해 생활이 가장 활기를 띠는 것은 청년기적 반항기인 질풍노도기의 몇 년간이다.

일본 문화에서의 문제는 권위주의가 아니다. 아버지는 거의 모든 서구인 관찰자가 느낀 것처럼, 서구 사회에서는 볼 수 없을 만큼 배려와 사랑으로 자식을 대한다. 일본의 아이들은 아버지와의 사이에 존재하는 강한 유대의식을 당연하게 생각하며, 또 아버지를 자랑스레 여긴다. 그래서 아버지의 목소리만으로도 그의 의중을 읽어내고 실행에 옮긴다. 아버지는 결코 어린 아들에 대해 가차없이 엄격한 훈육을 담당하는 사람이 아니며, 또 사춘기는 결코 부모의 권위에 대한 반항기가 아니다. 오히려 사춘기에 접어든 아이들이 일가(一家)를 책임지며 순종하는 대표자로서 세상의 비판 앞에 선다. 그들은 일본인이 말하듯이 '훈련을 위해서', '연습을 위해서' 아버지에게 경의를 표한다. 즉, 아버지는 존경을 한몸에 받는 존재로서 비인격적인 상징이 된다. 따라서 아버지는 계층적 질서와 올바른 처세의 상징인 것이다.

아이가 아직 어릴 때 아버지와 접한 경험으로 배우게 된 이러한 태도는 일본 사회의 모든 면에 통하는 하나의 틀이 된다. 계층적 질서에서 최고의 자리에 앉아 경의를 받는 사람조차도 그가 하고 싶은 대로 권력을 행사하지 않으며, 계층제의 수뇌부를 차지하는 관리가 실권을 행사하지 않는다는 것이 일본의 특이성이다. 천황을 비롯하여 최하층에 이르기까지 조언자나 숨은 세력이 배후에서 그것을 조종하고 있다. 흑룡회(黑龍會)와 같은 초국수(超國粹) 단체의 한 지도자가 1930년대 초기에 도쿄의 영자 신문 기자에게 한 말은 일본 사회의 이러한 일면을 가장 명확하게 설명하고 있다.

"사회는(물론 이것은 일본을 의미한다) 한쪽 모서리를 핀으로 고정시킨 삼각자이다." 달리 말하면 삼각자는 책상 위에 놓여 있고 누구나 볼 수 있지만, 핀은 보이지 않는다. 어떤 때는 삼각형이 오른쪽이나 왼쪽으로 기울기도 한다. 그것은 결코 그 정체를 드러내지 않는 축을 중심으로 하여 움직이는 것이다. 서양인이 자주 쓰는 표현을 빌리면, 모든 일이 '마법처럼' 이루어진다. 자의적 권력이 표면에 드러나는 것을 철저히 방지하고, 모든 행위를 언제나 실제의 권력 행사에서 분리시켜 놓은 상징적 지위에 대한 충성의 표시라는 식으로 보이기 위해서 갖은 노력을 기울인다. 그런데도 가면이 벗겨져 권력의 정체가 탄로나면, 일본인은 그들을 고리대금업자나 졸부 같은 사리사욕에 눈이 먼 자로 규정하고 일본의 제도에 걸맞지 않은 존재로 간주한다.

일본인은 그들 세계를 이런 식으로 보기 때문에 착취나 불공정에 대해 반항하기는 하지만 결코 혁명가는 되지 않는다. 그들은 그들 세계의 조직을 파괴하려 하지 않는다. 그렇기에 일찍이 메이지 시대에서처럼 제도 그 자체에는 조금도 비난을 퍼붓지 않고 가장 철저한 변화에 착수할 수 있었다. 그들은 그것을 복고, 즉 과거로 '복귀하기'라고 이름 붙였다. 그들은 혁명가가 아니다. 일본에서 이데올로기적 대중 운동에 희망을 걸고 있던 서구의 저술가들은 전쟁 중 일본의 지하 세력을 과대평가하여 항복 직후에는 그 지하 세력이 실권을 쥘 것으로 기대하였다. 그리고 일본의 패전 이래 선거에서 급진적 정책이 승리할 것으로 예언했다. 이처럼 서구의 저술가들은 크게 사태를 오해하고 있었고, 그들의 예언은 빗나갔다. 보수파 총리 시데하라(幣原) 남작이 1945년 10월, 내각을 조직할 당시의 다음 연설은 일본 국민의 정서를 정확히 대변하고 있다.

새로운 일본 정부는 국민의 총의를 존중하는 민주주의적 형태를 갖추고 있다. (중략) 우리나라에서는 예로부터 천황께서 당신의 의사를 국민의 의사로 삼아 오셨다. 이것이 메이지 천황의 헌법 정신이며, 내가 여기서 말하는 민주적 정치는 바로 이 정신의 표현이라 할 수 있다.

민주주의에 대한 이러한 설명은 미국인 독자들이 보기에는 거의 무의미하다. 하지만 서양적 이데올로기보다는 이러한 민주주의를 토대로 삼는 편이, 시민 자유의 범위를 확장하고 국민 복지를 이룩하기가 쉬웠으리라는 점은 의심할 여지가 없다.

물론 일본은 서구식 민주주의 정치 제도들을 실험하겠지만, 서구적 제도가 미국에서처럼 더 좋은 세상을 만들기 위한 신뢰의 도구라고 기대할 수는 없을 것이다. 보통 선거를 실시하고 그 선거로 뽑힌 사람들로 구성된 입법 기관은 많은 곤란한 문제를 해결하기도 하지만, 반면에 새로운 곤란을 가져오기도 할 것이다. 이러한 곤란이 발생할 때 일본인은 아마도 우리가 민주주의를 달성하기 위해 의지하는 방법을 고치려고 들 것이다. 그러면 미국인들은 목청을 높여 그렇다면 무엇 때문에 전쟁을 했는가라고 불평할 것이다. 우리는 우리 도구의 정당성을 믿는다. 그러나 보통 선거는 앞으로 영원히 일본을 평화 국가로 재건하는 데 그렇게 중요한 역할을 하지 않을 것이다. 일본은 처음 선거를 실시한 1890년대 이래 지금까지 근본적인 변화를 이루었다고 할 수 없다. 당시 라프카디오 헌(Lafcadio Hearn)이 묘사한 옛 아수라장이 재현되지 않으리라 어찌 보장할 수 있을까.

다수의 희생자를 낸 치열한 선거전에는, 실은 조금도 개인적 증오는 없었다. 또한 가끔 외국인을 놀라게 하는 폭력적인 의회에서의 저 맹렬한 토론에도 개인적 대립은 전혀 보이지 않았다. 정치적 투쟁은 사실 개인 대 개인의 싸움이 아니라, 번(藩) 상호 간의, 혹은 당파 상호 간의 이해 대립이었다. 각 번의, 혹은 각 정당을 열렬히 지지하는 사람들은 새로운 정치를 단지 새로운 형태의 싸움(지도자의 이익을 꾀하기 위한 상호 충성의 충돌)으로 이해하고 있었다.

비교적 최근인 1920년대의 선거에서도 시골 사람들은 투표에 앞서 "내 목은 칼로 베어버리기에 지장이 없을만큼 깨끗하다"고 말하는 것이 일반적이었다. 선거권을 그 옛날 특권이 있는 사무라이가 서민을 단칼에 베어버리는 것과 동일시한 데서 비롯된 말이다. 일본의 선거 중에 포함된 여러 의미는 오늘날에도 미국의 그것과 다르다. 이는 일본이 위험한 침략 정책을 수행하고 있는가 그렇지 않은가와는 전혀 관계없이 진실일 것이다.

일본이 평화 국가로 출발하는 데 이용할 수 있는 참된 장점은, 어떤 행동 방침에 대해 '실패로 끝났다'고 인정한 뒤로는 다른 방향을 향해 노력한다는 점이다. 일본인에게는 방침 전환의 윤리가 있다. 전쟁을 통해 '알맞은 위치'를 얻으려 했으나 실패한 그들은 이제 그 방침을 포기할 수 있다. 여태껏 받아 온 일체의 훈련이 그들을 방침 전환에 응할 수 있는 인간으로 만들어 냈기 때문이다. 가장 절대주의적인 윤리를 갖춘 국민이라면 원리원칙을 위해 싸운다는 신념을 당연히 품을 것이다. 승자에게 항복했을 때 그들은 "패배와 함께 우리의 정의는 사라졌다"고 말한다. 그들의 자존심은 그들이 다음 기회에 이 '정의'가 승리하도록 노력할 것을 요구한다. 그렇지 않으면 가슴을 치며 자신의 죄를 참회한다. 그런데 일본인은 그 어느 것도 할 필요를 느끼지 않는다. 항복한 지 닷새 뒤, 아직 미군이 상륙하기 전 도쿄의 유력한 〈마이니치신문〉은 패전과 패전이 몰고 올 정치적 결과에 대해 "그러나 이 패전은 일본의 궁극적 구원에 도움이 되었다"고 논평했다. 이 사설은 일본이 완전히 패하였다는 것을 잠시도 잊어서는 안 된다고 강조하였다. 노골적인 군사력을 바탕으로 일본을 건설하고자 한 노력이 완전히 실패로 돌아간 이상, 앞으로 일본인은 평화 국가의 길을 걸어가야 한다는 뜻이다. 또 다른 유력한 신문인 〈아사히신문〉 또한 근년의 '군사력 과신'은, 일본 국내 정책과 국제 정책에서 '중대한 과오'이며, "이러한 자세로 얻은 이익은 적고 손실은 막대하다. 우리는 지금까지의 태도를 버리고 국제 협조와 평화 애호에 뿌리를 두는 새로운 자세를 취해야 한다"고 논평하였다.

서구인은 불변할 것 같은 일본의 원리원칙이 변화하는 것을 목격하자 의문을 품는다. 하지만 그것은 개인적 관계에서나 국제적 관계에서나 일본인의 처세법에서 빼놓을 수 없는 한 가지 요소일 뿐이다. 일본인은 어떤 일정한 행동 방침을 취해 목표 달성이 불가능해지면 '실패'했다고 판단한다. 그의 어떤 행동이 실패로 끝나면 가능성이 없는 대의로 간주해 버린다. 언제까지나 집요하게 실패로 끝난 주장을 고수하지 않는다. "아무리 후회해도 아무 소용 없다"는 말은 일본인이 자주 쓰는 말이다. 1930년대에 군국주의는 일반에게 인정받은 수단이었기에, 일본인은 강력한 군사력을 사용하여 세계를 놀라게 할 것이라 판단하였다. 그래서 이러한 계획이 요구하는 일체의 희생을 견디었다. 1945년 8월 14일(미국 시간)에 일본의 최고 지도자인 천황이 국민들에게 패전을 알렸다. 그들은 패전이 의미하는 모든 것, 즉 미군의 주둔을 받아들였다. 그들은 자진하여 전쟁을 포기하는 헌법의 입안에 착수하였다. 항복한 지 열흘 뒤에 일본의 대신문인 〈요미우리호치〔讀賣報知〕〉는 '새로운 예술과 새로운 문화의 시작'이라는 사설을 통해 다음과 같이 논하였다.

"우리는 군사적 패배가 한 나라의 문화의 가치에 아무런 영향도 주지 못한다는 확고한 신념을 가슴에 새겨야 한다. 군사적 패배는 원동력으로서 반드시 도움이 될 것이다. (중략) 패전의 경험을 통해 일본 국민은 진정한 관심을 세계로 뻗쳐 사물을 있는 그대로 객관적으로 볼 수 있게 되었다. 지금까지 일본인의 사고를 왜곡한 일체의 비합리성은 기탄없이 분석하여 제거해야 한다. (중략) 이 패전을 냉엄한 사실로 직시하기 위해서는 용기가 필요하다. 그렇지만 우리는 내일의 일본 문화를 신뢰해야 한다." 그들은 하나의 행동 방침을 시도하다가 패하였다. 이제부터는 평화적인 처세술을 실행해 보자는 것이다. 일본 각 신문의 논설은 "일본은 세계 각국과 어깨를 나란히하며 존경받는 나라가 되어야 한다"고 거듭 주장하였다. 이러한 새로운 기준에 근거하여 존경할 만한 인간이 되는 것이 일본 국민의 의무라고 하였다.

일본 신문의 논설은 극히 일부 인텔리층만의 목소리가 아니었다. 도쿄의 거리 또 벽지의 황량한 마을의 일반 서민들도 뜻을 같이했다. 일본에 주둔 중인 미군은 이처럼 우호적인 사람들이 지난날 목숨 걸고 죽창으로 싸울 것을 맹세했던 국민이었다는 사실을 믿기 어려웠다. 일본인의 윤리에는 미국인이 배척하는 많은 요소가 포함되어 있으나, 일본에 머물며 미국인이 얻은 여러 경험은 이질적 윤리라도 바람직한 측면이 많다는 사실을 여실히 증명해 주었다.
　맥아더 장군 지도하에 행해진 미국의 일본 점령 정책은 일본인의 새로운 진로를 받아들였다. 그는 적어도 일본인에게 굴욕을 주는 수단을 강행하여 이 진로를 저해하지는 않았다. 서구의 윤리에 따르면, 그런 굴욕적인 형벌은 관념적으로 용인된다. 모욕이나 형벌을 가하는 것은 나쁜 짓을 한 사람에게 죄를 자각하도록 하기 위한 사회적으로 유효한 수단이기 때문이다. 또한 이러한 죄의 자각이 그 인간에게 갱생의 첫걸음이 될 수도 있다.
　그러나 앞서 언급한 대로 이 문제에 대한 일본인의 태도는 독특하다. 그들의 윤리에 따르면, 사람은 자기 행위의 결과로 생기는 모든 사태에 책임을 져야 하며 어떤 과오의 당연한 결과를 통해 그 행위의 잘못을 알아야 하는 것이다. 이러한 당연한 결과 속에는 총력전에서의 패배와 같은 참혹한 사건까지도 포함된다. 그러나 이러한 당연한 결과는 일본인이 굴욕이라고 분개할 만한 사태는 아니다. 일본어 어법에 따르면 어떤 개인이나 국가가 굴욕을 느낄 때는 비방이나 비웃음·모욕·경멸을 당할 때나 불명예의 낙인을 강요당할 때라고 한다. 자신이 모욕을 받았다고 생각될 때는 복수하는 것이 일본인의 미덕이다. 서구의 윤리가 이러한 신조를 아무리 맹렬히 비난하더라도 미국의 일본 점령이 효과를 거두느냐 거두지 못하느냐 하는 것은, 미국이 이 점을 신중히 처리하느냐 하지 않느냐에 달려 있다. 왜냐하면 일본인은 그들이 모욕당하는 것과, 항복 조건에 따라 비군사화와 가혹한 배상 의무를 담당한다는 내용을 포함한 '당연한 결과'를 확실히 구별하기 때문이다.
　일본은 일찍이 강대국을 상대로 승리를 거둔 바 있다. 전쟁에서 적군이 마침내 항복했을 때, 적국이 이전에 자신들을 깔보거나 비웃지 않았다고 판단되면 세심하게 마음을 써서 그들에게 모욕을 주지 않으려 애썼다. 일본인이라면 누구나 아는, 1905년 뤼순〔旅順〕에서 러시아군이 항복했을 때의 유명한 사진을 보면 러시아군이 칼을 차고 있다. 러시아 군인이 무장해제를 하지 않았기 때문에 승자와 패자는 다만 군복의 차이로 구분할 수 있을 뿐이다. 일본인이 전하는 유명한 뤼순 함락 전투의 이야기에 따르면 러시아군 사령관 스토예셀(Stoessel) 장군이 일본 측에서 제시한 항복 조건을 수락할 뜻을 표명했을 때, 한 일본군 대위와 통역 장교가 스토예셀 장군의 사령부로 음식을 가지고 갔다.

"스토예셀 장군의 말만을 남기고 모든 말을 잡아 식용으로 사용했던 터라 일본인이 가져온 닭 50마리와 계란 100개는 크게 환영받았다."

스토예셀 장군과 노기(乃木) 장군의 회견은 그 다음날로 결정되었다.

"두 장군은 악수했다. 스토예셀 장군은 일본군의 무예와 용맹에 경의를 표하고, (중략) 노기 장군은 러시아군의 장기간에 걸친 용감한 방어를 칭찬하였다. 스토예셀 장군은 노기 장군이 이번 전투에서 두 아들을 잃었다는 점에 대해 위로의 말을 전했다. (중략) 스토예셀 장군은 노기 장군에게 자기가 타던 아라비아 종의 훌륭한 백마를 증정하였다. 노기 장군은 말할 수 없이 감사하나 전리품은 먼저 천황께 헌상해야 한다고 말하였다. 그러나 반드시 천황이 다시 자기에게 하사하실 것이므로, 만일 자기 손에 돌아오면 자신의 애마로서 소중히 다룰 것을 약속하였다."

일본인은 누구나 노기 장군이 스토예셀 장군의 애마를 위해 자택 앞뜰에 세운 마구간을 알고 있다. 그 마구간은 종종 노기 장군의 집보다 더 훌륭하다고 평가되었다. 그리하여 노기 장군이 죽은 뒤 그것은 노기신사(乃木神社)의 일부가 되었다.

일본인은 러시아 항복 당시부터, 예컨대 세계가 다 아는 바와 같은 파괴와 잔학을 멋대로 자행한 필리핀 점령에 이르는 몇 년 동안에 그 성격이 완전히 돌변했다고 이야기한다. 그러나 일본인같이 극단적으로 기회주의적인 윤리를 따르는 국민에게 그러한 결론이 반드시 필연적일 수는 없다. 첫째로, 일본의 적군은 바타안 반도 전투 뒤에도 항복하지 않았다. 단지 국지적인 항복이 있었을 따름이다. 그 뒤 일본군이 필리핀에서 투항했을 때에도 일본군은 여전히 전투를 계속하고 있었다. 둘째로, 일본인은 결코 러시아인이 자신들을 '모욕했다'고 생각하시 않았다. 이와는 빈대로 1920년대와 1930년대 일본인은 한 사람도 빠짐없이 미국의 정책을 '일본을 얕잡아 보는 것', 혹은 그들의 표현을 빌리면, '일본을 배설물로 취급한다'고 생각하기에 이르렀다. 이는 미국내 일본인 이민을 배척하는 법령과 더불어 포츠머스 조약 및 해군 군축 조약에서 미국이 행한 역할에 대한 반응이었다. 일본인은 극동에서 미국의 경제적 역할 증대나 세계 속 유색 인종에 대한 우리의 인종적 편견까지도 같은 식으로 생각하기에 이르렀다. 따라서 러시아에 대한 승리와 필리핀에서 미국에 대한 승리는, 모욕이라는 요소가 밀접한 관계를 갖는 경우와 그렇지 않은 경우의 일본인 행동의 가장 극단적인 양면을 분명히 보여 준다.
 미국의 최종적 승리는 일본인의 사태를 다시 변화시켰다. 일본인은 궁극적 패배에 직면하자 그들의 관습에 따라 이제까지 추구해 온 방침을 포기하였다. 그 독특한 윤리 덕택으로 일본인은 과거를 깨끗이 청산할 수 있었다. 미국의 정책과 함께 맥아더 장군의 행정부는 모처럼 깨끗해진 공백에 새로운 굴욕의 낙인 찍기를 삼가고, 단지 일본인의 눈에 패전의 '당연한 결과'로 비춰지는 일만 이행하도록 한다는 태도를 취하였다. 결과는 아주 효과적이었다.
 천황의 지위 보존은 매우 중대한 의의가 있었다. 그것은 교묘히 처리되었다. 처음에 맥아더 장군 쪽에서 천황을 방문한 것이 아니라 천황 쪽에서 맥아더 장군을 방문하였다. 이 일은 서구인으로서는 이해하기 힘든 큰 효과를 거둘 수 있었던 일종의 실물 교육이었다. 천황은 신성(神性)을 부인하라는 권고를 전해 듣고 난색을 표했다. 처음부터 가지고 있지 않은 신성을 포기하라니 난처하다는 것이었다. 또한 천황은 일본인에게 있어서 자신은 서구인의 생각처럼 신이 아니라고 교묘히 돌려 말했다. 그러나 맥아더 사령부는, 서구인들은 아직도 천황이 신성을 가지고 있다고 믿기 때문에 일본의 국제적 평판에 악영향을 끼칠 것이라고 설명하였다. 천황은 쑥스러움을 무릅쓰고 신성 부인 성명을 낼 것을 승낙하였다. 천황은 정월 초하룻날에 성명을 발표했고, 그의 메시지에 대한 세계 각국의 신문 논평을 빠짐없이 번역하여 보여 달라고 요구하였다. 그 논평을 읽은 천황은 맥아더 사령부에 메시지를 보내 만족의 뜻을 전했다. 외국인으로서는 분명 이해하지 못할 일이었다. 천황은 성명을 발표해서 잘됐다고 생각하였다.
 미국의 정책은 또한 일본인에게 어느 정도의 만족을 안겨주었다. 국무, 육군, 해군 3부의 공동 대일 방침은, '노동, 공업, 농업에서 민주적 기초 위에 조직되는 모든 단체의 발달을 장려하고 우대할 것이다'라고 명기하였다. 일본 노동자는 많은 산업에서 조직화되었다. 또 1920년대와 1930년대에 활발히 활동한 옛 농민 조합이 다시 조직되어 힘을 키웠다. 많은 일본인은 그들이 지금 이렇게 스스로의 노력을 통해 자기 생활을 개선할 수 있게 된 것은 이번 전쟁의 결과로서 무언가를 얻은 증거라고 생각했다. 미국의 한 특파원은, 도쿄의 한 파업 참가자가 한 미국인의 얼굴을 보고 웃음지으며 "일본이 이겼다, 그렇지 않은가?" 하고 말했다고 전한다. 지금 일본의 파업은 옛날의 농민 봉기와 상당한 유사점이 있다. 봉기를 일으킨 농민의 탄원은 항상 그들을 옭아매는 세금과 부역 때문에 충분한 생산을 올리지 못한다는 데 있었다. 농민 봉기는 서구적인 의미에서의 계급 투쟁이 아니며, 또 제도 자체의 변혁을 기도한 것도 아니었다. 현재 일본 곳곳에서 일어나고 있는 파업 또한 생산 속도를 둔화시키지는 않는다.

"노동자가 공장을 점거하고 작업을 진행하여 생산을 증대하는 것으로 경영자의 면목을 잃게 하는 패턴이다. 파업에 돌입한 미쓰이〔三井〕계열 탄광의 노동자들은 경영을 맡았던 직원을 전부 갱내에서 몰아내고, 1일 생산량을 250톤에서 620톤까지 끌어올렸다. 파업이 한창 진행중이던 아시오〔足尾〕동광(銅鑛)의 노동자들도 생산을 증대시켜 자신들의 임금을 두 배로 올렸다."

이것이 그들이 즐겨 하는 파업 형태이다.

물론 어느 나라든 패전국의 행정은 사정이 어렵기 마련이다. 정책이 아무리 신중해도 이 사정은 변하지 않는다. 일본의 경우도 식량, 주택, 국민 재교육 등이 도저히 피할 수 없는 절실한 문제였다. 이러한 문제는 일본 정부의 관료를 이용하지 않고 점령 행정을 했더라도 마찬가지로 절실했을 것이다. 귀환병 문제는 전쟁 종료 전에 미국의 위정자들이 매우 우려한 일이었다. 이 문제는 일본 관리가 그 지위에 없었더라면 더욱 난처했을 테지만 어쨌든 해결이 쉽지는 않다. 일본인은 이 어려움을 잘 알고 있다. 1945년 가을, 일본 신문은 갖은 고생 끝에 싸움에 진 군인들에게 패전의 아픔이 얼마나 쓰라린가에 관해 감정적인 어조로 말하고 나서, 그들이 그로 인해 감정에 휩쓸려 판단력을 흐리지 않기를 간청하였다. 귀환병은 현재까지 매우 훌륭한 '판단'을 하고 있으나, 개중에는 실업과 패전의 아픔을 견디지 못하고 이전 애국주의적 목표를 추구하는 비밀 결사에 몸을 내던지는 자도 있었다. 귀환병은 자칫하면 그들의 현재 지위에 대한 분노를 표출할 우려가 있다. 일본은 더 이상 군인에게 옛날과 같은 특권적 지위를 주지 않는다. 이전에 상이 군인은 흰옷을 입었고, 사람들은 길거리에서 그들을 만나면 절을 하였다. 평화시에 입대하는 사람에게도 마을 사람들은 환송연을 베풀어 주고 술과 음식을 대접하며 살아 돌아오길 기원했다. 그런 분위기 속에서 출정할 청년은 상좌로 모셔진다. 그러나 지금의 귀환병은 아무도 그러한 정중한 대접을 받지 못한다. 그의 가족은 그를 기쁘게 맞이하지만, 그것으로 끝이다. 그는 많은 도시와 마을에서 냉담한 취급을 받는다. 이러한 태도 변화를 안다면, 일본의 명예가 군인 손에 맡겨졌던 옛날을 회복하기 위해 이전의 전우들과 도당을 조직하는 일에 그들이 얼마나 만족을 느끼는가는 쉽게 상상할 수 있을 것이다. 또 어떤 전우는 그를 향해, 운 좋은 일본군은 이미 자바섬에서, 산시성〔山西省〕에서, 만주에서 연합군과 싸우고 있다고 말할 것이다. 그들은 "절망할 필요는 없다. 너도 곧 다시 전쟁터에 나갈 수 있게 된다"고 부채질한다. 이미 이전부터 일본에 존재하였던 이들 애국주의적 비밀 결사는 일본의 오명을 씻는 것을 사명으로 삼고 있다. 완전한 복수를 하기 위해서 또 무엇인가 해야 할 일이 있는 동안은 '세상이 기울어진다'고 느끼는 성격을 가진 인간이 늘 이러한 비밀 결사 가맹 지원자가 될 가능성이 있다. 예컨대 흑룡회나 현양사(玄洋社)와 같은 단체가 벌인 폭력은 일본의 윤리가 '이름에 대한 기리'로서 허용하고 있는 것이다. 따라서 이 폭력을 배제하기 위해 일본 정부는 지금까지 오랫동안 계속되어 온 이름에 대한 기리를 희생하고 기무를 강조하는 노력을, 지금은 물론 앞으로도 몇 년간 계속해야 한다.

그러기 위해서는 단지 '판단'에 호소하는 정도로는 부족하다. 일본 경제를 재건하여 현재 20대에서 30대에 이르는 사람들에게 생계의 바탕과 '알맞은 위치'를 마련해 주어야 한다. 또 농민의 상태를 개선해야 한다. 일본인은 경제적 곤경에 빠지면 이따금 고향인 농촌으로 귀향한다. 그러나 빚에 허덕이고 또 많은 곳에서 소작료에 쪼들리고 있는 협소한 땅으로는 도저히 그 이상의 많은 식구를 먹여 살릴 수가 없다. 공업 역시 발전시켜야 한다. 차남 밑으로 재산 나누기를 꺼리는 풍조가 뿌리 깊어 마을에 남는 것은 장남뿐이다. 차남 이하는 성공의 기회를 찾아 도시로 나가기 때문이다.

일본인은 확실히 그들 앞에 가로놓인 멀고 험난한 길을 걸어야 한다. 만약 재군비를 위해 국비를 할당하지 않는다면 그들에게는 국민 생활 수준을 향상시킬 수 있는 기회가 주어질 것이다. 진주만 공격에 이르기까지의 약 10년간 군비와 군대 증강을 위해 국민소득의 절반을 써야 했던 일본 같은 나라에서, 만일 그러한 지출을 없애고 농민에게서 받는 세금을 경감시킨다면 건전한 경제 기반을 구축할 수 있다. 앞서 말한 대로 일본의 농산물 분배 방식은 경작자가 60퍼센트를 갖고, 40퍼센트는 세금과 소작료로 지불하는 것이었다. 90퍼센트가 경작자의 몫인 미얀마나 태국과 비교하면 세금이 상대적으로 높다. 경작자에게 부과되는 막대한 세금이 결국 일본 군사 기구의 경비 지출을 가능하게 했던 것이다.

유럽이나 아시아의 어느 나라도 앞으로 10년간 군비를 갖추지 않는 나라는 군비를 갖추는 나라를 능가할 가능성이 있다. 군비가 없는 나라는 부를 이용한 경제 건설이 가능하기 때문이다. 미국에서는 아시아 정책과 유럽 정책을 수행할 때 이러한 사정을 거의 안중에 두지 않고 있다. 우리는 미국에서 많은 비용을 요하는 국방 계획을 실시한다 해도, 그 때문에 나라가 빈곤해지지 않는다는 것을 알고 있다. 우리나라는 전화를 면했다. 우리나라는 농본국이 아니다. 우리의 중대 문제는 공업의 생산 과잉인 것이다. 우리는 대량 생산과 기계 설비를 완전한 경지에 도달시켰다. 그 결과 우리가 대규모의 군비 확충, 사치품 생산 또는 복지 및 조사 연구 사업 계획을 실시하지 않는 한 국민이 직업을 얻지 못하는 사태에까지 이르게 되었다. 미국 이외의 나라에서는 사정이 전혀 다르다. 서부 유럽에서조차도 그러하다. 아무리 많은 배상금이 청구되더라도 재군비가 허용되지 않는 독일은, 앞으로 10년 내외에 프랑스를 능가할 것이다. 다만 프랑스가 군비대국화 정책을 추구하지 않는다면 이야기는 달라진다.

일본 또한 중국에 대해 이러한 강점을 충분히 활용할 수 있을 것이다. 중국은 군국화를 당면 목표로 삼고 있고, 그 야망은 미국의 지지를 받고 있다. 만일 일본이 군국화를 그 예산 속에 포함하지 않는다면, 그들의 노력 여하에 따라 몇 년 안에 번영을 위한 준비를 할 수 있다. 그렇게 된다면 일본은 동양의 통상에서 꼭 필요한 나라가 될 것이다. 이 경제를 평화의 이익 위에 세운다면 국민 생활 수준을 향상시킬 수 있을 것이며, 평화로운 나라가 되었을 때 일본은 국제적으로 명예로운 지위를 획득하게 될 것이다. 그리고 미국이 앞으로 계속 그런 세력을 이용하여 이러한 계획을 지지한다면 커다란 도움이 될 것이다.

미국이나 다른 그 어떤 나라도 명령으로 자유롭고 민주적인 일본을 만들어 내지는 못한다. 그러한 방법은 지금까지 어떠한 피지배국에서도 성공을 거둔 적이 없다. 외국인 누구라도 자기와 다른 습관과 사고방식을 가진 국민

에게 자기와 같은 생각이나 생활방식을 따르라고 명령할 수는 없다. 법률의 힘으로 일본인에게 선거에서 뽑힌 사람들의 권위를 인정하고, 그들의 계층 제도에서 이미 정해져 있는 '알맞은 위치'를 무시하라고 강요할 수는 없다. 우리 미국인에게는 습관이 되어 버린, 허물없이 사람들을 대하는 인간관계, 자유 독립을 요구하지 않고는 못 배기는 마음, 자신의 친구들, 직업, 거주지, 맡은 의무를 선택하는 정열을 법률의 힘으로 그들에게 받아들이게끔 강요할 수는 없다. 그런데 일본인들 자신이 매우 명료하게 이 방향으로 변화돼야 한다는 필요성을 인정하고 있다. 패전 이래 일본의 공직자들은, 일본 국민은 남녀 할 것 없이 모두 저마다 자기 자신의 생활을 누리며 자기 자신의 양심을 신뢰하도록 장려해야 한다고 말해 왔다. 물론 그들은 분명하게 입 밖에 내지는 않았지만, 일본인은 누구나 그들이 '부끄러움〔はじ恥〕'의 역할에 의문을 품고 있다는 것, 그리하여 국민 가운데 새로운 자유가, 즉 '세상'의 비난과 추방을 두려워하는 공포로부터 해방된 자유가 발전하기를 바란다는 사실을 이해한다.

왜냐하면 일본에서는 어떤 개인이 자발적으로 그것을 감수하는 경우라도 사회적 압력이 그에게 너무 많은 희생을 요구하기 때문이다. 그것은 그에게 감정을 감추고, 욕망을 버리고, 가족·단체·국가의 대표로서 세상의 비판 앞에 서도록 요구한다. 일본인은 그러한 방침이 요구하는 모든 자기 훈련을 감내할 수 있다는 것을 증명해 왔다. 그러나 그들을 짓누르는 중압감은 대단히 무겁다. 그들은 과도하게 자기억제를 강요받아서 스스로의 행복을 포기할 정도다. 정신적 희생이 적은 생활에 관여하는 것을 두려워한 나머지 군국주의자에게 이끌려 끊임없이 희생이 쌓이고 쌓이는 가시밭길을 걸어 왔다. 그러한 값비싼 대가를 지불하였기 때문에 그들은 독선적인 인간이 되었고, 비교적 관대한 윤리를 따르는 사람들을 멸시했었다.

일본인은 침략 전쟁을 하나의 오류 및 실패한 주장으로 단정함으로써 사회적 변혁을 향한 첫발을 내딛게 되었다. 그들은 어떻게 해서든 다시 평화로운 나라들 사이에서 존경받는 지위를 회복하고자 희망하고 있다. 그러기 위해서는 세계 평화가 실현되어야 한다. 만일 러시아와 미국이 앞으로 몇 년간 공격을 위한 군비 확충 속에 세월을 보낸다면, 일본은 그 군사 지식을 이용하여 그 전쟁에 참가할 것이다. 그러나 그러한 확실성을 인정한다고 해서,

일본이 평화 국가가 될 가능성을 본질적으로 부정한다는 뜻은 아니다. 일본의 행동 동기는 기회주의적이다. 만일 사정이 허락되면 일본은 평화로운 세계 속에서 자기 위치를 구하리라. 그렇지 않으면 무장된 진영으로 편성된 세계 속에서 자기 위치를 찾게 될 것이다.

현재 일본인은 군국주의를 실패로 끝난 한 줄기 광명으로 여기고 있다. 그러나 과연 세계의 다른 나라들에서도 군국주의가 실패한 것인가를 알기 위해 다른 나라의 동정을 주시하리라. 만일 실패하지 않는다면, 일본은 그 호전적 정열을 다시 불태워 일본이 얼마나 전쟁에 많은 공헌을 할 수 있는가를 보일 것이다. 반면에 군국주의가 실패한 것으로 판단된다면, 일본은 제국주의적 침략 기도가 불명예에 이르는 길이라는 교훈을 얼마나 뼈저리게 체득하였는가를 증명할 것이다.

문화인류학의 명저

《국화와 칼》의 매력을 무엇에 비유해야 할까. 이런저런 부족함이 보이는 데도 뭇 남성의 마음을 끄는 매력적인 여인과 같다고 할 수 있을까. 《국화와 칼》은 미국 일본 두 나라에서 스테디셀러로 여전히 읽히고 있다. 이는 저자가 일본의 국민성을 직감적으로 파악해 훌륭하게 부각시켰기 때문이며, 또한 날카로운 관찰력으로 일본인의 성격과 맥을 같이하는 다양한 사회현상을 풀어내는 실마리를 제공했기 때문이다. 이러한 실마리를 현대 사회문제에 적용하면 웬만큼 궁금증을 풀 수 있다. 그 한 예로 스스로 노숙자가 되는 남자의 심리를 들어보자. 평소 그런 사람들을 이해할 수 없었지만, 일본 가정이 가족을 지키는 피난처 역할을 하지 못한다는 부분을 읽고 나자 곧바로 의문이 풀렸다.

이렇듯 뛰어난 일본인론을 쓴 루스 베네딕트는 어떤 인물이었을까.

삶의 의미를 찾아서

루스 베네딕트(결혼 전의 성 풀턴(FULTON))를 한마디로 평하자면, 무언가를 창작하지 않고는 못 배기는 사람이라고 할 수 있다. 하지만 그녀는 생애 전반기에 그 본능을 구체적으로 표현할 길을 찾지 못하여 괴로워했다. 루스는 1909년 명문 바사대학(Vassar College)을 수석으로 졸업하고 1911년에 여학교 국어교사가 되었다. 그러나 이 무렵부터 루스는 삶의 의미를 찾아서 방황하게 되었으며, 그것은 무려 10년 가까이 지속된다. 1914년 생화학자인 스탠리 R. 베네딕트와 결혼했을 때, 결혼생활에서 삶의 의미를 찾을 수 있지 않을까 하고 지나친 기대를 걸었던 어려운 시기도 있었다. 그 뒤 수술을 받지 않으면 아이를 낳을 수 없다는 사실을 알게 되었고, 아마도 그런 이유로 창조의 세계를 추구해야겠다는 의지가 더욱 강해졌는지도 모른다.

베네딕트 부인이 되고 나서도 루스는 마음속에서 솟아오르는 '창조본능'을 표현할 방법을 찾지 못해 여전히 괴로워한다. 결혼 뒤 몇 년 동안 추리소설과 전기(傳記) 습작에 몰두했으나, 어느 것도 평생을 걸 만한 일은 못 되었다. 가까스로 참된 삶의 의미에 맞닥뜨린 것은 1919년, 뉴 스쿨 포 소셜 리서치에서 인류학 입문을 듣게 되면서부터이다. 베네딕트는 다다음 해, 즉 1921년 콜롬비아대학 대학원 박사과정에 입학하여 본격적으로 인류학을 배우게 된다. 그녀의 스승은 미국 인류학의 아버지 프란츠 보아스(1858~1942)였다.

베네딕트는 박사논문을 겨우 3학기(즉 9개월)만에 마쳤으며, 이후 정열적인 조사와 연구활동을 계속해 나갔다. 그러나 직장에서는 그에 걸맞은 대우를 받지 못했다. 1923년부터 콜롬비아대학에서 인류학을 가르쳤지만, 그것은 비정규 강사직에 불과했다. 8년 뒤인 1931년 6월, 드디어 베네딕트는 조교수로 임명되어 정규직이 되었다. 이 시기의 연봉은 기본급 3천6백 달러, 당시 근로자의 평균 연봉 2배에 해당한다. 40대 중반이 되어서야 고생을 겨우 보상받은 셈이다. 사실 베네딕트가 오랫동안 정규직 교수가 될 수 없었던 이유는, 인류학과 주임교수였던 보아스가 '남편이 있는 여성이 무리하게 정규직 자리를 차지할 필요는 없다'고 판단했기 때문이라고 한다. 보아스가 마침내 정규직 자리를 추천하기로 마음먹은 것은 베네딕트가 일 년 전(1930)에 남편과 사별했기 때문이리라.

생각지 못한 베스트셀러

조교수 취임 뒤, 베네딕트는 연구자로서 충직하게 일했다. 특히 1934년에 출판한 《문화의 유형》으로 문화인류학자로서의 이름을 확고히 한다. 덧붙여 말하자면, 미국에서 베네딕트의 대표작으로 꼽히는 것은 《국화와 칼》이 아니라 《문화의 유형》이다. 1937년에 베네딕트는 부교수로 승진, 보아스 교수의 퇴임으로 자리가 비게 된 같은 대학 인류학과의 주임교수를 맡았다.

그러나 2년 뒤(1939), 학과 주임이던 동료 교수와 사이가 틀어지게 되면서 베네딕트에게 콜롬비아대학은 더 이상 마음 편한 장소가 되지 못했다. 1943년, 그녀는 전후 유럽 정책의 준비를 시작하려는 전시정보국 해외정보부로부터 유럽문화에 대해 연구하지 않겠느냐는 제안을 받고 승낙했다. 여러 학자들 중에 그녀가 특별히 뽑힌 이유는, 《문화의 유형》과 《민족—그 과학과 정치성》(1940)이라는 두 책을 통해 외국 문화를 연구하는 전문가로서 이미 이름을 떨친 데 있지 않았나 싶다.

베네딕트는 해외정보부 기초분석과 주임으로서 태국, 루마니아, 독일 등을 연구한 뒤 같은 자리에 머무르면서 1944년 6월, 같은 부서의 외국전의조사과(外國戰意調査課) 분석관을 겸임했다. 일본연구가 최고의 관심사가 되었기 때문이다. 당시 미국의 과제는 미군 손해를 최소화하는 한편, 일본군을 항복시키는 일이었다. 종전이 다가오자 전후 대일 점령정책의 입안도 새로운 과제로 떠올랐다. 게다가 천황의 처우도 큰 문제였다. 베네딕트는 이런 문제에 대응하기 위해《일본인의 행동양식(Japanese Behavior Patterns)》이라는 제목의 보고서를 작성했다. 집필기간은 1945년 5월 초부터 8월 초까지였다. 이 보고서는 9월 15일자로 국무성에 제출되었다. 겨우 3개월 남짓한 기간에 완성한 이 보고서야말로《국화와 칼》의 원형인 것이다. 참고로《일본인의 행동양식》은 1997년 일본방송출판협회를 통해 일본어(후쿠이 나나코 옮김)로 출판되었다.

《일본인의 행동양식》이 짧은 시간에 완성될 수 있었던 것은 외국전의조사과 연구원들의 우수한 자료수집 능력 덕분이다. 외국전의조사과에서는 일본인 포로의 심문조서, 일본 신문, 잡지, 영화, 라디오방송, 소설 등 여러 분야에 걸친 자료를 계속 수집했다. 일본어 자료는 일본계 연구원이 맡아 진행했다. 일본계인 로버트 하시마가 1945년 1월에 외국전의조사과에 부임하기 전까지, 베네딕트는 '타이피스트를 제외하고는 별도의 연구 조교도 없이 혼자서 자료를 읽고 모으며, 관련 파일도 꾸준히 만들었다'(하시마 대담)고 한다. 그러나 자료 자체는 외국전의조사과의 노력으로 넘칠 정도로 쌓여가고 있었다. 이렇게 모아진 자료가 있었기 때문에 베네딕트는《일본인의 행동양식》을 짧은 시일 내에 집필할 수 있었다.

태평양전쟁이 끝나자 베네딕트는 장기휴가를 내고 9월부터《일본인의 행동양식》을 대폭으로 수정·보완하는 작업에 몰두했다. 같은 책을 일반 독자용으로 완성하기 위해서였다. 노력은 결실을 맺었다. 그것은 1946년 11월,《국화와 칼》이라는 제목으로 출판되었다. 일본을 방문한 적이 전혀 없는 베네딕트는 머지않아 일본을 직접 관찰한 연구자가《국화와 칼》을 능가하는 성과를 가져오리라 내다보고,《국화와 칼》의 수명을 10년 정도로 예상했다고 한다. 그 예상은 빗나갔다. 《국화와 칼》은 미국과 일본 두 나라에서 꾸준히 팔려나가 영원한 베스트셀러가 되리라는 예측도 있다. 특히 일본어판은 1996년 현재 이미 누적 부수로 230만 부가 팔렸다. 더욱이 최근에는 러시아와 중국에서도 번역 출판되기에 이르렀다. 하지만 베네딕트는 자신의 예상이 빗나간 사실을 몰랐다. 《국화와 칼》이 간행된 지 2년 뒤, 관상동맥 혈전증으로 갑자기 사망했기 때문이다. 콜롬비아대학에 정교수로 부임한 지 겨우 2개월 뒤의 일로, 향년 61세였다.

문화상대주의

베네딕트는 콜롬비아대학의 지도교수였던 프란츠 보아스에게 문화인류학의 기본적인 연구 자세를 배웠다. 보아스는 한마디로 말해 문화상대주의의 시조(始祖)이다. 보아스 이전의 인류학은 모든 문화(즉 사회)가 저마다 단선적인 진화과정을 거친다고 가정하여, 서양문화를 정점에 배치하고 미개문화를 열등한 문화로 규정했다. 그러나 보아스는 현장조사 경험을 바탕으로 종전의 진화론적인, 또는 인종주의에 바탕을 둔 인류학을 부정하기에 이르렀다. 서양인이 서양문화에 가치를 두는 까닭은 태어나면서부터 그것에 익숙해졌기 때문이다. 반면, 서양에 속하지 않은 문화는 서양과는 다른 역사 조건이나 자연환경에서 파생되는 가치관이나 논리규범에 근거를 두고 있다. 따라서 그러한 문화를 해석할 때 서양의 가치관을 기계적으로 적용해서는 안 되며, 저마다의 문화에 속한 사람들의 이해에 따라 그 구조를 파악하는 데 힘써야 한다고 보아스는 주장했다. 베네딕트도 보아스와 같은 생각이었다. (본인들은 그런 용어를 사용하지 않았지만) 보아스나 베네딕트의 태도를 문화상대주의라고 한다. 문화상대주의는 이후 문화인류학의 기본 사상이 되었다.

일본인의 알 수 없는 행동을 푸는 열쇠—은혜의 개념

베네딕트는 《국화와 칼》에서 어떤 태도로 일본 문화를 대한 것일까. 베네딕트의 태도는 대략 다음과 같이 요약할 수 있다. 이를테면, 서구인이 볼 때 일본인의 행동은 매우 이해하기 어렵지만, 그것은 서구인의 가치관이나 윤리적 기준을 바탕으로 일본인의 행동을 판단하려 하기 때문이다. 일본인 특유한 가치관과 윤리적 기준을 밝혀낸다면 그들의 행동을 합리적으로 설명할 수 있을 것이다.

베네딕트는 일본인의 이해할 수 없는 행동을 푸는 열쇠를 '온〔恩〕을 입는다'는 개념에서 발견했다. 로버트 하시마에 따르면, 그것은 나츠메 소세키의 《도련님》을 읽고 나서 번쩍 떠오른 생각이다. 동료의 고자질을 진심으로 받아들인 도련님은 자신이 근무하는 중학교에서 유일하게 제대로 된 교사라고 생각했던 야마아라시와 사이가 나빠진다. 그러자 예전에 야마아라시에게 얻어먹은 단돈 1전 5리의 빙수가 마음에 걸리기 시작하고, 결국 그 돈을 갚기로 결심한다. 어떤 일본인도 착실하지 못한 사람에게 은혜를 입은 채 그냥 지나치지는 못하기 때문이다. 은혜에 따르는 빚을 갚으려고 기를 쓰는 도련님의 심리는 병적이다. 그렇게 생각한 순간 베네딕트는, 온을 빚지는 것이 일본인의 윤리규범에서 중요한 부분을 차지함을 깨닫는다. 그것을 미국인에게 알기 쉽게 제시하는 일이 《국화와 칼》의 과제였다. 거기서 베네딕트는 온을 빚지는 것(특히 온과 기리〔義理〕의 관계)을 독자에게 이해시키기 위해서 돈을 빌리는 것에 빗대어 설명한다. 온을 입은 채 지나치는 사람은 돈을 빌리고 갚지 않은 사람과 똑같다. 미국에서 대출의 상환에 강제력이 작용되듯이, 일본에서는 온을 갚는 것(기리를 지키는 것)을 촉구하는 힘이 작용한다. 그 강제력은 부끄러움, 즉 '하지〔恥〕'이다. 기리를 지키지 못하면 하지를 모르는 인간으로서 세상의 비웃음을 산다. 따라서 일본인은 기리를 다한다. 이것이 바로 《국화와 칼》의 핵심이다.

베네딕트의 일본인론이 여기서 완결되었다면 얼마간 부족한 책이 되었을 것이다. 하지만 일본인의 행동이 모순으로 가득 찬 데다 눈이 핑핑 돌 정도로 반대방향으로 변화해가는 이유는, 제1장의 설문에 답변하지 않았기 때문이다. 베네딕트는 제12장에서 답을 밝힌다. 비밀을 푸는 열쇠는 일본인의 육아에 있다. 아이를 키우는 모습을 관찰하면 일본인의 행동에 나타나는 모순은 더 이상 모순이 아니다. 베네딕트는 그렇게 주장했다. 유년기의 일본인은 이른바 특권을 누리며, 그 행동은 규제당하는 법이 없다. 뭐든 자기 하고 싶은 대로 할 수 있다. 아이는 작은 세계의 신과 같은 존재다. 그러나 일정한 나이가 되면 부모는 예의범절 교육의 방식을 싹 바꿔 갑자기 엄격해진다. 아니, 실은 그 이전부터 '그런 짓 하면 놀림 받는다'라는 말을 반복하며 아이에게 '수치'를 가르치려고 연극을 꾸미기도 한다. 아이는 이윽고, 가족이나 사회에서 놀림받거나 따돌림당하는 것을 두려워하게 된다. 그리고 점점 자신의 충동을 억누르고 신중하고 또 신중하게 세상을 살아간다. 하지만 예의범절 교육이 변하기 전, 즉 자유분방한 나날의 기억은 의식의 깊숙한 곳에 박혀 있다. 자유가 허락되던 유아기의 경험은 이따금씩 표면으로 올라온다. 따라서 일본인은 모순된 행동을 반복한다. 자칫 겁쟁이가 되기 쉬운 한편, 무모하리만치 용감하다. 놀랍도록 순종적인 한편, 상부의 통제를 좀처럼 따르지 않는다. 예의바르지만 불손한 데가 있다. 이런 모순은, 유년기의 일정한 시점에서 예의범절 교육이 급변한 것이 원인이다. 이로써 제1장에서 던진 질문은 해결된다.

베네딕트가 일본인의 육아와 그와 관련한 다양한 사정을 제대로 파악했다는 것은 놀라운 일이다. 아이가 업혀 있는 모습, 아이의 놀이터가 되는 가옥의 구조, 학교나 군대에서 자행되는 이지메의 실태 등 세밀한 부분까지 실로 제대로 관찰하고 있다(일본에 간 적이 없으니 정확히는 '관찰'이 아니지만). 물론 잘못 해석한 부분도 있지만, 자신의 눈으로 직접 본 듯 정확한 묘사는 제12장의 논의에 설득력을 더해 준다.

미국 일본 문화는 어떤 모습으로 비교되는가

베네딕트는 미국인이 다른 문화에 대해 강요하는 듯한 태도를 취하는 것에 비판적이다. 이를테면, 제1장에서 다음과 같이 경계한다.

> '미국인의 경우, 있는 힘껏 주의주장을 할 것을 모든 국민에게 강요한다. 그러나 다른 나라 국민은 남이 요구한다고 해서 미국식 생활방식을 받아들이지는 않는다. 그것은 마치 우리가 십진법 대신 20진법을 쓰라고 한다 해도 쉽사리 그렇게 되지 않는 것과 마찬가지다.'

베네딕트가 미국문화를 다른 나라에 강요할 생각이 전혀 없었음은 확실하다.
그러나 비교의 측면을 빠뜨린 것은 아니다. 오히려 일본문화의 특질을 두드러지게 하려고 미국-일본 비교를 빈번하게 반복한다. 러시아와 일본을 비교하거나 프로이센과 일본을 비교하기도 하지만, 미국-일본 양극 전개가 압도적으로 많다. 이는 일본인(과 동시에 미국인)의 이미지를 선명하게 묘사하는 데 도움이 된다. 그러나 문화의 비교에는 귀찮은 문제가 늘 따라다닌다. 관찰자의 의도와는 별개로, 관찰당하는 쪽의 문화를 '멸시하는' 것은 아닐까 하는 의심을 받게 될 우려가 있기 때문이다.

베네딕트는 이 문제를 어떻게 생각했을까. 직접적인 답변은 찾지 못했지만 추측할 수는 있다. 베네딕트는 1941년 봄, 브린머대학의 강연에서 시너지 이론을 발표했다. 시너지라는 것은 약학용어로 상승작용을 일컫는다. 베네딕트는 구성원의 공격성이 낮은 사회에 착안하여 다음과 같이 논했다. 공격성이 낮아지는 까닭은, 반드시 구성원이 선하기 때문도 아니며, 개인의 욕망을 강력한 사회적 의무로 누르기 때문도 아니다. 오히려 개인의 욕구와 사회적 의무가 일치하기 때문이다. 이처럼 개인의 이익과 다른 구성원 간의 이익이 일치하는 것을 베네딕트는 '시너지가 높다'고 규정한다. 시너지가 높은 사회를 베네딕트는 높이 평가했다. 만약을 위해 보충 설명하자면, 베네딕트는 시너지가 낮은 사회에서 시너지가 높은 사회로 진화해야 한다고는 주장하지 않았다. 베네딕트의 가설에 따르면, 구성원이 모래처럼 흩어진 사회를 제외하고는, 모든 유형의 사회는 시너지가 높아질 수도, 낮아질 수도 있다. 어쨌든 시너지 같은 척도를 사용해서 사회 특징의 본질을 밝혀내려고 한 것은, 베네딕트가 문화를 비교할 수 있는 객관적이고 보편적인 척도가 당연히 존재한다고 보았음을 의미한다. 그리고 그러한 척도에 비추어 문화 상호간의 우열이 보이기 시작한 것 또한 베네딕트에게는 당연한 일이었다.

《국화와 칼》에서 베네딕트는 그러한 보편적인 비교 기준을 '자유'라는 개념에서 찾았던 듯하다. 적어도 베네딕트는 미국인과 일본인에게 공통적으로 적용할 수 있는 '자유'의 기준을 염두에 두었다고 할 수 있다. 베네딕트는 일본인이라도 일단 자유를 맛보고 나면 예전의 생활로 돌아갈 수 없다고 주장했다. 《국화와 칼》 제10장에 다음과 같은 구절이 있다.

짧은 기간일지라도 그다지 딱딱하지 않고 번잡스럽지 않은 미국의 행동 규칙에 익숙해진 일본인에게, 과거에 일본에서 보낸 그 답답한 생활을 되풀이한다는 것은 도저히 생각할 수 없는 일이다. 그들은 옛 생활을 잃어버린 낙원, '멍에', '감옥' 또는 분재를 심는 '조그만 화분'에 빗대어 말한다. 분재로 꾸며진 소나무의 뿌리가 화분 속에 갇혀 있는 동안은 아름다운 정원에 미관을 더해 주는 예술품이 된다. 그러나 한 번 정원에 옮겨 심은 분재는 절대로 다시 화분으로 돌아갈 수 없다. 그들은 도저히 다시는 저 일본 정원의 분재가 될 수 없다고 느낀다. 두 번 다시 옛날의 제약을 이겨낼 수 없다. 이 사람들이야말로 가장 첨예한 형태로 일본인의 덕의 딜레마를 경험하였기 때문이다.

C. 더글라스 라미스의 비판은 타당한가

하지만 일본 주재 정치학자 C. 더글라스 라미스(1936년 출생)는 이 구절을 지적하며, 베네딕트는 다음과 같이 주장한다고 해석한다. '일본인이 한층 미국인처럼 되는 것은 자연스럽고 건강한 성장과정이다.' 라미스는 처음부터 《국화와 칼》은 일본 패전이 일본인에게도 바람직한 일이라고 알리고 깨우치려는 정치문학이라고 말한다. 라미스 같은 비판이 불쑥 등장하면, 비교 작업의 어려움을 실감하게 된다. 특히, 관찰하는 쪽과 관찰당하는 쪽 사이에 승자와 패자 또는 지배자와 피지배자의 관계가 성립하는 경우라면 더 그렇다. 어떤 가치를 척도 삼아 객관적으로 비교하더라도, 관찰자 쪽은 현상을 긍정하는 의도를 내포하고 있는 것이 아닌가 하는 뜻밖의 혐의를 받는다. 《국화와 칼》의 경우, 전후 미·일 양국의(미국 우위의) 정치적 관계를 정당화하고, 나아가 고착화할 의도가 있다는 의심을 받았었다.

라미스의 베네딕트 비판은 적중했는가. 만약 그렇다면, '자유'뿐만 아니라 비교 지표에 대해서도 라미스식 해석을 허용할 여지가 있을 터이다. 베네딕트의 미·일 비교에서 또 하나의 중요한 적노인 '평등주의'를 들어보자. 미국사회가 평등주의에 뜻을 두는 반면, 일본사회는 피라미드형 계층구조(히에라르키)를 특징으로 한다. 베네딕트는 《국화와 칼》의 앞부분에서, 일본사회는 계층질서를 보이고, 그것이 일본인의 행동을 좌우한다는 사실을 반복해서 지적한다(이는 나카네 치에의 《겉치레 사회의 인간관계》의 논의를 앞선다). 일본사회를 이렇게 파악할 수 있었던 까닭은 베네딕트가 평등주의를 지지하는 사회에서 태어나고 자라서 계층 질서에 민감했기 때문이다.

그러나 베네딕트는 평등주의를 절대적인 기준으로 삼지 않았다. 제8장에서 베네딕트는 미국 평등주의의 결점을 지적하는 프랑스인 귀족 드 토크빌(1805~1859)의 말을 들어, 평등주의(또는 그 경쟁)가 원인이 되어 미국사회는 불안정하고 품위가 결여되었다고 지적한다. 베네딕트는 드 토크빌의 의견을 지지하고, '(소속)계급의 차이 자체는 굴욕적인 것이 아니라고 생각하는 일본인의 자세'를 이해했다. 그리고 미국식 평등주의를 강조하지 않는 한 일본인은 자존심을 가질 수 없다고 소리를 높이는 미국인을, '자국민 중심주의의 오류를 범하고 있다'고 비판한다. 이렇듯 베네딕트는 평등주의(또는 거기서 파생된 경쟁)라는 가치를 일본에 강요하는 것을 무척 삼갔다. 그는 어떤 가치를 위해서라도 일본인이 미국인을 추종해야 한다고 생각하지 않았음이 분명하다. 라미스의 해석은 견강부회라는 비난을 면치 못하리라.

어떻든 라미스의 베네딕트 비판은 타문화연구에 대한 관찰자 시점이라는 영원한 문제에 빛을 비추었다는 점에서, 1940년대 후반 일본 내에서 전개된 《국화와 칼》 비판보다 건전하다. 일본에서 《국화와 칼》을 최초로 비판한 사람은 쓰루미 카즈코(1918~2006)이다. 쓰루미는 1947년 베네딕트의 일본인 관점을 '무섭도록 피상적이고 평면적'이라고 혹평했다. 그 이유로 두 가지를 들었다. 첫째, 베네딕트는 일본인 성격 특질 중 최대 원인으로써 봉건적 위계제도(계층질서)를 취하고는, 오로지 그에만 의존해 다양한 역사시대의 사상을 하나로 뭉뚱그려서 논했다는 것이다. 말하자면, 일본인의 특징을 형성하는 역사상의 다양한 요인을, 시대 차이를 무시하고 일괄 적용했다는 뜻이다. 둘째, 베네딕트는 군인조서, 교육조서 및 전시의 육해군, 정보국의 선전, 전시의 선전영화 등에 나타난 지배계층의 이데올로기 분석이 일본인 전체의 사고방식인 양 내세웠다고 했다. 1948년 《국화와 칼》 일본어판이 출판된 이래 연달아 나오는 비판의 대부분은 쓰루미 비판의 변주곡이다. 이를테면, 1951년 〈전망〉지에 실린 쓰다 소키치(1873~1961)의 논문이나, 가쓰지 테쓰로(1889~1960)가 1950년에 〈민족학연구〉지에 실은 편지형식의 서평 등이 있다. 이러한 비판은 외국인이 일본문화를 고찰한 데 대해 감정적인 반감에만 머무르게 하고, 《국화와 칼》의 의미를 재발견하는 계기를 만들지 못했다. 다만 《국화와 칼》 곳곳에서 자잘한 오류가 발견되었다는 지적은 무시할 수 없다.

《국화와 칼》 오늘날의 의의

베네딕트는 '수치'를 다음과 같이 정의한다.

'수치는 타인의 비판에 대한 반응이다. 사람은 남 앞에서 조소당하거나 거부당하거나, 혹은 조소당하였다고 확실히 믿음으로써 수치를 느낀다. 언제나 수치는 강력한 강제력이 된다. 그러나 수치를 느끼기 위해서는 실제로 그 자리에 타인과 같이 있거나, 혹은 적어도 함께 있다고 믿어야 한다.'

사회학자인 사쿠타 케이치(1922년 출생)는 베네딕트가 '수치'의 한 측면밖에 보지 못했다고 비판한다. 그에 따르면, 베네딕트가 말하는 '수치'는 엄밀히 따져 공적 수치(public shame)로, 소속집단의 기대나 요청에 따르지 않을 때 일어나는 거절이나 조소에서 비롯된다. 사쿠타는 공적 수치 말고도 다양한 종류의 '수치'가 있다고 논한다. 하지만 베네딕트가 (아마 의도된 결과로써) 공적 수치로 초점을 좁힌 것은 《국화와 칼》의 수명이 길어지는 데에 도움이 되었다고 생각한다. 전후 60년 남짓 지나면서 일본인은 조심스러움을 잊어버렸다. 부끄러운 줄도 모르는 사람이 되었다고 해도 지나친 말이 아니다. 전쟁 전의 시대를 직접적으로 알지 못한다고 하더라도 이 점에 대해선 많든 적든 느낄 것이다. 그러나 사쿠타가 말하는 공적 수치심은 여전히 일본인의 행동을 좌우하고 있다. 과로사와 같은 현상에서 소속된 집단(기업)의 우열기준에 비추어 자신이 뛰어난 사람으로 보이고 싶은(또는 열등한 사람으로 비치고 싶지 않은) 욕구가 작용하고 있음을 알 수 있다. 말하자면, 베네딕트가 염두에 두었던 '수치'는 여전히 일본인의 행동을 지배하는 셈이다.

'수치'가 여전히 작용한다면, '경쟁'에 관한 베네딕트의 관찰 또한 타당할 것이다. 베네딕트는 일본인은 경쟁에 맞닥뜨리면 갑자기 실력발휘를 하지 못하게 된다고 지적한다. 경쟁에 섰을 때의 수치를 두려워하기 때문이다. 일본인은 지금도 이러한 심리적 메커니즘에 얽매여 있는 듯이 보인다. 그렇다면 글로벌 스탠다드라고 해서 경쟁이라는 개념을 사회의 금과옥조로 삼아도 무방할 것인가. 무턱대고 경쟁을 도입해서 사회 전체의 능률이 저하된다면, 그것을 피하는 게 현명하지 않을까. 또한 경쟁에는 항상 패자가 있게 마련이다. 경쟁에 진 사람을 어떻게 대우하면 좋을까. '수치를 당했다'는 감정에서 벗어나지 못한다면 패자의 트라우마는 치유하기 어려울 것이다. 패자는 아무 일도 없었던 것처럼 편안하게 패자부활전에 임할 수 있을까. 아니면 기세가 한풀 꺾여서 집에 틀어박히고 말 것인가.

일본에서는 가정이 피난처가 되어주지 못하는 만큼, 사회에서 경쟁에 밀린 패자로 취급당하는 일은 더욱 견디기 힘들다. 베네딕트가 지적했듯이, 일본은 가정의 방위기능이 약하다. 일본사회와 가정의 관계를 그녀는 다음과 같이 묘사했다.

'아이가 버릇이 없고 말썽을 피운다고 학교에서 연락이 오거나 품행에 낙제점을 주면 가족은 등을 돌린다. 또 나쁜 짓을 했다고 상점 주인에게 비난을 받으면 그것은 '가문의 명예를 더럽힌' 것이나 다름없다. 가족은 한편이 되어 그 아이에게 비난과 공격의 화살을 돌린다.'

베네딕트는 제프리 고러(Geoffrey Gorer)의 가설을 받아들임으로써 이러한 상황의 의미를 밝혀냈다. 고러의 주장은 이렇다. 일본에서는, 다른 집단에서 인정받지 못하면 자신이 소속된 집단에서도 지지를 얻지 못한다. 외부로부터 반감이나 비판을 받으면 그 사람은 비판이 수그러들 때까지 소속된 집단에서도 업신여김과 징계를 받는다. 이러한 구조이기 때문에 '외부세계'에서 인정받는 것이 중요하다. 일본만큼 이를 중시하는 사회는 찾아볼 수 없다. 일본 이외의 사회에서 집단은 보통 다른 집단의 공격이나 비판을 받은 구성원을 결속하고 지켜낸다. 이러한 일본사회의 특수성은 오늘날에도 기본적으로는 변함이 없다. 사회에서 경쟁에 패한 사람은 분명 가정에서도 안식을 찾지 못할 것이다. 그런데도 일본사회에 미국식 경쟁을 도입해야 하는가. 일본이 현재 직면한 이러한 중대한 문제에 대해서도 《국화와 칼》은 귀중한 조언을 해주리라 믿는다.

참고문헌

마가렛 카프리 《방랑하는 사람, 루스 베네딕트》 후쿠이 나나코/우에다 요시미 역, 간사이대학출판부, 1993년

폴린 켄트 '베네딕트의 인생과 학문'(루스 베네딕트 《일본인의 행동양식》 권말해설, 173~204쪽 일본방송출판협회, 1997년)

사쿠다 켄이치 《수치 문화재고》 치쿠마서방, 1967년

스즈키 미치오 '일본문화론과 현대인류학—《국화와 칼》의 방법에 관해'(《사상》 12월호, 113~130쪽, 1967년)

쓰다 소키치 '《국화와 칼》의 나라-외국인의 일본관에 대해서'(《쓰다 소키치 전집》 제21권, 이와나미서점, 1965년), 초판은 《전망》 1951년 5월호

쓰루미 카즈코 '《국화와 칼》-미국인이 본 일본의 도덕관념'(〈사상〉 4월호, 61~34쪽, 1947년)

누마자키 이치로 '문화상대주의'(아야베 츠네오 편 《문화인류학의 20가지 이론》, 55~72쪽, 코분도(弘文堂), 2006년)

로버트 하시마 '루스 베네딕트 여사(女史)의 추억'(《민족학연구》 제14권 제1호, 68~69쪽, 1949년)

후쿠이 나나코 '《일본인의 행동양식》에서 《국화와 칼》로'(베네딕트 《일본인의 행동양식》 권말해설, 139~172쪽, 일본방송출판협회, 1997년)

루스 베네딕트 《일본인의 행동양식》 후쿠이 나나코 역, 일본방송출판협회, 1997년

마가렛 미드 편저 《인류학자 루스 베네딕트-그 초상과 작품》 마쓰조노 마키오 역, 사회사상사, 1977년

요네야마 토시나오 '루스 베네딕트-그 생애와 학설'(베네딕트 《문화의 유형》 권말해설, 409~441쪽, 사회사상사, 1973년)

C. 더글라스 라미스 《내적인 외국 '국화와 칼' 재고》 가지 에쓰코 역, 시사통신사, 1981년

가쓰지 테쓰로 '과학적 가치에 대한 의문'(《민족학연구》 제14권 제4호, 23~27쪽, 1950년)

폴라인 켄트, 1996년, 《루스 베네딕트의 오해받는 형태(Configurations)》 재팬리뷰 7권 33~60쪽

아브라함 H. 마슬로우, 존 J. 호니그만, 1970년, 《시너지 : 루스 베네딕트의 몇 가지 기록들》 미국 문화인류학지(American Anthropologist), 제72권 제2호, 320~333쪽

베네딕트 연보

1887년
6월 5일, 뉴욕시 출생. 생후 얼마 안 되어 홍역으로 한쪽 귀의 청력을 잃다.

1888년(1세)
1월, 외과의사인 아버지 프레드릭 풀턴이 수술 중 세균에 감염되어 발병. 루스의 부모 모두 어머니 베아트리스의 친정 샤턱가(shattuck家 ; 뉴욕주 노리치(Norwich))에 몸을 의지한다. 12월, 여동생 마저리가 태어나다.

1889년(2세)
3월 26일, 아버지 프레드릭이 병이 악화되어 사망.

1894년(7세)
어머니 베아트리스가 미주리주 세인트 조셉 고등학교 교사가 되어 해당 지역으로 이사하다.

1896년(9세)
미네소타주 오와토나의 유럽이민자가 4분의 1을 차지하는 마을로 이주. 어머니 베아트리스는 해당 지역 고교 교사가 된다.

1898년(11세)
가을, 가족 모두가 뉴욕주 버팔로로 이사하다. 어린 시절부터 계속되던 짜증의 최후 발작이 일어나다. 그 뒤 우울증 경향이 생기다. 어머니 베아트리스가 공립도서관의 사서가 되다.
4월, 미국과 스페인 전쟁 발발.

1902년(15세)
세인트 마가렛 여학교에 입학.

1904년(17세)
러일전쟁이 시작됨(~1905년 9월).

1905년(18세)
바사대학 입학, 전공은 영문학. 니체의 저작 《차라투스트라는 이렇게 말했다》와 《비극의 탄생》 등을 읽다. 후자로부터 아폴로적 경향과 디오니소스적 경향이라는 개념을 배워, 이후 푸에블로 인디언과 평원 인디언의 비교에 응용하다.
9월, 러시아와 일본 사이에 강화조약(포츠머스 조약)이 성립.

1909년(22세)
봄, 바사대학 수석 졸업. 가을부터 장학금을 받아 유럽을 여행하다(1909~1910년). 프랑스, 스위스, 이탈리아, 독일, 영국에서 수개월씩 지내다.

1910년(23세)
뉴욕주 버팔로의 자선사업협회(CSO)에 근무(~1911년).

1911년(24세)
캘리포니아주 로스앤젤레스, 뒤이어 파사데나에서 여학교 국어교사로 근무하다(~1914년). 10월, 일기에 일반 여성의 사회적 치우에 대해 불만을 기록하다. 이 시기부터 삶의 의미를 찾아 고뇌하게 된다.

1913년(26세)
8월, 대학시절 동창생의 오빠인 생화학자 스탠리 R. 베네딕트와 연애.

1914년(27세)
6월, 스탠리와 결혼. 뉴욕주 더글라스매너에 정착하다(뒤에 뉴욕시, 이어

베드포드힐즈로 이사). 그 후 수년간, 삶의 의미를 찾아 추리소설과 여성 활동가의 전기의 습작에 몰두했지만 출간되지 못했다. 또한 수술을 거치지 않으면 아이를 낳을 수 없다는 사실이 판명되다.

7월, 제1차세계대전 발발. 11월, 러시아에서 사회주의 혁명이 일어나다.

1917년(30세)
미국, 제1차세계대전에 참전.

1918년(31세)
윌슨 대통령, 미의회에서 '14개조' 연설.

1919년(32세)
뉴 스쿨 포 소셜 리서치(뉴욕)에서 E. 퍼슨즈와 A. 골든바이저 등에게 인류학의 기초를 배우다(~1921년).
1월, 파리강화회의. 6월, 베르사유 강화조약 조인.

1921년(34세)
봄, 콜롬비아대학 대학원 박사과정에 입학. 프란츠 보아스와 그의 문하생인 알프레드 크로버 등에게 인류학을 배우다. 9개월 만에 과정을 수료, 학위논문 〈북미의 수호령(守護靈) 개념〉 제출.

1922년(35세)
6월, 에드워드 서피어에게 학위논문을 절찬하는 편지를 받다. 그 뒤로 3년간 서피어와 시작(詩作)을 매개로 한 우정을 키우다. 가을부터 버나드 대학에서 보아스의 조수로 교단에 서다(~1923년). 이 시기, 같은 대학 학부생 마가렛 미드와 알게 되어 후에 문화인류학 연구를 통해 목숨이 다할 때까지 친구가 된다. 여름, 세라노족을 조사함. 이후 평원 인디언의 현장 조사를 반복하다(~1926년).

2월, 워싱턴 의회에서 해군군축조약이 성립, 미국, 영국, 프랑스, 이탈리아, 일본의 주력함·항공모함의 보유 톤수를 제한.

1924년(37세)
주니족의 현장 조사를 시행하다.
5월, 미국에서 배일(排日)조항을 포함한 이민법 성립.

1925년(38세)
앤 싱글톤이라는 필명으로 최초의 시가 〈더 메이저〉지에 게재되다. 그 뒤 수년 동안 여러 잡지에 시를 발표. 이 해부터 〈미국 민속학 잡지〉 편집장으로 근무하다(~1939년).

1926년(39세)
버나드 여자대학에서 인류학을 강의하다(~1927년). 9월, 로마에서 개최된 미국연구가(Americanist) 국제회의에 출석.

1927년(40세)
미국 민속학회 회장을 역임하다(~1928년).

1928년(41세)
뉴욕에서 9월에 개최된 미국연구가 국제회의에서 '남서부 여러 문화의 심리학적 유형'이라는 주제로 보고, 미국 인디언 문화의 유형화를 시도하다. 시집 출판을 시도했으나 실패. 직업으로 시 짓는 것을 단념함.

1929년(42세)
10월, 세계경제공황 발생.

1930년(43세)
남편 스탠리와 사별.
1~4월, 런던회의 개최. 런던해군군축조약으로 미국, 영국, 일본의 보조함정의 보유비율을 제한.

1931년(44세)

6월, 보아스의 주선으로 콜롬비아대학 조교수로 채용되어, 처음으로 경제적 안정을 얻다. 학생을 인솔하여 메스칼레로 아파치족의 현장 조사를 하다. 《코치티 인디안 이야기》 간행.

9월, 만주사변(~1933년 5월)

1932년(45세)

여름, 1920년대의 연구를 집대성하는 《문화의 유형》 집필에 착수.

3월, 만주국 수립.

1933년(46세)

루즈벨트 대통령, 뉴딜정책 추진.

1월, 독일에서 나치 정권 성립. 3월, 일본이 국제연맹에서 탈퇴함.

1934년(47세)

뉴욕 과학아카데미 회원이 되다. 10월, 《문화의 유형》 간행, 각 유력 신문의 서평에서 절찬을 받다.

12월, 일본이 워싱턴 해군군축조약 파기를 통보.

1935년(48세)

9월, 《주니족 신화》 출판.

1936년(49세)

퇴임한 보아스를 대신해 인류학과 주임대행에 취임. 인종차별 및 반유대주의와 싸우는 진보교육협회(PEA)의 회원이 되고, 이후 반 나치 운동에 적극적으로 참가함. 6월, 남편 스탠리의 사망으로 신탁자금 상속.

2월, 일본에서 2·26사건이 일어나다. 7월, 스페인 내전발발(~1939년).

1937년(50세)

부교수로 승진. 인류학과 주임(~1939년)교수를 맡다.

7월, 루거우차오 사건(盧溝橋事件)을 계기로 중일전쟁이 일어남.

1938년(51세)
여름, 과테말라를 여행함.

1939년(52세)
몬태나주와 캐나다의 앨버타주에서 블랙풋족을 대상으로 야외 조사를 지도. 여름부터 1년간 연구휴가(유급)를 받아 캘리포니아주 파사데나에서 《민족―그 과학과 정치성》 집필에 전념.
9월, 독일 나치가 폴란드를 침공, 제2차세계대전 발발.

1940년(53세)
《민족―그 과학과 정치성》 간행. 가을에 콜롬비아대학으로 돌아오다.
9월, 독일, 이탈리아, 일본의 3국동맹 성립.

1941년(54세)
봄, 브린머대학 강연에서 시너지(상승작용) 이론을 발표, '고도의 시너지가 작용하는 문화에서는 개인과 사회의 이익이 일치하므로 사회 전체의 결합이 강화된다'고 주장하다.
12월, 일본군이 진주만을 공격해 태평양전쟁이 시작되다.

1943년(56세)
여름, 전시정보국 해외정보부 기초분석과 주임으로서 워싱턴D.C.로 이사하다. 루마니아, 태국, 독일, 핀란드, 덴마크, 노르웨이, 네덜란드, 프랑스, 폴란드에 대해 연구를 시행하여 각각의 보고서를 작성(~1944년).

1944년(57세)
6월, 해외정보부 기초분석과에 재적중 같은 부서 외국전의조사과에서 일본연구에 착수. 재미 일본인을 면접하거나 일본 출판물, 영화를 이용하여 일본을 분석.

1945년(58세)

여름, 군에서 독일 현장 조사를 요청받으나, 건강이 좋지 않아 단념. 전시(戰時)휴가를 1946년까지 연장, 캘리포니아주 파사데나에서 지내다. 그 동안 《국화와 칼》의 집필에 전념하다(집필 시작은 9월).

1946년(59세)

11월, 《국화와 칼》 간행. 콜롬비아대학에 복직. 12월, 미국 인류학 학회 회장에 취임(~1947년).
1월, 일본에서 천황이 인간임을 선언함.

1947년(60세)

4월, 문화상대주의에 입각하여 각국의 국민성을 분석하려는 대형 프로젝트인 '콜롬비아대학 현대문화연구'를 시작하다. 자금원은 해군조사국.

1948년(61세)

7월, 교수로 승진. 여름, 체코슬로바키아에서 개최된 유네스코 주최 세미나에 참석. 귀국 후인 9월 17일 관상동맥 혈전증으로 사망.

怪談
사쿠라 마음
라프카디오 헌

묻혀 버린 비밀

옛날 옛적 단바(丹波) 나라에 이나무라야 겐스케(稻村屋源助)라는 부유한 상인이 살았다. 겐스케에게는 오소노라는 딸이 있었다. 대단히 영리하고 얼굴도 고운 아이였기에, 시골 선생에게만 교육을 받기엔 아깝다는 생각이 든 겐스케는 믿을 만한 사람 몇몇을 붙여 오소노를 교토에 보냈다. 그리하여 딸에게 수도의 상류층 부인들이 배우는 고상한 예의범절을 익히게 했다. 이런 교육을 받은 후, 딸은 아버지의 친구였던 나가라야(長良屋)와 결혼했다. 그리고 4년 동안 행복한 나날을 보냈다. 둘 사이에는 아들도 하나 태어났다. 하지만 오소노는 시집간 지 4년 만에 병에 걸려 죽고 말았다.

오소노의 장례를 마친 날 밤, 어린 아들이 말했다.

"엄마가 돌아와서 2층 방에 있어."

엄마는 아이를 보고 빙긋 웃었지만 아무 말도 하지 않았다. 그래서 아이는 무서워져서 도망쳐 나온 것이다. 이에 집안사람 몇몇이 생전에 오소노가 쓰던 2층 방에 올라가 보았다. 그러자 놀랍게도, 죽은 게 분명한 그녀의 모습이 불단에 켜 둔 조그만 등불 빛을 받아 똑똑히 보이는 게 아닌가. 오소노는 그녀의 옷이나 장신구가 아직도 들어 있는 장롱 앞에 서 있었다. 머리나 어깨 근처는 생생히 보였지만, 허리 아래부터는 형태가 점점 흐려지다가 결국 사라졌다. 마치 거울에 비친 영상처럼 불완전했고, 또 물에 비친 그림자처럼 투명했다.

그래서 사람들은 겁에 질려 방을 나왔다. 아래층에 내려가 의논을 하는데, 오소노의 시어머니가 말했다.

"여자는 몸에 걸치는 자질구레한 물건을 아끼는 법. 오소노도 자기의 소지품을 아주 소중히 여겨 왔습니다. 분명 그걸 보러 돌아왔겠지요. 죽은 사람은 곧잘 그러는 모양이에요. 그 물건들을 저희 집안 대대로 모셔 온 절에 공양해야겠습니다. 오소노의 옷이나 허리띠를 절에 바치고 나면, 분명 오소노의 혼도 편히 쉬게 될 겁니다."

되도록 빨리 그렇게 하자고 결론이 났다. 식구들은 다음날 아침 장롱 서랍을 비우고 오소노의 옷이며 장신구를 전부 절로 운반하였다. 하지만 다음날 밤에도 오소노는 돌아와서 전날 밤과 다름없이 장롱을 가만히 바라보았다. 그 다음날 밤도, 또 그 다음날 밤도 돌아왔다. 매일 밤 돌아왔다. 이리하여 집은 유령의 집이 되고 말았다.

이에 오소노의 시어머니는 절에 가서 주지스님에게 지금까지 일어난 일을 이야기하고, 영혼을 다스리는 스님의 의견을 물었다. 선종에 속한 이 절의 주지는 다이겐(大元)이라는 학식이 풍부한 노승이었다.
"오소노의 영이 마음에 두고 있는 물건이 장롱 안이나 그 근처에 있는 게 틀림없소."
"하지만 서랍은 전부 비웠습니다. 이미 텅 비었어요."
노부인이 대답했다.
"그렇군요."
다이겐 스님이 말했다.
"그렇다면 오늘밤 제가 댁으로 가 그 방을 지키기로 하겠습니다. 그리고 어찌 하면 좋을지 방책을 강구해 보지요. 소승이 지키는 동안에는 이쪽에서 부르지 않는 한 아무도 그 방에 들어오시면 안 됩니다. 집안사람들에게 주의를 주십시오."

해가 지자 다이겐 스님은 그 집으로 갔다. 방은 스님을 맞을 수 있게끔 치워져 있었다. 스님은 그 방에서 혼자 경을 읽었다. 자시[1]가 넘도록 아무것도 나타나지 않았다. 그러다가 갑자기 오소노의 모습이 장롱 앞에 나타났다. 그녀는 생각에 잠긴 표정으로 눈도 떼지 않고 장롱을 바라보고 있었다.
스님은 이럴 때 외도록 정해진 경문을 읊었다. 그리고 오소노의 계명[2] 부

---

[1] 자시(子時) : the Hour of the Rat. 전통적인 시간 계산법에 따른 첫 번째 '시(時)'를 가리킨다. 밤 11시부터 오전 1시까지의 시간이다. 고대 일본에서 1시간은 오늘날의 2시간과 같다.
[2] 계명(戒名) : the Kaimyo. 죽은 사람에게 주어지는 사후 세계에서의 이름 또는 종교상의 이름을 가리킨다. 엄밀히 말해 이 말의 의미는 '수계(受戒)해서 받는 이름'이다. 이에 관해서

르며 말을 걸었다.

"졸승은 자네를 도우려고 왔네. 아마 저 장롱 안에는 자네 마음에 계속 걸리는 물건이 있겠지. 자네를 위해 내 그것을 찾아줘도 되겠는가?"

망령은 고개를 가볍게 끄덕였다. 동의한 모양이다. 스님은 자리에서 일어나 가장 위에 있는 서랍을 열었다. 텅 비어 있었다. 이어 두 번째, 세 번째, 네 번째 서랍을 순서대로 열었다. 스님은 서랍 뒤쪽과 바닥도 세심히 조사해 보았다. 장롱 안쪽도 공들여 살펴보았다. 그러나 아무것도 찾지 못했다. 그래도 망령은 여전히 시름에 잠긴 얼굴로 가만히 바라보고 있었다.

'대체 무엇을 원하는 것인고?'

스님은 생각했다. 문득 서랍 바닥에 깔린 종이 밑에 무언가가 숨겨져 있을지도 모른다는 데 생각이 미쳤다. 맨 위 서랍의 종이깔개를 들어 보았다. 아무것도 없었다! 두 번째 서랍과 세 번째 서랍의 종이깔개도 들춰 보았다. 역시 아무것도 없었다. 그런데 가장 아래 서랍의 종이깔개 밑, 마침내 거기서 무언가가 나왔다. 한 통의 편지였다.

"이게 자네가 마음에 두었던 것인가?"

스님이 물었다. 망령은 스님 쪽을 바라보았다. 그 흐릿한 망령의 눈길은 편지에 쏠려 있었다.

"자네를 대신하여 태워 줄까?"

스님이 물었다. 오소노는 스님 앞에 고개 숙여 절했다.

"오늘 아침에라도 절에서 태워 주겠네."

스님은 약속했다.

"나 말고 다른 사람에게는 보이지 않겠네."

그러자 여인은 방긋 웃더니 사라졌다.

스님이 계단을 내려왔을 때는 이미 동이 틀 무렵이었다. 아래에서는 집안 사람들이 걱정스럽게 기다리고 있었다. 스님은 그들에게 말했다.

"아니, 걱정하실 것 없습니다. 이제 두 번 다시 나타나지 않을 겁니다."

그리고 정말로 오소노는 두 번 다시 나타나지 않았다.

는 졸저 《이국적인 것과 추억(Exotics and Retrospectives)》에 수록된 '사자(死者)를 둘러싼 문학(The Literature of the Dead)' 참조.

스님은 편지를 불태웠다. 그것은 교토에서 수업하던 시절에 오소노가 받은 연문(戀文)이었다. 하지만 그 안에 무엇이 씌어 있었는지 아는 이는 스님뿐이었고, 그 비밀은 스님이 죽을 때 함께 묻혔다.

유모 벗나무

이요〔伊予〕국 온센〔溫泉〕군 아사미무라〔朝美村〕라는 곳에 도쿠베〔德兵衛〕라는 사람이 살았다. 도쿠베는 그 지방 제일가는 부호로 촌장을 맡고 있었다. 그는 대체로 운이 좋은 사람이었으나 마흔이 될 때까지 아버지가 되는 행복은 누리지 못했다. 그런 까닭에 그는 아내와 둘이서 자식이 없음을 한탄하며, 아사미무라의 사이호지〔西方寺〕라는 이름 높은 절의 본존이신 부동명왕을 자주 참배하여 소원을 빌었다.

마침내 소원이 이루어져 도쿠베의 아내는 딸을 낳았다. 매우 예쁘장했던 이 아이는 쓰유〔露〕라고 불렀다. 어머니가 젖이 모자라자 부부는 오소데라는 이름의 유모를 고용했다.

쓰유는 대단히 아름다운 아가씨로 자라났지만, 나이 열다섯에 그만 병에 걸렸다. 도무지 살 가망이 없다며 의원들도 그녀를 포기하고 말았다. 친어머니처럼 쓰유를 귀여워했던 오소데는 사이호지에 가서 아이가 낫게 해 달라고 부동명왕에게 간곡히 기원을 올렸다. 스무하루 동안 하루도 빠짐없이. 기원이 끝나던 날 갑자기 쓰유의 병은 깨끗이 나았다.

도쿠베의 집에는 온통 기쁨이 넘쳐흘렀다. 집안사람들은 일가친척과 친구를 남김없이 불러 축하연을 벌였다. 그런데 축하연이 있던 밤, 오소데가 갑자기 병에 걸렸다. 다음날 아침, 불려 와서 그녀를 진찰한 의원은 살 가망이 없다고 말했다.

집 안의 모든 이들이 비탄에 잠겨 마지막 작별을 나누기 위해 오소데의 침상 주변에 모여들었다. 그런데 오소데는 모두에게 이런 말을 했다.

"아무도 모르고 계시는 일을 말씀드릴 때가 왔습니다. 실은 제가 올린 기원이 이루어졌습니다. 저는 부동명왕님께 제가 아가씨 대신 가게 해 달라고 빌었습니다. 그리고 고맙게도 크나큰 은총이 제게 내린 것입니다. 그러니 제가 죽는다 해도 슬퍼하지 마세요……. 그저, 단 한 가지 소원이 있습니다. 소원이 이루어지는 그날에 제가 감사와 기념의 표시로 사이호지 경내에 벚나무를 한 그루 봉납하겠다고 부동명왕님께 약속 드렸습니다. 하지만 이제 제 손으로는 나무를 심을 수가 없게 되었군요. 그러니 저를 대신하여 이 맹세를 지켜 주시기 바랍니다……. 여러분, 그럼 안녕히 계세요. 오소데는 쓰유 님을 위해서 기쁜 마음으로 죽겠습니다. 부디 잊지 마시기를."

오소데의 장례를 마친 뒤 쓰유의 부모는 가장 좋은 어린 벚나무를 한 그루 골라 사이호지 경내에 심었다. 나무는 자라서 가지와 잎이 무성해졌다. 그리고 이듬해 2월 16일이 되자—이 날은 오소데의 기일(忌日)이었다—아름다운 꽃을 피웠다. 이렇게 나무는 254년 동안 2월 16일이면 어김없이 꽃을 피웠다. 엷은 분홍빛이 감도는 흰색 꽃잎은 젖으로 젖어 있는 여자의 유방 끄트머리처럼 보였다. 그래서 사람들은 그 나무를 '유모 벚나무'라고 불렀다.

귀 없는 호이치

옛날 옛날에 시모노세키〔下關〕 해협 단노우라〔壇浦〕에서, 오랫동안 패권을 다퉈 오던 겐지〔源氏〕 즉 미나모토〔源〕 일족과 헤이케〔平家〕 즉 다이라〔平〕 일족의 마지막 전투가 있었다. 여기에서 헤이케는 완전히 패하여 헤이케의 여자나 아이들마저 죽음을 당했고, 지금은 안토쿠〔安德〕 천황으로 기억되는 어린 천황도 목숨을 잃었다. 그리고 이 바다와 해변 역시 약 700년 동안 헤이케의 망령에 씌여 있었다……. 나는 이전에 다른 책[*1]에서 헤이케라 불리는 단노우라 지방의 기묘한 게에 대해 이야기한 적이 있다. 이 게의 등딱지에는 사람 얼굴 모양이 새겨져 있는데, 거기에 헤이케 사무라이의 혼령이 붙어 있다고 한다. 그러나 해안을 따라가면 이것 말고도 많은 기묘한 일을 보고 듣게 된다. 칠흑 같은 밤에는 혼불이 수천 개씩 해변을 흔들흔들 날아다니며 파도 위에서 둥실둥실 춤춘다. 어부들은 이 푸르스름한 불을 귀화(鬼火), 즉 도깨비불이라 부른다. 또 바람이 불 때마다 떠들썩한 전투 소리와도 같은 커다란 함성이 바다 쪽에서 들려온다.

사실 이전에는 헤이케의 망령들도 지금보다 훨씬 사나웠다. 망령들은 밤마다 근방을 다니는 배들 주위에 나타나서 배를 가라앉히려고 하였다. 또는 헤엄치고 있는 사람을 노려 차례차례 바다 밑바닥으로 끌어들이기도 했다. 아카마가세키〔赤關〕[*2]에 아미다지〔阿彌陀寺〕라는 절이 세워진 것은 이러한 사자의 혼령에게 공양하기 위한 것으로, 절 근처 해변에는 공동묘지도 조성되었다. 묘지에는 물속에 투신하여 목숨을 잃은 천황과 조정 중신(重臣)들의 이름을 기록한 묘비도 몇 개 세워졌다. 그리고 이 혼령들의 명복을 빌기 위한 법회가 정해진 날에 이곳에서 거행되었다. 절과 묘지가 생기고부터는 헤이케의 망령들도 예전만큼 소란을 피우지는 않았지만, 그래도 가끔씩 기

[*1] 졸저 《골동(骨董)》 참조. 이 기묘한 게에 관한 설명이 실려 있다.
[*2] 시모노세키. 바칸〔馬關〕이라고도 불린다.

괴한 짓을 저질렀다. 아무래도 성불하여 완전히 안정을 찾은 것은 아닌 모양이었다.

수백 년 전에 아카마가세키에 호이치(芳一)라는 맹인이 살았다. 그는 비파*3를 타며 노래하는 솜씨가 좋기로 유명했다. 어릴 때부터 그런 기예를 훈련받아 소년일 적에 이미 스승들을 능가했다고 한다. 그는 비파법사로 생계를 유지했는데, 겐지와 헤이케의 이야기를 노래할 때 특히 뛰어나서 호이치가 단노우라 싸움 대목을 부르면 '귀신도 운다'고들 할 정도였다.

세상에 갓 나왔을 무렵 호이치는 몹시 가난했다. 하지만 운 좋게 그를 도와줄 좋은 사람을 만났다. 시가(詩歌)와 음악을 좋아하던 아미다지의 주지는 자주 호이치를 절에 불러 비파에 맞춰 노래를 불러 달라고 했다. 젊은이의 뛰어난 기예에 감탄한 주지는 얼마 뒤 호이치에게 절에서 살지 않겠냐고 권했다. 호이치는 그 제안을 감사히 받아들였다. 절에 방 한 칸을 얻은 호이치는 밥과 잠자리를 제공받는 대신, 별다른 볼일이 없는 저녁이면 비파를 타서 주지를 즐겁게 해 주었다.

어느 여름밤, 주지는 죽은 신자의 법사에 불려 갔다. 그가 동자승을 데리고 외출하자 절에는 호이치 혼자 남았다. 밤은 무더웠다. 맹인은 침소 앞 툇마루에서 바람을 쐬고 있었다. 마루는 아미다지 뒤편의 작은 마당을 향해 있었다. 거기서 호이치는 주지가 돌아오기를 기다리며 비파 연주로 쓸쓸함을 달래고 있었다. 한밤중이 지났는데도 주지는 그때까지 돌아오지 않았다. 그러나 침소에 들기에는 여전히 너무나도 더웠으므로 호이치는 밖에 남아 있었다. 드디어 뒷문 쪽에서 다가오는 발소리가 들려왔다. 누군가 마당을 가로질러 마루로 다가오고 있었다. 그러고는 호이치 바로 앞에서 멈춰 섰다. 그

---

*3 비파 : The biwa. 이것은 4현 류트의 일종인데 주로 음악적인 레치타티보(가사가 중심인 노래)에 쓰이는 악기다. 옛날에는 '헤이케 이야기(the Heike-Monogatari)'라든가 그 밖에 역사상의 비극적 이야기를 노래하는 음유시인이 '비파법사(biwa-hoshi)'라고 불렸다. 이 이름의 유래는 확실하지 않다. 다만 비파법사 즉 '류트의 제사장'이 저 맹인 안마사들과 마찬가지로 마치 승려처럼 머리를 깎고 있다는 사실이 무언가 시사하지 않을까 싶다. 참고로 비파는 사슴뿔로 된 도구를 가지고 연주한다.

러나 그는 주지가 아니었다. 갑자기, 사무라이가 아랫것을 부를 때처럼 아무런 거리낌도 없이, 낮고 굵직한 목소리가 맹인의 이름을 불렀다.

"호이치!"

호이치는 깜짝 놀라 바로 대답을 할 수 없었다. 그러자 목소리는 한 번 더 거친 명령조로 불렀다.

"호이치!"

"네!"

맹인은 상대의 목소리에 깃든 위협적인 어조에 완전히 겁먹은 채 대답했다.

"저는 눈이 안 보입니다! 저를 부르시는 분은 어디의 누구십니까?"

"아무 걱정할 것 없다."

낯선 남자는 조금 전보다 온화해진 말투로 대답했다.

"나는 이 절 근처에 머물고 있는 사람인데, 전언을 부탁받아 여기에 왔다. 내가 현재 모시는 주군은 신분이 매우 높은 고귀한 분으로, 지금 지체 높은 분들 여럿과 함께 이곳 아카마가세키에 체류하고 계신다. 주군께선 단노우라 전투의 옛 전장을 보고 싶으셔서 오늘 그곳에 납시었다. 그 전투 광경을 노래하는 네 기예가 뛰어나다는 이야기를 들으시고는 비파에 맞춰 꼭 한 곡 들려 달라는 분부이시다. 사정이 이러하니 비파를 들고 나를 따라, 그 고귀한 분들이 기다리고 계시는 저택까지 지금 곧 가 주어야겠다."

그 시절에는 사무라이의 명령을 가볍게 무시할 수 없었다. 호이치는 조리를 신은 뒤 비파를 들고는 낯선 사무라이와 함께 나섰다. 사무라이는 손을 잡고 길을 잘 안내해 주었지만, 걸음이 워낙 빨라서 호이치는 종종걸음을 쳐야 했다. 호이치를 이끌고 가는 그의 손은 강철로 빚은 듯 단단했고 큰 보폭으로 걸을 때마다 철컥철컥 쇠 속성이 들려왔는데, 이를 통해 호이치는 사무라이가 갑옷과 투구로 무장하고 있음을 알 수 있었다. 틀림없이 어딘가에 있는 지체 높은 분의 처소를 경호하는 무사일 것이다. 호이치의 놀람은 이제 사라졌다. 그는 이거 행운을 얻었구나 하고 남몰래 기뻐하기까지 했다. 사무라이가 '신분이 매우 높은 고귀한 분'이라고 분명히 말한 이상, 자기 노래를 듣고 싶어한다는 나리가 가장 지체 높은 다이묘임에 틀림없다고 생각했기 때문이다. 이윽고 사무라이는 걸음을 멈췄다. 호이치는 그들이 커다란 문 앞에 도착했음을 알아차렸다. 그는 문득 의아함을 느꼈다. 아미다지의 산문

(山門)을 제외하고 이 근방에 이렇게 커다란 문이 있었는지 생각이 나지 않았다. 이때 사무라이가 "개문(開門)!"*4 하고 외쳤다. 그러자 빗장을 여는 삐걱거리는 소리가 들렸다. 두 사람은 문을 지나 넓은 정원을 가로질러 또 다른 입구 앞에 섰다. 여기서 사무라이는 커다란 소리로 불렀다.

"안에 누구 없는가? 지금 호이치를 데리고 왔네."

그러자 급한 발소리, 장지문 여는 소리, 덧문 올리는 소리, 소곤거리는 여자들의 소리가 들려왔다. 여자들의 말씨를 듣고 호이치는 어딘가 지체 높은 집안의 하녀들이 분명하다고 판단했다. 하지만 자신이 어디로 이끌려 왔는지는 여전히 짐작도 가지 않았다. 이것저것 생각할 겨를도 없었다. 그는 누군가의 손에 이끌려 돌계단을 몇 개 올라간 후 마지막 단에서 조리를 벗었다. 그리고 시녀의 손에 이끌려 잘 닦은 마루가 깔린 끝없이 긴 복도를 걸었다. 기둥이 있는 모퉁이를 몇 번이나 돌았는지 기억할 수도 없었다. 그들은 놀랄 만큼 넓은 다다미 방을 가로질러 널찍한 연회석 한가운데에 나섰다. 여기에 수많은 높으신 분들이 모여 계시는구나 하고 호이치는 생각했다. 비단 옷자락이 서로 스치면서 숲 속의 잎사귀들이 부딪치는 듯한 소리를 내고 있었다. 또 많은 사람들이 낮게 속삭이는 소리도 들렸다. 귀족들의 말투였다.

호이치는 마음을 편히 하라는 말을 들었다. 그를 위해 부드러운 방석이 준비되어 있었다. 그 위에 앉아 악기를 조율하고 있자니 시녀들을 관리하는 시녀장인 듯한 사람의 목소리가 호이치에게 이렇게 말했다.

"비파를 타면서 헤이케를 노래하시오."

전곡을 부르려면 몇 날 밤이 걸린다. 그래서 호이치는 마음을 다잡고 물었다.

"전곡은 금방 부를 수는 없으니 어느 대목을 불러 드리면 좋겠습니까?"

시녀장이 대답했다.

"단노우라 전투 편이 특히 정취가 깊다고 알고 있습니다.*5 그 대목을 부

---

*4 근엄하고 장중한 표현이다. 문을 열라는 뜻. 이 말은 사무라이가 제후의 저택 대문을 경비하는 자들에게 입장 허가를 요구할 때 쓰인다.

*5 "for the pity of it is the most deep"이라는 이 표현은 "for the pity of that part is the deepest"라고 해야 옳을지도 모른다. 여기서 정취, 즉 pity에 해당하는 일본어 원어는 'あわれ(aware)'이다.

르십시오."

그래서 호이치는 소리를 드높여 괴로운 해상전투를 노래하기 시작했다. 노가 바쁘게 삐걱거리는 소리. 배가 나아가는 소리. 활이 윙윙거리면서 어지러이 나는 소리. 무사의 우렁찬 부르짖음이나 뱃전을 구르는 소리. 투구와 칼날이 부딪치는 소리. 찔려 죽은 이가 파도 사이로 첨벙 떨어지는 소리. 이런 소리들이 그가 연주하는 비파의 선율을 타고 생생하게 귀에 들어왔다. 그러자 호이치의 좌우에서 감동하여 칭찬하는 작은 소리가 연주 사이사이에 들려왔다.

"이 얼마나 훌륭한 기예인가!"
"우리들 고장에서는 이 같은 노래를 들은 적이 없소!"
"아니, 일본을 다 뒤져도 호이치와 같은 악사는 없을 것이오!"

이 소리를 듣고 점점 신이 난 호이치는 전보다 더 솜씨 좋게 노래하고 연주했다. 주위에서는 감탄의 침묵이 깊어 갔다. 하지만 마침내 미인들과 약한 자들의 운명을 노래하는 대목에 이르렀을 때—여자들과 아이들의 애처로운 최후와 팔에 어린 천황을 안은 채 바다에 뛰어든 니이노아마〔二位の尼〕의 투신을 노래하는 대목에 이르렀을 때, 듣던 이들은 전율하면서 일제히 비통한 탄식을 길게 내질렀다. 그리고 미친 듯이 커다란 목소리로 울부짖었다. 맹인은 자신이 이끌어 낸 비탄의 격렬함에 저도 모르게 겁을 먹고 말았다. 오랫동안 오열과 흐느낌이 계속되었다. 그러나 이윽고 한탄하는 소리는 사라졌다. 이어지는 깊은 침묵 속에 시녀장으로 여겨지는 여자의 목소리가 또다시 들려왔다.

그녀는 이렇게 말했다.

"비파를 타고 헤이케를 노래하는 데는 그대에게 견줄 지가 없다고 들었으나, 오늘밤 노래해 보인 만큼 기예가 뛰어난 사람이 이 세상에 있는 줄은 몰랐습니다. 주군께서는 매우 만족하셔서 그대에게 마땅한 사례를 하고 싶어 하십니다. 다만 앞으로 6일 동안 그대가 매일 밤마다 그분 앞에서 비파를 연주해 주길 바라십니다. 오늘은 분명 돌아가야만 하시겠지요. 그러니 내일 밤도 오늘밤과 같은 시간에 오셨으면 합니다. 오늘밤 그대를 안내한 사무라이가 데리러 갈 겁니다……. 그리고 한 가지 더 말씀드릴 것이 있습니다. 주군이 아카마가세키에 체류하시는 동안 그대가 이곳을 방문했다는 사실을 누구에게도 알려서는 안 됩니다. 지체 높으신 분의 미행(微行)*⁶인 까닭에 이 일에 관해 발설해서는 안 된다는 말씀이십니다……. 이제 절로 돌아가셔도 됩니다."

호이치가 충분히 감사 인사를 마치자 여자의 손이 호이치를 저택 현관으로 안내했다. 거기에는 조금 전에 자신을 데리고 온 사무라이가 기다리고 있었다. 사무라이는 호이치를 절 뒤편 툇마루까지 데려다 준 다음 발길을 돌렸다.

호이치가 돌아왔을 때는 벌써 동틀 무렵이었다. 아무도 그가 절을 비웠다는 사실을 눈치채지 못했다. 주지는 밤이 깊어 돌아왔기에 호이치가 자고 있다고 생각한 것이다. 낮 동안 호이치는 좀 쉴 수 있었다. 이 희한한 일에 관해서는 아무 말도 하지 않았다. 다음날 밤이 되자 또 사무라이가 와서 그를 높은 사람들의 모임에 데리고 갔다. 호이치는 전날 밤과 똑같이 비파를 연주하고 갈채를 받았다. 그러나 이 두 번째 외출로 절을 비운 것이 우연히 들통나 버렸다. 다음날 아침 돌아왔을 때 호이치는 주지 앞에 불려 나갔다. 주지는 부드럽게 타이르듯이 말했다.

"호이치, 자네 때문에 안절부절못했네. 눈이 안 보이는 자네가 혼자서 그렇게 늦은 밤에 외출하다니. 너무 위험하지 않나. 왜 아무 말도 안 하고 나갔는가? 말해 줬으면 하인 중의 누구라도 같이 보냈을 텐데. 대체 어디를 갔었나?"

호이치는 얼버무리듯이 대답했다.

"주지스님, 용서하십시오! 조금 사사로운 볼일이 있어서요. 다른 시간에는 하기 힘든 일이었기에 그리 되었습니다."

호이치가 입을 다물고 진실을 숨기려 하자 주지는 기분이 상했다기보다는 놀랐다. 그는 호이치의 대답에서 어딘가 이상한 기색을 느끼고는 좋지 못한 일이라도 있는 것은 아닌가 의심했다. 눈이 보이지 않는 이 젊은이가 요술에라도 걸리진 않았나, 나쁜 귀신에라도 홀리진 않았나 하고 생각한 것이다. 그 이상 캐묻지는 않았지만 주지는 호이치의 동정을 지켜보라고 하인들에게

---

*6 "Traveling incognito"란 표현은 적어도 원어의 뜻을 지니고 있다. 즉 "making a disguised August-journey(shinobi no go-ryoko)"란 뜻이다.

슬쩍 일러두었다. 그리고 밤이 되어 또 절을 빠져나가기라도 하면 뒤를 밟도록 일렀다.

과연 그날 밤 호이치가 절을 빠져나가려 하는 모습이 목격되었다. 하인들은 즉각 초롱을 들고 뒤를 밟았다. 그날 밤은 비가 내려 무척 어두웠다. 절 사람들이 한길로 나오기 전에 호이치는 벌써 모습을 감췄다. 그는 무척 빠른 걸음으로 걸어가 버린 것이다. 길도 좋지 않았고, 호이치가 앞을 보지 못한다는 사실을 생각하면 기묘한 일이었다. 절 사람들은 마을을 서둘러 둘러보고 호이치가 갈 만한 집을 죄다 찾아갔다. 그러나 그가 어디에 있는지 아무도 몰랐다. 하인들은 결국 해변에서 절 쪽으로 발길을 돌렸는데, 이때 놀랍게도 아미다지의 묘지에서 격렬한 비파 소리가 들려오지 않겠는가. 이곳은 캄캄한 밤이면 보통 도깨비불이 떠돌곤 했는데, 그 외에는 아무런 빛이 없어 칠흑같이 캄캄했다. 놀란 사람들은 곧장 초롱을 들고 묘지로 달려갔다. 그리고 초롱 불빛에 비친 호이치의 모습을 발견했다. 그는 빗속에 홀로 안토쿠 천황의 무덤 앞에 앉아 비파를 타며 단노우라 전투 대목을 큰 소리로 노래하고 있었다. 호이치의 등 뒤와 주위, 또 모든 무덤이란 무덤 위에 수많은 도깨비불이 마치 촛불처럼 타오르고 있었다. 일찍이 이렇게 많은 도깨비불이 사람 눈에 띈 적은 없었다.

"호이치 씨! 호이치 씨!"

하인들이 외쳤다.

"당신은 귀신에게 홀렸어요……. 호이치 씨!"

하지만 맹인에게는 그 목소리가 들리지 않는 모양이었다. 그는 정신없이 끼익끼익 깽깽 비파를 울리며, 점점 더 광적으로 단노우리 전투의 노래를 부를 뿐이었다. 하인들은 호이치의 몸을 붙들고는 그의 귀에 대고 소리쳤다.

"호이치 씨! 호이치 씨! 빨리 같이 절로 돌아갑시다!"

그러자 호이치는 나무라듯 대답했다.

"이처럼 고귀하신 분들 앞에서 노래를 방해하다니, 용서받지 못할 겁니다!"

이 말을 들으니 아무리 기괴한 상황이라고 해도 하인들은 웃음을 터뜨릴 수밖에 없었다. 호이치가 귀신에 홀린 게 분명하다고 생각한 하인들은 그를 붙잡아서 억지로 일으켜 세운 뒤 서둘러 절로 끌고 갔다. 절에 도착한 그들은 주지의 명령으로 곧장 비에 젖은 호이치의 옷을 갈아입히고, 먹을 것과 마실 것을 억지로나마 권하였다. 그리고 나서 주지는 호이치의 기막힌 거동에 관해 자초지종을 들려 달라고 요구했다.

호이치는 오랫동안 입을 열까 말까 망설였다. 하지만 자신의 행동이 선량한 주지스님을 정말로 놀라고 화나게 했음을 깨닫자, 더 이상 진실을 숨길 수 없었다. 그는 사무라이가 처음에 찾아온 때부터 생긴 일을 전부 털어놓았다.

주지는 말했다.

"호이치, 아, 불쌍하기도 하지. 자네는 지금 아주 위험한 상황에 빠졌네! 좀더 일찍 나에게 모든 것을 털어놓지 않은 게 잘못이었어. 뛰어난 음악적 재능이 자네에게 이런 기묘한 재난을 불러왔군. 이제는 자네도 알겠지만, 자네는 어딘가의 저택에 불려간 게 아닐세. 실은 묘지에서 헤이케의 무덤에 둘러싸여 며칠 밤을 지샌 것이야. 절 사람들이 오늘 밤 자네를 발견한 곳은 안토쿠 천황의 무덤 앞일세. 자네는 비가 쏟아지는 가운데 그곳에 앉아 있었어. 망자들에게 정말로 불려 갔었다는 사실을 제외하면 자네가 믿고 있던 것은 전부 다 환영이야. 일단 망자들이 하라는 대로 한 이상 자네는 그들의 수중에 떨어지고 말았네. 이리 되었으니 만일 또다시 망자가 하라는 대로 한다면 자네는 그들에게 갈기갈기 찢길 게 분명해. 어쨌든 자네는 조만간 목숨을 잃었을 게야……. 그런데 나는 오늘 밤도 자네와 함께 있을 수가 없네. 다른 법사에게 부름을 받았거든. 하지만 나가기 전에 자네를 지켜 주겠네."

날이 저물기 전에 주지와 동자승은 호이치를 발가벗기고는 붓으로 그의 가슴과 등, 머리, 얼굴, 목, 손발, 심지어 발바닥까지 빠뜨리지 않고 전신에 반야심경*7 문구를 써넣었다. 일이 끝나자 주지는 호이치에게 이렇게 말했다.

---

*7 The Smaller Pragna-Paramita-Hridaya-Sutra가 일본에서는 이렇게 불린다. 《반야심경》도 《대반야바라밀다심경》도 Pragna-Paramita(절대적이고 완전한 지혜)를 설(說)한 것인데, 둘 다 고(故) 막스 뮐러 교수의 손에 번역되어 《동양 고대 성전서(The Sacred books of the East)》 제49권(《불교 대승경》 Budhist Mahayana Sutras)에 실려 있다. 이 이야기에서 묘사되는 이 경전의 주술적인 사용법에 관해 말하자면, 경전 그 자체가 주로 '색즉시공'의 교리를 설하고 있다는 점이야말로 주목할 만하다. '색즉시공'의 교리란, 현상이든 비경험적 실재든 간에 모든 것은 참되지 않은 특질밖에 없다는 것이다.

"오늘밤, 내가 나가면 자네는 툇마루에 앉아 가만히 기다리도록 하게. 그러면 누군가 자네를 부르러 오겠지. 그러나 절대 그 부름에 대답해서는 안 되네. 움직여서도 안 되고. 아무 말도 말고 잠자코 명상하듯 앉아 있게. 만일 조금이라도 움직이거나 소리를 내면 자네는 갈기갈기 찢기고 말 게야. 당황하지 말게. 도움을 청하거나 해서도 결코 안 되네. 도움을 청해도 소용없기 때문이지. 그러나 자네가 내 말대로만 한다면 위험할 게 없네. 그리고 그걸로 두 번 다시 걱정할 만한 일은 일어나지 않을 게야."

날이 저물자 주지와 동자승은 절을 나섰다. 호이치는 주지가 시킨 대로 툇마루에 앉아 있었다. 그리고 비파를 마루 위에 올려 두고는 참선하는 자세로 가만히 있었다. 기침을 하거나 숨소리를 내지 않도록 조심했다. 그렇게 몇 시간이고 앉아 있었다.

이윽고 길에서 다가오는 발소리가 들렸다. 소리는 문을 지나, 마당을 가로질러, 툇마루로 다가와, 호이치 바로 앞에서 멈췄다.

"호이치!"

귀에 익은 무거운 목소리가 그를 불렀다. 그러나 맹인은 숨을 죽인 채 꼼짝도 않고 앉아 있었다.

"호이치!"

목소리가 한 번 더 그의 이름을 불렀다. 오싹할 정도로 기분 나쁜 목소리였다. 그리고 다시 세 번째로 불렀다. 이번에는 거친 어조로.

"호이치!"

호이치는 돌처럼 입을 다물고 가만히 있었다. 그러자 목소리가 중얼거렸다.

"대답이 없군! 곤란한걸······. 이놈이 어디 있는가 찾아봐야겠어."

무거운 발이 툇마루를 딛고 올라오는 소리가 들렸다. 발길은 천천히 다가

"형태는 공허하다. 그리고 공허야말로 형태다. 공허는 형태와 다르지 않다. 형태는 공허와 다르지 않다. 형태란 무엇인가. 그것은 공허다. 공허란 무엇인가. 그것은 형태다. (중략) 지각 작용도, 명칭도, 개념도, 지식도, 모두 다 공허다. (중략) 눈도, 귀도, 코도, 혀도, 신체도, 정신도, 모두 다 존재하지 않는 것이다. (중략) 그러나 의식을 둘러싼 그릇이 무(無)가 될 수 있을 때에는 그(구도자, the seeker)는 온갖 공포에서 해방돼 자유가 되고, 변화 또는 무상(無常)의 번거로움으로부터 벗어나 자유가 되고, 해탈하여 저 '열반'의 경지에 들어가는 것이다."

와서 호이치 곁에서 멈추었다. 그리고 오랜 시간—그동안 호이치는 온몸이 심장 고동에 맞춰 와들와들 떨리는 것을 느꼈다—죽음과 같은 침묵이 계속되었다.
 마침내 거친 목소리가 호이치의 귓가에서 중얼거렸다.
 "비파는 여기 있는데 비파법사는 두 귀만 보일 뿐이다……. 과연 이래서는 대답을 할 수 없는 게 당연하군. 대답하려 해도 대답할 입이 없으니. 이 자에게 남아 있는 건 두 귀뿐이야……. 그렇다면 가능한 한 말씀에 따랐다는 증거로 주군에게 이 두 귀를 가져가야겠군."
 그 순간 호이치는 양쪽 귀가 강철 같은 손가락에 붙잡혀 뜯겨 나가는 것을 느꼈다. 고통은 끔찍했지만 그래도 호이치는 소리를 내지 않았다. 묵직한 발걸음은 툇마루를 따라 멀어져 갔고 마당에 내려서더니 한길로 접어들어 이내 들리지 않게 되었다. 맹인은 머리 양옆에서 끈적하고 뜨거운 무언가가 뚝뚝 떨어지는 것을 느꼈지만, 손 하나 까딱할 기력조차 없었다…….

 주지는 동이 트기 전에 돌아왔다. 절 뒤편으로 서둘러 가서 툇마루에 오르던 그는 뭔가 끈적끈적한 것을 밟고 미끄러졌다. 그리고 공포에 휩싸여서 비명을 질렀다. 손에 든 초롱 불빛으로 끈적끈적한 것이 피임을 알아차렸기 때문이다. 하지만 자세히 보니 호이치는 명상에 빠진 자세 그대로 거기 앉아 있었다. 상처에서는 피가 뚝뚝 떨어지고 있었다.
 "오, 호이치, 이렇게 가여울 수가!"
 주지는 깜짝 놀라 외쳤다.
 "이게 무슨 일인가……. 자네, 부상을 입었나."
 주지의 목소리에 맹인은 비로소 살았다고 생각했다. 그리고 갑자기 훌쩍훌쩍 울기 시작했다. 그는 울면서 밤중에 일어난 일을 이야기했다.
 "호이치, 가엾게도, 호이치!"
 주지는 감정이 북받쳐서 외쳤다.
 "미안하네, 내 잘못이네! 전부 내 불찰이야……. 자네 온몸에 빠짐없이 경문을 적었다고 생각했는데, 깜빡하고 귀에는 적지 않았네! 그 부분은 동자승에게 맡겨 두었는데 제대로 썼는지 확인하지 않아 미안하네, 참말로 내 실수였어……. 하지만 이렇게 된 이상 도리가 없군. 가능한 한 빨리 자네

상처를 치료하는 수밖에……. 자, 기운을 내게. 호이치! 이제 위험은 사라졌네. 두 번 다시 그런 망자들에게 불려 갈 일은 없을 걸세."

훌륭한 의사의 치료 덕분에 호이치의 상처는 곧 나았다. 호이치가 겪은 희한한 사건은 사방팔방에 소문이 났고 그는 점점 유명해졌다. 지체 높은 분들이 몇 사람이나 호이치의 노래를 들으러 아카마가세키에 찾아왔다. 막대한 돈을 받은 호이치는 부자가 되었다……. 그러나 그 사건 이후 호이치는 오로지 '귀 없는 호이치'라는 별명으로 세상에 알려지게 되었다.

오테이 이야기

 오랜 옛날 에치고〔越後〕나라 니가타〔新潟〕에 나가오 죠세이〔長尾長生〕라는 남자가 살았다.
 나가오는 의사의 아들로 가업을 잇기 위해 의술을 배웠다. 그는 어릴 때부터 오테이라는 처녀와 정혼한 사이였는데, 그녀는 아버지 친구의 딸이었다. 양가에서는 나가오가 학업을 마치면 바로 혼례를 올리기로 이야기가 돼 있었다. 그러나 몸이 약한 오테이는 15살에 불치의 폐병에 걸렸다. 살 가망이 없음을 깨달은 오테이는 이승에서의 이별을 고하기 위해 나가오를 청해 불렀다.
 나가오가 오테이의 머리맡에 앉자 오테이는 말했다.
 "나가오 님, 저희는 어릴 때부터 장차 하나가 되리라고 약조한 사이였습니다. 올해 말에는 혼인할 예정이었지요. 하지만 지금 저는 죽게 되었습니다. 우리에게 무엇이 정말로 좋은 일인지는 신만이 알고 계십니다. 설령 제가 몇 년쯤 목숨을 부지한다 해도 다른 분들께 걱정과 슬픔만 안겨 드릴 뿐이겠지요. 이렇게 연약한 몸으로는 도저히 좋은 아내가 되지 못합니다. 그러하오니, 설령 서방님을 위한 것일지라도 이 이상 살기를 바라는 것은 대단히 제멋대로인 소망이겠지요. 저는 이제 죽을 몸이라고 포기하고 있습니다. 그러니 부디 슬퍼하지 않겠다고 약조해 주십시오……. 그리고 서방님과 제가 언젠가 다시 만날 듯한 느낌이 들어서, 그걸 말씀드리고 싶었습니다……."
 "정말 그렇소. 우리는 다시 만날 것이오."
 나가오는 진지한 얼굴로 대답했다.
 "정토(淨土)로 가면 이별의 괴로움도 없을 것이오."
 "아뇨, 그게 아니에요."
 오테이는 온화하게 답했다.
 "정토 이야기를 하는 것이 아닙니다. 우리가 이 세상에서 또다시 만날 운명이라고 믿는 것입니다. 설령 이 몸이 내일 땅속에 묻히더라도 말입니다."

나가오는 이해가 안 된다는 얼굴로 오테이를 바라보았다. 그의 의아해하는 모습에 오테이는 빙긋 웃었다. 그녀는 꿈꾸는 듯한 부드러운 목소리로 말을 이었다.

"그러합니다. 이 세상에서, 서방님의 이번 생에서 우리는 또다시 만날 수 있을 겁니다, 나가오 님. 정말로 서방님이 바란다면 말이에요. 다만 그렇게 되기 위해서 저는 한 번 더 여자아이로 태어나 어엿한 여자로 자라야만 합니다. 그동안 서방님은 기다리셔야만 하겠지요. 15, 6년쯤일까요. 이는 긴 시간입니다……. 하지만 사랑하는 서방님, 당신은 이제 겨우 19살이지요……."

임종의 괴로움을 달래고자 나가오는 애정을 담아 대답했다.

"약혼자인 당신을 기다리는 것은 내 의무이자 기쁨이오. 우리 두 사람은 영원히 함께하기로 약속한 사이니까."

"하지만 실은 의심하고 계시지요?"

오테이는 나가오의 얼굴을 가만히 바라보며 물었다.

"그야……."

나가오는 이렇게 대답했다.

"다른 사람으로 태어나 다른 이름을 가진 당신을 과연 내가 알아볼 수 있을지 걱정이오. 당신이 무슨 표시나 증거를 내게 보여 준다면 또 모르겠지만."

"그건 저도 어쩔 수 없는 일입니다."

오테이는 말했다.

"우리가 어디서 어떻게 만날지는 신이나 부처님만이 아시겠지요. 하지만 서방님만 괜찮으시다면 저는 반드시 서방님 곁으로 돌아오겠습니다. 반드시요. 틀림없습니다……. 부디 제 말을 기억해 주세요."

오테이의 말은 여기에서 끊겼다. 그녀의 두 눈은 감겼다. 이렇게 오테이는 죽었다.

나가오는 오테이를 진심으로 사모했으므로 그 슬픔은 깊었다. 그는 위패를 만들게 해서 거기에 오테이의 속명[*1]을 새겼다. 그리고 그것을 불단[*2]에 놓아 두고 매일 그 앞에 공물을 올렸다. 그는 오테이가 죽기 직전에 자신에게 한 이상한 이야기에 관해 이것저것 생각해 보았다. 그리고 오테이의 혼을 달래고픈 마음에, 만일 오테이가 다른 사람의 모습으로 자기에게 돌아올 수 있다면 그녀를 아내로 맞겠다고 엄숙히 맹세했다. 이 맹세를 종이에 적은 나가오는 거기에 자신의 도장을 찍어 봉인하고, 불단 속 오테이의 위패 옆에 두었다.

그러나 나가오는 외아들이었기 때문에 좋든 싫든 결혼을 해야 했다. 가족의 바람을 저버릴 수 없던 그는 결국 아버지가 골라 준 여자를 아내로 맞이하게 되었다. 그러나 결혼한 후에도 오테이의 위패에 공양을 계속 드렸으며 언제나 애착을 담아 그녀를 떠올렸다. 하지만 오테이의 모습은 나가오의 기억 속에서 점차 흐려져 다시 떠올리기 어려운 꿈처럼 되고 말았다. 그리고 세월은 흘러갔다.

그동안 몇 가지 불행이 나가오를 덮쳤다. 먼저 부모와 사별한 그는 다음으로 아내와 외아들을 잃었다. 그리하여 언제부턴가 이 세상에 홀로 남고 말았다. 나가오는 적적한 집을 버리고 슬픔을 잊기 위해 긴 여행에 나섰다.

그렇게 여행하던 어느 날 이카호(伊香保)에 닿았다. 이카호는 지금도 온천과 그 주변의 아름다운 경관으로 유명한 곳이다. 이 산속 마을의 여관에 묵은 그의 앞에 한 젊은 여급사가 나타났다. 그 얼굴을 한번 보자마자 나가오는 숨을 죽였다. 그의 심장은 일찍이 그런 적이 없을 정도로 세차게 뛰었다. 그녀는 신기하리만치 오테이와 닮았다. 나가오는 꿈을 꾸는 게 아닌가 하여 제 몸을 꼬집어 보았다. 여자는 방을 들락날락하고 있다. 불이나 식사를 운반하고, 손님방을 치우러 온다. 그녀의 그 자태나 동작 하나하나는 나가오의

---

*1 俗名, Zokumyo. '속세에서의 이름(profane name)'. 이 불교 용어는 살아 있는 동안에 쓰이는 개인적인 이름을 뜻한다. 이는 사후에 주어지는 계명(the Kaimyo)='수계(受戒)해서 받는 이름(sila-name)' 또는 '법명(homyo)=법적인 이름(Law-name)'과 대비되는 것이다. 이것은 집안사람들이, 다니는 절의 위패나 묘비에 새겨지는, 사후에 받는 이름이다. 이에 관한 해설로는 졸저 《이국적인 것과 추억(Exotics and Retrospectives)》에 수록된 '사자(死者)를 둘러싼 문학(The Literature of the Dead)' 참조.
*2 불교도가 집 안에 마련하는 예배소.

가슴속에 옛 약혼녀의 아름다운 기억을 불러일으켰다. 나가오는 그녀에게 말을 걸었다. 그러자 그녀는 온화하고도 맑은 목소리로 대답했다. 그 감미로운 음색에 지난날의 슬픔이 되살아난 나가오는 마음이 어두워졌다.

너무나 이상해서 나가오는 이렇게 물었다.

"아가씨, 당신은 옛날에 내가 알던 사람과 너무 닮았구려. 그래서 당신이 처음 방에 들어왔을 때 깜짝 놀라고 말았소. 실례지만 당신이 태어난 곳과 이름을 알려 주실 수 있겠소?"

그러자 곧, 저 잊지 못할 죽은 이의 목소리로 여자는 이렇게 대답했다.

"제 이름은 오테이라고 합니다. 그리고 당신은 제 약혼자이신 에치고의 나가오 죠세이 님이시죠. 17년 전 저는 니가타에서 죽었습니다. 그리고 당신은 제가 여자의 모습으로 이 세상에 돌아온다면 저를 아내로 맞겠다고 맹세해 주셨지요. 그 맹세의 글에 도장을 찍어 봉인하고 불단 안의 제 이름이 적힌 위패 곁에 두셨습니다. 그런 까닭으로 저는 돌아오게 되었습니다."

마지막 말을 끝내자마자 그녀는 정신을 잃고 쓰러졌다.

나가오는 그녀를 아내로 맞았다. 두 사람의 결혼생활은 행복했다. 하지만 오테이는 이후로 자신이 이카호의 여관에서 나가오에게 했던 말을 기억해 낼 수가 없었다. 또 전생의 일을 떠올릴 수도 없었다. 만남의 순간에 불가사의하게 되살아난 전생의 기억은 다시금 사라지고, 이후에도 다시 떠오르지 않았다.

원앙

무츠국〔陸奧の國〕 타무라고〔田村鄕〕에 매사냥꾼인 손조(尊允)[*1]라는 사람이 살았다. 어느 날 매사냥에 나섰는데 그는 사냥감을 전혀 찾지 못하고 허탕만 쳤다. 돌아오는 길에 아카누마〔赤沼〕라 불리는 곳까지 와서 막 하천을 건너려 하는데 원앙[*2] 한 쌍이 헤엄치고 있는 것이 보였다. 원앙을 죽이는 것은 좋지 못한 일이었다. 하지만 손조는 마침 배가 무척 고팠던 참이라 그 한 쌍을 겨냥해 활을 쏘았다. 활은 수컷을 꿰뚫었다. 암컷은 건너편 기슭의 줄풀 그늘로 달아나 모습을 감췄다. 손조는 죽은 새를 들고 집에 돌아와 요리했다.

그날 밤 손조는 왠지 모르게 쓸쓸한 꿈을 꾸었다. 어느 아름다운 여자가 방에 들어와 그의 머리맡에서 하염없이 울기 시작한 것이다. 너무나도 괴로운 울음소리였기에 듣고 있던 손조는 가슴이 찢기는 듯했다. 꿈속의 여자가 이렇게 호소했다.

"아아, 왜, 왜 그이를 죽였나요? 그가 죄라 할 만한 나쁜 짓을 저질렀나요? 아카누마에서 우리는 함께 무척이나 행복했는데 당신이 그를 죽였어요. ……대체 그이가 당신에게 무슨 심한 일을 저질렀기에. 당신이 무슨 짓을 한지 아나요? 당신이 얼마나 지독한, 얼마나 심한 일을 저질렀는지 아나요? ……당신은 이제 저까지 죽였습니다. 저는 남편 없이는 살 수가 없습니다……. 이 말을 하러 여기에 왔습니다."

그러고는 또다시 하염없이 울었다. 너무나 괴롭게 울어서 그 소리는 듣는 사냥꾼의 마음속 깊은 곳을 찔렀다. 여자는 흐느껴 울며 노래를 불렀다.

[*1] 원문 Sonjō. 《고금저문집(古今著聞集)》의 '마윤(馬允)'은 관명이지만, 한의 이야기에서는 고유명사로 쓰이고 있다.

[*2] 원문 a pair of oshidori(mandarin-ducks).

날이 저물면 그 이름을 부르곤 했는데*3 아카누마의 줄풀 그늘에서 홀로
잠들 일이 슬프도다.

"저녁이 되면 늘 함께 돌아가고 그분을 불러내곤 했지만 이제는 아카누마
의 줄풀 그늘에서 혼자 자야 합니다. 아아, 그 괴로움, 참담함은 말로 다할
수가 없습니다."

이 노래를 마치자 여자는 준엄한 목소리로 말했다.

"당신은 무슨 짓을 했는지 깨닫지 못하고 있습니다. 그래요, 모르고 있는
겁니다. 하지만 내일 아카누마에 가면 알게 되겠지요, 분명 알게 되겠지요."

그렇게 말하며 여자는 애처롭게 울면서 사라졌다.

다음날 아침 눈을 떴을 때 그 꿈은 손조의 뇌리에 선명하게 남아 그는 예
사롭지 않은 불안을 느꼈다.

"하지만 내일 아카누마에 가면 알게 되겠지요, 분명 알게 되겠지요"라는
말이 여전히 그의 귓전에 울리고 있었다. 그는 그 꿈이 그저 꿈일 뿐인지,
아니면 그 이상의 무엇인지를 알기 위해 바로 그곳에 가보기로 마음먹었다.

그는 아카누마로 향했다. 강기슭에 다가가보니 암컷 원앙이 홀로 헤엄치
고 있었다. 동시에 암컷도 손조가 오는 것을 알았다. 하지만 도망가기는커녕
곧장 남자를 향하여 헤엄쳐왔다. 그리고 기묘하게 침착한 눈으로 손조를 지
그시 바라보던 암컷 원앙은 갑자기, 제 부리로 배를 찢는가 싶더니 사냥꾼
눈앞에서 그대로 죽어버렸다. ······

그리하여 손조는 머리를 깎고 중이 되었다.

---

*3 원문 Sasoshi. 이것은 'Sasoishi'를 잘못 쓴 것이다. 《고금저문집(古今著文集)》 본문으로 고쳤다.

바보 리키

그 남자의 이름은 리키[力]라고 했다. 리키는 '힘'이라는 뜻이다. 하지만 세간에서는 그를 바보 리키,*¹ 바보 리키라고 불러댔다. 남자가 몇 살을 먹어도 계속 어린애 같았기 때문이다. 같은 이유로 세상 사람들은 모두 리키에게 친절했다. 심지어 리키가 모기장에 성냥을 그어 집 한 채를 태우고 그 불을 보면서 손뼉을 치며 기뻐할 때조차도 그랬다. 리키는 열여섯이 되어 키도 크고 어엿한 청년이 되었지만 그래도 지능은 고작 철없는 두 살 아이 정도에서 멈춰 있었기 때문에, 여전히 아주 어린아이들하고만 놀았다. 네 살에서 일곱 살쯤 먹은 조금 큰 동네 아이들은 리키가 자신들이 부르는 노래나 놀이를 익히지 못한다는 이유로 끼워주지 않았다. 리키가 평소 좋아하던 장난감은 빗자루였다. *² 빗자루에 올라타고는 늘 소리 높여 괴상하게 웃으며 우리 집 앞 작은 언덕을 곧잘 올라갔다 내려갔다 하곤 했다. 하지만 그러면서 리키가 하도 소란스럽게 구는 바람에, 결국 다들 시끄럽게 여기게 되었다. 나는 리키에게 어디 다른 데 가서 놀라고 말할 수밖에 없었다. 리키는 순순히 인사하고는 서글픈 듯 터덜터덜 빗자루를 끌며 어딘가로 가버리고 말았다. 평소에는 온순하고 불장난할 틈만 주지 않으면 결코 나쁜 짓은 하지 않는 아이였기 때문에, 리키가 특별히 누군가에게 꾸지람 들을 일은 거의 없었다. 리키가 우리 동네의 일상생활과 연관이 있다고 해봤자 개나 닭과 거의 차이가 없었다. 그래서 그 아이가 보이지 않게 되었을 때에도 나는 별로 신경 쓰지 않았다. 그러고 나서 꽤 세월이 흐른 뒤의 일이었다. 우연한 일로 문득 리키가 생각났다.

"리키는 어떻게 됐을까?"

---

*1 원문 Riki-the-Simple, or Riki-the-Fool,—"Riki-Baka"
*2 서유럽의 속어에서는 마녀 witch가 빗자루를 타고 하늘을 난다고 생각한다. 아마도 한은 바보 리키가 사후에 영혼의 세계를 난나고 보고, 그 하나의 상징을 여기서 찾은 것이다.

나는 이 근방에서 자주 장작을 가지고 오던 땔감장사 할아범에게 물어보았다. 리키가 이 할아범이 장작 나르는 일을 곧잘 도와주었던 것이 떠올랐기 때문이다.

"리키 말씀이십니까? 그놈은 말이죠, 가엾게도 죽어버렸습지요! ……이래저래 벌써 일 년쯤 됐는데, 글쎄 그게 급작스럽게 죽어서 말입지요. 듣자니 의사 선생님 말씀으로는 뇌에 병이 있었다고 합디다만, 실은 그놈에 대한 묘한 이야기가 있습니다요.

마침 리키가 죽었을 때에 있던 일입니다. 그놈 어미가 리키 왼손 손바닥에 '바보 리키'라고 한자 '力'자에 히라가나로 '바보'*3라고 적어줬다대요. 그리고 그 뒤로 어미는 그놈을 위해 여러 가지로 기도를 올렸답디다. 그러니까 리키가 다음에 다시 태어날 때에는 부디 좀더 행복한 신분으로 태어나도록 해달라고 한 게지요.

그런데 말이지요, 석 달쯤 전인가 고지마치〔麴町〕에 있는 아무개 저택에서 도련님이 한 분 태어나셨습니다. 한데 그 도련님 왼쪽 손바닥에 뭔가 글자가 적혀 있지 뭡니까. 글쎄 그게 '바보 리키'라고 읽을 수 있을 정도로 뚜렷했답디다.

그래서 그 저택에서는 분명 이건 어디 사는 누가 기도를 한 게 분명하다, 그래서 이런 애가 태어난 거다 해서는 글쎄, 이걸 밝히려 사방에 사람을 보내고 난리법석이었습니다. 이리저리 하는 사이에 웬 채소 행상인이 그래, 그러고 보니 우시고메〔牛込〕에 '바보 리키'라는 바보가 있었는데 그놈은 작년 가을에 죽었지요 하고 말씀을 올렸으니, 저택에서는 그거다 하고는 하인을 둘 보내서 리키의 어미를 찾았지요.

겨우겨우 그 하인들이 리키 어미가 있는 곳을 알아내서 이런지런 사정을 이야기했더니, 어미가 어찌나 기뻐하던지. 그도 그렇겠지요, 어찌 됐건 아무개 하는 저택은 이름 난 재산가니까……. 그런데 하인들이 말하기를 저택에서는 태어난 아기 손바닥에 '바보'라는 글자가 씌어 있어서 무척 노하고 계시다는 게지요. 그래, 대체 리키의 무덤은 어디에 있는지 묻기에 "리키의 무덤은 젠도지〔善導寺〕라는 절 묘지에 있습니다" 하고 어미가 대답했더니, 그

---

*3 원문 and 'Baka' in Kana.

러면 참으로 말씀드리기 곤란하지만 리키 무덤의 흙을 좀 나눠달라고 했답니다.

어미가 곧장 젠도지에 하인들을 데리고 가서 리키의 무덤을 보여주니, 하인은 무덤 흙을 조금 뜨고는 그걸 보자기에 싸서 애지중지 저택으로 가지고 갔답디다그려……. 듣자니 그때 리키 어미는 돈을 십 엔인가 받았답니다."

"하지만 그런 흙덩이를 대체 어디에 쓰는 건가?"
나는 할아범에게 물어보았다.
"지당한 말씀이십니다." 땔감장사 영감은 대답했다. "어쨌든 아무리 그래도 그런 글자가 손에 적힌 채로 키울 수는 없지요. 예부터 태어난 아이 몸에 적힌 글자를 지우는 데는, 그 아이의 전생이었던 사람의 무덤 흙으로 피부를 문지르는 것 말고는 방법이 없었기 때문입죠……."

로쿠로쿠비

큐슈 기쿠치 집안의 신하 가운데 이소가이 헤이다자에몬 타케쓰라〔磯貝平太左衛門武連〕라는 사무라이가 있었다. 이소가이는 몇 대째 무공으로 이름을 떨친 선조에게서 무술에 뛰어난 소질과 역량을 자연히 물려받아 어린 나이에 이미 검도, 궁도, 창술에서 스승을 능가했고, 장래에는 대담하고 뛰어난 무사가 되리라 여겨졌다. 에이쿄우의 난에서는 여러 차례 무공을 세워 큰 명예를 얻기도 하였다. 그러나 기쿠치 가문이 멸망하자 이소가이는 주군을 잃었다. 물론 다른 다이묘〔大名〕를 모시는 것은 간단했지만, 이소가이는 자신의 명예를 위해 공을 세우려고 한 적이 없는 사무라이로 그 마음을 이미 죽은 주군에게 바친 터였다. 결국 그는 세상을 버리고 출가하기로 결심하고는 머리를 깎고 행각승이 되었다.

그리고 법명을 가이료〔回龍〕라고 했다. 하지만 승려의 옷을 입었어도 그의 몸속에는 늘 사무라이의 혼이 깃들어 있었다. 왕년에 어떠한 위험에도 까딱 없이 빙그레 미소 지었듯이 지금도 여전히 고생을 전혀 겁내지 않았다. 어떤 날씨, 어떤 계절이든 전혀 개의치 않고 거룩한 불법을 설파하며 행각을 계속하여 다른 중들이 가지 않는 곳에까지 설법을 하러 갔다. 당시는 동란의 시대라 폭력과 무질서가 난무하여 길을 혼자 걷는 것은 설령 승려의 몸일지라도 위험하기 짝이 없었다.

처음으로 긴 여행에 나섰을 때 가이료는 가이국〔甲斐國 : 지금의 야마나시현〕을 방문한 일이 있었다. 산속을 걷던 도중, 마을에서 멀리 떨어진 인적 드문 곳에 이르렀을 때 해가 완전히 저물었다. 그는 노숙을 하기로 했다. 길바닥에 마침 알맞게 풀이 자란 곳이 있기에 거기서 누워 잘 작정이었다. 그는 수행 삼아 고생을 즐겨했다. 더 나은 게 없으면 풀 한 포기 없는 바위를 침상으로 썼고, 소나무 뿌리도 적당한 베개가 되었다. 몸이 쇳덩어리로 만들어진 양, 밤이슬이나 비, 서리나 눈도 전혀 개의치 않았다.

가이료가 드러눕자마자 손에 도끼를 들고 장작거리를 떠멘 남자가 지나갔다. 나무꾼은 가이료가 드러누워 있는 것을 보자 걸음을 멈추고는 잠자코 지켜보다가, 자못 놀랍다는 말투로 이렇게 말했다.

"이런 곳에서 홀로 주무시다니 대체 어떤 분이십니까? ……이 주변에는 가지각색의 털짐승들이 수도 없이 출몰합니다. 두렵지도 않으십니까?"

"아니. 아니오."

가이료는 쾌활하게 대답했다.

"나는 온 나라를 떠돌아다니면서 수행하는 몸, 세상 사람들이 말하는 탁발승입니다. 짐승의 먹잇감은 되지 않을 거요. 사람을 호리는 여우나 너구리 같은 종류의 짐승이라면 걱정할 필요 없습니다. 인적 드문 곳은 오히려 내가 즐겨 찾아요. 그런 땅이 명상에는 딱 좋지요. 한데서 자는 것도 익숙하고, 목숨을 아끼지 않는 마음가짐도 되어 있습니다."

"이런 데서 잠을 청하다니 스님은 참으로 대담한 분이십니다. 하지만 이 일대는 뒤숭숭한 소문이 끊이지 않는 곳입니다. '군자는 위험한 곳에 가까이 가지 않는다.' 큰 인물은 불필요하게 몸을 위험에 처하게 하지 않는다는[1] 속담도 있잖습니까. 여기서 주무실지 말지 다시 생각해보시는 게 좋지 않겠습니까? 제 집은 너무나도 누추하고 허름한 곳입니다만, 부디 지금 함께 가주십시오. 변변한 식사도 대접해드리지 못하지만, 적어도 지붕은 있습니다. 거기라면 위험한 일을 당하지 않고 쉬실 수 있을 겁니다."

가이료는 너무나도 친절한 말투가 마음에 들어 이 조심스러운 제안을 감사히 받아들이기로 했다. 나무꾼은 앞장서서 바위에 기어오르고 나무뿌리를 타며 좁고 구불구불한 비탈길을 따라 걸어, 마침내 언덕 위 넓고 트인 곳으로 나왔다. 보름달이 머리 위에서 빛나고 있었다. 작은 초가집이 있고, 안에는 등불이 켜져 있었다. 나무꾼은 그를 오두막 뒤편 헛간으로 안내했다. 가까운 시내에서 물을 끌어댄 홈통이 있었다. 두 사람은 거기서 발을 씻었다. 헛간 건너편은 채소밭이고, 그 앞은 삼나무 숲과 대나무 숲이었다. 숲 너머로 한 줄기 폭포가 빛나는 것이 보였다. 어딘가 높은 데서 떨어지는지, 물줄

*1 원문 Kunshi ayayuki ni chikayorazu.('The superior man does not needlessly expose himself to peril')

기가 달빛 아래서 긴 흰 옷처럼 흔들리고 있었다.

안내해준 나무꾼과 함께 가이료가 오두막에 들어서자 네 사람의 남녀가 보였다. 그들은 방 안에서 화로에 손을 쬐고 있었다. 네 사람은 승려를 향해 낮게 머리를 숙이고 매우 공손히 인사했다. 이런 산속에 있는 가난한 이들이 이렇게 인사를 똑바로 하는 것을 보고 가이료는 내심 이상하게 생각했다.
'참 예의바른 사람들이다. 예의범절을 잘 아는 사람에게 배운 게 분명해.'
그리고 모두가 주인이라고 부르는 나무꾼 쪽을 보고 가이료는 말했다.
"아까의 친절하신 말씀도 그렇고, 댁에 계시는 분들의 정중한 응대도 그렇고, 당신은 원래 나무꾼으로 태어나신 분은 아닐 듯합니다. 옛날에는 신분이 높으셨던 게 아닙니까?"
나무꾼은 미소를 지으며 말했다.
"사실 그러합니다. 지금은 보시다시피 이런 생활을 하고 있지만, 예전에는 무예로 다소나마 이름을 떨치던 몸입니다. 그러나 제 신상 운운해봐야 영락한 자의 이야기일 뿐입니다. 그것도 자업자득으로 망친 거지요. 그 옛날, 어느 다이묘를 모시고 헤아릴 수 없이 많은 중책을 맡아 왔었습니다. 그러나 저는 지나칠 정도로 색을 탐하고 술에 빠져들어, 벌컥 화가 나면 참지 못하고 그만 몇 번이나 무자비한 짓을 저질렀습니다. 이런 제멋대로인 소행 때문에 가문이 끊겼을 뿐만 아니라 많은 사람들을 죽였습니다. 그 대가로 이 나라에서 사람 눈을 피하여 숨어 사는 몸이 되었지요. 지금은 제가 저지른 악행을 속죄하고 가문의 이름을 다시 떨치고 싶은 마음이 간절합니다. 하지만 그럴 방법은 이제 없는 것이 아닌가 생각 됩니다. 그래도 가능한 한 길 잃은 나그네를 돕고, 참회에 참회를 거듭하여 모쪼록 과거에 지은 죄의 인과를 끊고 싶은 마음입니다."
가이료는 이 훌륭한 결심을 듣고 기뻐하며 주인에게 말했다.
"젊었을 때 자칫 어리석은 짓을 저지른 사람이 후일에는 올바른 길을 걷고 싶어 마음을 고쳐먹는 사례를 가끔 들었지요. 악한 자일수록 일단 착한 마음을 먹으면 더 선해질 수 있다고 경문에도 나와 있습니다. 당신의 심성이 착하리란 것은 의심치 않습니다. 지금부터 좋은 운이 열리기를 바랍니다. 오늘 밤은 소승이 당신을 위해 밤새 기도를 하여 효험이 있기를 빌고 싶습니다."
 이렇게 과거에 지은 죄의 인과를 끊어줄 것을 약속하고, 가이료는 주인에게 인사한 뒤 물러나고자 했다. 주인은 승려를 아주 작은 옆 별실로 안내했다. 방에는 이미 이불이 깔려 있었다. 모두 잠자리에 든 시간에도 가이료만은 등불에 의지하여 경을 읽기 시작해 밤늦게까지 계속 염불을 외웠다. 그러던 그는 별실의 창을 열어 자기 전에 한번 바깥의 야경을 보려고 했다. 아름다운 밤이었다. 하늘에는 구름 한 점 없었으며 바람도 없었다. 휘황한 달빛이 지면에 날카롭고 어두운 잎사귀 그늘을 자른 듯이 떨어뜨리고, 이슬은 구슬처럼 반짝반짝 마당 전체에서 빛났다. 귀뚜라미나 방울벌레 우는 소리가 맑고 시원하게 울려 퍼지는 가운데 폭포 소리도 밤이 깊어감에 따라 점점 깊어지는 듯했다. 가이료는 물소리에 귀를 기울이는 사이 목이 말라왔다. 집 뒤쪽에 물이 나오는 홈통이 있었음을 떠올리고 거기까지 가면 잠자는 사람들을 방해하지 않고 물을 마실 수 있을 거라 생각했다. 그는 별실과 옆방 사이의 장지를 조용히 열었다. 그리고 등불에 비춰보니 다섯 사람이 누워 있었다. 그런데 모두 목이 없었다!
 순간 가이료는 섬뜩하여 꼼짝 못 한 채 서 있었다. 살인이 아닌가 하는 생각이 들었기 때문이다. 하지만 다음 순간 피가 흐르지 않는다는 것을 알았다. 게다가 목이 잘린 흔적도 없다는 것을 눈치챘다. 그는 속으로 생각했다.
 '이거 요괴에게 홀렸거나, 그게 아니면 로쿠로쿠비(轆轤首 : 긴 목을 자유롭게 늘였다 줄였다 할 수 있는 괴물)의 집에 유인되었거나 둘 중 하나구나…… 《수신기(搜神記)》*² 라는 책에는 로쿠로쿠비의 몸뚱이를 다른 곳에 옮겨놓으면 머리가 원래의 몸에 두 번 다시 붙지 못한다고 되어 있었지. 또 머리가 돌아왔을 때 몸뚱이가 다른 곳에 옮겨졌다는 것을 알게 되면, 공포에 질린 나머지 머리가 세 번 땅에 떨어지고 세 번 공처럼 튀어오르며 괴로워하다가 결국 죽는다고도 했다. 만일 이게 진짜 로쿠로쿠비라면 어차피 나쁜 상황을 피하고 있음이 틀림없어. 그렇다면 《수신기》의 가르침에 따라도 전혀 개의할 것이 없지.'
 가이료는 주인의 양 다리를 잡고는 창가까지 끌고 가 밖에 내던졌다. 그러고 뒷문으로 가 보았지만 빗장이 걸려 있었다. 목은 열려 있는 천정 창문을

---

*2 원문 the book Soshinki. 《수신기》는 간보(3세기 후반부터 4세기 초에 걸쳐 살았던 문인)가 고른 설화집 20권으로 귀신 이야기이다.

통해 밖으로 나간 게 분명했다. 가이료는 조용히 빗장을 열고 마당으로 나갔다. 그리고 조심스럽게 마당 건너편 숲으로 향했다. 과연 숲 속에서 목소리가 들려왔다. 가이료는 나무 그늘 사이로 옮겨 가며 목소리가 들리는 쪽으로 살며시 다가갔다. 마침 적당한 곳에 몸을 숨기고 나무 뒤에서 엿보니 머리들이 보였다. 확실히 머리 다섯 개가 주위를 뛰어다니면서 서로 이야기를 하고 있었다. 그것들은 땅을 기어다니거나 나무 사이를 날아다니는 벌레를 붙잡아 연신 먹어댔다. 잠시 후에 주인이 먹던 것을 멈추고 말했다.

"오늘 밤의 저 행각승은 온몸에 살이 올랐더군. 그걸 잡아먹으면 분명 배부르겠지……. 그런데 그만 바보 같은 이야기를 하고 말았다. 그 덕분에 중에게 내 후세의 행복을 위해 경을 읽게 하고 말았어. 아무리 그래도 독경중일 때는 다가갈 수가 없다. 기도를 하고 있으면 건드리지도 못하지. 하지만 곧 아침이니까 이제 잠이 들었을 거야……. 누가 집에 가서 그가 뭘 하는지 보고 오너라."

곧장 한 젊은 여인의 머리가 펄쩍 날아올라 박쥐처럼 가뿐하게 집 쪽으로 날아갔다. 2, 3분 뒤에 돌아온 머리는 너무나 놀란듯 쉰 목소리로 외쳤다.

"어찌 된 일인지 행각승은 별실에 없었습니다. 나가버린 것 같습니다. 게다가 난처하게도 주인님의 몸뚱이 또한 없습니다. 어디로 갖고 갔을까요?"

이 말을 전해듣는 주인의 머리는 달빛 아래에서도 확실히 보였는데 오싹한 모습이었다. 두 눈을 무시무시하게 부릅뜨고 머리털은 거꾸로 섰으며 이를 부득부득 갈았다. 이어서 입에서 비통한 통곡 소리가 새어나오더니 머리는 분노의 눈물을 흘리며 부르짖었다.

"몸뚱이가 딴 데로 옮겨진 이상 다시 붙일 수는 없다. 죽을 수밖에 없어. 모두 그 행각승의 짓이야! 죽기 전에 그 중에게 달려들어 갈기갈기 찢어 잡아먹을 테다! 그렇지, 저기에 있군. 저 나무그늘에 숨어 있어. 어디 봐라, 저 살찐 겁쟁이 중놈이!"

그렇게 울부짖자마자 주인의 머리는 다른 넷의 목을 거느리고 느닷없이 가이료를 향해 날아왔다. 그러나 힘이 센 중은 적당한 어린 나무를 뽑아들고 전투 자세를 취하더니 달려드는 목을 차례차례 쳐냈다. 그 기세가 격렬하기란 이루 말할 수 없었다. 네 사람의 목은 결국 달아났지만, 홀로 남은 주인의 목은 쳐내도 쳐내도 집요하게 가이료를 향해 날아왔다. 그러고는 마침내 왼쪽 소매를 물고 늘어졌다. 가이료도 재빨리 그 상투를 붙잡고는 머리를 세게 때렸다. 머리는 그래도 소매를 물고 늘어진 채 놓지 않았으나 이윽고 긴 신음소리를 내고는 잠잠해졌다. 결국 죽은 것이다. 그러나 그 이빨은 소매를 여전히 물고 있었고 가이료의 힘으로도 그 턱을 풀 수가 없었다.

가이료는 머리를 소매에 매단 채 집으로 돌아왔다. 로쿠로쿠비 넷이 안에서 한데 모여 웅크리고 있는 모습이 보였다. 머리에서 피가 흐르고 멍이 보이기도 했지만, 그래도 몸뚱이에 돌아가 있었다. 넷은 뒷문으로 들어오는 가이료를 보자마자, "중이다, 중이다" 하고 외치고는 당황하여 어찌할 바를 모르고 앞문으로 뛰쳐나가 숲 속으로 혼비백산 달아났다.

동쪽 하늘이 밝아오기 시작했다. 슬슬 아침이 오고 있었다. 가이료는 잡귀들이 어두울 때에만 힘을 발휘한다는 사실도 잘 알고 있었다. 소매를 물고 늘어진 머리를 찬찬히 바라보니, 얼굴은 피와 진흙투성이였고 입에는 거품을 물고 있었다. 가이료는 속으로 '대체 무슨 꼴인가, 귀신 모가지가 기념품이니!' 하고 생각하며 소리 높여 웃었다. 그리고 조용히 얼마 안 되는 짐을 꾸려 천천히 산을 내려갔다.

가이료는 이렇게 여행을 계속하여 이윽고 시나노〔信濃〕의 스와〔諏訪〕에 접어들었다. 그는 소매에 머리를 대롱대롱 매단 채 유유히 걸었다. 길을 가던 여자는 정신을 잃었고, 아이들은 외마디 비명을 지르며 달아났다. 구경꾼들이 모여들어 소란스러웠으나 포리(당시에는 경찰을 이렇게 불렀다)가 마침내 나타나 승려를 옥으로 끌고 갔다. 포리들은 처음부터 가이료가 사람을 죽였고, 피해자가 죽기 직전에 범인의 소매를 물고 늘어진 거라 믿었다. 가이료는 어땠는가 하면, 취조를 해도 대답도 않은 채 미소만 짓고 있었다. 그는 옥에서 하룻밤을 밝힌 후 재판을 담당하는 관리 앞으로 끌려갔다. 관리는 행각승쯤 되는 이가 왜 소매에 머리통을 달고 다니는가, 자신의 범행을 부끄러운 줄도 모르고 사람들에게 과시하는 건 어떤 이유에선가 소상하게 밝히라고 명했다.

이 말을 들은 가이료는 껄껄 웃고는 이렇게 대답했다.

"이 머리를 소매에 매단 것은 제가 아닙니다. 제 스스로 물고 늘어진 것이지, 제가 시킨 게 아닙니다. 게다가 애당초 저는 아무도 죽이지 않았습니다. 이것은 인간의 목이 아니라, 귀신의 목입니다. 또 제가 귀신을 때려죽였다고는 해도 그 때문에 피를 보지는 않았습니다. 그저 제 몸의 안전을 위해 마땅히 경계를 했을 따름입니다."

그리고 가이료는 그 모험담을 처음부터 끝까지 이야기하기 시작했는데, 다섯 개의 머리와 만난 대목에 이르러서는 또 떠들썩하게 웃었다.

그러나 재판소의 관리들은 웃지 않았다. 그들은 이 자가 약삭빠르고 교활한 악한으로 그의 말이 관청을 우롱하는 것이라고 판단했다. 그래서 그 이상 추궁하지 않고 그를 이 자리에서 당장 처형하라는 명령을 내리기로 했다. 그런데 단 한 사람, 다른 이들에게 동조하지 않는 나이 든 관리만은 예외였다. 그는 취조가 진행되는 동안 한마디도 않고 일이 어떻게 흘러가는지 지켜보더니, 천천히 일어나서 이렇게 말했다.

"우선 목을 꼼꼼히 조사해보기로 합시다. 아직 저 목이 누구의 것인지 아무도 확인하지 않았소. 만일 이 행각승의 말이 사실이라면 저 목 자체가 그 증거가 될 것이오. ……목을 여기로 가져오시오."

가이료가 승복을 벗었으나 머리는 여전히 소매를 깨문 채 옷자락에 매달려 있었고, 그 모양 그대로 관리들 앞에 놓여졌다. 나이 든 관리는 머리를 몇 번이고 돌려가며 요모조모 살펴보다가 목덜미에 기묘한 붉은 자국이 있는 것을 확인했다. 노인은 다른 관리에게 그것을 가리켜 목이 칼로 잘린 기미가 어디에도 없음을 모두에게 주지시켰다. 과연 목덜미는 잘렸다기보다 낙엽이 줄기에서 떨어진 듯 매끈했다. 나이 든 관리는 천천히 일동에게 말했다.

"행각승의 말은 참으로 명백하네. 이것은 로쿠로쿠비야. 《남방이물지(南方異物志)》에 보면 '로쿠로쿠비는 목덜미에 붉은 자국이 있다'고 나와 있지. 지금 이 목덜미에도 자국이 있네. 붉게 칠한 게 아님은 여러분이 확인한 그대로일세. 이런 요괴들이 옛날부터 가이국 산중에 존재한다는 것은 소문으로는 들은 바 있었지. 그렇다고는 하지만 귀공은" 하고 나이 든 관리는 가이료를 돌아보며 큰 소리로 말했다.

"참으로 세상에서 보기 드물게 겁이 없는 법사로군. 아무래도 보통 행각승이라고는 생각할 수가 없네. 오히려 무사에 적합한 인물로 보이는데, 원래는 사무라이셨는가?"

"짐작하신 대로입니다."

가이료는 대답했다.

"행각승이 되기 전에는 오랫동안 무기를 들었던 몸입니다. 그때에는 사람이건 귀신이건 두렵지 않았습니다. 이소가이 헤이다자에몬 타케쓰라라는 이름으로, 큐슈의 다이묘를 모셨습니다. 들어보신 분도 있으시리라 여깁니다."

그 이름을 듣자 감탄 소리가 관헌에 울려 퍼졌다. 진작부터 이소가이의 이름을 알았던 사람이 그곳에 여럿 있었기 때문이다. 재판장의 사람들은 순식간에 벗이나 되는 듯이 가이료를 둘러쌌다. 관청 사람들도 이제 무사에 대해 칭찬하지 않을 수 없었다. 그들은 예를 다해 가이료를 다이묘의 저택으로 모셨다. 다이묘는 그를 환영해 대접하고 포상까지 하여 떠나게 했다. 그는 이 덧없는 세상에서 승려에게 허락된 온갖 행복을 느낄 수 있었다. 그런데 목은 어찌 되었나 하면, 역시 기념으로 삼고 싶다는 익살을 섞어 가이료가 소매에 매단 채 길을 떠났다.

그러면 마지막으로 이 목이 어떻게 되었는지 덧붙여 말씀드리겠다.

스와를 나서고 하루 이틀이 지난 어느 날, 가이료는 산 속 인적이 드문 곳에서 도적과 맞닥뜨렸다. 도적은 옷을 벗어놓고 가라고 했다. 가이료는 바로 옷을 벗어 도적에게 내밀었다. 도적은 그때서야 비로소 소매에 매달려 있는 것이 무엇인지 깨달았다. 그는 대담무쌍한 위인이긴 했으나 놀라서 법의를 내던지고 뒤쪽으로 펄쩍 뛰어 물러나지 않을 수 없었다. 그는 외쳤다.

"너, 대체 너는 그러고도 중인가? 나보다도 사악하구나. 나도 사람을 몇이나 죽였지만, 목을 소매에 매달고 걸어다닌 적은 없다. ……너는 보아하니 우리의 동료, 그것도 매우 걸출한 동료가 아닌가. 거 참, 놀랍다. 그런데 이 목은 아무래도 겁줄 때 쓰기 딱 좋아 보이는군. 그놈도 넘겨주면 내 옷 말고도 다섯 냥을 주지. 어떠냐?"

가이료는 대답했다.

"그렇게 바란다면 양보하겠지만, 이건 사람의 머리가 아니다. 요괴의 머리야. 이놈을 사서 훗날 번거로운 일이 생겨도 내가 속였다고는 생각하지 말아주게."

"하하, 재미있는 중이군." 도적은 크게 웃었다. "너는 사람을 죽이고도 모자라 농까지 치느냐. ……하지만 내 말은 진담이다. 여기 내 옷과 돈이 있다. 그럼 목은 받아가마. 한데 말이다, 그런 장난을 치는 데 무슨 득이 있지?"

"그러면 가져가거라." 가이료는 대답했다. "나는 농담한 게 아니다. 농담을 하는 것은 네 쪽이지. 너는 돈까지 주고 요괴의 목을 손에 넣으려 하는 게다. 더할 나위 없이 미친 짓 아닌가."

가이료는 큰 소리로 웃고 다시금 여행길을 서둘렀다.

이리하여 도적은 목과 옷을 손에 넣고, 얼마 동안은 길가에서 귀신중으로 분하여 악행을 일삼았다. 그러나 스와 근방에 왔다가 이 목에 얽힌 실화를 듣고선 로쿠로쿠비의 악령이 무슨 일이라도 저지르는 게 아닌가 하여 재앙을 두려워하게 되었다. 도적은 목을 원래 있던 곳에 돌려놓고 몸뚱이와 같이 묻어주자는 기특한 마음이 들어 가이국 산속의 쇠락한 오두막을 찾아갔지만, 거기에는 아무도 없었고 몸뚱이도 보이지 않았다. 그래서 목만 오두막집 뒤편에 묻고 묘석을 세운 뒤 로쿠로쿠비의 혼을 위로하는 제사를 올렸다. 어느 이야기꾼의 말에 따르면, 그 묘석은 '로쿠로쿠비의 무덤'이라 하여 지금도 볼 수 있다고 한다.

책략

저택 정원에서 참수를 거행하라는 명령이 떨어졌다. 죄인이 그곳으로 끌려나왔다. 징검돌이 그 한가운데를 가로지르는 넓은 모래정원에 그의 무릎이 꿇렸다. 이런 정원은 지금도 일본에서 흔히 볼 수 있는 양식이다. 죄인의 두 팔은 등에서 묶여 있었다. 가신들은 물통에 든 물과 자갈이 담긴 가마니를 가져와서, 무릎 꿇은 남자 주위에 빈틈없이 쌓아올렸다. 죄인이 움직이지 못하게 하기 위해서였다. 저택의 주인이 나타나 준비 상태를 확인한다. 준비가 나무랄 데 없음을 알고 그는 아무 말도 하지 않았다.

갑자기 사형을 선고받은 남자가 소리쳤다.

"나으리, 제가 지금 참수를 당하는 건 알고서 저지른 죄 때문이 아닙니다. 이게 다 제가 바보라서 그런 것이지요. 전생의 업 때문에 우둔하게 태어나서 언제나 바보 같은 잘못을 저지를 수밖에 없었던 것이지요. 한데 말입니다, 어리석다는 이유로 사람을 사형시키는 것은 도리가 아니잖습니까. 그런 무작한 짓에는 반드시 응보가 따를 겁니다요. 나으리가 저를 꼭 죽여야겠다면 저도 반드시 되갚아줄 것입니다. 원한을 살만한 짓을 하면 보복을 당하는 겁니다. 악은 악으로 갚은 것입죠."

누구든 깊은 원한을 품은 채 죽으면 그의 망령이 죽인 사람에게 복수할 수 있다. 저택의 주인 역시 이를 알고 있었다. 그래서 주인은 매우 온화하게, 상대를 위로하는 어조로 말했다.

"네가 죽은 뒤에 분이 풀릴 때까지 얼마든지 우리를 위협해라. 허나 네가 진심으로 하는 말이라고는 믿기 어렵구나. 네 원한이 그렇게 크다면 목이 잘린 다음에 그 증거를 보여주지 않겠나?"

"물론 보여드립죠."

죄인은 대답했다.

"좋다."

주인인 사무라이는 서서히 장도를 뽑아들었다.
"지금부터 네 목을 베겠다. 네 눈앞에 징검돌이 하나 있다. 목이 잘린 뒤에 저 돌을 한번 물고 늘어져봐라. 너의 그 분노한 망령의 힘으로 그런 행동을 해 보인다면, 우리 가운데서도 겁먹는 이가 나올 수 있겠지……. 어떠냐, 저 돌을 물고 늘어질 수 있겠느냐?"
"물어주고말고!"
죄인은 분에 못 이겨 소리쳤다.
"물어주고말고! 물어……."
순간 획 하고 칼날이 번뜩이며 허공을 갈랐다. 남자의 목이 툭 하고 떨어지는 소리가 들렸다. 결박된 몸이 가마 위로 털썩 쓰러졌다. 잘린 목에서 두 줄기 선혈이 길게 뿜어져 나왔다. 모래 위로 굴러 떨어진 머리가 징검돌 쪽을 향해 묵직하게 굴러가는가 했더니, 갑자기 튀어올라 돌 윗부분을 한순간 필사적으로 꽉 깨문 뒤 기력이 다한 듯 땅에 떨어졌다.

그 자리에 있던 사람들은 한마디도 못하고 공포에 질려 주인의 얼굴을 올려다보았다. 하지만 주인은 조금도 개의치 않았다. 그는 가장 가까이 있는 종자에게 칼을 내밀었다. 종자는 나무국자로 물을 떠 날밑 아래부터 칼끝까지 붓고는, 부드러운 종이로 몇 번씩 정성스럽게 칼을 닦았다……. 이리하여 참수 의식은 끝났다.

그 뒤로 몇 개월간 가신들과 하인, 하녀들은 언제나 망령이 나타나리라는 공포에 질려 살았다. 죄인이 약속했던 보복이 시작되리라고 모두 믿어 의심치 않았던 것이다. 끊이지 않는 두려움으로 인해 사람들은 있지도 않은 온갖 것을 보거나 들었다. 대나무 숲을 가르는 바람 소리에까지 겁을 먹었다. 정원에서 그림자만 움직여도 와들와들 떨었다. 마침내 일동은 주인에게 망집을 품은 망령의 원한을 달래는 법회를 열어 달라고 간청하기로 협의했다.
첫째 가신이 일동을 대신하여 간청하자 주인은 "전혀 필요 없는 일이다" 하고 딱 잘라 대답했다.
"죽음을 앞둔 자가 품은 복수의 원한이 공포의 씨앗이 된다는 사실은 나도 잘 알고 있다. 그러나 이번 일에 관해서는 그 무엇도 두려워할 것이 없다."

가신은 애원하는 눈빛으로 주인을 보았다. 그러나 주인의 너무나도 자신만만한 말투에 까닭을 묻기가 꺼려졌다. 그러자 가신의 심중을 눈치챈 주인이 "아니, 그 이유는 극히 간단하다" 하고 먼저 말을 꺼냈다.
"그놈이 최후에 보여준 원한은 과연 무시무시했다. 그러나 내가 그놈에게 원한의 증거를 보이라고 하자 놈은 내 도발에 넘어왔다. 실은 그때 그놈의 주의를 복수에서 다른 곳으로 돌려버린 게야. 놈은 무슨 일이 있어도 징검돌을 물어뜯고야 말겠다고 굳게 결심한 채 죽었다. 그리고 그 최후의 바람을 훌륭하게 달성했지. 그러나 그걸로 끝이다. 그 밖의 일은 완전히 기억에서 사라져버렸으니……. 그러니 이 일에 대해 너희도 더는 끙끙 앓을 필요가 없다."
정말로 죽은 남자는 그 이후로 아무런 재앙도 소동도 일으키지 않았다. 정말이지 아무 일도 일어나지 않은 것이다.

유키온나

무사시국〔武藏の國〕의 한 마을에 모사쿠〔茂作〕와 미노키치〔巳之吉〕라는 나무꾼이 살았다. 이 이야기가 일어난 무렵 모사쿠는 벌써 노인이었고, 고용살이를 하는 미노키치는 열여덟의 젊은이였다. 두 사람은 매일 함께 마을에서 20리쯤 떨어진 숲으로 갔다. 도중에는 넓은 강이 있어 배로 건너야만 했다. 나루터에 몇 번이나 다리를 세웠었지만 그때마다 그것은 큰 물에 떠내려가고 말았다. 물이 불어나면 보통 다리로는 도저히 격류를 버텨내지 못하는 것이었다.

모사쿠와 미노키치는 몹시 추운 어느 날 저녁, 집에 돌아가는 길에 갑자기 심한 눈보라를 만났다. 두 사람은 나루터에 도착했지만, 사공은 배를 건너편 기슭에 대놓고 집으로 돌아간 뒤였다. 도저히 강을 헤엄쳐서 건널 수 있는 날이 아니었다. 그래서 두 사람은 사공의 오두막을 빌려 추위를 견디기로 했다. 아무튼 눈보라를 막을 수 있는 것만으로도 감지덕지했다. 하지만 오두막에는 화로는 물론이고 불을 지필만한 자리도 없었다. 고작 다다미 두 장 넓이의 방으로, 문이 하나 있을 뿐 창문도 없었다. 모사쿠와 미노키치는 문을 꼭 닫고 도롱이를 뒤집어쓴 채 벌렁 드러누웠다. 처음에는 그렇게 춥지 않았다. 눈보라도 곧 그치리라 생각했다.

늙은 모사쿠는 곧 잠들었다. 하지만 젊은 미노키치는 무시무시한 바람 소리와 끊임없이 문에 불어닥치는 눈보라 소리를 들으면서 늦도록 잠을 이루지 못하고 있었다. 강은 요란한 소리를 내며 사납게 날뛰었고, 오두막은 마치 대해에 떠 있는 작은 배처럼 삐걱거리며 흔들렸다. 그리고 밤공기는 시시각각 얼어붙었다. 도롱이 속에서 사시나무 떨듯 떨던 미노키치는, 그토록 심한 추위에도 불구하고 마침내 잠들었다.

얼굴에 세차게 불어닥치는 눈 때문에 미노키치는 눈을 떴다. 어느새 오두막 문이 열어젖혀 있었다. 그리고 쌓인 눈에 반사된 빛 사이로 오두막 안에 한 여자가 서 있는 것을 보았다. 온몸을 흰 옷으로 감싼 여자였다. 여자는 모사쿠 위로 몸을 굽히고 입김을 내뿜고 있었다. 그것은 하얗게 빛나는 연기 같았다. 그리고 곧이어 미노키치 쪽으로 몸을 돌린 여자는, 그 위로 몸을 굽혔다. 미노키치는 큰 소리로 비명을 지르려 했지만 어찌 된 일인지 소리가 나오지 않았다. 점점 낮게 몸을 숙여오는 여자의 흰 얼굴이 당장이라도 미노키치의 얼굴에 닿을 것 같았다. 여자는 무척 아름다웠다. 눈은 비록 소름 끼칠 정도로 무시무시했지만. 여자는 잠시 미노키치를 가만히 바라보다가, 미소를 짓고는 속삭였다.

"너도 저 사람과 똑같은 꼴로 만들어주려 했는데 왠지 측은해 보이는구나. 너는 너무나도 젊고 귀여우니 이번만은 살려주마, 미노키치. 하지만 오늘 밤 있었던 일은 아무에게도 말해서는 안 된다. 설사 네 어머니에게라도 말하는 날이면 살려두지 않을 것이다. 날 속일 수는 없다. 알겠느냐? 내가 일러준 말을 잊지 마라."

여자는 이 말을 남기고 빙글 돌아 문밖으로 나갔다. 미노키치는 그제야 겨우 자유롭게 몸을 움직일 수 있었다. 벌떡 일어나서 밖을 내다보았지만, 여자는 어디에도 보이지 않았다. 눈이 세차게 날뛰며 오두막 안까지 불어닥칠 뿐이었다. 그는 문을 닫고 나무토막 몇 개를 박아 문이 열리지 않도록 단단히 괴었다. 어쩌면 바람 때문에 문이 열린 게 아닐까. 그저 꿈을 꾸었을 뿐이고 눈에 반사된 빛을 희디흰 여자로 잘못 본 것이 아닐까. 미노키치는 이렇게 생각해 보았지만 도저히 마음이 진정되지 않았다. 그는 모사쿠에게 말을 걸었지만 대답이 없었다. 섬뜩해진 미노키치는 어둠 속을 더듬어 모사쿠의 얼굴을 만져보았다. 얼음처럼 차가웠다. 모사쿠는 죽어 딱딱하게 굳어 있었다.

동틀 녘에는 눈보라도 그쳤다. 해가 뜨고 시간이 조금 더 흘러 사공이 오두막에 돌아왔을 때, 미노키치는 얼어죽은 모사쿠 곁에 의식을 잃고 쓰러져 있었다. 서둘러 간호하자 젊은이는 곧 정신을 차렸다. 그러나 그날 밤의 무시무시한 추위 때문에 그는 그 뒤로도 오랫동안 병상에 누워 있었다. 노인의 죽음으로 완전히 겁에 질린 탓도 있었다. 그래도 그는 하얀 옷을 입은 여자의 환상을 보았다고는 한마디도 하지 않았다. 이윽고 그는 건강을 되찾자 다시 일터로 돌아갔다. 매일 아침 혼자 숲으로 가서, 저녁 무렵에는 나뭇짐을 메고 돌아왔다. 그의 어머니가 장작 패는 일을 도왔다.

이듬해 겨울 어느 저녁, 미노키치는 집으로 돌아가는 길에 우연히 같은 길을 가는 처녀를 만나 동행하게 되었다. 여자는 날씬하고 키가 컸으며 매우 아름다웠다. 미노키치가 인사하자 마치 작은 새가 노래하듯 기분 좋게 울리는 목소리로 대답했다. 미노키치는 여자와 나란히 걸었다. 그리고 두 사람은 이야기를 나누기 시작했다. 여자의 이름은 유키(雪)라고 했다. 얼마 전에 부모를 여의고 가난한 먼 친척이 사는 에도로 가는 길이라고 했다. 하녀 일자리라도 찾아달라고 할 생각이라 했다. 미노키치는 곧 이 낯선 처녀의 매력에 끌렸다. 보면 볼수록 더욱 아름다워 보였다. 앞날을 약속한 짝이 있는지 묻자, 여자는 웃으며 그런 분은 없다고 대답했다. 그리고 이번에는 여자가 미노키치에게 아내가 있는지, 약속한 사람은 있는지 물었다. 미노키치는 어머니와 둘이 살고 있고, 아직 젊으니 신붓감에 대해서는 생각한 적이 없다고 대답했다. 이렇게 서로 처지를 털어놓고 나서 둘은 묵묵히 오랜 시간을 걸었다. 하지만 옛말에도 있듯이 "마음이 있으면 눈도 입만큼 말하는 법이다". 마을에 닿을 즈음에는 두 사람 다 서로에게 무척 마음이 있었다. 미노키치는 유키에게 자기 집에서 좀 쉬어가지 않겠냐고 권했다. 조금 부끄럽다는 듯이 주저하다가 유키는 미노키치를 따라갔다. 어머니도 싱글벙글 웃으며 맞이하고는 유키에게 따뜻한 밥을 차려주었다. 유키의 행동거지가 매우 훌륭했기 때문에, 그녀가 무척 마음에 든 어머니는 에도에 가는 것을 조금 미루면 어떻겠냐고 설득했다. 그리고 자연스럽게 유키는 끝내 에도에 가지 않게 되었다. 그 집 며느리가 된 것이다.

유키는 더할 나위 없이 훌륭한 신붓감이었다. 5년쯤 지나 미노키치의 어머니가 세상을 떠날 때, 숨을 거두면서도 유키를 인자하게 다독이며 고맙다는 말을 남길 정도였다. 부부 사이에서는 10명의 아이가 태어났다. 남자아이건 여자아이건 하나같이 아름답고, 피부가 매우 하얬다. 그래서 마을 사람들은 유키가 날 때부터 자신들과는 다른 신비로운 사람이라고 생각했다. 시골 아낙들은 대개 빨리 늙는다. 그러나 유키는 열 아이의 어머니가 된 뒤에도 처음 마을에 온 날처럼 젊고 아름다웠다.

어느 날 밤, 아이들이 잠든 뒤에 유키는 등불 아래에서 바느질을 하고 있었다. 미노키치는 그 모습을 유심히 바라보면서 이렇게 말했다.
"당신이 그렇게 빛을 받으며 바느질하는 모습을 보니, 열여덟 살 때 겪은 기이한 일이 생각나서 어쩔 수가 없군. 그때 꼭 지금의 당신처럼 하얗고 아름다운 사람을 보았단 말이야. 아니, 실제로 그 여자는 당신과 똑같이 생겼었어……."
유키는 바느질감에서 눈을 떼지 않고 대답했다.
"어떤 사람이었나요? 어디서 만나셨어요?"
미노키치는 사공의 오두막에서 지샌 무시무시한 하룻밤과 자기에게 몸을 굽혀 미소 지으며 속삭이던 하얀 여자, 그리고 모사쿠 노인이 아무 말도 못하고 죽어버린 일 등을 이야기했다. 그리고 이렇게 말했다.
"꿈에서도 생시에서도 당신만큼 아름다운 사람을 본 것은 그때뿐이야. 물론 그 여자는 인간이 아니었어. 무서웠지. 정말로 오싹할 정도로 무서웠어. 하지만 정말로 피부가 새하얀 여자였어……. 사실 그때 꿈을 꾼 건지, 아니면 유키온나(雪女)를 만난 건지 아직도 잘 모르겠어."
유키는 갑자기 바느질감을 내던지고는 벌떡 일어나 앉아 있는 미노키치에게 몸을 굽히더니, 얼굴을 바짝 들이대고 날카로운 목소리로 외쳤다.
"그게 바로 나, 나, 이 유키였느니라! 그날 밤 일을 한마디라도 하면 목숨은 없다고 말하지 않았더냐! 저기서 자고 있는 아이들만 아니면 지금 당장이라도 네 목숨을 거두었을 것이다. 그러나 어차피 이렇게 된 일, 이제 아이들이나 잘 보살펴주거라. 만약 아이들을 괴롭히기라도 하면 그에 합당한 대가를 받을 것이다!"
그렇게 외치는 동안 유키의 목소리는 날카로운 바람 소리처럼 약해져갔다. 그녀의 모습은 반짝이는 하얀 안개가 되어 천장으로 날아오르더니 떨면서 굴뚝 밖으로 사라졌다. 그 뒤로 다시는 그녀를 볼 수 없었다.

아키노스케의 꿈

야마토국(大和國 : 지금의 나라현) 도오치(十市)라는 지방에 미야다 아키노스케(宮田 安藝之介)라는 향사가 있었다.

아키노스케의 집 마당에는 커다란 늙은 삼나무가 있어서, 무더운 날이면 곧잘 이 나무그늘에서 휴식을 취했다. 어느 더운 날 정오가 좀 지났을 무렵, 아키노스케는 그와 마찬가지로 향사인 친구 두 사람과 나무그늘에 앉아 한담을 나누며 술을 마시고 있었다. 그러던 중에 갑자기 잠이 쏟아지기 시작했다. 너무나도 졸려서 아키노스케는 양해를 구하고 두 사람 곁에서 한숨 자기로 했다. 그리고 삼나무 밑동에 드러누워 이런 꿈을 꾸었다.

저택 마당에 누워 있자니 다이묘 행렬과 비슷한 어느 행렬이 가까운 언덕길을 내려와 지나가고 있었다. 아키노스케는 일어나 그 광경을 바라보았다. 한데 지금까지 본 적이 없을 정도로 위풍당당한 그 행렬이 그의 집을 향해 오는 것이 아닌가. 선두에는 호화로운 옷을 차려입은 많은 젊은이들이 '어소차(御所車)'를 끌고 있었다. 그것은 커다란 가마 모양의 옻칠한 수레로 햇빛에 반짝이는 푸른 비단을 늘어뜨리고 있었다. 행렬은 저택에서 얼마 떨어지지 않은 곳에서 멈췄다. 그리고 위엄 있게 차려입은, 척 보기에도 지위가 높아 보이는 사람이 행렬 속에서 나와 아키노스케 쪽으로 다가오더니 깊이 고개 숙여 절을 올리고는 말했다.

"나리께 감히 말씀 올립니다. 저는 도코요국(常世國 : 상상 속의 나라) 국왕의 가신이옵니다. 저희 주군이신 폐하께서 나리께 인사를 올리고 나리의 지시에 따르라는 어명을 내리셨습니다. 왕께서는 또한 나리가 궁에 왕림하시기를 바라시오며, 그 뜻을 나리께 전하라고 하셨습니다. 그러니 아무쪼록 나리를 모시기 위해 보내신 이 가마에 지금 바로 타 주시기 바라옵니다."

이 말을 들은 아키노스케는 그에 어울리는 인사말을 하려고 하였지만, 너무 놀라서 갈피를 못 잡고 있었기에 말이 제대로 나오지 않았다. 동시에 이는 자기 마음대로 할 수 없는 일이라는 생각이 들었으므로 그저 가신의 말을 따를 수밖에 없었다. 아키노스케가 가마에 오르자 가신도 그의 옆에 자리를 잡고 출발신호를 내렸다. 비단끈이 팽팽하게 당겨지면서 커다란 수레는 남쪽을 향했다. 그리고 여행이 시작되었다.

놀랍게도 수레는 순식간에 커다란 문 앞에 도착했다. 지금까지 본 적도 없는 중국풍의 2층 문이었다. 가신은 수레에서 내리더니 그에게 말했다.

"나리의 도착을 알리고 오겠습니다" 그러고는 모습을 감추어 버렸다.

잠시 후, 지위가 높아 보이는 두 사람이 자색 비단옷을 두르고 고귀한 신분을 드러내는 높은 관을 쓰고 문 안쪽에서 나오는 것이 보였다. 그들은 아키노스케에게 공손히 절하고는 수레에서 내리도록 손을 잡아주었다. 그리고 눈앞의 커다란 2층 문을 지나 넓은 정원을 가로질러 그를 어전 입구로 안내했다. 정면의 가로 길이가 몇십 리나 될 정도로 커다란 궁전이었다. 이어서 아키노스케는 눈이 휘둥그레질 정도로 넓고 화려한 응접실로 안내되었다. 안내자는 아키노스케를 상석으로 이끌더니 자기들은 정중히 물러가 아래쪽에서 앉았다. 그러자 예복을 입은 시녀들이 다과를 내왔다. 아키노스케가 다과를 다 먹고 나자, 자색 옷을 입은 두 시자(侍者)가 그에게 깊숙이 고개를 숙이고는 다음과 같이 설명했다. 두 사람은 궁정의 예법대로 번갈아 이야기했다.

'아뢰옵기 황송하오나, 나리를 이곳으로 모신 이유는…….'

"저희 주군이신 국왕 폐하께서 나리를 부마로 맞고 싶다 하셨기 때문입니다."

"오늘이라도 따님이신 공주님과 나리가 화촉을 밝히라는 어명이십니다."

"지금 바로 나리를 알현실로 안내하겠습니다……."

"폐하께서는 지금 그곳에서 이제나 저제나 하고 나리를 기다리고 계십니다."

"하지만 우선은……."

"이 예식에 걸맞은 옷으로 갈아입으셔야 합니다."

이렇게 말하고 시자들은 동시에 일어나 도코노마* 앞으로 갔다. 거기엔

---

* 일본 저택에서, 객실 바닥을 한 단 높게 하여 정면 벽에 족자를 걸고 바닥에 화병이나 도자기를 놓아 장식하는 곳.

칠기 표면에 금가루로 무늬를 넣은 커다란 궤가 있었다. 두 사람은 궤를 열고 안에서 갖가지 옷과 훌륭하게 장식한 사모관대를 꺼냈다. 그리고 그것으로 아키노스케를 왕의 사윗감에 걸맞게 차려입혔다. 그는 알현실에 안내되어, 왕좌에 위엄차게 앉아 있는 도코요국 국왕 폐하를 만나뵈었다. 국왕은 노란 비단옷을 입고 검고 높다란 관을 쓰고 있었다. 왕좌 앞 좌우로 기라성 같은 고관들이 마치 사원 불상이 열지어 있는 듯 꼼짝도 않고 앉아 있었다. 아키노스케는 그 가운데를 지나 앞으로 나아가, 국왕에게 관습에 따라 세 번 절했다. 국왕은 정중하게 말했다.

"그대를 왜 여기에 불렀는지는 이미 들었을 것이네. 짐은 그대를 내 외동딸의 신랑으로 삼기로 했네. 지금부터 혼례를 치를 걸세."

국왕이 말을 끝내자 기쁨에 겨운 풍악이 울렸다. 아름다운 궁녀들이 장막 뒤에서 열지어 나와, 아키노스케를 새신부가 기다리는 방으로 이끌었다.

방은 매우 넓었지만, 그래도 다 들어가지 못할 정도로 많은 하객들이 혼례에 참석하기 위해 모여 있었다. 아키노스케가 국왕의 딸과 마주 보고 미리 마련해놓은 자리에 앉자, 일동은 그를 향해 깊숙이 고개 숙여 절을 올렸다. 신부는 선녀 같았고, 옷은 여름 하늘처럼 아름다웠다. 혼례는 대단한 축하 속에 무사히 치러졌다.

식이 끝나자 두 사람은 그들을 위해 궁전의 다른 장소에 마련된 방으로 안내되었다. 그리고 거기에서 지체 높은 사람들의 축하인사와 셀 수 없을 정도로 많은 선물을 받았다.

며칠 뒤 아키노스케는 다시 왕 앞으로 불려갔다. 지난번보다 더욱 정중한 대접이 이어지는 가운데, 국왕은 말했다.

"우리 영토 서남쪽에 라이슈〔萊州〕라는 섬이 있네. 자네를 그 섬 지방관으로 임명하네. 그곳 사람들은 고분고분하고 충성스럽지만, 그들의 습관이나 법도는 여전히 도코요국의 법률과 잘 맞지 않는 면이 있지. 습속도 아직 제대로 잡히지 않았고. 그러니 그대는 책임지고 그들의 생활을 되도록 개선하도록 힘써주게. 부디 덕과 지혜로 섬을 통치하게. 귀군이 라이슈로 떠나는 데 필요한 준비는 전부 되어 있네."

이런 사정으로 아키노스케와 그의 아내는 도코요의 궁전을 떠나 라이슈로 향했다. 해안까지는 수많은 귀족과 관리들이 호위하였다. 아키노스케 일행은 국왕이 하사하신 호화로운 배에 올라타고 순풍을 맞으며 무사히 라이슈에 닿았다. 선량한 섬사람들이 그들을 맞이하러 해변에 구름같이 모여들어 있었다.

아키노스케는 즉시 새로운 직무를 시작했다. 그다지 어려운 일은 아니었다. 처음 3년은 주로 법률의 제정과 시행에 힘썼다. 보좌해주는 현명한 고문 덕에 이 일을 불쾌하게 느낀 적은 한 번도 없었다. 그 일이 다 마무리되자 옛 관습에 따라 정해진 의례에 임석하는 것 말고는 나서서 해야 할 책무가 하나도 없었다. 이곳은 비옥하고 건강한 고장이었기 때문에 질병도 없었고 궁핍하지도 않았다. 또한 주민들은 매우 선량하여 법도나 규칙을 어기는 일도 없었다. 이럭저럭 아키노스케가 라이슈에 머물며 섬을 다스린 지도 23년이나 되었다. 그 사이에 아키노스케의 생활에 슬픈 그림자가 드리운 적은 단 한번도 없었다.

그런데 지방관 재임 24년째가 되는 해에 커다란 불행이 닥쳤다. 아키노스케의 일곱 아이—다섯은 아들이고 둘은 딸이다—를 낳은 아내가 병에 걸려 죽은 것이다. 아내의 시신은 장엄한 의식을 올려 한료코〔鄱菱江〕라는 아름다운 언덕 꼭대기에 매장하고, 무덤 위에는 유달리 훌륭한 비석을 세웠다. 그러나 아키노스케는 아내의 죽음을 슬퍼한 나머지 더 이상 살고 싶지 않았다.

정해진 상복 기간이 끝나자 도코요의 궁에서 사자가 왔다. 사자는 아키노스케에게 조의를 표한 뒤 말했다.

"도코요의 국왕 폐하께서 전하라고 하신 말씀을 올립니다. '나는 귀군을 이제 그대의 본국으로 돌려보내고자 한다. 일곱 아이들은 국손이니 적절히 조처할 생각이다. 그러니 아이들 장래에 관해서는 심려치 않도록 하라.'"

이 칙명을 받고 아키노스케는 순순히 출발할 준비를 하였다. 모든 일을 정리하고 고문과 심복들에게 이별을 고하는 식도 끝나자, 아키노스케는 매우 영예롭게 항구까지 전송받았다. 그는 항구에서 마중 나온 배에 탔다. 배는 푸른 하늘 아래, 드넓은 바다로 나아가기 시작했다. 라이슈의 섬 그늘이 점차 멀어지며 푸르러지나 했더니 이윽고 회색으로 바뀌고, 끝내 영원히 사라져버렸다. ……그리고 아키노스케는 자기 집 삼나무 아래에서 퍼뜩 눈을 떴다!

 잠시 정신이 아득해지면서 눈앞이 캄캄해졌다. 그러나 정신을 차려보니 그의 곁에는 여전히 두 친구가 앉아 즐거운 듯 술을 마시며 담소하고 있었다. 아키노스케는 어안이 벙벙하여 두 사람을 빤히 바라보고 있었다. 그리고 큰 소리로 외쳤다.

 "참으로 이상한 일이구나."
 "필시 꿈이라도 꾼 게로군."
 한 사람이 웃으며 말했다.
 "이상한 일이라니 대체 무슨 꿈을 꾸었는가?"
 아키노스케는 꿈 이야기를 하였다. 도코요국 라이슈 섬에서 보낸 23년간의 이야기이다. 두 사람은 크게 놀랐다. 아키노스케가 실제로 선잠을 잔 것은 겨우 몇 분도 안 되었기 때문이다. 향사 한 사람이 말했다.
 "진정 자네는 이상한 꿈을 꾸었군. 그런데 우리도 자네가 선잠을 자는 사이 이상한 것을 보았네. 작고 노란 나비 한 마리가 자네 얼굴 위를 아주 잠시 동안이기는 하나 이리저리 날아다녔어. 우린 가만히 보고 있었지. 머지않아 나비는 자네 바로 옆 땅에 내려앉더군. 그러자 그 순간 아주 큰 개미 한 마리가 구멍에서 나와서는, 나비를 붙잡고 구멍 속으로 끌고 들어가지 않겠나. 또 자네가 눈을 뜨기 직전에도 똑같은 나비가 구멍에서 나와서 또 자네 얼굴 위를 날아다녔다네. 그러고는 갑자기 모습을 감추어 버렸어. 어디로 갔는지는 알 수 없네."
 "아마 그 나비는 아키노스케의 혼이었던 게 분명해."
 또 다른 향사가 말했다.
 "그 나비가 아키노스케의 입 속으로 날아드는 것을 확실히 본 듯한 기분이 들어. 그러나 설령 그 나비가 아키노스케의 혼이었다 해도, 그것만으로는 꿈에 대한 설명이 되진 않네."
 "개미를 조사해보면 알 수 있을지도 몰라."
 처음에 나섰던 향사가 말했다.
 "개미는 희한한 생물이야. 어쩌면 작은 마물일지도 모르지. 어쨌건 저 삼나무 밑에는 커다란 개미집이 있어."
 "조사해보세."

친구들의 이야기에 크게 마음이 움직인 아키노스케는 그렇게 외치고, 괭이를 가지러 갔다.

삼나무 주위와 나무 밑 땅속에서는 상상을 초월할 정도로 어마어마한 개미 떼가 실로 놀랄 만한 방식으로 땅을 파내려가고 있었다. 뿐만 아니라 개미는 파낸 굴 속에 집을 짓고 있었다. 지푸라기와 점토, 나무줄기로 만들어진 그 조그만 건축물은 작은 모형 시가지와 매우 닮아 있었다. 그중에 다른 건물보다 훨씬 큰 건물이 하나 보였다. 그 중앙부에는 노란색을 띤 날개와 길고 검은 머리의 아주 커다란 개미 한 마리가 있었는데, 그 주위로 작은 개미들이 놀랄 만큼 큰 무리를 이루었다.

"어라, 저쪽에 있는 건 꿈에서 본 국왕님 아닌가!"

아키노스케가 외쳤다.

"그리고 도코요국의 궁전도 보인다. 이렇게 희한한 일이. 라이슈는 그 남서쪽에 있을 게 분명해. 저 커다란 뿌리 왼쪽 아래일까. 옳지, 여기 있다! 참으로 기묘하구나. 그렇다면 한료코가 어디에 있는지도 알 수 있을 테지. 아내의 묘도……."

부서진 개미집 안을 아키노스케는 찾고 또 찾았다. 그리고 마침내 작은 무덤을 발견했다. 그 무덤 위에는 물에 닳은 자그마한 돌이 놓여 있었다. 꿈속의 불교석탑과 꼭 닮은 것이었다. 그 돌 아래에서 아키노스케는 점토 속에 깊게 묻힌 한 마리 죽은 암캐미를 찾아냈다.

호라이

　푸르디푸른 환영이 저 높은 곳에서 사라진다―물과 하늘이 반짝이는 안개 속에 서로 뒤섞여 있다. 때는 봄이요, 날은 아침.

　어쩌면 그저 망망한 바다와 하늘뿐이다. 오로지 감청색만이 터무니없이 펼쳐져 있다. 그 앞으로 잔잔한 파도가 수많은 은빛 포말을 일으킨다. 물거품처럼 실처럼 끝없이 이어진 선을 그리며 당장이라도 소용돌이를 일으킬 것 같다. 그러나 그 뒤로는 무엇 하나 움직이는 것이 없고, 그저 쪽빛만 있을 뿐이다. 그 아련하고 따뜻한 푸른 물이 끝없이 이어져 창망한 푸른 하늘과 하나가 되었다. 광활한 거리가 높이 날아올라 우주까지 뻗어 있다. 끝을 알 수 없는 궁륭의 귀허(歸墟) 계곡을 닮은 것일까. 높이 이를수록 그 색깔은 한층 깊어진다. 그러나 중천에는 흰 지붕, 초승달을 빼닮은 높은 전각이 아련히 멀리에 걸리니, 알 수 없는 추억같이 부드러운 아침 해에 비친 옛 영화의 그림자라.

　위에 시험 삼아 옮겨 적은 것은 한 폭의 족자를 묘사한 것이다. 생명주(生明紬)에 그린 일본 그림으로 우리 집 도코노마에 걸려 있는 것이다. 제목은 '신기루'라고 한다. '신기루'는 '환상'이라는 뜻이다. 그러나 이 신기루는 형태가 확실하다. 여기 보이는 것은 호라이(蓬萊)*라는 신경에서 이슴프레하게 빛나는 정문이다. 저기 보이는 것은 달빛을 받은 용궁의 지붕이다. 이 건축양식은 (현대 일본 화가가 그린 것이지만) 2000년 전의 중국 양식이다.

　2000년 전의 중국 책에는 호라이에 관해 다음과 같은 이야기가 씌어 있다.
　호라이국에는 죽음도 고통도 없다. 또 겨울도 없다. 이 나라에 피는 꽃은

---

* 중국의 신선사상에 등장하는 상상 속의 선경. 동방의 해상에 있는데, 신선이 사는 불로불사의 땅이라 일컬어짐.

결코 시들지 않고, 결실을 맺은 열매도 절대 떨어지지 않는다. 사람이 만일 그 열매를 한번이라도 먹는다면 평생 다시는 목마르지도 배고프지도 않을 것이다. 또 호라이에는 '상린자', '육합규', '만근탕' 등 만병을 고치는 신령한 풀이 자란다. 뿐만 아니라, 죽은 이를 되살리는 '양신자'라는 마법의 풀도 자라고 있다. 이 풀은 한 방울이라도 마시면 평생 늙지 않는다는 영수(靈水)로 수경재배한다. 호라이에 사는 사람은 매우 작은 밥그릇으로 쌀밥을 먹는다. 그러나 그 작은 그릇에 든 밥은 아무리 먹어도 먹는 사람이 배부를 때까지는 결코 줄어들지 않는다. 또 호라이에 사는 사람은 매우 작은 잔으로 술을 마신다. 그 잔은 아무리 마셔도, 마시는 사람이 거나하게 취할 때까지는 결코 바닥나지 않는다.

  진나라 전설에는 이외에도 여러 가지 이야기가 있다. 하지만 그런 전설을 기록한 이가 정말로 호라이를 보았다고는, 아니 환상으로라도 보았다고는 도저히 믿을 수 없다. 왜냐하면 한번 먹으면 영원히 배가 부른 선과니, 죽은 이를 소생시키는 신령한 풀이니, 신령한 불로의 샘이니, 밥이 없어지지 않는 그릇이니, 술이 마르지 않는 잔 등, 이런 것들이 있을 리 없기 때문이다. 슬픔이나 죽음이 호라이국에 존재하지 않는다는 것도 진실이 아니다. 겨울이 없다는 것도 거짓말이다. 호라이의 겨울은 춥다. 찬바람은 뼈를 엘 정도이다. 용궁의 지붕에는 보기 좋게 눈이 내려 쌓인다.
  그렇다고는 해도 호라이에는 이상한 일들도 수없이 존재한다. 그 가운데 가장 이상한 일에 관해서는 중국의 작자는 한 행도 기록하지 않았다. 호라이국의 불가사의 중 제일가는 것은 바로 대기이다. 호라이국 특유의 대기 덕분에 그곳의 햇빛은 다른 어느 나라의 햇빛보다 희다. 결코 눈이 부시지 않는 유액 같은 빛이지만 놀랄 정도로 선명한 동시에 매우 부드럽다. 이 대기는 우리 인류의 세기에 속한 것이 아니라 멀고 먼 옛날의 것이다. 얼마나 오랜 옛날인가를 생각해보려 하면 두려워질 정도로 먼 태곳적 것으로, 오늘날 같은 질소와 산소의 혼합물 따위가 아니다. 그것은 결코 공기가 아니라 일종의 정기로 이루어져 있는 것이다. 몇 천억의 몇 천억 배라는 무한에 가까운 세대를 살아온 영혼의 정기가 섞여 하나의 거대한 투명체가 된 것이다. 그 무한에 가까운 세대를 살아온 심령은 오늘날 우리의 사고방식과는 도무지 닮은 데가 없는 방식으로 생각하던 옛사람들의 심령이다. 이 대기를 마시는 모든 인간은 자기의 혈액 속에 그 영혼들의 영기를 흡수할 수가 있다. 그리고 그 영혼은 인간의 체내 감각에 변화를 가져와 시공의 관념을 완전히 바꾸어 놓는다. 그리하여 인간은 그 영혼들이 보던 대로 사물을 보고, 매사 그들이 느끼던 대로 느끼며, 그들이 생각하던 대로 생각한다. 게다가 이런 감각의 변화는 마치 잠과 같이 조용히, 부드럽게 일어난다. 이러한 감각의 변화를 통해서 본 호라이라는 곳을 묘사한다면 다음과 같을 것이다.

호라이국에서는 사악함을 모른다. 그래서 사람의 마음은 결코 늙는 법이 없다. 마음이 늘 젊으니 호라이국 사람은 태어나서 죽을 때까지 언제나 미소를 머금고 있다. 그러나 죽을 때에는 신이 슬픔을 내리므로, 그때는 슬픔이 사라질 때까지 얼굴을 베일로 덮어 가린다. 이때만큼은 유일하게 예외인 것이다. 호라이국 사람은 누구든지 꼭 한가족처럼 서로 다정하며 서로를 믿는다. 또 호라이국 여인의 마음은 작은 새의 영혼처럼 가볍기 때문에 하는 말도 작은 새의 노래처럼 경쾌하다. 장난치고 노는 처녀의 소매가 나부끼는 모습은 마치 부드럽고 너른 날개가 너울거리는 듯하다. 호라이국에서는 슬픔 말고는 무엇 하나 남에게 숨기는 것이 없다. 여기서는 부끄러워할 이유가 없기 때문이다. 또 도둑이 없으니 낮과 마찬가지로 밤에도 집집마다 빗장을 내리지 않는다. 사람을 두려워할 이유가 없기 때문이다. 호라이국 사람들은 불사의 존재는 아니지만 신선의 몸을 지니고 있으므로, 용궁을 제외한 그 나라의 모든 것은 전부 지극히 자그마하고 지극히 기묘하며 지극히 별난 것뿐이다. 이 신선들은 지극히 작은 그릇으로 쌀밥을 먹고 지극히 작은 잔으로 술을 마신다.

겉으로 보이는 이런 많은 부분은 그들이 저 영묘한 대기를 마시고 있기 때문인데, 전부가 다 그런 것은 아니다. 죽은 이가 이 세상에 가져오는 단 하나의 불가사의한 힘은 이상에 대한 동경이며, 오래된 세상의 희망에 대한 동경이다. 이 희망의 어떤 면이 호라이국의 많은 사람들 마음속에, 사사로움이 없는 생애의 소박한 아름다움 속에, 여인의 상냥함 속에 열매를 맺은 것이다.

서쪽 나라에서 불어온 사악한 바람이 호라이 섬 위를 휘몰아치고 있다. 슬프도다! 영묘한 대기는 점차 옅어져간다. 지금은 겨우 일본 산수화에 걸린 저 구름의 기다랗고 빛나는 띠처럼, 조각이 되고 띠가 되어 사라져갈 뿐이다. 작은 요정 같은 수증기가 만드는 그 한 벌 띠구름 아래에서만 이제 호라이를 볼 수 있다. 그 이외에는 어디에도 존재하지 않는다. 호라이의 다른 이름은 신기루라 한다. 신기루란 손으로 잡을 수 없는 환상이라는 뜻이다. 그리고 그 환상은 이제 사라지려 하고 있다. 그림과 노래와 꿈속이 아니면 이제 다시는 나타나지 않으리라.

식인귀

선종 승려인 무소(夢窓) 선사는 어느 날 혼자 미노(美濃)를 여행하다 산중에서 길을 잃었다. 길을 가르쳐줄 사람도 눈에 띄지 않아 그는 어쩔 수 없이 오랫동안 이리저리 헤매며 걸었다. 결국 오늘 밤은 머무를 곳을 못 찾겠거니 하고 포기하려는 찰나, 저물녘 언덕 꼭대기에서 작은 초막 하나를 발견했다. 이것은 '암자'라는 것으로, 세속을 벗어난 승려의 오두막을 말한다. 오두막은 이미 완전히 썩을 대로 썩은 상태였지만, 그나마라도 매달리는 기분으로 무소 선사는 암자를 향해 길을 서둘렀다. 도착해보니 안에는 나이가 지긋한 승려 한 사람이 살고 있었다. 무소 선사는 노승에게 하룻밤 묵어가게 해달라고 청했다. 그러자 노승은 그 청을 매몰차게 거절하고 대신 옆 골짜기에 있는 마을까지 가는 길을 가르쳐주었다. 그곳에 가면 요기도 할 수 있을 거라고 했다.

하는 수 없이 무소 선사가 산을 내려가니 열한두어 채 될까 말까 한 농가가 모인 작은 마을이 있었다. 촌장은 그를 친절히 맞아주었다. 선사가 도착했을 때 마침 안쪽 큰 방에는 4, 50명의 마을 사람들이 모여 회합을 하고 있었다. 선사는 작은 별실로 안내되어 융숭한 대접을 받았다. 이부자리도 바로 준비되었다. 지칠 대로 지친 선사는 곧 자리에 누웠다. 그런데 한밤중이 다 되어 옆방에서 통곡소리가 들려왔고, 선사는 잠에서 깼다. 이윽고 장지문이 조용히 열리더니, 초롱을 손에 든 젊은 남자가 방에 들어와 정중하게 절하고 나서 말했다.

"스님, 참으로 말씀드리기 괴로운 일입니다만, 실은 어제까지는 그저 장남일 뿐이었던 제가 이제는 이 집을 책임지는 가장이 되었습니다. 그러나 스님께서 오셨을 때는 너무나도 피로하신 듯하여 불편하시게 해서는 안 되겠다는 생각에, 아버님이 몇 시간 전 세상을 떠났다는 것을 차마 말씀드리지 못했습니다. 옆방에서 보신 이들은 모두 이 마을 사람들로, 고인에게 마지막 인사를 하기 위해 모였습니다. 모두들 이제부터 십 리쯤 떨어진 옆 마을로 갈 것입니다. 마을 관습에 따라 누군가 죽은 밤에는 어느 누구도 마을에 남아 있어서는 안 되기 때문입니다. 제물을 올리고 경을 왼 후, 저희는 고인만 여기에 두고 물러갈 것입니다. 그러면 시신이 남겨진 집에서는 반드시 기괴한 일이 일어납니다. 이런 사정이오니, 스님도 저희와 함께 나서시는 게 좋을 듯합니다. 저쪽 마을에서 스님이 묵으실 곳은 확실히 마련해 드리겠습니다. 하지만 스님께서는 출가하신 몸이니 귀신이든 악귀든 두렵지 않으시겠죠. 만일 스님께서 시신과 단둘이 남아 있어도 전혀 두렵지 않다고 생각하신다면, 누추한 집이지만 부디 자유로이 써주십시오. 다만 오늘 밤 이곳에 남는 이는 스님밖에 없을 것입니다. 그 점을 부디 유념해두십시오."

무소 선사는 대답했다.

"친절하게 마음 써주시고 따뜻하게 대접해주시니 깊이 감사드립니다. 제가 도착했을 때 아버님께서 임종했다고 말씀해주셨다면 좋았을 걸 그랬습니다. 다소 지쳐 있기는 했으나 승려로서의 의무를 다하지 못할 정도는 아니었거든요. 미리 말씀해주셨더라면 여러분이 출발하시기 전에 경이라도 왼 수 있었을 텐데, 무척 유감스럽습니다. 이렇게 된 이상 여러분이 물러가신 뒤에 경을 외도록 하겠습니다. 그리고 내일 아침까지 시신 옆에서 독경을 하겠습니다. 여기에 혼자 남으면 위험하다는 말씀은 이해하기 어렵습니다만, 소승은 귀신이건 악마건 두렵지 않습니다. 그러니 제 몸은 부디 걱정하지 마십시오."

젊은 가장은 무소 선사의 자신감 넘치는 말에 어지간히 기뻤는지, 온갖 감사의 말로 정중히 인사했다. 이어서 선사의 배려 깊은 약속을 전해들은 친척과 옆방에 모인 마을 사람들이 차례차례 선사 앞에 나서서 인사를 올렸다. 인사가 끝나자 젊은 가장은 말했다.

"그러면 스님, 스님을 혼자 남겨두는 게 몹시 송구스럽습니다만 저희는 물러가야겠습니다. 저희들이 옆에 있어 드릴 수는 없지만, 친절하신 스님, 부디 몸조심하십시오. 그리고 혹시라도 저희가 없는 동안 뭔가 기묘한 일을 겪으시면, 아침에 돌아왔을 때 부디 그 이야기를 들려주십시오."

그러고 나서 마을 사람들은 무소 선사를 남겨두고 모두 그 집을 떠났다. 선사는 고인의 시신이 안치된 방으로 갔다. 시신 앞에는 공물이 올려져 있고, 등불이 타오르고 있었다. 선사는 경을 외고 홀로 법요(法要)를 치른 뒤 명상에 들어갔다. 그리고 몇 시간 동안 고요히 좌선했다. 인기척이 끊긴 마을에서는 아무 소리도 들리지 않았다. 하지만 밤이 깊어 주위가 쥐 죽은 듯이 고요해지자, 어렴풋하게 커다란 그림자 하나가 소리도 없이 방 안으로 들어왔다. 이와 동시에 무소 선사는 몸을 움직일 힘은 물론, 소리 지를 힘조차 빠져나가 버린 것을 느꼈다. 그림자는 양손으로 고인을 안아 들어올려, 시체를 우걱우걱 게걸스럽게 먹어댔다. 고양이가 쥐를 잡아먹는 것보다도 빨랐다. 머리부터 시작하여 머리카락과 뼈는 물론이고 수의까지도 모조리 먹어치웠다. 이 수상한 원령은 이렇게 시체를 다 먹어치우고 나자 이번에는 공물을 향해 돌아 앉아 그것도 다 먹어버렸다. 그러고는 왔을 때와 마찬가지로 소리 없이 어딘가로 사라졌다.

다음날 아침 마을 사람들이 돌아왔을 때, 무소 선사는 이들을 촌장 집 대문간에서 기다리고 있었다. 일동은 차례차례 선사에게 인사하고 방에 들어가 주위를 둘러보았다. 그러나 누구 하나 시신이나 공물이 없어진 데 놀라는 낌새를 보이지 않았다. 가장이 무소 선사에게 말했다.
"스님, 스님은 분명 한밤중에 불쾌한 광경을 보셨을 겁니다. 저희 모두 스님의 안위를 걱정했습니다만, 상처도 없고 무사하시니 무엇보다 기쁩니다. 할 수만 있다면 저희도 기꺼이 함께 남고 싶었습니다. 하지만 어젯밤에도 말씀드렸듯이 마을 법도에는 사람이 죽으면, 저희는 시신만 남기고 마을에서 물러가야 한다고 엄격히 정해져 있습니다. 이를 지키지 않으면 반드시 커다란 불행이 생깁니다. 그리고 법도를 따르면 언제나 시신과 공물이 저희들이 나간 사이 사라집니다. 혹시 스님은 그 연유를 보신 게 아닙니까?"
무소 선사는 흐릿하고 무시무시한 그림자가 시신을 안치해둔 방에 들어와 시신과 공물을 먹어치워 버렸다고 이야기했다. 이를 듣고도 마을 사람들은 누구 하나 놀라지 않았다. 이윽고 가장이 말했다.
"스님의 말씀은 예부터 전해 내려온 이야기와 꼭 같습니다."
그래서 선사가 물었다.
"저 언덕 위에 사는 스님은 여러분 마을에서 사람이 죽었을 때 장례를 올려주지 않습니까?"

"어떤 스님 말씀이십니까?"
가장이 물었다.
"어젯밤 소승에게 이 마을로 오는 길을 가르쳐준 스님입니다." 무소 선사가 대답했다. "저는 저쪽 언덕 위에 있는 노승의 암자를 찾아갔습니다만, 묵게 해달라는 청은 거절하는 대신 여기로 오는 길을 가르쳐 주셨습니다."
마을 사람들은 이 이야기를 듣고 의아하다는 듯이 서로 마주 보았다. 한동안 입을 다물고 있다가 가장이 말했다.
"스님, 저 언덕 위에는 스님이라고는 사시지 않습니다. 암자도 없습니다. 몇 대 동안 이 근처에 사신 스님은 아무도 없었습니다."
무소 선사는 그 이상 아무 말도 하지 않았다. 자신을 친절하게 맞아준 마을 사람들이 그가 오는 길에 귀신이나 요괴에 홀렸다고 믿는 기색이 역력했기 때문이다. 그러나 그들과 작별 인사를 나누고 앞으로의 길에 대한 필요한 정보까지 모두 들은 선사는, 한 번 더 그 언덕 위의 암자를 찾아가 자신이 정말 홀렸던 것인지 확인해보기로 마음먹었다. 암자는 어렵지 않게 찾을 수 있었다. 그러자 이번에는 노승이 무소 선사를 오두막 안으로 불러들였다. 선사가 안에 들어가자 노승은 선사 앞에 공손하게 엎드려 절하고는 이렇게 외쳤다.
"부끄러울 따름입니다. 진정 부끄럽고, 또 부끄럽기 그지없습니다."
"소승이 하룻밤 묵어가는 것을 거절했다고 그렇게 송구스러워하실 것 없습니다." 무소 선사가 상대방의 말을 막았다. "그리고 스님께서 저쪽 마을로 가는 길을 가르쳐주신 덕분에 친절한 대접을 받았지요. 그러니 감사 인사를 올립니다."
"실은 저는 누구에게도 방을 빌려드릴 수 없는 처지입니다." 암자 주인이 대답했다. "그리고 제가 부끄러운 까닭은 방을 빌려드리는 것을 거절했기 때문이 아닙니다. 제가 볼 낯이 없는 것은 스님께서 이놈의 진짜 모습을 틀림없이 보셨을 것이기 때문입니다. 어젯밤 스님 눈앞에서 고인의 시신과 공물을 게걸스럽게 먹어치운 것은, 다름 아니라 바로 저입니다. 스님, 이놈은 인육을 먹는 식인귀입니다……. 부디 가엾게 여겨주십시오. 대체 왜 이런 몸이 되었는지, 숨겨온 죄를 말씀드리고 참회하도록 허락해주십시오.
아주, 아주 오래전, 저는 이 인적 드문 지방의 승려였습니다. 사방 몇십

리 안에 저 말고 승려는 아무도 없었지요. 그래서 그때에는 산 부근의 주민이 죽으면 다들 시신을 이리로 옮겨왔습니다. 때로는 몇십 리 길을 산을 넘어 떠메오곤 했습니다. 다 나의 인도를 위해서였지요. 하지만 저는 그저 먹고 사는 방편으로 경을 외고, 법사를 거행해왔을 뿐이었습니다. 승직 덕에 누리는 먹고 입는 이익밖에는 염두에 없었습지요. 그런데 사리사욕에 눈이 멀었던 저는 죽자마자 식인귀로 다시 태어나고 말았습니다. 그 뒤로 이 근방에서 사람이 죽으면 그 시체를 먹어치우면서 살아가는 업보를 지게 되었습니다. 시체라는 시체는 하나도 남김없이, 어젯밤에 보셨듯이 먹어치워 버려야만 합니다. 스님, 부디 이놈을 가엾게 여기셔서 아귀를 공양하는 법회를 열어주시지 않겠습니까? 부탁입니다. 아무쪼록 스님의 기도의 힘으로 지금 이 무시무시한 처지에서 이놈이 빠져나올 수 있도록, 제발 도와주십시오……."

이렇게 애원하자마자 어느새 노승은 모습을 감추었고, 동시에 암자도 사라졌다. 문득 정신을 차리자 무소 선사는 무성하게 자란 수풀 속 이끼로 덮인 오래된 무덤 곁에 홀로 꿇어 앉아 있었다. 무덤은 오륜탑 모양으로, 아무래도 오래전에 세상을 떠난 어떤 스님의 것인 듯했다.

푸른 버들 이야기

분메이[文明] 시대라고 하면 서력으로 1469년에서 1487년*에 해당한다. 그 시절 노토국(能登國 : 지금의 이시카와현 북부)의 다이묘 하타케야마 요시무네[畠山義統]를 섬기던 토모타다[友忠]라는 젊은 사무라이가 있었다. 토모타다는 에치젠 출신이지만, 어린 나이에 다이묘의 시동으로 저택에 들어가 주군의 감독하에 무예 수련을 쌓았다. 성장하여 문무를 겸비하고 실력 또한 뛰어나 주군의 총애를 한 몸에 받았다. 천성이 붙임성이 좋고 생김새도 수려했을 뿐 아니라 사람을 끄는 말재주도 있어, 동년배들에게도 신망이 두터웠다.

토모타다가 갓 스무 살이 되었을 때, 주군의 은밀한 명령으로 교토의 유력한 다이묘였던 호소카와 마사모토에게 보내졌다. 마사모토는 하타케야마 요시무네의 친척이었다. 그곳까지 가는 길에 에치젠을 지나치게 되기 때문에, 젊은이는 지금은 홀로 된 어머니를 방문하고 싶다고 청하여 허락을 받았다.

1년 중 가장 추위가 극심한 시기에 여행길에 올라, 완전히 눈 덮인 북쪽지방에서는 빠르고 힘센 말이라도 발길이 무척 더뎠다. 토모타다가 거쳐간 길은 산악지대라 마을도 적고 인가도 뜸했다. 둘째 날에 몇 시간씩 괴로운 기마 여행을 하다가 한밤중에야 예정한 숙소에 도착하게 될 것임을 깨닫고 다급한 마음에 불안해졌다. 걱정도 무리는 아니었다. 눈보라가 몰아치고 세찬 바람이 불어왔기 때문이다. 게다가 말은 완전히 지쳐 더 이상 움직이려 하지 않았다. 곤경에 빠져 어찌할 바를 모르고 있는데, 토모타다는 뜻밖에도 가까운 언덕 꼭대기의 버드나무 그늘에서 짚으로 지붕을 인 작은 집을 발견했다. 그는 겨우겨우 지친 말을 다독여 발길을 재촉했다. 그리고 눈보라 치는 밤에 굳게 닫힌 덧문을 세차게 두드렸다. 노파가 문을 열어주었다. 그리고 처음 보는 젊고 용모단정한 여행객이 곤혹스러워하는 모습을 보고 위로

---

* 원문에는 1486년이라고 되어 있으나 정정하였다.

하듯이 말했다.

"저런 가엾게도. 이런 날씨에 젊은 사람이 혼자 여행을 하다니. 자자, 안으로 들어오시지요."

토모타다는 말에서 내려 말을 뒤쪽 마구간에 매어두고는 오두막에 들어갔다. 늙은 남자와 딸이 댓조각을 지피며 불을 쬐고 있었다. 두 사람은 젊은이를 정중히 불 가까이 불렀다. 노부부는 여행객을 위해 술을 알맞게 데우고 식사를 준비하기 시작했다. 그리고 젊은이에게 여행에 대해 이것저것 물었다. 그 사이 딸은 칸막이 뒤에 숨었는데, 예사롭지 않은 미인임을 눈치챈 토모타다는 놀라움을 금치 못했다. 옷차림은 매우 초라하고 묶지 않은 머리칼이 흐트러져 있었지만, 이토록 한적한 시골 땅에 이런 미인이 있다는 게 믿어지지 않을 정도였다. 노인은 토모타다에게 말했다.

"무사님, 이웃 마을은 멀리 있습니다. 눈발은 거세고 바람도 살을 에는 듯 차가우며, 길도 아주 험하답니다. 오늘 밤 더 이상 여행하시는 건 위험합니다. 저희 집은 무사님이 묵으시기에는 누추하기 짝이 없고 대접해 드릴 것도 마땅치 않지만, 오늘 밤은 여기서 계시는 편이 그래도 안전할 것입니다. 말은 저희가 잘 돌보겠습니다."

토모타다는 이 조심스러운 제의를 받아들였다. 딸을 더 볼 수 있어 내심으로는 은근히 기뻤다. 잠시 후 변변치 못하지만 푸짐하게 차린 식사가 들어오고, 딸도 칸막이 뒤에서 나와 술을 따랐다. 그녀는 어느새 수수하지만 깨끗한 옷으로 갈아입고 긴 머리는 빗질하여 곱게 매만졌다. 잔에 술을 따르기 위해 처녀가 앞으로 몸을 굽혔을 때, 토모타다는 이 처녀가 지금까지 그가 만난 어떤 여자와 비할 수 없을 만큼 미인임을 깨닫고 다시금 놀랐다. 그녀의 몸짓 하나하나가 기품 있고 그윽한 모습에 경탄하였다. 노부부는 변명하듯이 말했다.

"이 아이는 아오야기〔青柳〕라고 합니다만, 산속에서 혼자 자라 예의범절을 하나도 모릅니다. 아무것도 모르는 못난 자식입니다. 아무쪼록 용서해주십시오."

토모타다는 상대방의 말을 가로막고, 이렇게 인물이 뛰어난 따님에게 술을 받다니 자신은 정말로 행운아라고 대답했다. 자신이 던진 감탄의 눈길에 처녀가 얼굴을 붉힌 것은 알았지만, 그래도 눈을 뗄 수가 없었다. 토모타다는 넋을 잃고 바라보느라 차려진 술과 음식에는 손도 대지 않고 있었다. 노파가 말했다.

"미천한 저희 음식이 입에 맞지 않으시겠지만, 매서운 겨울 바람으로 몸이 차가울 대로 차가워지셨을 겁니다. 부디 조금이라도 술과 음식을 드십시오."

노부부의 호의에 답하기 위해 토모타다는 애써 먹고 마셨다. 얼굴이 발그레한 처녀의 매력은 점점 더해갔다. 말을 걸면 돌아오는 대답이 그 용모와 마찬가지로 감미롭고 온화했다. 처녀는 산속에서 자랐을지 모르나 처녀의 부모는 한때 세상에 이름을 떨치던 명망가임에 틀림없다. 처녀의 말씨도 그렇고, 몸가짐도 그렇고 양갓집 규수 못지 않게 기품 있는 행동이 몸에서 배어났기 때문이다. 토모타다는 갑자기 시를 읊어, 처녀에게 말을 건넸다. 마음속에서 우러난 기쁨의 돌발적 표현이었다.

  길을 가는 중 꽃인가 싶었기에 날을 새우네. 동 트지 않았거늘 어찌 붉게 물드느뇨.

(이는 직역하면 이런 뜻이다. 길을 가는 도중에 나는 한 송이 꽃이라 여길 만한 이를 만났다. 그래서 여기에서 날을 지새우는 것이다……. 허나 동이 트지도 않았는데 왜 붉은 빛이 드는 것인고. 그 까닭을 나는 모른다.)

조금도 망설임 없이 처녀는 이렇게 화답했다.

  떠오르는 해 어스름한 색깔을 내 소매에 감싸면 내일도 그대 여기에 머물리라.

(밝아오는 해의 어스름한 색깔을 내 소매로 싸서 감추면, 그러면 분명 내일이 되어도 당신은 여기에 머무르시겠지요.)

이리하여 토모타다는 자신의 의중이 상대에게도 즉시 통했음을 알았다.

여자는 그의 마음을 솔직하게 받아들인 것이다. 여자가 자신의 감정을 스스럼없이 보여준 것도 기뻤지만, 답가를 척척 읊을 수 있는 소양을 갖춘 데에도 적잖이 놀랐다. 이 세상에서 눈앞에 있는 이 시골 처녀보다 아름답고 영리한 여자를 만나 그 마음을 얻는다는 것은 바란다고 이루어지는 일이 아니다. 토모타다의 마음속에서 재촉하는 목소리가 들려왔다.

'하늘의 은혜로 가는 길에 이 같은 행운을 얻었다. 이 행운을 감사히 받아들여야 한다.'

요컨대 토모타다는 여자의 매력에 푹 빠져버린 것이다. 그는 단도직입적으로 여자를 신부로 달라고 노부부에게 청했다. 그리고 이름과 가문뿐 아니라 노토의 영주를 모시는 무사라고 자신의 신분도 밝혔다.

노부부는 감사와 놀라움이 뒤섞인 소리를 지르고 토모타다 앞에 고개를 숙였다. 그러나 망설이는 게 분명했다. 잠시 뒤 아버지가 말했다.

"무사님, 무사님은 고귀한 분이십니다. 게다가 이제부터 더욱더 출세하시겠지요. 이렇게 잘 보아주셔서 저희는 뭐라 감사의 인사를 드려야할지, 이루 말로 할 수가 없습니다. 하오나 소인의 못난 딸은 태생이 비천한 시골아이라서 아무것도 배운 게 없고 예의범절도 모릅니다. 이 아이를 지체 높으신 무사님께 시집보내는 것은 격에 맞지 않습니다. 입 밖으로 내는 것도 삼가야 할 일입니다……. 하오나 무사님이 마음에 들어하셨으니, 또 딸의 비천함을 애써 용서하시고 무례함도 관대히 봐주셨으니, 저희도 이 딸을 무사님께 바칠 생각입니다. 그러하오니, 이제부터는 딸을 아무쪼록 잘 부탁드립니다."

날이 밝기 전에 눈보라는 그쳤다. 구름 한 점 없는 하늘, 동쪽에서 해가 떠올랐다. 아오야기의 소매가 사랑하는 사람의 눈을 가려 이 떠오르는 해의 붉게 물든 색을 감추었다 해도, 토모타다는 더 이상 그 땅에 머물러 있을 수가 없었다. 그렇다 해서 이 처녀와 헤어질 결심도 할 수 없었다. 그래서 길 떠날 준비가 되었을 때 토모타다는 부모에게 이렇게 청했다.

"이렇게 신세를 졌는데 또 청을 드리니 너무나도 염치없지만, 한 번 더 부탁드립니다. 부디 따님을 신부로 주십시오. 이렇게 되고 나니 헤어지기 힘듭니다. 따님은 저를 따르겠다고 합니다. 만일 허락해주신다면 저는 따님을 이대로 데려가겠습니다. 만일 따님을 주신다면 저는 두 분을 낳아주신 부모님처럼 받들겠습니다……. 두 분의 호의에 대한 조그만 정성이니, 변변찮기는 하지만 부디 이것을 받아주십시오."

토모타다는 주인 앞에 금화가 든 지갑을 내밀었다. 그러나 노인은 몇 번이나 엎드려 절한 뒤 조용히 지갑을 되밀고는 말했다.

"친절을 베풀어주셔서 송구하기 그지 없습니다만, 금화는 저희에게 필요 없습니다. 무사님께선 이 겨울에 긴 여행을 하시니 여러모로 쓸 일이 많을 것입니다. 그리고 여기서는 살 것도 없습니다. 또 혹 그럴 마음이 있어도 저희가 이 돈을 다 쓸 수도 없습니다……. 딸아이는 벌써 무사님께 드렸습니다. 이 아이는 무사님의 것입니다. 데려가시는 것도 데려가지 않으시는 것도 무사님 뜻에 따를 일이니 저희에게 허락을 구하실 필요는 없습니다. 무사님을 따르고 싶다는 말은 벌써 딸아이에게 직접 들었습니다. 무사님이 거슬리지 않으신다면 시중을 들고 싶다는 생각인 게지요. 딸아이가 무사님 마음에 든 것이 저희도 매우 기쁠 뿐입니다. 아무쪼록 저희 걱정은 하지 마십시오. 이런 곳에서는 지참금은 물론 변변한 예물도 마련할 수가 없습니다. 게다가 저희는 나이가 많아서 언제 딸과 헤어지게 될지 모릅니다. 그러하오니 지금 무사님이 딸을 데려가 주신다면, 더 바랄 나위 없이 행복할 따름입니다."

토모타다는 온갖 말을 동원하여 노인을 설득했지만, 노인은 선물을 받지 않았다. 금전에 전혀 집착하지 않는 사람들이었다. 부모가 진심으로 딸을 자신에게 맡기고 싶어하는 것처럼 보여서 토모타다는 그녀를 데려가기로 했다. 그는 아오야기를 말에 태우고 노부부에게 마음에서 우러나오는 감사 인사를 올리며 잠시 이별을 고했다.

"무사님." 아버지가 인사에 답했다. "감사 인사는 저희가 드려야 합니다. 무사님은 분명 딸을 잘 대해주시겠지요. 저희는 딸에 대해서는 아무 걱정도 없습니다……."

(일본어 원작에서는 이 부분부터 이야기가 기묘하게 단절되어 앞뒤의 흐름이 전혀 맞지 않는다. 토모타다의 어머니나 아오야기의 부모, 또 노토의 주군에 관해서도 더는 언급되지 않는다. 원작자는 이 부분을 대충 생략하고 서둘러 진행해, 사람들이 놀랄 만한 결말을 맺으려 한 것으로 보인다. 원작에서 생략된 부분을 보충하기란 나로서는 불가능하다. 또 구성상의 결함을 고칠 수도 없다. 하지만 어느 정도 세세한 설명을 덧붙일 생각이다. 그러지 않고서는 남은 이야기가 정리되지 않기 때문이다. 토모타다는 아오야기를

데리고 교토로 서둘러 갔지만, 그 결과 성가신 일이 벌어진다. 그러나 그 뒤 이 부부가 어디서 살았는가에 관해서는 알려진 바가 없다.)

그런데 당시, 무사는 주군의 허락 없이는 아내를 맞을 수 없었다. 소임을 다하지 않으면 주군이 결혼을 허락하지 않을 것임을 토모타다도 잘 알고 있었다. 사정이 이렇다 보니 아름다운 아오야기가 세간의 이목을 끌어 불상사를 일으키진 않을까, 혹시나 아오야기를 빼앗으려는 음모가 생기지는 않을까 늘 마음을 졸였다. 그래서 교토에서는 구경거리를 좋아하는 사람들 눈에 띄지 않게 아오야기를 숨기려고 애썼다. 그런데 호소카와 마사모토의 가신이 어느 날 아오야기를 발견하고, 두 사람 사이를 눈치채 이를 주군께 아뢰었다. 젊은 주군이자 호색한이었던 호소카와 마사모토는 아오야기를 저택에 데려오도록 명했다. 아오야기는 억지로 그곳에 끌려갔다.

토모타다는 이루 말할 수 없을 만큼 괴로웠다. 그러나 이제 제 힘으로는 어림도 없음을 알고 있었다. 자신은 먼 지방의 다이묘를 모시는 보잘것없는 심부름꾼일 뿐이다. 게다가 지금은 자기 주군보다 훨씬 강력한 호소카와라는 다이묘가 마음대로 할 수 있는 영지에 있다. 호소카와의 뜻을 거스를 수는 없었다. 뿐만 아니라 토모타다는 스스로 얼마나 어리석었는지도 잘 알고 있었다. 무사의 법도를 어기고 아오야기와 남몰래 관계를 맺었기 때문에 불행을 자초한 것이다. 이렇게 된 이상 남은 희망은 단 하나, 아오야기가 스스로 저택을 빠져나와 자신과 함께 도망치는 것뿐이었다. 하지만 이는 거의 절망과 다름없는 희망이었다.

이래저래 궁리한 끝에 아오야기에게 편지를 보내기로 결심했다. 물론 위험은 각오하고 있었다. 여자에게 편지를 보내면 호소카와의 수중에 들어갈 수도 있었다. 저택에 머무는 여성에게 몰래 연애편지를 보내는 것은 중죄에 속했다. 그래도 토모타다는 모험을 감행하기로 마음 먹었다. 그는 한시를 가장한 편지를 써서, 남모르게 아오야기의 손에 들어가게 했다. 시는 겨우 스물여덟 자로 된 칠언절구에 지나지 않았지만, 토모타다는 자신의 진심을 전부 담았다. 물론 사랑하는 사람을 빼앗긴 자의 아픔도 드러내었다.

왕자와 왕손들이 그대의 뒤를 따르지만,

아름다운 그대의 눈에 흐르는 눈물은 비단 수건을 적시네.
제후 왕공의 저택 문을 한번 들어가면 바다와 같으니,
이제 그대가 그리워하는 나는 지나가는 행인이 되었네.

(젊은 군자는 보석처럼 아리따운 처녀의 뒤를 쫓는다.
아름다운 사람의 눈물이 흘러 그녀의 옷을 흠뻑 적셨다.
허나 한번 군주의 눈에 들면, 열렬히 사랑하는 그분의 마음은 바다처럼 깊다.
이리하여 버려진 채 홀로 초연히 길을 떠도는 이는 나뿐이다.)

이 시를 보낸 다음날 저녁, 토모타다는 호소카와 공의 어전에 불려갔다. 토모타다는 자신의 애정 고백이 틀림없이 들통난 거라고 생각했다. 그는 그 편지가 다이묘의 눈에 띈 이상 극형을 피할 수 없으리라 여겼다.
'나를 사형에 처할 게 분명해. 허나 아오야기가 내 품에 돌아오지 않는다면, 산다한들 무슨 낙이 있겠는가. 사형을 선고받더라도 호소카와를 죽여버리겠다. 따끔한 맛을 보여주마.'
토모타다는 허리에 칼을 차고 호소카와의 어전을 향해 발길을 서둘렀다. 알현실에 들어서니 호소카와 마사모토는 의관을 갖춘 중신들에게 둘러싸여 상석에 앉아 있었다. 열 지어 앉은 사무라이들은 조각상처럼 잠자코 있었다. 토모타다가 어전에 나아가 엎드려 있는 동안 주위는 쥐 죽은 듯이 조용해져서 폭풍 전의 고요처럼 으스스했다. 그 답답한 분위기를 갑자기 깬 사람은 호소카와였다. 그는 스스로 자리에서 내려와 토모타다의 팔을 잡더니 저 한 시의 구절을 낭랑하게 읊기 시작했다.
"왕자와 왕손들이 그대의 뒤를 따르지만."
무심코 고개를 든 토모타다는 호소카와 공의 눈에서 반짝이는 다정한 눈물을 보았다. 호소카와 공이 말했다.
"너희 두 사람의 마음이 그리 간절하니, 내가 친척인 노토의 전하를 대신하여 혼례를 올려주마. 지금 여기에서 혼례식을 올리도록 하여라. 하객들도 모여 있고, 축하선물도 마련되어 있다."
주군이 신호를 보내자 안쪽 방으로 통하는 장지가 재빨리 좌우로 열렸다.

식을 위해 저택의 중신들이 이미 몇 명이나 모여 있었다. 그리고 아오야기가 신부 복장을 하고 토모타다를 기다리고 있었다……. 이리하여 아오야기는 토모타다의 품으로 돌아왔고, 혼례는 경사스럽고 화려하게 치러졌다. 주군과 저택 사람들은 신랑 신부에게 진귀한 물건들을 선물로 주었다.

*

혼례를 올리고 5년 동안 토모타다와 아오야기는 함께 살았다. 그러나 어느 날 아침 남편과 집안일에 관해 이야기하던 아오야기는 갑자기 몹시 고통스럽게 소리를 지르고 얼굴이 창백해지더니 그대로 굳어버렸다. 잠시 뒤에 가냘픈 목소리로 간신히 이렇게 말했다.

"이성을 잃고 비명을 질러서 죄송합니다. 하지만 너무 괴로워서……. 토모타다 님, 저희가 맺어진 것도 분명 전생에 무슨 인연이 있어서일 겁니다. 이만큼 행복했으니, 분명 다시 태어나도 함께하겠지요. 하지만 현세의 연은 이제 여기까지입니다. 이만 이별을 고해야 합니다. 부탁이니 저를 위해 염불을 해주세요. 저는 이제 죽습니다."

"무슨 당찮은 말씀이오?"

놀란 남편은 소리쳤다.

"당신은 몸 상태가 좀 좋지 않을 뿐이오. 당분간 누워 쉬시오. 그러면 기분도 다시 돌아올 거요."

"아니에요, 그렇지 않아요."

여자는 대답했다.

"저는 이제 죽습니다. 이건 기분 탓이 아니에요. 그렇습니다. 이렇게 되었으니 이제 서방님에게 무엇을 숨기겠습니까? 실은 저는 인간이 아닙니다. 나무의 혼이 저의 혼이며, 나무의 마음이 저의 마음, 나무의 생명이 저의 생명입니다. 그런데 누군가가, 지금 잔인하게도 제 나무를 베고 있어요. 그래서 죽을 수밖에 없습니다. 이제 울 힘조차 없습니다. 빨리, 빨리, 염불을 해주세요. 빨리. 아아."

한 번 더 고통스러운 비명을 지르고 여자는 얼굴을 돌렸다. 그리고 그 아름다운 얼굴을 소맷자락에 숨기려 했다. 하지만 거의 그와 동시에 여자의 몸 전체가 기묘하게 허물어지더니 조금씩, 조금씩 가라앉아 끝내 바닥까지 낮아졌다. 토모타다는 허둥지둥 아내를 떠받치려 했지만, 그러려 해도 이제 그녀는 어디에도 없었다. 다다미 위에는 아름다운 텅 빈 껍데기가 된 아오야기의 옷과 머리에 꽂았던 장식만이 남아 있었다. 아오야기는 사라져버린 것이다.

토모타다는 머리를 깎고 불문에 귀의하여, 나라를 떠도는 승려가 되었다. 그는 온 지방을 두루 다니며 각지의 신령한 곳을 참배하고 염불을 외었다. 순례 도중 에치젠에 왔을 때 처가를 찾았다. 옛날 작은 집이 있던 곳이 분명한 스산한 산중에 도착했지만 아무런 흔적도 남아 있지 않았다. 일찍이 오두막이 있었음을 알려주는 것이라고는 오로지 버드나무 세 그루의 밑동—두 그루는 노목이고 한 그루는 아직 어렸다—뿐이었다. 나무는 토모타다가 도착하기 한참 전에 베어져 있었다.

토모타다는 버드나무 그루터기 곁에 묘를 세우고, 거기에 경문을 새겼다. 그리고 아오야기와 그 부모의 혼령을 위해 극진히 제사를 올렸다.

열엿새 벚나무

거짓말 같은 열엿새 벚나무〔十六桜〕가 꽃이 피었네

이요국(伊予國) 와케군에 열엿새 벚나무라 불리는 유명한 노목이 있다. 그 이름의 유래는, 이 벚나무의 꽃이 매년 음력 정월 열엿새가 되면 피는 것은 물론, 꼭 이날에만 피기 때문이다. 보통 벚꽃은 봄이 오기를 기다려서 피지만, 이 나무는 한창 추울 때 꽃이 핀다. 그러나 스스로의 생명으로 그런 것은 아니다. 열엿새 벚나무는 다른 생명—적어도 처음에는 나무의 생명이 아니었다—의 힘으로 꽃을 피운다. 이 나무에는 누군가의 영혼이 서려 있는 것이다.

그 영혼은 이요의 무사였다. 나무는 무사의 집 정원에 있었는데, 다른 벚나무와 마찬가지로 3월 말이나 4월 초에 처음 꽃을 피웠다. 무사는 어릴 때 이 나무 아래에서 놀곤 했다. 백 년의 세월이 흐르는 동안 벚꽃놀이 철이 되면 부모도 조부모도 또 그 부모도, 대대로 벚꽃을 칭송하는 한시나 와카를 오색 빛깔 종이에 적어 나뭇가지에 묶었다. 하지만 지금은 무사도 나이 들고 아이들은 모두 먼저 세상을 떠나고 말았다. 그러자 이 세상에서 사랑할 것은 이제 나무 말고는 남아 있지 않았다. 그런데 애석하게도 어느 해 여름, 나무는 말라죽고 말았다.

노인은 무척 마음 아파했다. 보다 못한 이웃사람이 친절하게도 아름다운 어린 벚나무를 골라 노인의 뜰에 심어주었다. 그렇게 하면 위로가 될까 싶었던 것이다. 노인은 이웃사람에게 감사의 인사를 하고, 환한 미소를 지었다. 그러나 가슴은 비탄으로 가득했다. 한없이 애정을 쏟은 나무였기에 그 무엇도 나무를 잃은 슬픔을 달래주지 못했다.

마침내 묘안이 생각났다. 말라버린 나무를 구할 수 있을지도 모를 방책이 떠오른 것이다(이날이 정월 열엿새였다). 노인은 혼자 뜰에 나가 말라죽은 나무 앞에 절을 올리고 이렇게 말했다.
 "부탁입니다. 한 번 더 꽃을 피워주십시오. 당신을 대신하여 제가 죽겠습니다."
 (일본인은 신의 가호로 자신의 생명을 타인이나 동·식물에게 물려줄 수 있다고 믿었다. 내 목숨을 다른 사람에게 양보하는 것을 일본어로는 '身代りに立つ〔대신 죽는다〕'라고 한다.)
 그리고 나서 무사는 벚나무 아래에 흰 천과 깔개를 펼치고 정좌하더니, 무가의 법식에 따라 배를 갈랐다. 그러자 무사의 영혼은 나무에 옮겨가 노목에 곧 꽃을 피웠다.
 지금도 매년 정월 열엿새가 되면, 눈 내리는 추운 계절에도 벚나무에 꽃이 핀다.

거울과 종

800년쯤 전, 도토우미(遠江)의 무겐(無間)산의 승려들은 절에 커다란 종이 있었으면 좋겠다고 생각했다. 그래서 가까운 마을의 시주나 여신도들에게 종을 주조할 재료로 쓸 오래된 청동거울을 희사해달라고 요청했다. (요즘에도 일본 절 경내에 들어가면 이런 목적으로 희사된 오래된 청동거울이 쌓여 있는 것을 볼 수 있다. 내가 본 이런 종류의 기부 중에서 가장 규모가 큰 것은 큐슈의 하카타에 있는 정토종 사찰 경내에 쌓여 있던 것인데, 높이 33척의 아미타불상을 건립하기 위해 기부된 것이었다.)

그 무렵 무겐산에 살던 한 농민의 젊은 아내가 종을 주조하는 데 일조하기 위해 자신의 거울을 희사했다. 그러나 봉납한 후 왠지 아까운 생각이 들자 내놓지 말걸 하는 후회가 밀려왔다. 어머니가 들려준 그 거울의 유래에 관한 이야기가 이것저것 떠올랐다. 거울은 어머니뿐 아니라 어머니의 어머니, 어머니의 할머니의 손때가 묻은 귀한 물건이었다. 생각해보니 자기도 거울에 웃는 얼굴을 곧잘 비춰보았다. 물론 대신에 돈을 몇 푼 스님께 드리면 어머니의 유품인 거울을 돌려받을 수 있었다. 그러나 여자는 그럴 만한 돈이 없었다. 절에 갈 때마다 경내의 목책 너머로 거대한 산처럼 몇백 개씩 쌓인 거울 더미에서 자신의 거울을 발견했다. 거울 뒤에 부조된 소나무와 대나무, 매화무늬로 자기 것임을 알아볼 수 있었다. 이 훌륭한 소나무와 대나무, 매화 문양을 어린 시절 어머니가 처음으로 보여주었을 때, 덕분에 어린 그녀도 눈이 즐거웠지 않은가. 언제 몰래 훔쳐와 숨겨놓을까 하는 생각도 들었다. 그러면 계속 보물처럼 소중하게 간직할 수도 있을 것이다. 그러나 그런 기회는 오지 않았다. 여자는 너무나 비참했다. 아주 중요한 목숨의 일부를 어리석게도 남에게 줘버린 듯한 기분이었다. 또 거울은 여자의 혼이라는 오래된 속담을 떠올리기도 했다(영혼을 의미하는 '혼'이라는 한자는 청동거울의 뒷

면에 흔히 새겨져 있다. 그 한 글자에 이 속담의 신비가 표현되어 있다). 그리고 이 속담이 자신이 상상했던 것보다 훨씬 숙명적인 의미를 담고 있는 진실임을 깨닫자 두려워졌다. 그러나 그녀는 이런 괴로움을 다른 누구에게도 털어놓지 못했다.

무겐산의 종을 위해 희사된 거울은 전부 주조장에 보냈는데, 직인들은 그중에서 아무리 노력해도 녹지 않는 거울이 하나 있음을 발견했다. 몇 번이고 몇 번이고 불을 지펴서 녹이려 해도 꿈쩍도 하지 않았다. 이 거울을 희사한 여자가 후회하고 있는 게 분명했다. 진심으로 봉납한 것이 아니기 때문에 여자의 집착이 집념이 되어 거울에 사무쳐, 용광로 불길 속에서도 녹지 않고 차갑고 딱딱하게 남아 있는 것이다.

물론 이 이야기는 머잖아 모두의 귀에 들어갔고, 이 녹지 않는 고집스러운 거울의 주인이 누구인지는 금방 알려지고 말았다. 이렇게 속마음의 비밀과 허물이 세간에 탄로나자 여자는 부끄러워 몸 둘 바를 몰랐고, 동시에 깊은 원한을 품었다. 이윽고 여자는 세간의 차가운 시선을 견디지 못해 유서를 남기고 강에 몸을 던져 죽었는데, 그 유서에는 이렇게 적혀 있었다.

내 몸이 죽어 없어지면 거울을 녹여 범종을 만드는 것도 그리 힘들지 않으리라. 허나 이 종을 깨부수는 이가 있다면 내 원한의 힘으로 많은 재산을 얻게 되리라.

아시다시피 분노나 원한을 품고 죽거나 자살한 사람의 마지막 소원과 약속에는 보통 초자연적인 힘이 깃든다고 믿는다. 죽은 여자의 거울을 녹여 보기 좋게 종을 주조한 뒤에도 세간 사람들은 이 유언의 문구를 떠올렸다. 또 종을 부수는 사람에게 여자의 혼백이 엄청난 부를 안겨주리라 믿었다. 그래서 경내에 종을 매달자마자 수많은 사람들이 그 종을 치러 몰려들었다. 모두 있는 힘껏 종을 쳤다. 그러나 종은 몹시 단단하여, 사람들 모두 종을 부수려 거칠게 다루어도 꿈쩍도 하지 않았다. 하지만 사람들은 그 정도로 물러나지 않았다. 다음날도 그 다음날도 하루 종일 미친 듯이 종을 울려댔다. 이렇게 되자 이제는 스님의 만류에도 누구 하나 귀를 기울이지 않았다. 이 때문에 연일 계속 울리는 종소리는 모든 이에게 고통의 씨앗이 되었고, 스님들은 더 이상 소리를 참을 수가 없게 되었다. 스님들은 종을 떼어 산에서 굴려 늪 속에 빠뜨렸다. 깊은 늪은 종을 단번에 삼켜버렸다. 이것이 그 종의 최후였다. 다만 다음과 같은 전설만이 남아 오늘날에도 전해진다. 그리고 전설 속에서 그 종은 무겐종이라고 불린다.

*

예부터 일본인은 '나조라에루(가령 그렇다고 생각하다, 동류로 보다, 비유하다, 견주다, 본뜨다 등을 의미)'라는 동사에 담긴 (이 말로 전부 표현되지는 않지만) 일종의 정신적 행위의 마술적 효력에 기묘한 신앙을 품고 있다. 이 '나조라에루'는 적당한 영어로 옮길 수가 없다. 신앙에 기초한 여러 종교행사에 관련하여 사용되는 한편 다종다양한 의태적 마술과도 관련하여 쓰이기 때문이다. '나조라에루'의 통상적인 의미는 사전에 따르면 'to imitate', 'to compare', 'to liken' 등이다. 그러나 이보다 깊숙한 곳에 있는 의미는 '마술적이고 기적적인 결과를 만들어내기 위해 어떤 대상이나 행위를 가상의 힘으로 다른 대상이나 행위로 대응시키는 것'이다.

예컨대 우리는 절을 지을만한 경제적 여유는 없다. 그러나 부자라서 절을 지으려고 마음먹을 때와 같은 경건한 마음으로 불상 앞에 작은 돌을 놓을 수는 있다. 이렇게 작은 돌을 올리는 공덕은 절을 하나 건립할 때의 그것과 같아진다. 일단 그나마 그럭저럭 동등해지는 셈이다. 우리가 6771권의 불경을 전부 독파할 수는 없다. 그러나 불경이 꽂힌 회전책장을 만들고 이를 돌림판처럼 돌릴 수는 있다. 그리고 만일 불경 6771권을 꼭 읽고 싶다는 뜨거운 염원을 담아 이 책장을 돌리면, 불경을 읽은 것과 똑같은 공덕을 틀림없이 얻을 수 있다는 것이다. 이상의 예로 '나조라에루'라는 말의 종교적인 의미는 충분히 설명되었을 것이다.

이 말의 마술적인 의미가 너무 다양해 예를 들지 않고는 온전히 설명할 수 없는데, 우선은 다음의 예로 충분할 것이다. 시스터 헬렌(로제티의 시 '시스터 헬렌'에 등장하는, 밀랍을 녹여 저주 인형을 만든 전설 속 인물)이 작은 밀랍인형을 만든 것과 같은 이유로, 당신이 작은 짚 인형을 만들어 축시(丑詩)에, 절 숲 속의 어느 나무에 대못보다 긴 못으로 그 인형을 박았다고 하자. 그 뒤 그 짚 인형으로 표현된 상대가 번민 속에서 무참히 죽어갔다면 '나조라에루'라는 말의 또 다른 의미가 확실해질 것이다. 다른 예를 하나 더 들어보자. 밤에 당신 집에 도둑이 들어 귀중품을 훔쳐갔는데 마당에서 도둑의 발자국이 발견되었다. 이때 바로 그 발자국 걸음걸음마다 뜸쑥을 태우면, 도둑의 발바닥이 이글이글 타들어 스스로 자수해서 용서를 빌지 않는 한 쉬지도 자지도 못하게 될 것이다. 이것 역시 '나조라에루'라는 말을 설명하는 의태적 마술의 한 종류이다. 그리고 세 번째가 바로 무겐종의 다양한 전설과 같은 종류의 것이다.

종이 깊은 늪 속에 굴러 떨어진 뒤에는 이것을 두드려 부수려 해도 종을 칠 수가 없었다. 이를 안타깝게 여긴 사람들은 이 종을 대신할 만한 것을 부숴, 거울의 주인이었던 고인의 영혼을 위로하려 했다. 이런 행동을 한 이들 중 하나는 우메가에라는 여자로, 일본 전설에서는 겐지의 무장(無將)*¹ 가지와라 카게스에〔梶原景季〕와의 관계로 유명하다. 두 사람이 함께 여행하던 어느 날 돈이 떨어진 가지와라가 몹시 곤란한 상황에 처했다. 그러자 우메가에는 무겐의 종 이야기를 떠올렸고, 청동 대야를 꺼내어 머릿속에서 그것을 무겐종이라 여기고는, 깨질 때까지 두드리고 또 두드렸다. 그리고 돈 300냥을 내려달라고 큰 소리로 외쳤다. 두 사람이 묵고 있던 여관의 손님 중 한 명이 대야를 두드리며 크게 소리치는 연유를 물었다. 그리고 궁박한 신세를 들은 그는 실제로 우메가에에게 금화 300냥을 주었다고 한다. 훗날 우메가에의 청동 대야에 얽힌 노래가 만들어져서 지금도 게이샤들이 애창하는 곡이 되었다.

    우메가에의 대야를 두드려서
    돈이 나온다면
    여러분, 몸값을
    부탁합니다. *²

---

*1 라프카디오 헌은 가지와라 카게스에를 '헤이케의 무장'으로 잘못 쓰고 있기에 '겐지의 무장'으로 바로잡았다.
*2 라프카디오 헌은 영어 원서에서 이 노래에 주석을 붙여 "내가 우메가에의 대야를 두드려 돈이 나온다면, 여러분 몸값은 제가 맡겠습니다"라는 뜻으로 번역하지만, 그것은 본의미와 다르다.

이런 일이 있은 뒤로 무겐종의 평판은 더 높아졌다. 많은 사람이 우메가에의 행동을 따라하며 자신에게도 행운이 오길 바랐다. 그런 사람들 중에 무겐산 근처 오이가와 강변에 사는 타락한 농민이 있었다. 방탕한 생활로 재산을 탕진한 이 남자는 궁리 끝에 자기 집 마당에 점토로 무겐종을 본뜬 종을 만들었다. 이 점토 종으로 막대한 부를 손에 넣기를 큰 소리로 빌면서, 이를 두드려 부수었다.

그러자 마당 앞 땅속에서 헝크러진 긴 머리에 흰 옷 입은 여자가 뚜껑 덮인 항아리를 들고 눈앞에 나타났다. 그러고는 말했다.

"당신의 간절한 기도를 이루어주기 위해 왔습니다. 그러니 부디 이 항아리를 받아주십시오."

여자는 항아리를 남자 손에 건네고는 사라졌다.

남자는 기뻐 날뛰며 자신의 집으로 잽싸게 달려가 이 소식을 아내에게 전했다. 그리고 아내 앞에 뚜껑을 덮은 항아리를 놓았다. 항아리는 묵직했다. 부부는 둘이 함께 뚜껑을 비집어 열었다. 보니 이 항아리는 주둥이까지 가득히……

아니, 가만. 항아리에 무엇이 가득한지 내 입으로 말할 수 없지.

해바라기

　집 뒤에 있는 깊은 숲 언덕에서 로버트와 나는 요정의 고리를 찾고 있었다. 로버트는 여덟 살. 귀엽고 아주 영리한 아이다. 나는 이제 막 일곱 살이 되었다. 그래서 무슨 일에서든 로버트를 형처럼 따랐다. 해가 쨍쨍 내리쬐는 8월의 어느 날이었다. 더운 공기 속에는 코를 찌르는 듯 강한 송진 냄새가 자욱했다.
　우리는 요정의 고리(버섯 등이 자라서 풀밭에 고리 모양으로 생기는 검푸른 부분. 서양에서는 이것을 요정들이 춤춘 흔적이라 믿었다.)를 찾지 못한 대신에 우거진 여름 풀 속에서 커다란 솔방울을 많이 찾아냈다. 나는 로버트에게 웨일스에서 전해오는 이야기를 들려주었다. 옛날에 어떤 사람이 요정의 고리인 줄도 모르고 그 안에 들어가 잠이 들어버렸다. 그 사람은 7년 동안이나 모습을 보이지 않았다. 그리고 친구들이 간신히 그를 마법에서 구해냈을 때 그 사람은 말을 할 수도 음식을 먹을 수도 없게 되어 있었다는 이야기였다.
　"그 녀석들은 말이지, 바늘 끄트머리만 먹고 살아."
　로버트가 말했다.
　"누가?"
　내가 물었다.
　"요정이지."
　나는 태어나서 처음으로 들은 이야기에 놀라기도 하고 무섭기도 해서 입을 다물어버렸다. 로버트가 갑자기 큰 소리로 외쳤다.
　"야, 하프장이가 왔다. 저 봐, 집으로 오는데."
　우리는 하프 연주를 들으러 언덕을 뛰어내려갔다. 그런데 이건 또 웬 인물인가. 그림책에 나오는 고상한 백발 음악가와는 전혀 닮은 구석이 없는 남자였다. 햇볕에 그을린 거무스름한 살갗에다가 몸집은 다부지며 머리털이 덥수룩하게 자라, 꼭 부랑자처럼 생긴 녀석은 찌푸린 시커먼 눈썹 아래로 유들유들한 검은 눈을 빛내고 있다. 음악가라기보다는 벽돌이나 바르는 미장이 같았다. 게다가 옷은 또 코르덴이다.
"저 녀석, 웨일스어로 노래하는 걸까?"
로버트가 작은 목소리로 중얼거렸다.
나는 이미 입도 열기 싫을 정도로 실망하고 말았다. 하프장이는 그 커다란 악기를 우리 집 현관 돌층계에 걸치고는 지저분한 손가락으로 모든 현을 전부 디링 디링 하고 켜보더니, 성난 듯이 헛기침을 한 번 하고서 노래를 시작했다.

믿어 주오. 오늘 내가 사랑스럽게
바라보는 그대의 젊고 아리따운 매력을.

그 곡조, 거만한 모습, 그 목소리. 모든 것이 말로 다할 수 없는 반감을 불러일으켰다. 지독히도 상스러워 보여서 소름이 끼쳤다. "뭐야, 너 같은 놈은 노래 부를 자격이 없어!" 커다란 목소리로 이렇게 호통치고 싶었다. 내 작은 세계에서 가장 그립고 또 가장 아름다운 사람의 입술에서 이 노래가 흘러나오는 것을 들은 적이 있다. 그런 노래를 뻔뻔스럽게도 이 상스러운 무작배기가 불러대다니, 나는 마치 바보 취급이라도 당한 기분이 들어서 가슴이 아파왔다. 모욕이라도 당한 듯 화가 치밀었다. 그러나 그것은 한순간일 뿐이었다. '오늘'이라는 그 말이 흘러나오자마자, 힘이 들어간 둔탁한 목소리가 갑자기 형용할 수 없이 다정한 목소리로 떨리기 시작했다. 이런 생각을 하는 사이에 이번에는 목소리가 또 놀랄 만큼 변하여 어쩐지 커다란 오르간의 저음처럼 굵고 낭랑한 음조가 되더니, 한없이 맑아지기 시작했다. 듣는 동안 나는 지금까지와는 전혀 다른 감정에 사로잡혔다. 이 남자는 어떤 마법을 터득한 것일까. 얼굴을 찡그린 이 떠돌이는 무슨 비법이라도 아는 게 아닐까. 아아, 세상에 이런 가수가 또 있을까 생각하는 사이, 그의 모습이 한들한들 흔들리다가 서서히 희미해졌다. 그러자 집도 또 잔디밭도, 눈에 보이는 모든 사물의 형태가 모조리 눈앞에서 흔들리다가 나는 본능적으로 이 남자가 두려워졌다. 아니, 딱 미워졌다. 이런 놈의 솜씨에 이렇게 감동하다니, 부아가 치밀기도 하고 부끄럽기도 해서 얼굴이 절로 붉어지는 것이 스스로도 느껴졌다.

"저 녀석이 너를 울렸구나."

로버트가 낌새를 알아차리고 달래듯이 말했다. 내 마음은 더욱더 흐트러지고 말았다. 그때 하프장이는 6펜스 동전을 하나 받았는데 전보다 조금 후하다고 생각했는지, 고맙다는 말도 없이 황새걸음으로 냉큼 가버렸다.

"어쨌든 저 녀석은 분명 집시일 거야. 다 나쁜 놈들이지. 전부 마법사들이라고. 이봐, 다시 숲에 가자."

우리는 또 소나무 숲 쪽으로 올라갔다. 그리고 소나무 잎 사이로 볕이 드문드문 비치는 수풀 위에 웅크리고 앉아 마을과 바다를 내려다보았다. 하지만 우리는 더 이상 아까처럼 즐겁게 놀지는 않았다. 그 마법사의 주문에 단단히 걸려 있었기 때문이다. 마침내 내가 말을 꺼냈다.

"어쩌면 아까 그 녀석은 도깨비일지도 몰라. 아니면 요정일까?"

"아니야." 로버트가 말했다. "그놈은 그냥 집시야. 집시라는 건 나쁜 놈이라는 말이랑 거의 똑같아. 집시들은 아이들을 유괴하잖아."

"여기 올라오면 어떡하지?"

나는 주위의 적막함이 갑자기 무서워져서 숨을 헐떡였다.

"아니, 이런 데 올 리가 없지." 로버트가 대답했다. "해가 떠 있을 때는 올 턱이 없어."

*

바로 어제 있었던 일이다. 다카타 마을 근처에서 영국인들과 마찬가지로 일본인들도 '해바라기'라 부르는 꽃을 보았다. 그러자 불현듯 40년의 시공을 넘어 그 떠돌이 하프장이의 목소리가 또 한 번 내 마음속에 메아리쳤다.

저녁 해 배웅하는 해바라기의
눈 속에서 맞이하는 아침 해여

나는 다시 한 번 아득한 웨일스의 언덕을 드문드문 비추던 햇빛의 환영을 보았다. 순간 로버트가 소녀 같은 얼굴에 금빛 고수머리를 늘어뜨리고는 내 곁에 섰다. 우리는 요정의 고리를 찾고 있었다. 하지만 로버트는 벌써 한참 전에 바다에서 재난을 당하여 지금은 고귀한 이역 사람이 되었다. 사람은 벗을 위해 자신의 목숨을 버리기도 한다. 그 사랑이 이보다 더 클 수는 없으리.

오소리

도쿄 아카사카(赤坂)에는 기노쿠니자카(紀伊國坂)라는 언덕이 있다. 이 언덕길이 왜 이렇게 불리게 되었는지 그 연유는 알려지지 않았다. 언덕의 한쪽은 오래된 해자(성 둘레의 구덩이)인데, 깊기도 깊거니와 폭도 꽤 넓어 푸른 제방이 어느 저택의 정원까지 높다랗게 솟아 있다. 다른 쪽은 궁궐의 높은 벽으로 석벽이 길고 높게 이어져 있다. 가로등이나 인력거가 세상에 나오기 전, 이 일대는 해가 저물면 인적이 끊겨 무척 적적했다. 그래서 귀가가 늦어진 사람들은 해가 진 뒤에 혼자 기노쿠니자카를 넘느니 멀리 돌아 가더라도 다른 길을 택하곤 했다.

이는 그 부근에 출몰하는 오소리 한 마리 때문이었다.

오소리를 마지막으로 본 사람은 교바시(京橋)에 살던 늙은 상인인데, 벌써 30년쯤 전에 세상을 떠났다. 이 이야기는 그 노인이 들려준 것이다.

어느 날 밤, 꽤 깊은 시각, 그 상인은 기노쿠니자카를 종종걸음으로 넘어가다가 해자 가장자리에 웅크리고 앉아 있는 한 여인을 보았다. 여인은 홀로 심하게 흐느끼고 있었다. 분명 여인이 해자에 몸을 던져 죽을 생각이라고 짐작한 남자는 뭔가 도움을 줄 수 없을까, 자기 힘으로 어떻게 위로해줄 수 없을까 하고 발길을 멈추었다. 호리호리하고 기품 있는 여인으로, 차림새도 단정하고 머리도 양갓집 규수처럼 높게 틀어 올려 있었다.

"부인." 남자는 큰 소리로 부르면서 가까이 다가갔다. (그 시절에는 안면이 없는 젊은 여성을 '부인'이라고 부르는 것이 예의였다.)

"부인, 그렇게 울지 마십시오. 뭔가 어려운 일이 있으면 말씀해보세요. 도울 수 있다면 기꺼이 힘을 보태겠습니다."(상인의 말은 마음속에서 우러나온 것이었다. 그는 정말로 친절한 마음씨를 지닌 사람이었다.) 그러나 여자는 울음을 그치지 않았다. 그리고 긴 한쪽 소매로 우는 얼굴을 남자에게서 감추었다.

"부인." 그는 가장 부드러운 목소리로 또다시 말을 걸었다. "자, 우선 제 말을 들어보세요……. 이곳은 아무리 봐도 부인께서 밤중에 계실 만한 곳이 못 됩니다. 부탁이니 울지 마십시오. 자, 어떻게 하면 제가 도움이 될 수 있을지 말씀해 보세요."

여인은 천천히 몸을 일으켰지만, 여전히 등을 돌린 채 긴 소매로 얼굴을 감추고 흐느껴 울었다. 그는 여인의 어깨에 살짝 손을 얹고 하소연하듯이 말했다.

"부인, 부인, 부인. 자, 제 말을 들어보세요. 잠깐이면 되니까……. 부인, 부인." 그러자 그 부인은 이쪽을 돌아보면서 소매를 치우고는 자기 얼굴을 손으로 매끈하게 쓰다듬었다. 얼굴을 보니, 눈도, 코도, 입도 없다. 으악 하고 남자는 비명을 지르며 달아났다. 기노쿠니자카 위쪽으로, 위쪽으로 혼비백산하여 달아났다. 주변은 온통 새카만 어둠으로 덮였고, 허공 외에 아무것도 보이지 않았다. 너무나 두려워서 뒤도 돌아보지 못한 채 그저 달리고 달렸다. 그러자 가까스로 초롱 불빛이 보이기 시작했는데, 멀찍이 있어서인지 겨우 반딧불만 해 보였다. 그가 불빛을 향해 쏜살같이 달려간 곳은 길가의 메밀국수집이었다. 이런 무서운 일을 당하고 나니 불빛이든 뭐든, 거기에 말이 통하는 사람이 있는 것만으로도 좋았다. 상인은 달려가자마자 메밀국수집 앞에 비슬비슬 주저앉고는, 그저 "아아! 아아! 아아!" 하고 비명을 질렀다.

"이보시오, 이보시오." 메밀국수 장수가 무뚝뚝하게 말했다. "이것 보시오, 도대체 무슨 일입니까? 누가 당신을 해치기라도 했습니까?"

"아니, 아무도 나를 해치지는 않았어."

상인은 헉헉대면서 말했다.

"그저…… 아아, 아아!"

"그저 겁만 줍디까?"

메밀국수 장수는 조금도 동정하지 않는 모습으로 물었다.

"아니면 노상강도라도 만났나보지요?"

"아니, 노상강도도 아니야, 노상강도도 아니야."

공포에 질린 남자는 헐떡거렸다.

"나왔어……. 나왔단 말이야, 여자가. 해자 언저리에서! 그 여자가 보여

준 걸……. 아아, 그 여자가 무엇을 보여주었는지 자네한테 말해봤자 모를 거야!"

"허허! 혹시, 그 여자가 당신한테 보여준 게 이런 거 아니었습니까?"

메밀국수 장수는 큰소리로 한마디 하더니 제 얼굴을 손으로 매끈하게 쓰다듬었다. 그러자, 남자의 얼굴이 커다란 달걀처럼 밋밋해졌다……. 그리고 노점의 불빛도 사라졌다.

나비

1

 일본의 문학에서 '노산(盧山)'*¹이라는 이름으로 알려진 중국학자의 행복을 나도 어떻게든 누렸으면 한다! 이 학자는 하늘의 선녀인, 두 영적 처녀의 사랑을 받았기 때문이다. 이 두 선녀는 열흘마다 이 학자를 찾아와 나비에 관한 이야기를 들려주었다. 중국 설화에는 나비에 관한 것—괴담 비슷한 것—이 무척 많다. 나는 그것에 관해 알고 싶다. 하지만 중국어를 모른다. 아니, 일본어조차도 제대로 읽지 못한다. 그런데 요즘 내가 우여곡절 끝에 조금씩 번역을 계속하고 있는 일본의 시가에선 중국의 호접(胡蝶) 이야기를 다룬 작품이 매우 많이 나온다. 그래서 탄탈로스와*² 같은 괴로움을 겪는다. ……물론 그런 선녀들이 나 같은 회의적인 사람에게 나타나줄 리도 없겠지만.

 나는 이런 것에 대해 알고 싶다. 옛날 중국에는 나비 떼들이 꽃으로 착각하고 몰려든 소녀가 있었는데—그럴 정도로 그 소녀는 달콤한 향내를 풍기고 아름다웠던 모양이다—그 중국 소녀의 이야기 전체를 알고 싶다. 또 나비로 하여금 자기의 연인을 고르게 했다는 그 현종황제, 즉 명황(明皇)의*³ 나비에 대해서도 보다 자세히 알았으면 한다. ……현종황제는 웅장하고 화려한 궁정의 정원에서 항상 주연을 벌였다. 그리고 그곳에선 수많은 절세미

---

*1 원문 'Rōsan'의 노산은 유자경을 말한다. 〈계신비원(稽神秘苑)〉에 '劉子卿居盧山, 有五綵雙蝶'이라고 나온다.

*2 탄탈로스는 그리스신화에서 제우스와 플루토(크로노스 또는 아틀라스의 딸) 사이에서 태어났다. 리디아의 시필로스 산의 왕. 자기 아들인 펠롭스를 죽여서 신들에게 식사로 바친 까닭에 노여움을 샀지만, 자기는 신들의 음식을 먹고 있었으므로 불사의 몸이 되었다. 그러나 그로 인하여 영원한 벌을 받아 지옥의 연못에 빠져서 목까지 물에 담그고 있어야 했다. 물을 마시려 하면 물이 없어지고, 머리 위에 드리워진 과일을 따먹으려 하면 어느새 그것이 멀어져서 줄곧 굶주림과 목마름에 시달렸다고 한다.

*3 원문 the Emperor Gensō, or Ming Hwang. 〈개원유사(開元遺事)〉에 '明皇宮中春宴' 운운 하는 글이 나온다.

인이 시중을 들고 있었다. 망에 든 나비를 풀어놓으면 나비는 미인 중에서도 가장 아름다운 여성에게로 날아간다. 그러면 황제는 그 빼어나게 아름다운 여성을 총애하는 것이다. 그런데 양귀비(중국 발음으로는 양퀘이훼이라고 한다*4)를 처음 본 뒤로는 총희(寵姬)를 고르기 위해 나비를 수고스럽게 하는 일을 그만두었다. 이것은 불행한 일이었다. 왜냐하면 양귀비는 황제를 부득이하게 재앙의 구렁텅이로 빠뜨렸기 때문이다. ……아울러 나는 일본에서 장주(莊周)라는*5 이름으로 익숙한 중국의 학자, 즉 꿈속에서 나비로 변신하여 나비가 지닌 온갖 감각을 경험했던, 그 학자의 경험에 대하여 보다 자세히 알았으면 한다. 장주의 혼은 나비가 되어 실제로 온 세상을 돌아다녔던 것이다. 그리고 장주가 꿈에서 깼을 때는 나비라는 생명체의 기억이나 감정이 마음속에 너무나도 선명하게 남은 탓에 인간처럼 행동할 수 없었다는 것이다. ……마지막으로 나는 각종 나비를 두고서 저것은 어느어느 황제의 혼령이고, 저건 측근 누구누구의 혼령이라는 식으로 공인했던 중국 어느 시대의 관찬인가서(官撰認可書)에 대해서도 알고 싶다.

나비에 관한 일본의 문학은 얼마 되지 않는 시가를 제외하면 대개 중국에서 기원한 것이다. 일본의 미술, 가요, 생활풍속 가운데 이토록 재미나게 표현된 제재인 나비에 대한 민족적인 옛 미적 감정도 모두 중국의 가르침에서 시작되어 발전한 것이리라. 일본의 시인이나 화가가 '예명', 즉 직업상의 호칭*6으로서 '접몽(蝶夢, 나비의 꿈)'*7이라든가 '일접(一蝶, 단 한 마리의 나비)'*8 같은 이름을 종종 쓰는 것을 보아도 중국의 선례에서 그것이 유래되었음이 입증되리라 생각한다. 오늘날에도 '접화(蝶花, 나비와 활짝 핀 꽃)', *9 '접길(蝶吉, 나비의 행복)', *10 '접지조(蝶之助, 나비의 구원)'*11 등의 예명이

---

*4 원문 Yōkihi(whom the Chinese call Yang Kwei Fei).
*5 원문 Soshū.
*6 원문 for their geimyo, or professional appellations.
*7 원문 Chōmu ("Butterfly Dream").
*8 원문 Ichō ("Solitary Butterfly").
*9 원문 Chōhana ("Butterfly Blossom").
*10 원문 Chōkichi ("Butterfly Luck"). 야쿠모(八雲)에서 '蝶吉'의 '길'을 'Luck'의 뜻이라고 가르쳐준 것이 누구였는지 모르겠다. 본디는 종업원, 지배인의 이름이었을 것이다.

춤추는 기생들 사이에선 즐겨 쓰인다. 예술가나 예능인 등의 예명뿐만 아니라, 한 개인의 실명(呼び名)*¹²에도 나비를 뜻하는 '호접'이나 '접'*¹³이 쓰인다. 이런 이름은 원칙적으로 여성만이 쓰도록 되어 있지만, 드물게 예외도 있다. ……또한 무츠(陸奧) 지방에는 한 집안의 막내딸을 '데코나'*¹⁴라고 하는 기묘한 옛 풍습이 아직도 남아 있다는 사실을 언급해두어야겠다. 다른 지방에선 사라진 이처럼 독특하고 재미난 말은, 무츠 지방의 방언으로는 나비를 의미한다. 이 말은 일본 고전시대에는 미인을 뜻하기도 했다.

일본의 신앙 가운데 나비를 둘러싼 기묘한 것들이 중국에 기원을 두고 있다는 것은 매우 있을 법한 이야기이다. 그러나 이런 신앙들은 어쩌면 중국 자체보다 훨씬 더 오래된 것인지도 모른다. 그 가운데 가장 흥미를 끄는 것은 "현재 살아 있는" 인간의 영혼이*¹⁵ 나비가 되어 훨훨 날아다닌다는 신앙이다. 여기에서 몇 가지 아름다운 상상이 전개된다. 예를 들면 나비가 방 안으로 날아와 대나무 발에 앉거나 하면 기다리는 사람이 곧 올 조짐으로 여기는 것 등이다. 나비가 어떤 사람의 혼령이라 해도 그 때문에 나비를 무서워할 이유는 전혀 없다. 하지만 유난히도 많은 나비가 나타나 공포를 불러일으키기도 한다. 일본의 역사서는 그런 사건 하나를 기록하고 있다.*¹⁶ 다이라노마사카도(平將門)가 그 유명한 반란을 은밀히 계획하던 때, 교토에는 엄청나게 많은 나비 떼가 나타나서 사람들을 공포에 몰아넣었다. 이런 특이한 현상은 이윽고 다가올 흉흉한 사건을 알려주는 전조라 여겼기 때문이다. ……이때의 나비는 어쩌면 전쟁터에서 죽어야 할 운명을 띤 수천의 병사들, 실제로 전쟁이 일어나기에 앞서 어떤 불가사의한 죽음의 예감과 마주할 수 있었던 수많은 사람들의 심정을 나타낸다고 믿었으리라.

* 11 원문 Chōnosuké ("Butterfly Help"). 섭지소의 '조(助)'도 단순히 겸원, 지배인의 호칭이었으나 후에 화류계에서 전용되었다. 야쿠모의 영역 "Butterfly Help"가 오역이 아닐 수도 있다. 다만, 현재 우리의 시각으로 보면 보다 확실한 정보를 알려준 사람이 없었나 싶어 유감이다.
* 12 원문 real personal names(yobina).
* 13 원문 such as Kochō, or Chō, meaning 'Butterfly'.
* 14 원문 Tekona.
* 15 원문 the soul of a living person.
* 16 〈吾妻鏡〉이 1665년 3월 17일의 기사와 관련하여 다이라노마사카도가 난을 일으킨 935년의 사건을 기록한 것을 가리킨다.

그런데 일본인의 신앙에는, 나비가 살아 있는 인간의 영혼이라는 것과 더불어 죽은 사람의 혼령이라는 생각도 있다. 마지막으로 인간의 영혼이 육신에서 빠져나갔음을 알리기 위해 나비가 된다고 믿는 것이다. 그런 까닭에 일본인들은 집 안으로 날아온 나비는 잘 대해주어야 한다고 생각했다.

이런 신앙을 다룬, 또 이 신앙과 관련된 기묘한 상상을 다룬 많은 암시를 통속연극에서도 볼 수 있다. 예를 들면 〈비출호접잠(飛出胡蝶簪)〉[*17]이라는 연극이 있다. 호접은 무고한 죄를 뒤집어쓰고 무자비한 일을 당해 자살에 이른 미인이다. 그녀의 원수를 갚으려는 남자는 극악무도한 장본인을 오랜 세월 찾아 헤맸지만 끝내 찾지 못한다. 그러나 마지막에 죽은 여인의 비녀(簪)가 한 마리의 나비로 변하고, 그 나비가 악당이 숨어 있는 집 위로 날아다님으로써 원수를 갚는 길잡이가 되어준다는 줄거리이다.

물론 결혼예식에 나오는 커다란 종이나비(수컷나비와 암컷나비가[*18] 있다)는 특별히 영혼의 의미를 지니지는 않는다. 다만 상징으로서, 사랑하는 두 사람이 하나로 결합하는 기쁨의 표현에 불과하다. 마치 한 쌍의 나비가 자기들 마음에 드는 곳을 찾아 뜰 안을 가볍게 노니듯이, 날아오르거나 날아 내려와서 서로 동행할 뿐 결코 헤어지지 않듯이 사이좋게 평생을 살라는 희망을 나타낸 것이다.

2

나비를 노래한 하이쿠[*19]는 계절의 미학적 측면에 대해 일본인이 지닌 관심을 설명하는 데 도움이 된다. 이 가운데 몇 개는 한 폭의 그림에 지나지 않는다. 17음절로 묘사된 작은 담채(淡彩) 스케치이다. 다른 몇 가지는 그야말로 경쾌하고 기발한 착상이나 아취를 암시하는 정도를 넘지 않는다. 그러나 독자는 거기서 많은 변화형태를 발견할 것이다. 열에 여덟아홉의 독자는 이런 시구들 자체에는 그다지 호감을 느끼지 않을지도 모르지만, 경구(警句) 풍의 일본 단시(短詩)를 맛보는 것은 실로 느긋하고 끈기 있어야만

[*17] 원문 tondé déru Kochōno Kanzashi
[*18] 원문 ochō and mechō
[*19] 원문 hokku.

누릴 수 있는 취미이다. 그리고 이런 종류의 작품의 가능성을 공정하게 평가하는 것은 인내심으로 연구를 거듭한 뒤에 천천히 단계를 밟아야만 가능한 능력이다. 성급한 비평을 내리는 논자는, 겨우 17음절의 시 때문에 이토록 지나치게 진지해야하다니 "바보짓이 아니냐?"고 했었다. 그렇다면 크래쇼가*20 카나의 혼인식의 기적을*21 노래한 그 유명한 구절은 무엇이랴!

    Nympha pudica deum vidit, et erubuit.
    (정숙한 젊은 여인은*22 예수님을 보고 얼굴을 붉혔다.)

---

*20 Richard Crashaw(1613?~1649) 영국의 시인으로 문학사에서 말하는 '형이상적 시인' metaphysical poets의 한 사람. 런던에서 개신교 목사의 아들로 태어나 캠브리지 대학에서 수학했으나, 종교적인 문제로 대학의 기숙사 피터하우스에서 쫓겨나 프랑스로 가서 가톨릭으로 개종했다. 피터하우스 시절의 친구 카우리(이 사람도 형이상적 시인의 한 사람이다)가 비서로 일했던 영국 왕비 헨리에타 머라이어(프랑스 왕 앙리4세의 막내딸로서 영국 왕 찰스1세와 결혼, 왕에게 지대한 영향을 미쳐 가톨릭교 금지를 완화시켰다. 이 때문에 국민의 반감을 사서 내란이 일어날 조짐을 보이자 프랑스로 망명했다가 왕정복고 이후에 영국으로 돌아갔다)의 비호를 받아 훗날 로마교황청에서 지위를 얻고 이탈리아의 롤레토로 부임했는데 얼마 뒤 사망했다. 분방한 상상력의 소유자로 그의 종교시에서는 열반의 경지를 엿볼 수 있고, 비종교시에도 아름다운 작품이 많다.

*21 카나는 팔레스티나 북부의 옛 도시로서 그리스도가 최초의 기적을 일으킨 곳이다. 《신약성서》 요한복음 제2장 1절에서 11절까지. '사흘째 되는 날, 갈릴래아 카나에서 혼인잔치가 있었는데, 예수님의 어머니도 거기에 계셨다. 예수님도 제자들과 함께 그 혼인 잔치에 초대를 받으셨다. 그런데 포도주가 떨어지자 예수님의 어머니가 예수님께 "포도주가 없구나" 하였다. 예수님께서 어머니에게 말씀하셨다. "여인이시여, 저에게 무엇을 바라십니까? 아직 저의 때가 오지 않았습니다." 그분의 어머니는 일꾼들에게 "무엇이든지 그가 시키는 대로 하여라" 하고 말하였다. 거기에는 유다인들이 정결례에 쓰는 80ℓ에서 120ℓ가 들어가는 돌로 된 물독 여섯 개가 놓여 있었다. 예수님께서 일꾼들에게 "물독에 물을 채워라" 하고 말씀하셨다. 그들이 물독마다 가득 채우자, 예수님께서 그들에게 다시, "이제는 이것을 퍼서 과방장에게 날라다 주어라" 하셨다. 그들은 곧 그것을 날라 갔다. 과방장은 포도주가 된 물을 맛보고 그것이 어디에서 났는지 알지 못하였지만 물을 퍼 간 일꾼들은 알고 있었다. 그래서 과방장이 신랑을 불러 그에게 말하였다. "누구든지 먼저 좋은 포도주를 내놓고, 손님이 취하면 그보다 못한 것을 내놓는데, 지금까지 좋은 포도주를 남겨 두셨군요." 이렇게 예수님께서 처음으로 갈릴래아 카나에서 표징을 일으키시어, 당신의 영광을 드러내셨다. 그리하여 제자들은 주님을 믿게 되었다.'

*22 Nympha라는 라틴어는 (A)젊은 여인, 소녀, (B)님프, 요정의 두 가지 의미가 있다. 님프는 샘, 개울, 우물, 동굴, 나무, 산(때로는 지방, 마을, 나라 등도 포함한다) 등의 자연의 정령을 여성화한 존재이다. 호메로스는 님프가 제우스의 딸들이라고 말한다. 고대 그리스

고작해야 14음절이다. 더구나 불후의 작품이기도 하다. 그런데 17음절의 일본어로 이것과 똑같은 경탄할만한 것들, 아니 실제로는 훨씬 더 경탄할만한 것들을 한두 번도 아니고 수천 번도 더 만들어내는 것이다. ……하기야 다음에 나오는 하이쿠는 문학적 기준에서 선택한 것이 아니라 경탄스럽지는 않다.

ぬぎかくる　羽織すがたの　胡蝶かな！
—乙州

〔벗어놓은 겉옷 같은 모양새의 나비로구나!〕

鳥刺しの　竿の邪魔する、胡蝶かな！
—一茶

〔새 잡는 장대에 훼방 놓고 있는 나비로구나!〕

釣り鐘に　とまりてねむる　胡蝶かな！
—蕪村

〔절의 범종에 멈춰서 잠을 자는 나비로구나!〕

寝るうちも*23　遊ぶ夢をや　草の蝶！
—護物

〔잠든 동안도 노니는 꿈이로다. 수풀의 나비!〕

起きよ起きよ*24　わが友にせん、寝る胡蝶！*25
—芭蕉

〔깨어라 깨어 너를 벗 삼으리 잠자는 나비여!〕

인과 로마인은 이 님프를 만난 사람은 오성을 잃고 광기를 일으킨다고 생각했다. 여기에 나오는 크래쇼의 시 한 줄은 카나의 혼례잔치를 노래한 것이므로 님프로 해석하기보다는 젊은 여인으로 해석해야 한다.

*23 원문 Nēru uchi mo 올바르게는 '寝(ぬ)るうちも'이다.
*24 원문 Oki, oki yo! 는 '起き起きよ'가 된다. 바쇼(芭蕉)의 유명한 구절인데 이렇게 잘못 읽히다니. 지은이의 주위 사람들이 무엇을 하고 있었는지 유감스럽다.
*25 원문 Nēru—kochō! 올바르게는 '寝(ぬ)る胡蝶'이다.

籠の鳥　蝶をうらやむ　目つきかな！

—— 一茶

〔새장 속의 새 나비를 시샘하는 눈빛이구나！〕

蝶蝶とんで　風なき日とも　見えざりき！

—— 曉臺

〔나비가 노니니 바람 없는 날로 안 보이누나！〕

落花枝に　かへると見れば　胡蝶かな！

—— 守武

〔떨어진 꽃 가지로 돌아가니, 아니, 나비구나！〕

散る花に　軽さあらそふ　胡蝶かな！

—— 春海

〔날리는 꽃과 가벼움을 다투는 나비로구나！〕

てふてふや！　をんなの足の　後や先！

—— 素園

〔나비 나비야！ 여인의 걸음 따라 앞뒤로 나네！〕

てふてふや！　花ぬすびとを　蹤けて行き！*26

—— 丁濤

〔나비 나비야！ 꽃도둑을 뒤쫓아 날아가누나！〕

秋の蝶　友無ければや……　人につく。

—— 可都里

〔가을의 나비 친구가 없으니…… 사람을 뒤따르네.〕

＊26 원문 Tsukéte yuku! 물론 '蹤けて行き'의 잘못이다.

나비　363

追はれても　急がぬふりの　蝶蝶かな!

―我樂

〔쫓기면서도 서두르지 않는 척하는 나비여!〕

蝶はみな　十七八の　姿かな!

―三津人

〔나비는 모두 열일고여덟 살의 모습이구나.〕

蝶とぶや　此の世の恨み　なきやうに!
〔노니는 나비 이 세상에 바라는 게 없다는 듯!〕

波の花に　とまりかねたる.胡蝶かな!

―文晁

〔파도 꽃에서 날개를 쉬길 망설이는 나비여!〕

むつまじや!*27　生まれかはらば　野辺の蝶.

―一茶

〔정다워라! 다시 태어나면 들판의 나비 되리.〕

撫子に　てふてふ白し　たれの魂!

―子規

〔패랭이꽃 위에 하얀 나비 누구의 영혼이뇨!〕

一日の　妻と見えけり　蝶ふたつ。

―蓼太

〔하루짜리 아내가 나타났도다 나비 두 마리.〕

来ては舞ふ　二人靜の　胡蝶かな!

＊27 원문 Mutsumashiya의 '睦しや'는 당연히 '睦じや'의 잘못이다.

—月化

〔와서 춤추는 두 사람은 고요한 나비로구나!〕

蝶を追ふ　心もちたし　いつまでも！

—杉長

〔나비 좇는 마음 간직하겠노라 언제까지나!〕

나비에 관한 시의 이러한 견본 외에 같은 소재로 쓰인 일본 산문문학 가운데 진귀한 예가 하나 있어서 그것을 보여 드리고자 한다. 그 원전은 《벌레에 간하다〔虫諫〕》라는 아주 보기 드문 고서에서 발견한 것인데 내가 자유롭게 번역해 보았다. 이 작품은 한 마리 나비의 이야기를 들려주는 형식을 빌리고 있지만, 실제로는 인간사의 도덕적 의의에 대한 교훈적인 풍유(諷諭)이다.

봄 햇살 아래 바람이 살랑살랑 분다. 연분홍 꽃이 피어 있다. 풀은 부드럽고, 사람의 마음은 즐겁다. 나비들은 곳곳에서 기쁨에 넘쳐 춤춘다. 그래서 많은 사람들이 나비들에 대해 한시나 와카(和歌)를 만드는 것이다.

그리고 이 계절이야말로, 오 나비여, 너희의 찬란한 번영의 계절이다. 너희는 지금 정말 아름답고 이 세계에서 가장 아름답다. 다른 곤충들 모두가 너희를 칭찬하거나 질투한다. 너희를 부러워하지 않는 곤충이 한 마리라도 있을까. 어떤 곤충인들 너희를 시샘하고 질투하지 않으랴. 인간 또한 너희를 칭찬하고 부러워한다. 중국의 장주(莊周)라는 사람은 꿈에 너희의 모습을 빌렸다. 일본의 사고쿠〔佐國〕*28라는 사람은 죽은 뒤 너희의 모습을 빌려 혼령이 되어 나타났다. 아니, 너희는 곤충이나 인간에게만 부러움을 산 것이 아니다. 영혼이 없는 것까지도 자신을 너희의 모습으로 바꾼다. 살아 있는 보리를 보라, 그것도 나비가 되지 않는가.*29

그리하여 너희는 거만해져서 이런 생각을 한다.

'이 세계 어디를 찾아봐도 우리보다 뛰어난 것은 없다!' 아! 너희가 마음속에서 무엇을 생각하느냐는 이미 보인다. 자신의 모습에 너무나 만족

---

*28 원문 Sakoku of Japan.
*29 〈수신기(搜神記)〉에서 '朽葦爲螢 麥爲蝴蝶'이라는 글을 볼 수 있다.

하는 너희. 그리하여 어떤 바람이 불든지 상관 않고 그토록 가볍게 바람에 몸을 맡긴다. 너희는 한시도 잠자코 있는 법이 없다. 항상 이런 생각을 한다. '이 세상에 나만큼 행복한 것은 하나도 없다.'

그러나 너희도 조금은 자신의 지난날을 생각해 보는 것이 좋다. 이거야말로 생각해 볼만한 가치가 있다. 너희의 성장에는 천한 면이 있지 않느냐. 무엇이 천하냐고? 좋다. 너희는 태어난 뒤, 꽤 오랫동안 자신의 모습에 대해 만족할 만한 이유가 없었다. 그 무렵 너희는 단지 채소벌레였다. 온몸이 털투성이 유충이었다. 게다가 너무나 가난해 알몸에 걸칠 옷 하나 없었다. 차마 눈 뜨고 볼 수 없는 모습이었다. 그때의 너희를 본다면 누군들 증오하지 않으랴. 사실 제 몸을 꺼림칙하게 느끼는 것도 무리는 아니었다. 너무나 꺼림칙해 너희는 낡은 잔가지나 부스러기를 모아 그 안에 몸을 숨겼다. 그리고 은신처를 마련해 나뭇가지에 매달았다. 그러자 이번에는 모두가 그것을 보고 "도롱이 벌레다!"*30라고 마구 소리를 질렀다. 게다가 그 시절에 너희가 저지른 죄악이란 대단한 것이 아니냐. 아름다운 벚나무가 마침내 무성해진 부드러운 어린 싹 사이로 너희와 동료들은 왕창 모여들었다. 그 터무니없는 추태라니. 벚꽃의 아름다움을 보려고 멀리서 온 사람들은 너희를 한 번 보면 모처럼만의 기대감이 깨지고 말았다. 그보다 더 증오할 만한 죄도 너희는 저질렀다. 너희는 가난한 남녀들이 그 밭에 '무'*31를 재배하고 있다는 것을 알아야 했다. 그 무를 정성들여 키우려고 뜨거운 햇살에도 열심히 일했다. 그런데도 너희가 그것을 모조리 먹어치워 모두의 마음을 괴롭게 만든 것이다. 너희는 그 잎사귀를 다 먹어 추악하게 만들어버렸다. 그 가난한 사람들의 수고 따위는 조금도 고려하지 않았다. 그런 것이다. 너희는 그런 자들이었다. 너희가 저지른 일이란 그런 것이었다.

그런데도 너희는 아름다운 모습이 된 지금, 예전 친구들을 경멸한다. 가끔 그들은 만났을 때 자신들은 그런 곤충과는 모르는 사이라는 듯 행동한다. *32 지금 너희는 부자나 신분이 높은 인간이 아니면 친구로 사귀어 보려

---

*30 원문 "Raincoat Insect!' (Mino-mushi)

*31 원문 daikon.

*32 원문 (literally, 'You makes an I don't know face').

고도 하지 않는다. ……. 아! 너희는 예전 일들을 잊었다. 그렇지 않은가?
 많은 사람이 너희의 과거는 잊은 채 현재의 우아한 모습이나 순백의 날개만을 보고 매력에 빠져 너희를 시나 노래로 읊는 것은 사실이다. 이전의 너희 모습은 한번 보자마자 참을 수 없었던 고귀한 태생의 아가씨들까지도 지금은 아주 기뻐서 너희를 바라보고, 너희가 제발 자기의 비녀에 앉아주기를, 자기 손에 든 고급 부채에 내려앉기를 바라고 있다. 그리고 보니 이에 너희에 관한 고대중국의 이야기가 하나 있다. 그다지 신통치는 않다만.
 현종황제 치하, 궁에는 수백 아니 수천의 아름다운 궁녀가 있었다. 너무 많아서 누가 가장 인물이 좋은지 결정하기가 꽤 어려웠다. 그래서 이 미녀들 모두를 한곳에 모은 뒤, 너희를 데려와 그녀들 사이를 자유롭게 날게 하였다. 너희가 앉은 비녀의 주인이 황제의 침소에 들게 되는 것이다. 그때 황후는 한 명이어서는 안 되도록 되어 있었다. 이것은 좋은 법률이었다. 하지만 현종황제는 너희 때문에 국가에 중대한 재앙을 초래하고 말았다. 모두 너희의 마음이 경솔하고 천박한 탓이다. 너희는 외모만 보지 않았느냐. 많은 미녀들 가운데 마음이 바른 여성도 몇은 있었을 텐데 너희는 오로지 겉모습이 가장 예쁜 사람에게만 갔던 것이다. 그 때문에 많은 궁녀들은 여자로서의 바른 길을 잊어버리고 단지 남자의 눈에 아름답게 보이려고만 했다. 그 결과 현종황제는 초라하고 고통스런 최후를 맞이했다. 사실 너희들의 거짓 없는 본성이라는 것은 그 밖의 일로도 쉽게 간파할 수 있다. 세상에는 예를 들면 떡갈나무나 소나무와 같은 나무가 있다. 그 나무의 잎은 시들거나 마르는 일 없이 항상 푸르르다. 이 나무야말로 도덕심이 있고 절개가 높다. 그러나 너희는 멋없고 네모져서 그 얼굴을 보는 것도 싫어하고, 한 번 찾지도 않는다. 벗나무나 해당화*33나 함박꽃이나 노란 장미나 그런 꽃나무에만 너희는 간다. 그러한 나무가 보기 좋은 꽃을 피우기 때문이다. 너희는 단지 상대를 즐겁게 하려는 것뿐이다. 이러한 행동은 이쪽에서 말하자면 정말 부당하다. 그 나무들은 아름다운 꽃을 피우기는 하나 무엇 하나 배를 채우는 열매는 맺지 않는다. 단지 사치나 허영을 좋아하는 데다 겉치레나 보일 뿐이다. 그 나무들이 너희의 펄럭이는 날

---

*33 원문 the kaido.

개나 섬세한 모습을 기뻐하는 것은 분명 이유가 있다. 그 까닭에 너희에게 친절하게 구는 것이다.

지금, 이 봄에 너희는 부잣집 정원을 들떠서 날고, 벚꽃이 만개하여 아름다운 거리에서 거리로 떠돌며 이렇게 혼잣말을 한다. "세상에 나만큼 즐거움을 누리고 훌륭한 친구를 둔 존재가 또 있을까. 누가 뭐라든지 나는 함박꽃이 가장 좋아. 그리고 저 황금빛 장미는 내가 가장 사랑하는 것이지. 저것이 이렇게 해주면 좋겠다고 지시하는 일에는 모두 그대로 해 줄 작정이다. 왜냐하면 그것이야말로 나의 체면이고 나의 즐거움이이니까" ......너희는 그렇게 말한다. 그러나 풍만하고 우아한 꽃의 계절은 실로 짧다. 꽃들은 바로 시들고 지지 않느냐. 이윽고 더운 여름이 되면 푸른 잎뿐일 것이다. 그리고 어느새 가을바람이 불 것이다. 그때에는 그 잎도 비처럼 뚝뚝*34 떨어지겠지. 너희의 운명은 그때 그 속담 '믿는 나무 아래에 비가 온다'*35 '피난처로 믿었던 나무를 뚫고 비가 뚝뚝 떨어진다'처럼 비운의 인간의 운명과 같아질 것이다. 너희는 옛 친구, 굼벵이같이 뿌리를 갉아먹는 벌레들을 찾아내어 제발 옛날의 그 그리운 구멍 속으로 돌아가게 해달라고 애원할 것이다. 그런데 너희의 그 날개, 그것이 방해가 되어 옛날 구멍에는 들어갈 수 없다. 너희는 천지 어디에도 너희 몸을 숨길 수가 없다. 이 시기에는 수초도 모두 말라버린다. 너희는 혀를 적실 한 방울의 이슬조차 먹을 수 없을 것이다. 그렇게 되면 쓰러져 죽음을 기다리는 것 말고는 아무것도 할 수 없다. 그것은 모두 너희의 천박하고 경솔한 마음 탓이다. 그렇다 해도 이 얼마나 처량한 신세인가!

3

나비에 관한 일본 이야기는 이미 말한 것처럼 그 대부분이 중국에서 유래했음을 엿볼 수 있다. 그러나 여기에 어쩌면 토착이라 할 만한 설화가 하나 있다. 극동에는 '로맨틱 러브' 같은 것은 없다고 믿는 사람들을 위해서 꼭 이야기해 둘 만한 가치가 있다는 느낌이 든다.

---

*34 원문 parari-parari.
*35 원문 Tanomi ki no shita ni Amé furu [Even through the tree on which I relied for Shelter the rain leaks down]. 물론 'Tanomi ki'는 'Tanomu ki'를 잘못 쓴 것이다.

도쿄 근처에 종참사(宗參寺)*36라는 절이 있었다. 그곳의 묘지 뒤 오도카니 떨어진 작은 오두막에 다카하마(高浜)라는 노인이 살았다. 이웃사람들은 온순한 그를 좋아했지만, 너나없이 좀 이상한 노인네가 아닐까 생각했다. 출가한 사람이 아닌 이상 남자라면 결혼해서 한 가정을 꾸리는 것이 당연한데, 다카하마는 누가 권해도 아내를 맞으려 하지 않았기 때문이다. 더욱이 그가 어떤 여성과 연애했다는 이야기조차 지금까지 아무도 들어본 적이 없었다. 쉰이 넘을 동안 혼자 살았던 것이다.

어느 해 여름, 다카하마는 병이 들었는데 여생이 얼마 남지 않았다는 것을 스스로 알았다. 그래서 사람을 시켜 지금은 미망인이 된 누이동생과 그 아들을 부르게 했다. 그 아들은 스무 살쯤 된 젊은이로 다카하마가 매우 귀여워하는 조카였다. 모자는 바로 달려왔다. 그리고 노인의 마지막 시간에 평안을 주려고 애썼다.

어느 무더운 오후의 일이다. 미망인과 그 아들이 편안히 잠든 다카하마 곁에서 간호를 할 때였다. 순간, 커다란 하얀 나비 한 마리가 방으로 날아와 노인의 베개에 앉았다. 조카가 부채로 쫓아버렸지만, 나비는 다시 돌아왔다. 쫓아버리길 반복한 끝에 세 번째에야 비로소 나비를 정원으로 쫓아내고, 자신도 정원으로 내려가 열린 문을 지나 이웃 절의 묘지로 들어갔다. 그러나 나비는 자못 멀리 쫓기는 것이 싫은 듯이 조카의 주위를 휘감듯이 팔랑팔랑 날아다녔다. 그게 하도 신기해서 조카는 이것이 과연 나비인지, 아니면 귀신인지 의심하기 시작했다. 그는 또다시 나비를 쫓아 묘지 안쪽까지 가서 마지막에 그 나비가 어느 묘석으로 날아가는 것을 보았다. 그것은 한 여인의 묘석이었다. 그곳에 이르자 이상하게도 나비는 어디에서도 보이지 않았다. 주위를 찾아보았으나 허사였다. 그는 그 묘비를 잘 살펴보았다. 묘석에는 별로 익숙하지 않은 성과 함께 '아키코'라는 이름이 새겨져 있었다. 그리고 아키코가 18살에 죽었다는 것도 적혀 있었다. 보아하니 이 묘석은 약 15년 전에 세워진 듯했다. 표면에는 슬슬 이끼가 끼고 있었다. 그러나 손질이 아주 잘 되어 있어, 묘 앞에는 새로운 꽃이 놓여 있고 물그릇에는 최근에 새로 담은 물이 가득 차 있었다.

---

*36 원문 Sōzanji. 현재 신주쿠에 있는 역사 깊은 절. 야마가소코우(山鹿素行)의 묘가 있는 것으로 알려져 있다.

이윽고 병실에 돌아왔을 때, 청년은 숙부가 막 숨을 거둔 것을 알고 놀랐다. 죽음은 잠을 자다 아무런 고통 없이 찾아온 것이었다. 그리고 그 얼굴은 부드러운 미소를 띠고 있었다.

청년은 어머니에게 조금 전 묘지에서 본 것을 이야기했다. 그러자 미망인이 외쳤다.

"어머나, 그럼 그게 아키코였군!"

"그런데 아키코가 누구죠?"

"숙부가 젊었을 적에 이웃에 사는 아키코란 귀여운 아가씨와 약혼을 했었어. 그런데 아키코가 결혼식 며칠 전에 폐병으로 죽고 말았지. 그러자 남편이 될 숙부는 너무나 슬퍼서, 아키코의 장례가 끝난 뒤 이제 결혼은 하지 않겠다고 맹세를 하셨어. 그러곤 자신이 항상 아키코 곁에 있으려고 묘지 옆에 작은 집을 지은 거야. 이 모든 게 50년도 전에 있었던 일이구나. 그리고 이 50년 동안 매일 겨울이든 여름이든 변함없이 숙부는 날마다 묘지에 오셨어. 그 묘에 절을 하고는 묘석을 깨끗하게 청소하고, 묘 앞에 음식을 준비해 두셨지. 그런데 숙부는 사람들이 이러쿵저러쿵 말하는 게 싫어서 아무에게도 이 일에 대해 말하지 않으셨어. …… 그러고 보니 아키코가 모시러 온 거야. 그 하얀 나비, 아키코의 영혼인 거야."

4

일본의 오랜 무악(舞樂) 가운데 보통 궁정에서 상연되던 나비춤'*[37]이 있었다는 것을 하마터면 잊을 뻔했다. 이 '나비춤'에서는 나비 의상을 입은 무용수들이 춤을 춘다. 이 춤이 오늘날에도 상연되는지의 여부에 대해서는 잘 모른다. 어쨌든 배우기 꽤 어렵다는 이야기이다. 이 춤의 정식적인 상연에는 6명의 무용수가 필요하다. 그리고 무용수는 특수한 모습으로 춤을 춰야 한다. 스텝, 자세, 몸짓 등 하나하나 전통적인 법칙에 따르는 것이다. 갈고(羯鼓), 북, 피리, 생황 그리고 서양의 목신은 짐작도 못할 모양의 피리, 이들 악기로 연주하는 소리에 맞추어 아주 느릿하게 돌면서 춤춘다.

---

*37 원문 the Butterfly Dance(KochōMai).

모기

1

나는 지금 자기방어 차원에서 하워드 박사의 《모기》를 읽는 참이다. 나는 모기에게 공격을 받고 있다. 우리 집 근처에는 몇 종류의 모기가 있는데, 그중 딱 한 가지가 아주 성가시다. 자그마하고 바늘 같은 놈으로 온몸에 은색 반점과 은색 줄무늬가 있다. 이놈에게 찔리면 마치 전기로 화상을 입은 것 같은 날카로운 통증이 엄습한다. 이 모기가 요란스럽게 내는 날개 소리에는 곧 있을 통증의 성질을 예고하는 날카로운 음색이 있다. 마치 어떤 특수한 냄새가 어떤 특수한 미각을 연상시키는 것과 비슷하다. 나는 이 모기가 하워드 박사의 이른바 '스테고뮈이아 파스키아타' 혹은 '쿨렉스 파스키아투스'[*1] 모기와 아주 닮았다는 것을 알았다. 그러고 보니 그 습성도 스테고뮈이아와 같은 듯하다. 예를 들면 이 모기는 밤보다도 낮에 활동한다. 그것도 오후에 가장 귀찮게. 또 이 모기가 우리 집 뒤뜰에 있는 절의 아주 오래된 묘지에서 온다는 것도 알았다.

하워드 박사의 저서에 따르면, 모기가 발생하는 물구덩이에 휘발유나 등유를 소량 뿌리면 집 근처의 모기를 없애는 데 좋다고 한다. 석유는 일주일에 한 번, '수면 15제곱피트마다 1온스. 그보다 좁은 표면이라면 거기에 맞는 비율의 분량'을 사용하라고 지시하고 있다. ……그러나 우리 집의 근처 상황[*2]을 생각해 주길 바란다!

좀 전에 나를 괴롭히는 모기들이 절 묘지에서 온다고 말했다. 그 오래된 묘지에 있는 묘석들 앞에는 모두라고 해도 좋을 정도로 물을 넣은 용기, 즉 '미즈타메'[*3]라는 것이 있다. 대부분 이 물통은 석탑을 지탱하는 폭넓은 받침

[*1] 원문 Stegomyia fasciata, or Culex fasciatus.
[*2] 원문 the condition in my neighborhood.

모기 371

돌에 판 타원형의 팬 곳에 지나지 않는다. 그러나 조금 돈을 들인 묘석은 받침돌의 저수용기 대신에 한 장의 돌로 깎은 집 가문이나 상징적인 조각으로 장식을 한 하나의 커다란 수조가 별도로 독립되어 놓여 있다. 최하층 신분에 속한 사람들의 묘석 앞에는 처음부터 그러한 조각도 없이 물이 찻잔이나 사발에 들어 있다. 왜냐하면 죽은 사람에게는 반드시 물이 필요하기 때문이다. 또 죽은 사람에게는 꽃도 바쳐야 하기 때문이다. 그리고 하나하나의 묘 앞에는 대나무 통이나 그 어떤 꽃꽂이 그릇이 한 쌍씩 놓여 있다. 그 안에는 물론 물이 들어 있다. 묘지에는 또 무덤에 물을 바치기 위한 우물이 있다. 죽은 자의 일가나 친구가 묘지에 올 때는 항상 신선한 물이 묘의 저수용기나 저수용기 대신 찻잔에 바쳐진다. 그러나 이러한 오래된 묘지에는 수천 개의 '물통'이 있고, 또 수만 개의 꽃꽂이 그릇이 있어서 모든 물을 매일 새로 바꾸기란 거의 불가능하다. 자연히 물은 고여서 썩게 되고 거기에서 생기는 모기의 수도 많아지기 마련이다. 물통이 조금 깊으면 물은 좀처럼 마르지 않는다. 어쨌든 도쿄에 내리는 비의 양은 1년에 9개월 정도, 묘지 물통에 항상 물을 채우는 데 충분할 정도로 오기 때문이다.

나를 괴롭히는 강적이 생기는 곳은 이 저수용기나 꽃꽂이 그릇이다. 모기들은 죽은 자를 위한 '물에서 수백만 마리씩 생겨난다. 불교의 교의에 따르면, 이 모기들 가운데 어떤 것은 전생에 악업을 저질러 '피 빠는 아귀'[*4]가 될 운명을 짊어진 죽은 자의 화신인지도 모른다. ……아무래도 이 '쿨렉스 파스키아투스'의 악의는, 사악한 인간의 영혼이 압축되어 요란스럽게 우는 저 작은 몸으로 변한 것이 아닐까라는 억측을 정당화시키는 듯하다. ……

등유 문제로 돌아가 생각해 보자. 어떠한 땅에 있는 모기든지 그곳의 모든 물구덩이 표면을 등유 필름으로 얇게 덮으면 완전히 없앨 수 있다. 유충이라면 숨을 쉬러 위로 올라왔을 때 죽고, 성충 암컷이라면 알을 낳으러 물에 다가왔을 때 죽는다. 하워드 박사의 저서에서 보니, 인구 5만인 미국의 한 도시에서 모기를 전부 없애기 위해 필요한 비용은 3백 달러를 넘는 일이 없다고 한다! ……

---

*3 원문 mizutamé.
*4 원문 Jiki-ketsu-gaki.

여기서 커다란 궁금증이 인다. 그것은 만일 도쿄시청이—이 도쿄시청은 학술적이고 진보적인 것에 대해 정말로 적극적인 자세를 보인다—조례를 내어 시내의 묘지에 있는 모든 수면을 일정기간 내에 등유 필름으로 박멸하라고 명령한다면 어떻게 될까! 어떤 생물체—눈에 보이지 않는 생물체조차도 죽이는 것을 금지하는 종교가 그러한 명령에 복종할까? 효행의 미풍이 그러한 명령에 찬성하리란 것을 꿈에라도 상상할까? 게다가 수고와 시간을 요하는 그 비용을 생각해 보라. 어쨌든 도쿄의 영원(靈園)지역에 있는 수백만 개의 '물통'과 수천만 개의 대나무 통 꽃꽂이 그릇에 등유를 뿌리는 것이다! …… 도저히 불가능하다! 이 도시를 모기들로부터 구하려면 예전부터 있던 영원지역을 없애야 할 것이다. 그것은 다름 아닌 사원의 파괴를 의미한다. 그리고 사원에 있는 많은 아름다운 정원이 사라지는 것이다. 그 정원에는 연못이 있고, 범자(梵字)를 새긴 비석이 있고, 활 모양의 곡선을 그리는 다리가 있고, 초목이 있고, 신기한 미소를 띤 불상이 있다! 그렇다면 '쿨렉스 파스키아투스' 박멸은 조상 숭배라는 시적 미풍의 파괴를 의미하리라. 확실히 이것은 너무 엄청난 손실이다!

그뿐만이 아니다. 나는 저세상에 갈 때 어딘가 고풍스러운 불교묘원에 묻히길 바란다. 그렇다면 지하의 나의 친구는 아마도 메이지의 유행이나 격동, 붕괴 등은 조금도 개의치 않는 아득히 먼 옛날의 사람이 되어줄 것이다. 그러기에는 우리 집 뒤뜰에 있는 오래된 묘지가 적합한 장소가 아닐까 싶다. 거기에 있는 것은 정말 모두 멋지고 놀랄 만한 진기한 아름다움을 갖추고 있다. 나무 하나 돌 하나가 그 어떠한 사람의 머릿속에도 결코 존재한 적 없는 아주 오래된 과거의 이상으로 만들어진 것이다. 사물의 그림자조차 현재라는 시간에도, 하늘에서 빛나는 태양에도 속하지 않은 것이다. 모두가 망각의 세계에 속한 것이다. 그 망각의 세계는 증기도 전기도 자력도 그리고 등유라는 것도 처음부터 전혀 모르는 것이다! 또 저 커다란 범종(梵鐘)의 울림 속에 있는 깊은 음색. 그것은 나의 몸 안에 있는 19세기적인 모든 것과는 아주 신기할 정도로 멀리 떨어진 여러 감정을 불러일으킨다. 그것으로 모든 감정이 약하고도 맹목적으로 흔들릴 때에는 무서운 생각마저 든다. 사무칠 정도로 무섭다. 나는 큰 파도 같은 종소리를 들을 때마다 으레 나는 저 깊은 곳에 잠겨 있던 내 영혼이 부스스 머리를 들고자 연거푸 출렁대는 것을 분명히 느낀다. 그 의식은 수백 수천 수만 년의 생사의 암흑세계를 넘어 멀리 광명에 닿으려고 심하게 몸부림치던 기억과도 비슷하다. 나는 앞으로도 언제나 그 범종 소리가 들리는 곳에 있고 싶다. …… 그리고 나 또한 '피를 빠는 아귀'가 될 운명을 지닌 인간일 수도 있지 않나 하고 생각하면, 부디 꽃꽂이 그릇이나 물통에서 다시 태어나길 바란다.*5 그러면 나는 거기에서 살며시 나와 저 아련하지만 날카로운 노래를 부르면서 지인들을 물 수도 있기 때문이다.

---

*5 한은 이러한 소망을 《골동품Kotto》에 수록된 〈아귀 Gaki〉 중에서도 표명하고 있다. "아귀가 존재하는지의 여부와는 별도로 죽은 자가 벌레가 된다는 동양의 신앙에는 다소나마 진리가 있다. ……내세에는 적어도 매미나 잠자리로 태어나고 싶다."

개미

1

밤새 사납게 불어대던 태풍이 가라앉은 뒤인지라 오늘 아침 하늘은 한없이 청명하고 눈부실 정도로 푸르다. 공기―향기로운 공기다!―는 강풍에 꺾여 일대를 뒤덮은 무수한 소나무 가지에서 뿜어져 나오는 달차근한 나뭇진 냄새로 충만하다. 근처의 대숲 속에서 묘법연화경을 외는 작은 새의 휘파람소리가 들린다. 남풍에 감싸인 대지는 정적 그 자체이다. 여름이 왔다. 오랫동안 늑장부리던 여름이 마침내 찾아온 것이다. 일본화 안료로 그린 것 같은 특이한 나비들이 여기저기서 날아다닌다. 매미가 맴맴 운다. 나나니벌이 붕붕 날개 소리를 내고 곤충이 햇빛 속에서 춤을 춘다. 그리고 개미가 무너진 집을 수리하기 위해 정신없이 움직인다. ……나는 문득 일본의 시 한 구절을 떠올린다.

간 곳 없는……
개미집이여!
오월 장맛비.

그러나 우리 집 마당에 있는 커다란 흑개미는 조금의 동정도 필요 없는 모양이다. 흑개미는 폭풍우가 들이닥쳐 커다란 나무가 뿌리째 뽑히고 가옥이 산산조각 나 날아가 버리고, 도로가 물에 잠겨 흔적도 없이 사라져 버린 동안, 어떠한 상상도 못할 방식으로 그 폭풍우를 견뎌낸 것이다. 그러나 그들은 태풍이 오기 전에 자기네 지하도시의 문을 봉쇄했을 뿐, 그 밖의 별다른 경계체제를 취한 것은 아니었다. 그리고 오늘 아침에는 벌써 다들 나와 종종거리며 바지런히 일하고 있다. 이 모습을 보고 있자니 나도 개미에 관한 수필을 한 편 쓰지 않을 수 없다.

나는 이 논고의 서문에 옛 일본문학에서 작품—어떤 감성적이거나 형이상학적인 작품—을 추려내어 배치하고 싶었다. 그런데 일본 친구가 이 주제에 관하여 찾아준 작품은 모두—이렇다 할 가치가 없는 약간의 시를 제외하면—중국의 것이었다. 더욱이 주로 괴이한 이야기들이어서 마땅한 것이 없었다. 다만 그 중에서 딱 하나만은 여기 인용할 가치가 있는 듯하다.

*

중국의 타이저우〔台州〕라는 곳에 한 신심 깊은 남자가 있었다. 이 남자는 이미 여러 해 동안 매일같이 어떤 여신에게 열심히 기도를 올려 왔다. 어느 날 아침, 여느 때와 같이 한창 기도를 하고 있는데 노란 옷을 입은 한 미인이 방 안으로 들어와 남자 앞에 섰다. 남자는 깜짝 놀라 물었다.
"무슨 일입니까, 어째서 기척도 없이 들어온 것입니까?"
그러자 여자는 이렇게 답했다.
"나는 평범한 여자가 아니다. 나는 네가 오랫동안 독실하게 기도를 올려 온 그 여신이다. 너의 기도가 헛수고가 아니었음을 증명해 주고자 여기 이렇게 나타났느니라. ……너는 개미의 말을 알고 있느냐?"
"나는 천하고 배운 것 없는 무지렁이지, 학자가 아닙니다. 사람의 말조차, 지체 높은 분들이 하시는 말씀은 도무지 알아듣지 못합니다요."
이런 대답을 듣자 여신은 빙긋이 미소하며, 향합같이 생긴 조그마한 함을 꺼냈다. 그러고는 함을 열고 손가락을 살짝 담가 무엇인가 연고 같은 것을 찍어 남자의 두 귀에 발라 주었다. 여신은 말했다. "자, 개미를 찾으라. 그리고 개미를 발견하면 그 곁에 웅크리고 앉아 주의 깊게 그들의 이야기를 들어 보거라. 너는 개미의 말을 이해할 수 있을 것이다. 그리고 무언가 네게 이득이 되는 이야기를 듣게 될 것이다. ……다만 반드시 기억하거라. 너는 결코 개미를 놀라게 하거나 그들을 어지럽혀서는 아니 되느니라."
이렇게 말하고 여신은 곧바로 사라져 버렸다.
남자는 당장 개미를 찾아 밖으로 나갔다. 아직 문지방을 넘기도 전에 집 기둥을 받치고 있는 주춧돌 위에서 개미 두 마리를 발견했다. 그는 그 개미들을 뒤덮듯이 쪼그리고 앉아 가만히 귀를 기울여 보았다. 그러자 놀랍게도 개미가 하는 말이 들려 왔다. 더구나 그 말의 의미까지 분명히 이해되는 게 아닌가.

"더 따뜻한 곳으로 가는 게 어때?"

"어째서? 이곳에 무슨 문제라도 있나?"

"여기는 아래쪽이 너무 축축해서 차갑잖아. 여기에는 어마어마한 보물이 묻혀 있어. 그래서 아무리 해가 들어도 이 주변은 따뜻해지지 않아."

이렇게 말하고 두 개미는 함께 어디론가 가 버렸다. 이야기를 들은 남자는 괭이를 가지러 달려갔다.

기둥 주변을 파자 얼마 지나지 않아 금화가 가득 든 커다란 항아리가 몇 개나 나타났다. 이 보물을 발견한 덕택에 남자는 큰 부자가 되었다.

그 뒤로도 남자는 몇 번이나 개미의 이야기를 들으려고 시도해 보았으나 그런 일은 두 번 다시 일어나지 않았다. 여신의 연고는 개미의 비밀스러운 이야기를 들을 수 있도록 그 남자의 귀를 딱 하루만 열어주었던 것이다.

*

나도 이 중국의 독실한 남자와 마찬가지로 매우 무지한 인간이어서, 애당초 개미의 이야기 같은 것은 들을 수 없다. 그러나 '근대과학의 요정'은 때로 그 손에 든 마법 지팡이로 나의 눈이나 귀를 만져 준다. 그러면 나는 아주 잠시 동안이긴 하지만 들을 수 없는 일을 틀림없이 듣고, 인식할 수 없는 일을 확실히 인식한다.

2

비기독교 국가의 사람들이 우리 기독교 국가의 문명보다도 윤리적으로 훨씬 뛰어난 문명을 형성하고 있다는 것을 논하고자 하면 곧바로 이런 저런 사회에서 따돌림당하게 된다. 그것과 똑같은 이유로, 내가 지금부터 개미에 대하여 말하고자 하는 내용도 일부 사람들에게는 그다지 반갑지 않을 것이다. 그러나 세상에는 내 상상을 뛰어넘는, 비할 데 없이 현명한 사람들도 있다. 그들은 기독교가 하늘의 은혜를 입었다는 문제와는 완전히 별개로 곤충에 대하여 생각하고, 문명에 대하여 생각한다. 나는 신간 〈케임브리지 박물학보〉에서 나를 북돋워 주는 것을 발견했다. 그것은 데이비드 샤프(David Sharp) 교수가 쓴 개미에 관한 다음과 같은 견해였다.

'관찰 결과, 이들 곤충의 생활 속에서 가장 현저하게 나타나는 현상이 밝혀졌다. 우리는 다음과 같은 결론을 내리지 않을 수 없다. 즉 개미는 많은 점에서, 우리 인류보다도 더욱 완전한 형태로 사회에서의 공동생활 방법을 터득하고 있다. 또한 사회생활을 크게 촉진·조장하는 산업과 기술에 익숙하다는 점에서 우리 인류보다 훨씬 앞서 있다.'

나는 적어도 박식한 사람이라면 이 숙련된 전문가가 제출한 쉽고 명료한 보고서에 논란을 가하진 않으리라고 생각한다. 현대의 과학자는 개미나 꿀벌을 다루면서 쓸데없는 감상주의에 빠지거나 하지 않을 것이다. 또한 사회 진화 면에서 이 곤충이 '인간을 뛰어넘어' 훨씬 진보해 있음을 망설임 없이 인정할 것이다. 그 누구에게서도 낭만적인 경향이 있다는 비난을 사지 않는 허버트 스펜서(Herbert Spencer)는 사실 샤프 교수보다도 상당히 진보적인 견해를 제시한다. 스펜서에 따르면 개미는 경제적으로도 윤리적으로도, 진정한 의미에서 인류보다 훨씬 진보해 있다. 왜냐하면 개미의 생활은 철두철미하게 이기주의를 바탕으로 이루어지기 때문이다. 실제로 샤프 교수는 아래와 같은 주도면밀한 관찰을 하면서도 그 개미에 대한 찬사에는 다소 몸을 사리고 있다.

'개미의 능력은 인간의 능력과 같지 않다. 개미의 능력은 개체의 번영보다는 오히려 종족의 번영을 위해 바쳐진다. 개체는 그 공동체의 이익을 위해서 희생되거나 아니면 특수화된다.'

이 문장에서 분명히 읽어 낼 수 있는 뜻은 이러하다―어떠한 사회라도, 개인의 발전이 공공의 번영을 위해 희생되어야 한다면, 아직도 많은 요망사항이 달성되지 않았다는 뜻이다. 이는 현대인의 시각으로 보면 아마도 옳은 의견일 것이다. 왜냐하면 인간의 진보는 아직 불완전한 단계이고, 인간 사회는 더더욱 개체화됨으로써 많은 이익을 얻을 것이기 때문이다. 그러나 사회적 곤충인 개미에 관해서 보면 이 문장이 뜻하는 바는 의문투성이이다. 허버트 스펜서는 말한다. '개인의 발달은, 개인을 사회적 협동에 더욱 잘 적응하게 함으로써 이루어진다. 그리고 이것은 사회의 번영을 조장하므로 나아가 민족의 유지·보존으로 이어진다.' 다시 말하면 개인의 가치는 사회와의 관계를 통해서만 존재할 수 있다는 것이다. 만약 이것이 인정된다면, 개인을 사회의 희생물로 바치는 것이 선인가 악인가 하는 문제는, 사회의 일원인 개인이 더한층 개체화함으로써 그 사회가 무엇을 얻고 무엇을 잃는가 하는 문제를 통해 결정되어야 한다.

 그러나 앞으로 보게 되듯이, 우리의 주의를 가장 끌만한 개미 사회의 조건이란 바로 윤리적 조건이다. 이 윤리적 조건은 인간의 비평을 월등히 뛰어넘는다. 왜냐하면 개미는 스펜서가 '거기서는 이기주의와 이타주의가 너무 잘 융합·일치해 있기 때문에 한쪽이 사라져 다른 쪽이 되고, 다른 쪽이 사라져 그 한쪽이 되는 하나의 상태에 있다'고 서술한, 그 도덕적 진화의 이상을 훌륭하게 현실화하여 완성하고 있기 때문이다. 이 상태에서 있을 수 있는 유일한 기쁨은 비이기적인 행위를 하는 기쁨이다. 또한 다시 한 번 스펜서의 말을 인용하자면, 개미 사회의 활동은 '개인의 행복을 철저하게 공동체의 안녕과 복지 뒤로 미루는 활동이다. 따라서 개인의 생활은 오직 사회생활에 대한 당연한 주의를 가능한 한 기울이는 데 필요한 범위 내에서만 고려될 뿐이다. ……개인은 그 활동력을 유지하는 데 필요한 만큼만 음식을 섭취하고 휴식을 취할 뿐이다.'

3

 나는 독자들이 다음 사실을 알아주었으면 한다. 개미는 원예나 농업을 경영한다. 개미는 버섯 재배에도 익숙하다. 개미는 584종(현재 알려진 바에 따르면)의 갖가지 동물을 사육하고 있다. 개미는 딘단한 암석에 굴을 뚫는다. 개미는 유충들의 생명을 위협할 정도의 대기 변동을 감지하고 그것에 잘 대처하는 방법을 알고 있다. 개미는 곤충으로서는 유례가 없을 정도로 수명이 길다. 고도로 진화한 종류의 개미는 상당한 세월을 살아간다.

 그러나 이러한 사항은 내가 특별히 말하고 싶은 내용이 아니다. 내가 이야기하고 싶은 것은, 개미의 장엄하기까지 한 예의바름과 놀라울 정도의 품행 방정함이다.* 인간의 행위를 통제하는 가장 높은 이상조차도, 개미의 윤리에 비교한다면, 그 진보의 정도를 시간으로 환산해 볼 때 수백만 년이나 뒤처져 있다! 여기서 내가 '개미'라고 말하는 것은 개미 중에서 가장 고등한 종류이지 개미과 전체가 아니다. 지금까지 밝혀진 개미는 약 2천 종이다(현재에는 전 세계에 4천 종 이상이 있다고 알려졌다). 그리고 이 많은 개미들은 그 사회조직의 진화 정도에서 각각 폭넓은 차이를 보인다. 생물학적으로 가장 중요하며, 윤리학상 명제와의 미묘한 관계에 있어서 그에 못지않게 중요한 어떤 사회현상은, 가장 고도로 진화한 개미 사회의 형태를 대상으로 해야 유리한 고지에서 연구할 수 있다.

개미가 장수하는 사실에 관한 비교실험에서 도출되는 개연적 가치에 대해서는 최근 다양하게 논의되고 있다. 그것들 모두에 비추어보면 개미에게 개성이 있다는 점을 구태여 부정하는 이는 없을 것이다. 이 작은 동물이 전혀 새로운 종류의 어려움에 부닥쳐도 반드시 그것을 극복해 가는 지혜를 갖추고 있다는 사실, 또한 이제까지 한 번도 경험해 본 적 없는 환경조건에 잘 순응하는 지혜를 갖추고 있다는 사실, 바로 이 점이 그들에게 상당한 수준의 독립된 사고력이 있음을 입증한다. 그것은 차치하더라도, 적어도 다음과 같이 말할 수 있다는 것만큼은 확실하다. 즉 개미에게는 순수하게 이기적 방면으로 작용하는 개성이 없다. 여기서 나는 '이기적'이라는 말을 아주 평범한 의미로 사용하고 있다. 무릇, 식탐을 부리는 개미라든가, 호색한 개미, 7가지 대죄 가운데 하나라도 저지를 수 있는 개미, 가톨릭교의에서 말하는 자잘한 죄 가운데 하나라도 지을 수 있는 개미는 상상조차 할 수 없다. 물론 로맨틱한 개미, 이데올로기를 내세우는 개미, 시를 쓰는 개미, 형이상학적 사변에 빠지는 개미도 생각할 수 없다. 어떠한 인간의 정신도 개미의 정신이 지니는 절대적인 실제성이라는 특성에 도달하기란 도저히 불가능하다. 사실 어떠한 인간존재도 오늘날과 같은 상태로는 결코 개미의 완전무결하게 실제적인 정신적 습성을 배양할 수 없다. 이 최고도로 실제적인 정신은 도덕적 과실 하나도 범하려야 범할 수 없는 성질이 있다. 개미가 종교 관념을 갖지 않는다는 것을 입증하기란 아마도 어려울 것이다. 그러나 그러한 종교 관념

---

* 개미와 예의바름의 결합, 개미와 품행 방정함의 결합―이에 관한 흥미로운 사실 하나는, '개미〔蟻〕'를 뜻하는 일본어가 곤충을 뜻하는 '虫'과 '정의'나 '예의'를 의미하는 '기리〔義理〕'를 합하여 만든 표의문자라는 점이다. 한자로 보면 정말로 '의로운 벌레'라는 뜻이다.

이 개미에게는 아무런 소용이 없다는 것만은 확실하다. 도덕적 약점에 빠지려고 해도 빠질 수 없는 이유는 처음부터 '영적 지도' 같은 것이 필요하지 않기 때문이다.

우리는 개미 사회의 성격을 상상하고, 개미 도덕의 본질을 상상하지만, 기껏해야 막연하게 그려볼 수 있을 뿐이다. 이러한 상상을 하는 것은, 우리가 인간 사회와 인간 도덕의 아직도 이루지 못한 어떤 경지를 상상력을 통해 그려내고자 노력해야 하기 때문이다. 그렇다면 차라리 이런 세계를 상상해 보면 어떨까. 쉬지 않고 미친 듯이 일만 하는 사람들로 가득하며, 게다가 그들은 모두 여성인 그런 세계를. 이 세계에서는 옆에서 아무리 설득하고 속이려 한들 어느 누구도 자신의 체력을 유지하는데 필요한 이상의 음식은 절대 입에 대지 않는다. 또한 어느 누구도 자신의 신경계통이 건전하게 활동하는 데 필요한 한도 이상의 잠은 일 초도 더 자지 않는다. 그리고 이 여성들은 모두 조금이라도 불필요한 게으름을 부리면 결과적으로 기능에 어떠한 변화가 일어나는 특별한 구성조직을 지니고 있다.

이들 여자노동자가 매일 하는 일은 도로 건설, 교량 가설, 재목(材木) 만들기, 여러 가지 건설공사, 원예와 농업, 100종이 넘는 가축 사육, 온갖 화학제품 제조, 헤아릴 수 없는 정도로 많은 식량의 저장과 보존, 종족 아이들에 대한 보호감찰 같은 것이다. 이러한 노동은 모두 국가사회(코먼웰스)를 위해 이루어진다. 그 시민은 어느 누구도 '사유재산' 같은 것을 생각할 수 없으며, 그들에게는 '공공물'이라는 관념밖에 없다. 이 국가사회의 유일한 목적은 그 아이들—거의 전부가 여자아이이다—의 양육과 훈련이다. 유년기는 길다. 유아는 오랫동안 몸을 자유롭게 움직이지 못할뿐더러, 정말로 볼품없고 약간의 온도 변화에도 세심하게 보호받아야 할 정도로 매우 허약하다. 다행히도 그 보모들은 보건 법칙을 잘 알고 있다. 보모들은 환기, 소독, 배액(排液)법, 습도, 세균의 위험—이 세균은 우리 인간들이야 현미경을 통해 겨우 볼 수 있지만, 보모에게는 그 정도쯤은 육안으로 볼 수 있는 가시능력이 있다—등 대체로 자기가 알아 두어야 할 것은 모조리 터득하고 있다. 위생에 관한 모든 사항을 매우 잘 이해하고 있으므로 어느 보모도 자신의 주변 위생에 관해서는 일찍이 한 번도 실수를 범한 적이 없다.

이러한 영속적인 노동에 종사하고 있음에도 불구하고, 어느 노동자도 단정치 못한 모습으로 있는 일은 결코 없다. 모두가 하루에 몇 번이나 화장을 하므로 매우 말쑥한 모습이다. 그런데 모든 노동자는 태어나면서부터 가장 아름다운 빗을 손목관절 부분에 달고 있으므로 화장실에서 시간을 허투루 낭비하는 일은 없다. 이처럼 자기 자신의 몸을 말쑥하게 다듬는 일 외에도, 이들은 자기 아이들을 위해 집과 마당을 결점 하나 없이 완벽하게 정돈해 두어야 한다. 지진이나 화산 폭발이나 침수, 절망적인 전쟁 같은 것이 발생하지 않는 이상 털고 쓸고 닦고 소독하는 정해진 일과를 멈추는 일은 결코 없다.

4

여기 더욱 놀라운 사실이 있다.

이 쉼 없는 노역의 세계는 베스타(로마의 여신)에게 몸을 바친 처녀들의 세계보다도 더욱 놀라운 세계이다. 물론 때로는 그 속에서 남성들이 발견되기도 한다. 그러나 그 남성들은 특별한 계절에만 모습을 나타내며, 노동자나 노동 현장에는 조금도 관여하지 않는다. 남성은 어느 누구도 노동자에게 말을 걸지 않는다. 아마도 서로의 존망이 걸린 위급한 사태에 빠지지 않는 이상 그러한 일은 하지 않을 것이다. 또한 노동자 쪽에서도 남성에게 말을 걸고자 생각하는 이는 아무도 없다. 왜냐하면 이 기묘한 세계에서 남성은 싸우지도 못할뿐더러 일하지도 못하는 열등한 존재로, 다만 필요악으로서 묵인되고 있을 뿐이기 때문이다. 그러나 특수한 계급에 속하는 여성—'선택받은 어머니'—이 어느 특별한 계절에 한하여, 그것도 아주 짧은 기간에만 특별히 몸을 허락하시어 이들 남성의 배우자가 되어 주신다. 이 '선택받은 어머니'는 노동을 하지 않는다. 대신 남편을 맞이해야 한다. 일반적으로 노동자는 이성과 교제를 한다는 것을 꿈에도 생각하지 않는다. 그러한 교제는 쓸데없는 시간 낭비를 뜻하기 때문이다. 또한 노동자는 필연적으로 모든 남성에 대하여 말로 표현할 수 없는 혐오감을 품을 뿐더러, 애초부터 결혼불능자이다. 노동자 중에는 단성생식을 하여 아비 없는 자식을 낳는 이도 있다. 그러나 일반적으로는 오로지 자기의 도덕적 본능에 따르는 진정한 여자이다. 그녀는 상냥함과 인내와 우리가 '어머니 고유'의 것이라고 부르는 온갖 예견능력을 갖추고 있다. 그러나 그 성(性)은 마치 불교 전설에 나오는 '용녀(龍女)'가 그렇듯이 애초부터 소멸해 있다.

식용동물에 대한, 즉 국가의 적에 대한 방어를 위하여 노동자는 무기를 갖추고 있다. 또한 강대한 군사력의 보호를 받는다. 그 전사들은 노동자보다도 훨씬 체격이 크므로(적어도 몇몇 공동체에서는 그러하다), 언뜻 봐서는 그들이 같은 종족이라고 믿을 수 없을 정도이다. 전사들 가운데에는 그들이 보호하는 노동자보다 백배나 큰 녀석도 있는데, 그것이 꼭 드문 일은 아니다. 이들 전사들은 모두 여장부이다. 아니, 더욱 정확하게 말하면 반(半)여성이다. 그녀들은 고된 노동을 할 수 있다. 그러나 어쨌든 체격이 전투에 적합하며, 주로 무거운 것을 끌 수 있도록 되어 있으므로, 섬세한 손일보다도 힘쓰는 일에 더 알맞도록 제한되는 것이다.

(왜 수컷이 아닌 암컷이 진화론적으로 분화를 이루어 마침내 병사나 노동자가 되었는가? 이 물음은 언뜻 단순해 보이지만 실은 그렇게 단순한 문제가 아니다. 나로서는 여기에 도저히 답을 할 수 없다. 그러나 어쩌면 자연 경제가 그렇게 결정한 것이리라 생각한다. 많은 생명 형태를 보면 암컷이 수컷보다 체격과 활력 면에서 훨씬 더 우수하다. 아마도 완전한 암컷이 근원적으로 소유하고 있는 생명력의 큰 축적이 전문 전사계급의 발달을 위해 더욱 신속하고 유용하게 작용하였기 때문일 것이다. 풍요한 생산력을 지닌 암컷이 만약 아이를 낳는다면 당연히 소비하게 될 모든 활력이 여기서는 공격력의 발달이라는 방향으로, 또는 노동능력의 발달이라는 방향으로 전환되지 않았을까.)

순수한 암컷—즉 '선택된 어머니'—는 사실 그 수가 매우 적다. 이들은 마치 여왕 같은 대우를 받는다. 잠시도 끊임없이 매우 공손한 시중을 받으므로, 설사 무언가 바라는 것이 있어도 좀처럼 밖으로 나올 수 없을 정도이다. 이들은 생존에 관한 온갖 노고에서 해방되어 있다. 오직 하나, 자손을 낳는다는 의무를 제외하고는. 이들은 밤낮없이 받을 수 있는 온갖 시중을 받는다. 이들 암컷만이 넘칠 정도로 음식을 받으며, 그것도 온통 산해진미뿐이다. 자손을 위하여 이들은 먹고 마셔야 하며, 완전히 왕처럼 편안하게 쉬어야 한다. 더구나 그 생리학적 특수화가 이러한 방종을 원 없이 허용하고 있다. 이들 암컷은 거의 외출하지 않는다. 강력한 무장호위대를 거느리지 않는 한 결코 나가는 법이 없다. 불필요한 피로나 위험을 초래해서는 안 되기 때문이다. 아마도 이러한 암컷은 외출하고 싶은 욕망도 그다지 없을 것이다. 여하튼 그를 둘러싸고 종족의 모든 활동이 어지럽게 이루어지고 있으며, 종족의 지성과 노고와 검약은 모조리 이들 '선택된 어머니' 및 그 자식들의 복리와 안녕을 위해 바쳐지기 때문이다.

그런데 이 '선택된 어머니'의 남편—예의 필요악적인 존재—인 수컷은 종족 전체에서 가장 낮은 최소한의 지위밖에 얻지 못한다. 수컷은 앞에서도 서술했듯이, 어느 특별한 계절에만 모습을 드러내며 그 일생도 매우 짧다. 그들 중 누군가는 여왕과 결혼하도록 운명이 정해져 있지만, 자신의 집안을 자랑할 수조차 없다. 왜냐하면 이들 수컷은 왕족 가문이 아니라 처녀에게서 태어났기—단성생식으로 태어난 아이—때문이다. 특히 그들은 어느 신비로운 격세유전의 우연적 소산에 지나지 않는 열등한 존재이다. 이 국가사회는 어떠한 종류의 수컷이라도 아주 적은 수밖에 허용하지 않는다. '선택된 어머니'를 위한 남편으로서의 역할만 간신히 할 수 있으면 충분하다. 더구나 이 소수자는 자기의 임무를 다함과 거의 동시에 죽고 만다. 이 이상한 세계에서 자연법칙의 의의는, 노력 없는 생활은 죄악이라는 러스킨(John Ruskin)의 말과 완벽하게 일치한다. 애당초 수컷은 노동자 또는 전투자로는 쓸모가 없으므로 생존의 중요도는 아주 낮을 수밖에 없다. 그러나 아무리 그렇다고 해서 실제로 희생물로 바쳐지는 것은 아니다. 테스카틀리포카의 제사에 선택되어 그 심장이 찢기기 전까지 단 20일간의 밀월여행이 주어지는 아스텍의 남자 제물 같은 존재가 아니다. 그러나 수컷들은 그 행복의 절정에 있을 때조차 조금도 불행을 지울 수 없다. 상상해 보라. 그들은 단 하룻밤만 왕녀의 신랑이 될 운명이다. 혼례가 끝나면 그들에게는 이미 살아갈 도덕적 권리가 없다. 결혼은 그들에게 확실한 죽음을 의미한다. 또한 그들보다도 몇 대나 더 살아갈 젊은 미망인에게 자신을 위해 슬피 울어달라고 바랄 수도 없다! 이러한 사실을 충분히 알면서 양육의 손길을 받고 있는 젊은이들을 상상해 보라.

5

그러나 위에 서술한 모든 것은 실제 '곤충세계의 로맨스'를 설명하기 위한 서막에 불과하다.

이 놀라운 문명에 관한 가장 경이로운 발견은 바로 성의 억제라는 것이다. 진보한 개미들의 생활에서는 이들 개체 대다수의 성이 전면적으로 소멸해 있다. 더욱이 고등한 개미 사회에서는 거의 다 그렇다고 해도 좋을 정도로 성생활은 종족의 존속에 반드시 필요한 범위 내에서만 존재한다. 그러나 이 생물학적인 사실 자체는, 그것이 뜻하는 윤리적 암시에 비교한다면 그다지 놀랍지 않다. 왜냐하면 이 성적 기능의 억제와 조절은 자발적인 것으로 보이기 때문이다! 적어도 이 종족은 말이다. 이 신기한 동물은 그 젊은 층의 성을 발달시키는 방법, 혹은 그 발달을 저지하는 방법, 그것도 어떤 특별한 영양섭취를 통해 하는 방법을 마침내 알아냈다는 것이 오늘날의 통설이다. 그들은 온갖 본능 중에서 가장 강력하고 가장 억제하기 힘들다고 일반적으로 알려진 성본능을 완전히 통제하는 데 성공한 것이다. 절멸에 대한 예방수단으로 허용된 범위 안에서 이토록 엄중하게 성생활을 억제하는 일은, 이 종족이 달성한 많은 생명경제학 중의 한 예(물론 가장 경탄할 만한 수준이긴 하다)에 지나지 않는다. 자기본위의 쾌락―일반적인 의미에서의―을 위한 능력도 생리학적 변형을 가하는 수단을 통하여 마찬가지로 정확히 억제되고 있다. 자연히 일어나는 식욕에 대해서는 관대하지만, 그 관대함도 직접 또는 간접적으로 종족의 이익이 되는 한도 내에서만 있을 수 있다. 음식이나 수면 등의 필수불가결한 요구조차 건전한 생명활동을 유지하는 데 필요한 범위 안에서만 간신히 만족시킬 수 있다. 개체는 오로지 사회의 이익을 위해서 존재하고, 행동하고, 생각한다. 그리고 이 사회 스스로가 '애정'이나 '기아' 같은 것에 휘둘리는 상황을 우주의 법칙이 허용하는 범위 안에서 단호하게 거부한다.

우리 인간 대부분은 어떤 종교적 조건이 없으면―내세에서 받을 보상에 대한 희망이나 벌에 대한 공포가 없으면―그 어느 문명도 존재할 수 없다는 믿음을 지금까지 계속 키워왔다. 우리는 만약 이 세상에 도덕관념을 바탕으로 한 법률이 없다면, 또한 그러한 법률을 강제적으로 집행하는 경찰기관이 없다면, 모두가 제멋대로 자기 이익만 추구하고자 하며 그 결과 타인의 불이익을 초래한다고 생각하도록 줄곧 배워 왔다. 확실히 그런 날이 온다면 강자는 약자를 멸망시키고 연민이나 동정은 자취를 감추어 결국 모든 사회 기구가 산산조각이 나고 말 것이다. 이러한 가르침은 인간의 본성이라는 것이 현실적으로 얼마나 불완전한가를 숨김없이 고백하고 있다. 그러나 몇 천 년 전에 이 진리를 처음으로 공표한 사람들은 이기심 따위가 본연적으로 존재할 수 없는 사회 형태가 있을 수 있다고는 결코 생각하지 않았다. 여기에 아직 손대지 않은 일로 남아 있는 것은, 다음과 같은 사회가 분명히 존재할 수 있다는 사실을, 실험을 통하여 우리 인간의 눈앞에 증명해 보이는 일뿐이다. 인간이 비종교적인 '본성'으로 돌아가서 능동적인 선행의 기쁨이 의무 관념을 대체하는 사회, 본능적인 도덕심이 온갖 종류의 윤리강령을 백지로 되돌리는 사회, 구성원 모두가 선천적으로 조금의 이기심도 없이 정력적으로 선을 행하도록 되어 있기에 도덕교육 따위는 가장 어린 구성원에게조차 시간낭비에 불과한 사회 말이다.

이러한 사실은 진화론자에게, 우리 인간의 도덕적 관념론의 가치란 아주 일시적인 것에 지나지 않음을 필연적으로 암시한다. 또한 덕행보다 더욱 뛰어나고, 친절보다 더욱 우수하고, 극기심보다 더욱 훌륭한—여기서 덕행이나 친절이나 극기심이란 현재 우리가 이해하는 일반적인 의미의 자질이다—무엇인가가 있는 환경에서는 마침내 그것들로 모두가 대체될 것임을 필연적으로 암시한다. 진화론자는, 도덕관념이 없는 세계가 그 관념으로써 행동을 제어하는 세계보다도 훨씬 도덕적으로 우수한 것이 아닐까 하는 물음에 싫어도 직면할 수밖에 없음을 깨닫는다. 진화론자는 이렇게 자문해 보아야 한다. 인간 사회에 현존재하는 종교적 규율이니 도덕적 법칙이니 윤리적 규범이니 하는 것이 어쩌면 우리가 아직 사회 진화의 아주 원시적인 단계에 머물러 있음을 의미하는 증거가 아닐까? 그러한 물음은 필연적으로 이런 물음을 촉발하게 된다. 인류는 이 지구라는 혹성 위에 서식하면서 언젠가는 모든 이상을 초월한 하나의 윤리적 조건에 도달할 수 있을 것인가. 그 하나의 윤리적 조건이란 우리가 오늘날 악이라고 부르는 모든 것이 위축·퇴화되어 소멸하고, 그 대신 우리가 선이라고 부르는 온갖 것이 변질되어 마침내 본능이 되는 것을 가리킨다. 그것은 고등한 개미 사회가 이미 오늘날 그러한 것처럼, 윤리적인 개념이나 강령이 전혀 쓸모없게 되어 버린 하나의 이타주의를 가리킨다.

근대사상의 거장들은 이 문제에 얼마간 주의를 기울이고 있다. 그리고 그들 가운데 가장 위대한 인물은 이 문제에 부분적으로 그렇게 될 것이라는 긍정의 답을 내놓았다. 허버트 스펜서는 인류가 언젠가는 개미의 문명에 윤리적으로 필적하는 문명 단계에 도달할 것이라는 자기의 신념을 피력한다.

'만약 하등동물 중에서 그 본성이 구성적으로 큰 변화를 일으켜 그로 인해 이타적 활동과 이기적 활동이 하나가 되어 버렸다는 사례를 얻었다면, 우리는 그것과 유사한 검증결과가 그것과 유사한 조건 아래 인류에게서도 일어나리란 부정할 수 없는 함수관계를 인정해야 한다. 사회적 곤충은 이 점에 대하여 나무랄 데 없는 적절한 실례를 제공해 준다. 실제로 그러한 실례는, 개체의 생활이라는 것이 다른 개체의 생활에 도움 되기 위해서는 얼마나 경악스러울 정도로 정력을 빼앗기고 마는가를 우리에게 가르쳐 준다. 개미나 벌이, 우리가 부여하는 뜻 그대로의 의무 관념을 지녔다고는 생각할 수 없다. 또한 통상적 의미로서의 자기희생을 쉴 새 없이 경험하고 있다고도 상상할 수 없다. ……(이러한 사실은) 다른 경우라면 자기 목적의 추구에 발휘될 것과 동일하게 정력적으로, 또는 그보다 더욱 정력적으로 이타적 목적을 추구하는 본성을 발현한다는 것은, 애초에 그것이 유기적 조직이 가능한 범위 내에 있기 때문임을 설명한다. 여기서 이타적 목적은 다른 한변 이기적인 목적의 추구이기도 함을 설명해 준다. 유기적 조직의 요구를 만족시키기 위해서는 당연히 타인의 복리안녕에 이바지하는 행동이 실천되어야 한다.

이처럼 온갖 미래를 통하여, 자기애가 타인존중에 끊임없이 종속되는 조건이 그대로 계속 이어진다는 것은 아직 궁극의 진리와는 거리가 멀다. 궁극의 진리는, 그것과는 반대로, 남에 대한 존중이 마침내 커다란 기쁨의 원천이 되어 그것이 가까운 이기적 만족에서 생기는 기쁨보다도 훨씬 광대한 것이 될 때 야기된다. ……그때 비로소 이기주의와 이타주의가 진정

으로 일치·융합하는 묘미를 발휘하여, 한쪽이 다른 쪽에 묻히는 상태를 보게 될 것이다.'

6

물론 이 예언은, 그 곤충 사회의 계층이 저마다 특수한 발달을 이룬 것 같은 구조적 전문화에 따른 생리적 변화를 언젠가는 우리 인간의 본성도 반드시 맞이하리란 의미가 아니다. 아무려면 활동적인 대다수의 우리가, 극소수의 비활동적인 '선택된 어머니'들을 위하여 노동하는 반여성의 노동자 및 여전사로 이루어진 인류의 미래상을 상상하겠는가. 스펜서는 '미래의 인구'라는 제목의 장(章)에서조차, 도덕적으로 더욱 고등한 종족을 만드는 데 불가피한 생리적 변화에 대해서는 자세한 서술을 시도조차 하지 않았다. 다만 완전히 발달한 신경계통과 인간의 출산율의 현저한 감소에 대한 일반론적 서술에서, 도덕적 진화야말로 머지않아 큰 생리적 변화를 의미하게 될 것이라고 암시할 뿐이다. 만일 자타 상호의 이익을 도모하는 기쁨이 그 즉시 인생의 모든 기쁨을 실현하는 그런 미래의 인류를 믿는 것이 합리적이라면, 곤충 생물학의 사실이 이미 훌륭하게 진화 가능한 범위 내에 있음을 입증해 주는 다른 종의 생리적·도덕적 변모를 상상하는 것도 마찬가지로 합리적이지 않을까? ……나는 그 문제에 대해서는 잘 모른다. 그저 허버트 스펜서를 이 세상에서 가장 위대한 철학자로서 열렬히 숭배할 뿐이다. 내가 독자에게 이것이 바로 '종합철학'을 통해 고취된 학설이구나 하고 믿게 하면서, 실은 오히려 스펜서의 학설과는 완전히 정반대의 내용을 쓰고 있다면 몹시 송구스럽게 생각한다. 아래에 언급하는 고찰도 그 책임은 오로지 나에게만 있다. 만약 거기에 오류가 있다면 부디 나에게 그 죄를 묻기 바란다.

나는 스펜서가 예언하는 도덕적 변모란 생리적 변모의 도움을 빌어야만, 그리고 엄청난 희생을 치러야만 겨우 도달할 수 있는 것이라고 생각한다. 곤충사회에서 나타나는 윤리는 몇백만 년 동안 가장 흉포한 욕망에 저항하며 절망적으로 노력한 끝에 간신히 도달한 경지이다. 우리 인류도 마찬가지로 잔혹한 이 욕망과 마주하여 그것을 극복해야만 할 것이다. 스펜서는 예상할 수 있는 최대의 인간 수난 시대가 반드시 찾아올 것이며, 상상할 수 있는 최대의 인구 팽창 시대가 그 뒤를 따를 것이라고 가르친다. 이 장기간에 걸친 압박으로 생기는 다양한 결과 중에는, 인류의 영지와 동정심의 현저한 증대도 있을 것이다. 그리고 이 인류의 영지 증대는 인간의 다산(多産)을 희생으로 바쳐야만 비로소 달성될 것이다. 그러나 이 생식력의 감퇴도 인류사회의 비할 바 없는 최고 경지를 확실히 손에 넣기에는 아직 충분하지 않다. 그것은 다만 인간 고난의 가장 큰 원인인 인구 팽창 사태를 구제하는 데 그칠 뿐이다. 인류는 완전한 사회 균등에 근접할 수는 있어도 완전히 도달하지는 못할 것이다.

사회적 곤충이 이미 그 문제를 해결해 보였듯이, 성생활 억제 같은 경제적 문제의 해결을 꾀하는 어떠한 수단을 찾아내지 못하는 한 그 실현은 불가능할 것이다.

만약 그러한 수단이 발달했다고 가정하면, 또한 인류가 그 젊은 층 대다수에게 성 발달을 정지시키는 수단을 단행했다고 가정하면—그리하여 성생활에 소비하는 힘을 더욱 고급한 활동력의 발전에 쏟아 부을 수 있도록 기도했다면—, 그 결과는 개미의 그것과 마찬가지로 마침내는 동질다형의 상태가 되는 것이 아닐까? 그리고 그렇게 계획된 대로 일이 진행된다면, '미래의 종족'으로서는 남성도 아니고 여성도 아닌 대부분의 존재가—남성이 아니라 여성이 진화한—실제로 그 최고 지위를 차지하게 되지 않을까?

오늘날에도 얼마나 많은 인간이 오로지 비이기적인 동기(그것이 종교적 동기임은 말할 것도 없다)로 독신생활을 선언하는가를 생각해 보라. 그렇다면 머지않아 더욱 높은 단계로 진화한 인류가, 그렇게 하면 반드시 어떤 이익을 야기할 수 있다는 특별한 전망을 세우면서 자기들의 성생활 대부분을 인류 공동의 행복을 위하여 흔쾌히 희생하는 일이 전혀 일어나지 않으리라고는 단언할 수 없다. 어떤 이익이란, 인간의 수명이 엄청나게 길어진다는 것—어디까지나 인류가 개미의 그 자연스러운 법칙에 따르면 반드시 성생활을 정복할 수 있다고 가정했을 때—이 가장 클 것이다. 성을 초월한 고등인류는 천년의 장수를 누린다는 꿈을 실현할 수 있을지도 모른다.

우리는 우리가 해야 할 일을 이룩하기에는 인생이 너무나 짧다는 것을 알고 있다. 더구나 과학적인 새 발견은 쉬지 않고 가속도를 내며, 과학적 지식은 끊임없이 증대해 간다. 우리는 시간이 흐를수록 더더욱 어째서 인생은 이렇게 짧은가 하고 유감스럽게 생각할 것이다. '과학'이 옛날 연금술사들의 바람이었던 '불로불사의 영약'을 언젠가는 발견하리라는 생각은 전혀 가망이 없는 것이다. 우주의 힘은 쉽사리 우리 인간에게 속아 넘어가지 않는다. 우주의 힘이 우리에게 넘겨주는 이익 하나하나에는 충분한 가치를 지불해야 한다. 우리가 아무것도 지불하지 않는다면 영원의 법칙은 아무것도 주지 않는다. 장수라는 대가는 개미가 그것에 대하여 지불한 가치의 크기를 증명하는 것이리라. 이 지구보다도 오래된 어딘가의 혹성에서는 그 대가를 아주 옛날에 이미 지불했으며, 형태학적으로 상상도 못할 방식으로 그 밖의 다른 것에서 분화하여 특수한 발달을 이룬 어떤 계급에만 자손 낳는 힘을 부여하지 않았을까.

7

곤충생물학의 여러 사실은 인류 진화의 미래에 관하여 이다지도 많은 것을 시사해준다. 그런 한편 그것은 윤리의 우주법칙에 관한 관계에 대해서도 최대의 의의를 갖는 무언가를 시사하지 않는가. 최고의 진화는, 인간의 도덕적 경험이 온 시대를 통틀어 잘못을 책망해 온 행위를 아무렇지 않게 해치우는 동물들에게는 도저히 관여할 기회를 주지 않을 것이다. 최고의 강함이란, 무아(無我)의 강함이다. 그리고 최상의 힘은 일찍이 잔인이나 색정과 일치·융합한 선례가 없다. 신은 어쩌면 존재하지 않을지도 모른다. 그러나 생물의 온갖 형태를 형성하거나 해체하는 힘은 신보다도 훨씬 더 가혹한 것처럼 보인다. 온갖 천체의 운행에 '드라마틱한 경향'이 있음을 증명하고자 해도 도저히 해결될 가능성은 없다. 그럼에도 불구하고 우주의 운행과정은 인간의 이기심과 근본적으로 대립하는 인간의 윤리계통 전체의 가치를 충분히 긍정하는 듯이 보인다.

사쿠라 마음을 찾아서

'시대의 아이'

고이즈미 야쿠모〔小泉八雲=라프카디오 헌〕는 1890년 4월 4일 요코하마 항에 도착했다. 그 뒤 마쓰에, 구마모토, 고베, 도쿄를 전전하다가 일본 여성과 결혼하고 일본에 귀화했다. 이어 1904년 9월 27일 도쿄 교외 니시오쿠보〔西大久保〕에서 세상을 떠나기까지 일본인과 다름없는 생활을 했다. 그때까지 만 14년 5개월 동안 그는 일본에 관한 영문 저작 12편(그중 3편은 그가 죽은 뒤 간행됐다)을 보스턴, 뉴욕, 런던, 도쿄에서 출판했다.

라프카디오 헌을 첫째가는 '친일 외국인'이라고 보는 데에는 누구도 이의를 제기하지 않으리라. 실제로 극동의 작은 나라 일본이 아직 서양 문명국가들에 그다지 알려지지 않았던 19세기 끝무렵, 헌이 선구적으로 간행한 일본 연구 저작들이 해낸 역할은 헤아릴 수 없을 만큼 중대하고 또 효과적이었다. 그즈음 서양에서 보면 '동서 이해의 가교' 역할을 헌만큼 훌륭하게 해낸 사람은 거의 없었다. 이는 결코 과대평가가 아니다. 한편 헌의 일본 관찰 기록은 일본인들 스스로도 몰랐던 몇몇 미점과 장점들을 드러내 보였다(그 대신 동전의 양면과도 같이 필연적으로 따라오는 결점과 단점을 그는 전혀 지적하지 않았으며, 그 사실이 현재로서는 문제점을 낳고 있다). 그리하여 오히려 일본인이 자기정체성을 확립하려면 한 번쯤은 꼭 헌의 저작을 읽어야 하는 사태도 벌어졌다. 문화의 특질 자체가 본디 비교 연구를 거치지 않고서는 파악할 수 없는 대상이니만큼, 일본인이 그렇게 외국인의 평가에 귀를 기울인 것도 당연하다. 그러나 여기서 특수한 '주고받기'가 생겨났다. 다시 말해 헌은 일본인과 일본문화에 너무 후한 점수를 주는 경향이 있었고, 또 일본인은 처음부터 후한 점수를 기대하면서 헌의 저작을 접한 것이었다. 결국 일본 국내 문제에 관해서는, 그 중요한 '동서 이해의 가교' 역할을 제대로 해내지 못한 셈이다. 결론을 말하자면 일본은 헌을, 서양인들에게 대일본제국의 우수성을 선전하는 대변인으로 여겼을 뿐이다. 아울러 국내적으로 옛 지배 체제의 존속을 정당화하는 이데올로기에 신성함을 부여해주는 이 기특한 외국인의 존재를 환영한 데 지나지 않는다. 일본에서 '친일파'라든가 '친일 외국인'이라고 불리는 외국인은 대체로 이런 취급을 당했다.

그러나 이런 대접은 부당하다. 헌은 문학자로서, 또 문명 비평가로서, 아니 살아 있는 인간 존재로서 이미 충분히 훌륭하다. 이제 새롭고 올바르게 헌을 이해함에 앞서, 충족되어야 할 전제 조건이 있다.

나카노 요시오〔中野好夫〕는 《고이즈미 야쿠모―하나의 시론(試論)》에서 가장 정확하고 적절한 설을 선보인다. 헌이 처음 일본에 온 1890년에 제1회 제국회의가 소집됐고, 경제적으로는 치외법권조차 아직 철거되지 않은 반(半)식민지적 환경 속에서 착실히 근대 자본주의가 이식되고 있었으며, 그런 반면에 유신(維新) 이래의 진보적인 동향이 보수(=국수)의 역공세에 부딪쳐 난항을 겪고 있었다는 점을 냉정히 지적한 것이다. 또한 헌이 세상을 떠난 1904년에는 러일전쟁에서 일본 육해군의 기습 공격이 성공을 거두었고, 이 소식에 일본은 물론 세계가 한창 들썩였다는 점도 명민하게 끄집어냈다. 그리고 그는 이렇게 주장했다.

"말하자면 그가 일본에 머물렀던 기간은, 일본이 세계의 가장 착한 아이로 지내던 시대였다. 이처럼 신구 세력의 상극 시대, 그리고 일본이 세계의 착한 아이로 지내던 시대에 그가 이곳에 살면서 글을 썼다는 사실은, 생각건대 새로운 야쿠모 해석에서 결코 간과해선 안 될 조건일 것이다."

이렇게 나카노는 지금까지 헌의 일본 예찬에 주어졌던 일반적인 평가에 대한 반성의 필요성을 환기하려고 했다.

"즉 지금까지 야쿠모의 일본론은 일본인의 손에 왜곡돼서, 마치 모든 시간적 공간적인 조건들로부터 해방되어 어느 완전한 자유세계에서 절대로 보편적인 하나의 진실을 말하는 것처럼 여겨져 왔다. 그리고 이 때문에 일본인은 자신을 크게 오해하고 더 나아가 야쿠모를 심하게 손상시켰다. 따라서 새로운 야쿠모 해석은 이런 전제 조건의 재인식에서 출발해야 한다."

참으로 옳은 주장이다. 그런데 패전 이듬해에 발표된 나카노 요시오의 이런 정론도, 그로부터 30년이 지난 오늘날에는 널리 주목받지 못하고 있다. 물론 전쟁 전의 헌 연구가들이 저질렀던 황실숭배나 충군애국이나 옛 봉건제에 대한 예찬 같은 어리석은 행위는 더 이상 반복되지 않는다. 그러나 1960년대 들어 일본열도에 침투하기 시작한 '복고 열풍'에 기대서, 또 1970년대에 창궐한 '오컬트 열풍'에 들떠서, 사람들은 복고(일본 재발견)나 오컬트(염력)의 보증인으로서 헌 고이즈미 야쿠모를 내세운 바 있다. 오늘날 헌은 또다시 일본미(日本美) 예찬론의 강력한 근거가 되고, 요괴니 영혼이니 하는 비합리를 인정시키려고 드는 논의에서 유력한 자료가 되었다. 결국 이번에도 일본인은 자기들한테 유리한 방향으로 헌을 이용, 즉 악용할 태세이다. 이런 일이 과연 용서될 수 있겠는가.

다시 말하지만, 새롭고 올바르게 헌을 이해하기 위해서는, 나카노 요시오가 정확히 지적했듯이 '신구 세력의 상극 시대, 그리고 일본이 세계의 착한 아이로 지내던 시대에 그가 일본에 살면서 글을 썼다는 사실'을 인정해야 한다. 여기서 '신구 세력의 상극 시대'란 메이지 후반기의 사회문화적·정치경제적 동향을 가리킨다. 이 시기에는 메이지 초년의 계몽사상과 10년대의 자유민권운동과 이들을 아우르는 구화주의(歐化主義) 사조에 대항하여, 메이지 20년부터 고개를 들기 시작한 평민주의와 국민주의와 일본주의가 서로 뒤얽히면서 기묘한 합류 작용을 일으킨 끝에 제국헌법(帝國憲法)과 교육칙어(教育勅語)라는 항구에 도달하게 되었다. 결국 두 개의 전쟁 사이에 낀 채 강력한 일본 국가주의를 형성하기에 이르렀던 것이다. 헌은 이러한 상극 시대를 겪던 후진국 일본에 살면서 글을 썼다. 그리고 '일본이 세계의 착한 아이로 지내던 시대'란, 극동의 작은 나라가 유럽 강국의 탐욕스런 식민지 정책에 반격하자 온 세계의 양심적인 지식인들이 그에 동조했던 것을 뜻한다. 이를테면 아나톨 프랑스의 소설 《흰 바위 위에서》(1905)에 나오는 다음 구절을 보라.

"러시아인이 지금 동해(일본해)와 만주의 요로(要路)에서 획책하고 있는 것은 단순히 그들이 동양에서 펼치는 탐욕스럽고 난폭한 정책이 아니라, 유럽 전체의 식민지 정책이다. 그들이 노리는 것은 그들만이 범하는 죄가 아니라 군사적이고 상업적인 기독교국 전체의 죄악이다. 그렇다고 나는 세계에 정의가 실현된다고 말할 생각이 없다. 그러나 모든 일은 독특한 방향으로 흘러간다. 그리고 힘이 여전히 인류 행위의 유일한 심판관이긴 하지만, 그 힘이 때때로 뜻밖의 비약을 하는 경우도 있다. 거기에는 분명 어떤 법칙이 잠재돼 있겠지만, 그래도 힘의 작용에서 흥미로운 단절이 생겨난다. 일본인은 압록강을 건너 만주에서 러시아인을 정확한 방법으로 격파하고 있다. 그들의 해군은 유럽 한 나라의 함대를 능숙하게 쳐부수고 있다. 언젠가 우리는 우리를 위협하는 위험을 눈치채게 되리라. 위험이 존재한다면 대체 누가 그것을 초래했는가. 일본인이 러시아인을 직접 찾아온 게 아니다. 황인종이 백인에게 접근한 것이 아니다. 우리는 이 시점에서 황화(黃禍)니 뭐니 하며 법석을 떨 것이다. 그런데 아시아인은 백화(白禍)를 이미 오래전부터 잘 알고 있었다."

이처럼 유럽 제국주의에 대한 자기비판과 반성의 목소리가 높아지던 시기에, 헌은 선진국 유럽(또는 선진국 아메리카)의 인간으로서 일본에 건너와 살면서 글을 썼던 것이다.

따라서 헌을 올바르게 이해하려면 먼저 그가 100% '시대의 아이'라는 점을 인식하고서 출발해야 한다. 그리고 헌이 시대의 제약을 강하게 받은 것과 마찬가지로, 헌이 묘사한 일본(물론 일본인과 일본의 자연 풍경도 포함하여) 그 자체도 시대의 제약을 심하게 받았다는 점을 먼저 이해해야 한다.

헌이 일본에 오기까지

헌이 체임벌린에게 보낸 편지에 이런 말이 나온다.

"얼마나 엄청난 도덕의 붕괴가 이 나라에서 일어나고 있는지 모릅니다. 어부가 싸우고, 농부가 다투며, 정치가가 서로를 죽이고, 학생이 투쟁하며, 범죄가 날로 증가하고 있습니다. 어쩌면 일본은 1세대쯤 지나면 세계에서 가장 좋은 나라의 자리를 잃게 될지도 모릅니다."(1893년 7월 16일)

그가 이렇게 '일본에 대한 환멸'을 털어놓은 것은 구마모토에 살던 시절, 즉 그가 일본에 온 지 만 3년이 지났을 무렵이다. 마쓰에에 살 때 헌은 일본의 모든 것을 좋아했다. 그래서 체임벌린에게 이런 편지까지 보냈을 정도다.

"이 나라에서 살아간다는 것은, 말하자면 몹시 견디기 힘든 바깥공기의 압력으로부터 벗어나, 희박한 또 매우 산화한 곳의 어느 중간적 실재의 영역에서 살아가는 것과도 같은 기분을 느끼게 해줍니다."(1891년 여름)

요컨대 헌이 마쓰에에서 마셨던 일본의 공기는, 그야말로 '바깥공기의 압력으로부터 벗어난 어느 중간적 실재의 영역', 다시 말해 '현세의 유토피아'

라고도 불릴 만한 소박하지만 편안한 별천지의 공기였다. 그는 일본 전체가 이런 별천지라고 생각했다. 그런데 구마모토에 와보니 생각과는 전혀 달랐고 이에 헌은 곧 '환멸'을 느꼈던 것이다.

본디 헌은 단순한 관찰 보고자나 세계 여행자로서 일본에 온 게 아니었다. 오히려 숙명에 가까운 강한 목적의식에 사로잡혀서 온 사명자였다.

헌은 아버지에게서 아일랜드인의 피를, 어머니에게서 그리스인의 피를 이어받은 사람이었다. 그러므로 영어를 쓰면서 성장하긴 했어도, 처음부터 영국 시민과는 비교가 안 될 만큼 복잡한 정신활동을 해야 할 운명이었다. 지면 관계상 여기에는 요점만 싣겠다. 아일랜드인은 대영제국의 '피차별민'이자 '억압받는 집단'이었고, 그리스인 역시 근대 유럽 세계에서는(기원전에는 그토록 뛰어난 문명을 자랑했음에도!) '피차별민'이었다. 헌이 아무런 죄도 없이 이 두 가지 기본적인 불행을 짊어지고 태어났다는 사실을 간과해선 안 된다. 아일랜드인(대개 켈트인이다)은 상상력이 풍부하며 독특한 민간신앙에서 나온 우주관을 지니고 있다고들 한다. 솔직히 말해 그들은 12세기부터 17세기에 걸쳐 잉글랜드에 정복돼서 토지를 빼앗기고 변변찮은 취급이나 받으며 비참한 소작인 생활을 강요받았으므로, 민간신앙에 매달려 상상 속 유토피아를 꿈꾸고 추구할 수밖에 없었다. 아일랜드인이 저항운동을 벌였던 것은 당연한 일이다. 또한 예이츠, 싱, 그레고리 부인이 일으킨 아일랜드 국민극장운동도 단순한 '문예부흥'만을 목표로 삼은 것은 아니었다. 한편 18세기 이후 그리스는 수백 년간 이어진 터키의 지배에서 벗어나려고 독립운동을 벌여 성공과 실패를 거듭하고 있었다. 헌은 아일랜드인 중에서는 비교적 괜찮은 집안 출신인 군의관 찰스 부쉬 헌의 아들로 태어났지만, 어머니는 현지처(現地妻)인 그리스인이었다. 아마도 그는 영국의 대학과 프랑스의 이브토 신학교에서 '애꾸눈이 외국인'이라고 불리며 냉대를 받았으리라. 헌이 어린 시절을 보냈던 유럽 세계는 이처럼 차별과 편견이 지배하는 문화권이었다.

1869년, 19살 때 헌은 자유를 찾아 바다를 건넜다. 그 무렵 미국은 남북전쟁이 막 끝난 참이었다. 처음에 헌은 어려움을 겪지만 이윽고 재능을 인정받아 1874년에 일간신문 〈신시내티 인콰이어러〉, 이어 〈신시내티 커머셜〉의 기자가 되면서 생활도 안정되었다. 그런데 1877년 그의 가슴속에서 갑자기

'남방에 대한 동경심'이 뜨겁게 타올라서 결국 그는 남부 뉴올리언스로 가버린다. 그곳에서 그는 다시 가난해졌지만, 1878년에 지방의 작은 신문 〈데일리 아이템〉의 기자가 되고, 1881년에는 남부에서 으뜸가는 신문 〈타임스 데모크래트〉의 문예부장이 되었다. 이 무렵 그는 창작 활동과 번역에도 차츰 힘을 쏟기 시작한다. 1887년 6월까지는 이런 식으로 얼마쯤 행복한 미국 생활이 이어졌다. 그는 운 좋게 시대나 시대사조를 잘 만났다고도 할 수 있을 것이다. M. 카치의 다음과 같은 말에서 우리는 그 시대를 대강 살펴볼 수 있다.

"1870년 무렵부터 19세기 말까지 세상을 지배했던 사상은, 과학을 응용한 집단조직 시대에서의 개인주의의 주장이었다. 과학은 초자연주의를 뛰어넘어 전진했으며, 진화주의는 그 무렵 유행하던 공리주의적 사상 및 관심과 서로 영향을 주고받았다. 그리고 동시에 지식 보급을 추구하면서 이전부터 행해지던 민주주의적 운동도 계속되고 있었다. 또한 이 시대의 집단조직적 성격은 지적 생활의 많은 분야와, 각 단계의 모든 문화에 새로이 역점을 둔다는 점에서 표현되었다." 《미국 사회문화사》

이 사실을 염두에 두면 신시내티와 뉴올리언스 시절의 헌이 신문기자로서의 재능을 마음껏 발휘했으리라 쉽게 상상할 수 있다. 그렇게 언론인으로서 계속 살아가도 헌은 언젠가 일류 '문인'들 사이에 낄 수 있을 터였다. 번역가로서든 르포라이터로서든 이야기 작가로서든, 그에게는 이미 그런 기회가 약속된 거나 마찬가지였다.

그런데 그의 피는 또다시 끓어올랐다. 모처럼 자유를 얻고 안정된 사회적 지위를 손에 넣었으면서도, 그는 커다란 신문사의 문예부장 자리를 쉽게 내던져버렸다. 헌의 전기 작가들은 그 원인을 '방랑벽'이라는 개인적 기질 또는 원시생활을 동경하는 낭만주의적 사조로 본다. 어느 쪽도 옳은 지적이다. 여기에 아일랜드인 특유의 '피안 탐색'이라는 근본 행동을 추가한다면 더욱 적절한 설명이 될 터이다. 유토피아가 손닿는 곳에 존재하리란 예감에 그는 늘 사로잡혔던 것이다.

이럭저럭 37살이 된 헌은 1887년 7월에 서인도제도의 마르티니크섬으로 여행을 갔다. 그러고 나서 일단 뉴욕에 돌아왔다가 10월에 다시 그곳으로 가 오랫동안 머무른 뒤 이듬해 5월에 뉴욕으로 왔다. 그리고 필라델피아에 사는 안과의사인 굴드의 저택 한구석에 틀어박혀 소설 《치타》와 《요우마》의 출판 준비를 하고, 기행문 《프랑스령 서인도제도에서 보낸 2년》을 집필했다.

"종려나무처럼 똑바르고 또 나긋나긋하며 늘씬한 유색인 남녀는 그 품위 있는 태도와 느리고 우아한 거동으로 큰 감명을 준다. 그들은 어깨를 흔들지 않고 걷는다." "열대 삼림이 불러일으키는 강한 두려움은, 북국의 나무가 우거진 인적 없는 숲이 지금까지 일으켰던 신비스러운 공포심보다도 확실히 더 위대하다. 거의 초자연적이다 싶을 정도로 선명한 색채, 나뭇잎들이 모여서 이루어낸 망망대해, 드문드문 보이는 틈새에서 헤아릴 수 없는 깊이를 드러내는 보랏빛 암흑, 그 무궁한 술렁거림을 구성하는 천만 가지 불가사의한 울림. 이런 것들이, 사람들을 두렵게 하는 하나의 창조적인 힘이 그곳에 존재한다는 믿음을 불러일으킨다."(《프랑스령 서인도제도에서 보낸 2년》, 열대로의 여행)

"식민지 쇠퇴를 앞둔 오늘날보다 더 이전에는, 유색인 처녀는 지금과 같지 않았다. 전혀 교육받지 못한 시대에도 그녀에게는 특별한 매력이 있었다. 어떤 난폭한 자에게도 호의를 얻을 만한 힘이 있었다. 천진한 매력이 있었다. 그 순수함에 끌리지 않는 자는 하나도 없었다. 어린애처럼 순하고, 쉽게 즐거워하며 또 쉽게 상처받기도 하는 여자였다. 겉보기에 그 결점도 장점도 전혀 숨기지 않는 여자였다. 자신을 사랑해주겠다는—더 나아가 그녀의 어머니나 동생을 돌봐주겠다는—약속을 받는다면 누구에게든 기꺼이 그 청춘과 아름다움과 애무를 모두 바치는 여자였다. 사소한 일에 매우 기뻐하는 그 놀라운 수용력, 그 가련한 허영과 가련한 어리석음, 마치 그곳의 정열적인 기후가 보여주는 갑작스런 소나기와 뙤약볕처럼 웃음에서 눈물로 순식간에 변하는 기분, 이런 것들이 남자의 마음을 자극하고 사로잡아 마침내 지배하기에 이른 것이다."(《프랑스령 서인도제도에서 보낸 2년》, 유색인 처녀)

이 같은 헌의 필치를 접할 때 우리는 고갱의 《노아 노아》에 묘사된 타히티섬의 열대 자연과 여인들을 떠올리게 된다. 고갱은 1891년 타히티섬으로 건너갔는데, 그보다 4년 전인 1887년에 마침 마르티니크섬에서 지냈다는 기록이 있다.

"1887년. 인상과 화풍도 마음에 들지 않고 파리에서의 생활도 고통스러웠다. 그리하여 해외로 건너갈 마음을 먹고, 자금을 모으기 위해 동업자 샤를 라발과 함께 파나마로 가서 운하 파는 인부가 되었다. 파나마에서는 아침 5시 반부터 오후 6시까지 흙일을 하고 밤에는 독이 있는 모기에 시달렸다. 죽는 사람도 많았다. 귀국길에 마르티니크섬에 머물렀다. 병에 걸린 라발은 고열에 들떠 자살을 시도한다. 무일푼으로 파리에 돌아와 전에 동료였던 슈프네케르의 집에서 생활하며 그의 아틀리에를 빌려 썼다. 이 무렵 도예가 샤플레에게 사사받았다."(《아방 에 알프레》)

이런 기록을 보면 혹시 헌과 고갱이 마르티니크섬의 어느 야자나무 아래 오솔길에서 서로 스쳐 지나가지 않았을까 하는 생각도 든다. 하기야 그런 일이 없었다 해도, 두 사람은 모두 '서구문명에 반감'을 품었다는 점에서 일치한다. 기독교를 증오하고 이교, 즉 자연의 세계에 뛰어들었다는 점에서도 완전히 같다.

1890년에 40세가 된 헌은 〈하퍼스 매거진〉의 특파원으로서 일본에 건너갈 결심을 한다. 그런데 위에서 살펴봤듯이 그는 이전부터 일본에 관한 예비지식을 충분히 쌓고 있었다. 말하자면 '서구 근대문명에 침범되지 않은 미지의 사회에 가고 싶다', '기독교의 기만에 물들지 않은 자연의 국토를 밟고 싶다'는 목적의식이 이미 형성돼 있었던 것이다. 일본이야말로 그런 목적의식에 알맞은 나라였다.

이는 근거 없는 추측이 아니다. 아직 일본행이 정식으로 결정되기 전에 〈하퍼스 매거진〉의 미술 담당 편집자 패튼이 "일본에 가면 어떤 기사를 쓸지 계획표를 제출해달라"고 하자 헌은 즉시 대답했던 것이다. 1889년 11월 29일에 그는 패튼에게 편지를 보냈다. "현지에 가보기 전까지는 확실한 계획을 세울 수 없지만, 이 책에 포함될 듯한 제목들을 여기에 적어보겠습니다. 내 생각에 이 제목들 중 상당수는 지금까지 나온 일반적인 일본 관련 서적들에선 찾아볼 수 없을 것입니다." 이렇게 운을 뗀 그는 다음과 같은 계획을 제시했다.

"첫인상, 기후와 풍경, 일본 자연의 시적 요소/외국인의 도시생활/신문명/오락/게이샤와 그 직업/새로운 교육제도—어린이의 생활—어린이의 놀이 등/가정생활과 일반 가정의 종교/공식적인 제사 방법—사원(寺院) 의식과 신자의 근행(勤行)/신기한 전설과 속신(俗信)/일본 여성의 생활/옛 민요와 가곡/과거에 활약한 일본 예술계의 거장—아직 잔존하거나 또는 기억에 남아서 현재에 미치는 그 감화력. 일본의 자연과 인생을 반영하는 자로서의 그 세력/신기한 일반언어—일상생활의 기이한 언어 습속/사회조직—정치 및 군사적 상태/이주지로서의 일본, 외국인의 지위 등등."

이것만 봐도 이미 훗날의 일본 연구의 뼈대가 완성되어 있었음을 알 수 있다. 그런데 더 중요한 사실은, 헌이 처음부터 서구 근대문명 및 기독교와는 전혀 무관한 미지의 세계를 꿈꾸면서 일본에 갈 결심을 했다는 점이다.

헌의 일본관의 특수성

헌은 서구 근대문명이 미치지 않은 나라를 찾아, 또 기독교와 동떨어진 나라를 찾아 일본에 왔다. 아일랜드 민간신앙에서는 '서쪽'으로 가면 반드시 유토피아를 발견할 수 있다고 한다. 그러므로 헌은 어떻게 해서든 일본에 가야겠다고 작정하고서 왔음이 분명하다.

이런 의미에서 헌의 일본관에는 처음부터 상당히 강한 주관성이 배어 있었다고 봐야 할 것이다. 앞서 소개한 나카노 요시오의 논문을 살펴보자.

"이런 숙명을 짊어지고 온 야쿠모에게서 우리가 공평한 인상과 판단을 기대할 수는 없으리라. 이런 편견에서 오는 불가사의한 감미로운 매혹이 그를 함정에 빠뜨렸고, 아울러 그런 편견이 그의 일본관의 강점을 낳았다는 점을 우리는 반드시 기억해야 한다."

그는 이런 말도 했다.

"그의 일본관은 처음부터 끝까지 일본 이해와 상찬으로 가득 차 있다. 게다가 그는 결코 일본 정부나 그 밖의 공적·사적 선전기관에 조종당하는 어용선전자가 아니었다. 오히려 제국대학을 통해서 국가가 이 일본 애호가에게 취한 태도는, 대체로 비판받을 만한 것이있지 정당한 대접은 아니었다. 이 점은 그의 강점이었다. 그의 일본관은 편견과 오류를 포함할지언정 어디까지나 그 자신의 이론이었다."

이것도 옳은 해석이다. 확실히 헌의 일본관은 그 자신의 것이었다. 어용선전자로서 활동할 생각 따위는 조금도 없었음이 틀림없다. 그러나 오늘날 그의 서술을 하나하나 검토해보면, "아아, 헌도 속아 넘어갔구나. 정말 이런 걸 진실이라고 믿었단 말인가?"라고 부끄러워할 만한 내용과 자주 마주치게 된다. 이는 아마 헌의 주위에 있던 순수하고 무지한 일본 서민들이 아무런 의심 없이 입에 올렸던 것들을, 무지하진 않지만 순수한 헌이 그대로 받아들여 글로 쓴 결과였으리라. 일본 서민 대부분은 제2차세계대전이 끝날 때까지 일본에 관한 진실을 전혀 알 수 없었으므로, 헌의 주변 사람들도 일부러 거짓을 말한 건 아니었다. 물론 헌도 거짓을 쓰지 않았다. 다만 헌은 사랑하는 일본 서민의 '눈'을 통해 일본을 보았기 때문에, 그가 그려낸 사랑하는 일본의 모습에는 전체적인 통찰이 부족할 수밖에 없었다. 체임벌린은 《일본의 것(Things Japanese)》 제6판에서 이런 말을 했다.

"그는 부분적인 사실은 매우 정확히 보았으나 그것을 전체적으로 이해할 능력은 없었다. 그의 머리도 눈도 마찬가지였다. 한쪽 눈이 먼 헌은 나머지 한쪽 눈도 지독한 근시안이었다. 그래서 방에 들어갈 때마다 습관적으로 주변 것들을 손으로 만져보고, 벽지든 책이든 골동품이든 그 밖의 장식물이든 간에 가까이 있는 것들부터 면밀히 살펴보았다. 그는 그런 세부 사항에 대해서는 정확한 안내서를 작성할 수 있었다. 하지만 수평선이나 하늘의 별을 제대로 관찰하는 일은 결국 그에겐 불가능했다."

이러한 평가에는, '헌은 부분을 묘사하는 특기가 있었으나, 추상화를 그리거나 일반화된 이론을 세우는 데에는 별로 소질이 없었다'라고 부언 설명을 덧붙일 수도 있으리라. 또한 우리는 민중이 허위를 허위인 줄도 모르고 진실로 믿어 버리게끔 유도한 메이지 20년대 이후의 '일본 이데올로기'의 악랄한 행위와, 그 이데올로기의 허위성을 간파하지 못하고 거기에 말려든 헌의 잘못된 학습 태도로부터 눈을 돌릴 순 없다.

헌이 절찬했던 일본의 서민은 사실 제대로 된 인간 취급을 못 받고 있었다. 특히 농민이 그러했다. 이에 관해서 오우치 쓰토무〔大內力〕의 《일본 자본주의의 농업 문제》는 명쾌한 관찰 결과를 제시하고 있다.

"일본의 소농사회(小農社會)는 일본 제국주의의 지주였다고 해도 과언이 아니다. 국내 시장이 극단적으로 좁은—이것도 소농제가 낳은 결과지만—일본에서 자본주의는 이런 기반 없이는 성립하지도 발전하지도 못했을 것이다. 그러므로 과소농(過小農)을 과소농으로서 유지하고 온존하는 일이 자본을 위한 절대적인 요건이 되었다. 메이지 시대부터 온갖 농업정책이 늘 소농 유지를 고집해왔던 까닭도 여기에 있다."

"수구적 농본주의자는 매우 인간적이거나 낭만적인 주관을 지니고 있다

해도, 역시 일본 자본의 의도를 대변하는 자임에 틀림없었다."

결국 농민이 가난하고 얌전한 까닭은, 그리고 선조들의 제사를 소중히 모시거나 전통적인 민간습속을 준수한 것은 메이지 정부 지배층이 설치한 함정에 빠졌기 때문이다. 지배자들은 농민을 그런 상태에 묶어두는 편이 자기들에게 유리하다고 생각했다. 이 사실을 일본의 일반 농민들이 눈치채지 못했듯이, 헌도 끝까지 꿰뚫어보지 못했다. 게다가 그 가슴속의 스펜서 철학이 헌의 현실 인식을 더욱 방해했다. 그것이 헌의 비극이었다.

같은 '고용 외국인'이라도 체임벌린은 훨씬 이성적이었다. 체임벌린은 소책자 《무사도—신종교의 발명》(1911)에서 어느 중대한 사실을 증거까지 곁들여 지적한다. 이를테면 일본 민중 대부분이 국민도덕 또는 전통 종교처럼 받아들이는 충군애국이나 황실숭배는, 1888년에 이토 히로부미 등이 'invent'한 신종교일 뿐이라는 것이다. 날카로운 이성의 소유자라면 그렇게 관찰하는 게 당연했다. 그런데 헌은 유토피아의 주민이 하는 말이 거짓일 리가 없다고 믿었다. 그래서 충군애국도 황실숭배도 매우 불가사의한 종교도덕이라고만 생각하고 감탄했으며, 그것을 그대로 받아들여 사후 간행된 대작 《일본—해석을 위한 하나의 시도》에서 논했다.

여기서 또 다른 '고용 외국인'의 일본관을 아울러 살펴보는 것도 나름대로 의미 있을 터이다.

"일본인은 근대에 이룩한 그 눈부신 업적에도 불구하고, 지적 또는 윤리적 유치함을 아직 완전히 버리지 못하고 있다. 자기 의견이나 감정과는 별개인 과학으로서의 역사 관념을 그들은 여전히 갖추지 못했다. 교양 있는 일본인이나 유명한 정치가도 황기(皇紀) 2500년의 역사에 관해 화려하지만 전혀 무가치한 의견을 늘어놓고 있는 실성이나. 이는 유대인과 기독교도의 세계를 오랫동안 지배해온, 초기 히브리 역사에 대한 전통적인 의견과 마찬가지로, 사실이나 그 시대의 기록에 근거한 것이 아니다." (《천황—일본의 내면적인 힘》)

이렇게 지적한 사람은 윌리엄 엘리엇 그리피스였다. 그리피스는 러트거스 대학교를 졸업한 뒤 이듬해인 1870년에 후쿠이번(藩)의 초청을 받아 번립 학교에서 교사로 일하기 시작한 '고용 외국인'이었다. 1872년부터는 메이지 신정부에 고용되어 남교(南校, 도쿄대학의 전신)에서 물리학과 화학을 가르쳤다. 그러다가 1874년에 귀국해서 뉴욕 신학교에 다시 들어가 졸업하고, 미국 동부 각지에서 목사로 활동하며 일본과 동양에 관한 수많은 책을 썼다. 한편 1874년에 헌은 5년간의 가난한 생활을 마치고 〈신시내티 인콰이어러〉 신문사에 들어가 기자로서 첫발을 내디뎠다. 둘의 나이를 비교해봐도 그리피스는 1843년에 태어났으므로 헌보다 7살이 많다. 또한 일본에 있을 때에 옛 영주와 사귀고 메이지천황을 수차례 만나서 그 경험을 훗날까지 자랑거리로 삼았다 하니, 이 점에서도 그는 헌의 선배였던 셈이다. 그는 《일본제국》(1876), 《일본의 종교》(1895) 등을 간행했는데, 거기에서 일본론은 시종일관 합리주의적 특질을 보이고 있다. 특히 《개발도상국 일본의 국민》(1907)과 《황제―제도와 사람》(1915)에서는, 분명히 헌을 논쟁의 적수로 의식하고 있다. 즉 헌이 처음부터 일본과 일본인을 '기이한 것(strangeness)'으로 본 것과는 다르게, 그리피스는 일본과 일본인도 '인간의 본성(human nature)'에서는 서구사회나 근대인과 다를 바 없다는 이성적인 관점을 취했던 것이다. 헌이 그토록 신기해하고 또 그토록 스펜서의 사회진화론에 합치한다고 생각했던 '신토〔神道〕의 조상숭배'도, 그리피스는 다음처럼 아주 냉철하게 이성적으로 관찰했다.

"신토이즘〔神道教〕이란 유의어반복이자 합성어이다. 신토에는 본디 비법도 교의도 윤리도 없었다. 그것은 그저 예의, 충성, 지배자 앞에서 복종자에게 필요한 올바른 마음가짐, 뛰어난 사람에게 절하는 예종자의 태도였다." (《천황―일본의 내면적인 힘》)

이렇게 보면 헌의 일본관은 너무도 명백해진다. 처음부터 눈에 띄게 주관성으로 가득 차 있었을 뿐 아니라, 메이지 중반부터 제2차 세계대전의 패배에 이르기까지 50년 동안 지배층이 일본 대중에게 심어놓았던 인스턴트 종교를 대상으로 논한 것에 지나지 않는다.

그러면 틀림없이 이런 질문이 나올 것이다. 일본에 관한 헌의 저작은 전부 가치가 없는가? 아니, 결코 그렇지 않다. 첫째로, 헌의 저작은 메이지 서민이 굳게 믿었던 황국 이데올로기가 개인 생활에 얼마나 침투해 있었는지를 보여준다. 둘째로, 그 기만적인 자칭 국민도덕이니 전통종교니 하는 것에 말려들고 뒤섞여버린 참된 '전통적인 좋은 일본'을 새로이 이해할 수단을 제공한다. 그리고 셋째로, 이것이야말로 헌의 저작의 가장 큰 공로인데, 그것은 유럽 근대 기술문명에 짓눌려 죽기 직전인 인간성을 우리 손으로 어떻게든 되살리려고 할 때 근원적·창조적인 힘을 보여줄 '신화적 사고'로 나아가는 실마리를 제공해준다. 주관적이긴 하지만 자기 인생을 열심히 살아갔기 때문에, 또 민중과 밀착하고 민중생활을 사랑했기 때문에, 헌의 저작은 미래적인 가치를 지닌다.

헌의 《사쿠라 마음=괴담》은 어떻게 읽어야 하는가

《사쿠라 마음=괴담》의 참된 가치도 향후 우리의 올바른 평가·재생산 방법에 따라 비로소 발굴되고 확정될 것이다.

물론 문학작품이란 세상에 나온 순간부터는, 그것을 어떻게 향유하든 독자 마음대로이다. 《사쿠라 마음》을 여름밤의 청량제 대신 즐겨선 안 된다는 법도 없으며, 일본 재발견의 근본 사료(史料)로 써선 안 된다는 법도 없다. 그렇긴 하나 이만큼 과학적인 사고가 보편화되고 민중생활의 내실이 풍부해진 시대에 설마 진심으로 요괴나 유령을 믿는 사람은 없으리라. 이 책에는 "불가사의한 것들에 관한 이야기 및 연구(Stories and Studies of Strange Things)"라는 부제가 붙어 있는데, 현대인이 보기엔 불가사의한 것은 하나도 실려 있지 않다. 이야기 대부분은 합리적으로 설명이 가능하다. 합리적으로 설명될 수 없는 이야기에는 새빨간 거짓말이라고 냉소를 보내면 그만이다.

현대 기술문명 속에서 빼앗긴 인간성을 되찾으려면 '신화적 사고'를 되살려야 한다. 헌의 저작은 그것의 실마리를 제공해준다. 신화·주술·의례 등을 우리는 기술과 과학 발달의 낮은 단계에 머무르는 것들이라고 오해하기 쉽고, 실제로 지금까지 오랫동안 그렇게 생각해왔다. 그러나 오늘날 레비스트로스 같은 획기적인 논자들이 나타나 우리 생각을 난숨에 뒤집었다. 레비스트로스는 이렇게 주장했다.

"신화와 의례는 현실에 등 돌린 '가구(架構) 기능'의 산물이라고 흔히들 주장하지만 이는 틀린 말이다. 그것들의 주된 가치는, 과거에 어떤 유형의 발견에 알맞았던(그리고 아마 지금도 알맞을) 관찰과 사색의 여러 양식들의 흔적을 현재까지 보존하고 있다는 점이다. 어떤 유형의 발견이란 감성적인 표현에 따른 감각 세계의 사변적인 조직화 및 활용을 바탕으로 이루어진 자연에 대한 발견을 뜻한다. 이런 구체(具體)의 과학의 결실은 본질적으로 정밀자연과학이 가져다주는 성과와는 다를 수밖에 없었다. 그러나 구체의 과학은 근대과학과 마찬가지로 학문적이다. 그 결과의 진실성도 둘 다 같다. 정밀자연과학보다 1만 년 앞서 확립된 그 결실은 오늘날에도 여전히 우리 문명의 기초를 이루고 있다."(《야생의 사고》 제1장 구체의 과학)

더 나아가 그는 둘 사이의 차이점을 명확히 지적했다. 즉 신화적 사고는 지적인 브리콜라주(bricolage, 여러 가지 일)의 한 형식이다. 그에 비해 과학은 우연과 필연의 구별 위에서 성립하며, 더구나 그것이 과학성으로서 요구하는 성질이나 체험이나 사건 밖에서 그들과 관계 없이 존재한다는 것이다. 이 차이점을 밝힌 뒤 그는 다음처럼 주장했다.

"신화적 사고는 브리콜뢰르(bricoleur, 손재주꾼)라서 사건, 아니 그보다도 사건의 조각들을 모아 어떤 구조를 만들어낸다. 반면 과학은 창시됐다는 사실만으로 움직이기 시작해 스스로 끊임없이 제조하고 있는 구조, 즉 가설과 이론을 이용해서 사건이란 형태로 자신의 수단과 결실을 이루어낸다. 그러나 착각하지는 말자. 그것들은 인지(人智) 발달의 두 단계 또는 두 양상이 아니다. 왜냐하면 이 두 가지 절차는 모두 유효하기 때문이다. (중략) 한편으로 신화적 사고도 단지 사건이나 경험의 노예가 되어 그것들을 계속해서 다시 조립하면서 의미를 찾으려는 것은 아니다. 그것은 해방자이기도 하다. 무의미와 마주쳤을 때 과학은 바로 포기하고 타협하지만, 신화적 사고는 소리 높여 항의하기 때문이다."

이 짧은 발췌문만 보고서 신화적 사고가 무엇인지 파악하기란 불가능하다. 하지만 (과학과 함께) 신화적 사고가 없으면 어떤 인간다움도 얻을 수 없다고 본 레비스트로스의 생각만큼은 금방 알 수 있다. 공해와 환경오염 문제도 실은 과학자들을 비롯한 모든 근대 산업가들이 자본주의적 이윤 추구에만 매달렸기 때문에 생겨난 결과이다. 자연 생태계를 파괴하면 돌이킬 수 없는 재해가 일어나리란 것쯤은 과학자들도 잘 알고 있었다. 그러나 과학은 바로 포기하고 타협했다. 만약 이때 과학자들을 비롯한 산업가, 정치가, 지식인들이 모두 건전한 '신화적 사고'를 지니고 있었다면 어떻게 되었을까. 분명 신화적 사고는 소리 높여 항의했을 것이다.

헌은 신화학이나 종교민족학의 소양을 갖추었다. 게다가 무엇보다도 근대 서구문명에 근본적으로 결여되어 있는 것에 대해서 깊은 통찰력을 지니고 있었다. 그래서 그의 작품은 그 나름의 '신화적 사고'가 완전히 발휘된 산물이었다. 헌은 단순히 괴이한 걸 좋아해서 요괴나 정령 이야기를 쓴 게 아니다. 오히려 "인간이 인간답게 살아가려면 어떻게 해야 하는가"라는 근본 명제를 탐구하기 위함이었다. 인간은 요괴나 정령보다도 훨씬 높은 존재이다. 이를테면 《사쿠라 마음》의 〈푸른 버들 이야기〉를 보라.

나무 정령 이야기는, 프레이저의 《황금가지》에서 분류된 신화유형을 비롯하여 온 세계에 널리 퍼져 있다. 일본에도 〈로벤〔良弁〕 삼나무의 유래〉, 〈33간 건물 마룻대의 유래〉 등 유명한 전설이 많은데, 그중에서도 헌은 일부러 '버드나무 정령 설화'를 골라 작품으로 만들었다. 그러한 동기에서 우리는 그의 인생 체험이나 세계 인식과 관련된 요인을 발견할 수 있다. 헌은 그 자신이 익힌 민족학적 소양(그 무렵의 학문적인 단계에서는 분류와 도식화에 그치는 수준이었다)만을 믿고 채집된 설화를 재생산한 것이 아니었다. 민족학자라면 누구나 느끼기 마련인 흥미나 매력과는 상관없이, 미개종족에서 떠도는 설화를 모조리 수집해서 자기네 언어로 번역하기만 하면 된다. 그것으로 그의 임무는 끝이다. 그런데 헌은 자신의 세계 인식을 심화하기 위해서라든가 인생의 지혜를 기르기 위해서, 요컨대 저자 주체(화자로서의 주체)와 깊이 관련된 주제를 골라 작품으로 만든 것이다. 이것이야말로 신화적 사고의 발현이라고 볼 수 있다.

그렇게 판단해도 될 만한 증거가 있다. 아래에 소개한 글은 헌의 부인 고이즈미 세츠코가 쓴 〈회상록〉의 일부이다.

어느 날 평소처럼 고부데라〔瘤寺〕에 산보하러 갔습니다. 저도 함께 갔지요. 헤른(헌)이 "아아" 하고 깜짝 놀라기에 저도 무슨 일인가 히어 덩달아, 놀랐습니다. 그의 눈앞에 커다란 삼나무 세 그루가 쓰러져 있었습니다. "이 나무 왜 벴나요?" "요즘 이 절 형편이 안 좋거든요. 돈이 필요했던 게 아닐까요." "아, 왜 나한테 말하지 않고! 돈, 조금이라면 기꺼이 줄 수 있는데. 그러면 나무 베는 것보다 훨씬, 훨씬 더 좋았을 텐데. 이 나무 몇 년이나 이 산에서 살았던 걸까요. 아주 어린 새싹일 때부터." 이처럼 그는 크게 실망하는 것이었습니다. "스님이 좀 싫어졌습니다. 스님이 돈 없다니 불쌍해요. 하지만 여보, 이 나무가 훨씬 더 불쌍해요." 그에게는 이 사건이 정말로 중대했는지, 그는 풀이 죽은 채 산문을 나와 집으로 돌아왔습니다. 서재 의자에 앉아서도 계속 낙담하고 있었습니다. "나 그 모습 보았습니다. 마음이 아픕니다. 오늘은 기분이 안 좋아요. 더는 베지 말라고 당신이 말해줘요." 그는 이렇게 말했는데, 그 뒤로는 절에 발길이 뜸해졌습니다. 이윽고 그곳의 늙은 스님은 다른 절로 가시고 대신에 젊은 화상이 왔습니다. 이때부터 나무가 거침없이 베여 넘어졌습니다. 우리가 떠난 뒤로 그곳은 나무가 사라지고 묘지가 치워지고 셋집 등이 세워져서 전혀 딴판이 되었습니다. 헤른이 말하던 조용한 세계는 이런 식으로 부서져 버렸습니다. 그 세 그루 삼나무가 쓰러진 것이 모든 일의 시작이었습니다.

그는 한적한 시골집, 집은 작고 정원은 넓으며 수목이 울창한 집에서 살고 싶다고 전부터 누누이 말해왔습니다. 고부데라가 이 지경이 되자 저는 새 집을 찾아 나섰습니다. 니시오쿠보에 팔려고 내놓은 집이 하나 있었습니다. 완전히 일본식으로 꾸며진 집인 데다 주변에 양옥집은 하나도 없었습니다.

그야말로 헌의 본모습이 생생하게 나타나 있는 글이다. 사랑하는 삼나무가 베여 쓰러진 모습을 보고서 그는 개탄했다. 왜 자르기 전에 나한테 상담하지 않았는가, 돈은 줄 수 있었을 텐데, 삼나무가 너무 불쌍하지 않은가 하고 말이다. '그에게는 이 사건이 정말로 중대했는지, 그는 풀이 죽은 채'라는 표현을 보면, 세츠코 부인은 헌의 아픔을 제대로 이해하지 못한 듯도 하다. 하지만 그 다음에 나오는 '서재 의자에 앉아 계속 낙담하고 있었습니다'라는 묘사에서 그녀는 이미 헌의 귀기(鬼氣)를 받아들이고 있다. 이때 헌이 온몸으로 표현했던 실망은 참으로 진실해서 무섭게 느껴질 정도다. 헌은 세계의 일부로서 세계 전체와 마주보고 있었던 것이다.

헌의 전기 작가는 이렇게 말한다. 고부데라의 삼나무들이 차례차례 베여져 넘어갔기 때문에 헌은 니시오쿠보에 새 집을 사서 이사하기로 결심한 것이라고. 즉 그는 자기 행동을 선택한 셈이다. 그런데 어쩌면 그와 동시에, 고부데라의 오래된 삼나무 세 그루가 금전적인 이유로 베여 넘어간 사건 때문에 그는 〈푸른 버들 이야기〉의 집필도 선택한 것이 아닐까. 레비스트로스가 말했듯이 '무의미와 마주쳤을 때' 그의 '신화적 사고는 소리 높여 항의'할 수밖에 없었던 것이리라.

　무의미하게 나무를 벌목하는 것은 오늘날 우리 주위에서 흔히 볼 수 있는 광경이다. 게다가 요즘에는 우리도 거기에 익숙해져서 아무 감정도 느끼지 못한다. 거의 불감증 수준이다. 실로 무서운 일이다. 이럴 때 헌의 〈푸른 버들 이야기〉의 마지막 부분을 읽는다면, 그리고 작자가 무슨 이유로 어떤 생각을 품고 이 글을 썼는지 그 진의를 깊이 깨닫는다면, 우리는 곧 우리 '삶의 방식'에 대한 문제로 돌아오게 될 것이다.

　이 작품은 바로 이러한 힘을 지녔기에 고전으로 꼽혀도 손색이 없으리라. 고전은 새로이 읽을 때마다 새롭게 태어난다. 《사쿠라 마음=怪談》은 계속해서 새 생명의 모습을 우리에게 보여줄 것이다. 본디 작품의 제목은 '괴담'이라고만 되어 있으나 이 괴상한 이야기들 곳곳에는 일본인의 마음이, 그대로 원인이고 과정이며 결과로서 담겨 있다. 그래서 일본의 상징인 '사쿠라 마음'으로 옮겨 그 의미에 한층 더 다가갈 수 있도록 했다.

라프카디오 헌 연보

1850년　그리스 이오니아 제도의 레프카다 섬에서 아일랜드계 의사였던 아버지 찰스 부시 헌(Charles Bush Hearn)과 그리스계 어머니 로자 안토니아 카스매티(Rosa Antonia Cassmati) 사이에서 태어남. 삼촌은 바르비종파의 유명한 화가로, 헌은 태어날 때부터 가족으로부터 이지적인 기질과 보헤미안적 기질 모두를 물려받음. 그리스 정교회의 세례를 받음.

1856년　부모의 이혼으로 더블린으로 이주하여 이모할머니의 손에 자람. 언어, 종교 문제 등으로 적응에 어려움이 많았고, 외롭고 쓸쓸한 유년기를 보냄.

1866년　아버지 사망. 1년 후 이모할머니의 파산으로 학교를 그만둠. 사고로 왼쪽 시력을 잃은 뒤 오른쪽 눈이 왼쪽 눈에 비해 커져 보기 흉한 외모가 됨. 이후 왼쪽 눈이 나오지 않게 사진 찍으려는 버릇이 생김.

1869년　열아홉의 나이로 혈혈단신 미국 신시내티로 이주하였으나 극빈자 생활을 면치 못함. 이때의 피폐한 생활로 평생 망상증에 시달렸으며 인간에 대해 뿌리 깊은 불신을 품게 됨. 친구이자 유명한 편집자 헨리 왓킨의 도움으로 신문사 급사로 일하게 됨.

1872년　글 쓰는 재주를 인정받아 〈신시내티 인콰이어러〉의 기자로 일함. 살인, 매춘 등 당시 근대화의 한복판에 있던 신시내티의 어두운 면모를 예민하고도 특유의 음울한 문체로 녹여내 쓰는 기사마다 센세이션을 불러일으킴. 이후에도 독특한 관찰력과 낭만적인 문체의 기사로 언론계에 이름을 날림. 알시아 폴리라는 흑인 여성과 결혼함. 당시 인종적 편견으로 가득 찬 신시내티에서 법적으로 허용되지 않던 결혼이었음. 그 스캔들로 〈신시내티 인콰이어러〉에서 해고됨.

	이후 〈신시내티 인콰이어러〉의 경쟁지였던 〈신시내티 커머셜〉로 직장을 옮김.
1877년	신시내티를 떠나 프랑스계 이민자들인 크레올 문화의 영향력이 대단했던 뉴올리언스에 정착함. 〈신시내티 커머셜〉의 특파원으로 10년간 거주함. 헌은 크레올 문화에 관심을 갖기 시작하면서 그들의 독특한 요리법, 프랑스 오페라 등에 대한 글을 쓰거나 크레올 어로 된 민담을 기록하고 수집함. 그의 글은 뉴올리언스를 북아메리카보다 유럽 문화와 유사한 특색 있는 곳으로 알리는 데 기여함. 《여섯 개 지방 사투리에 나타난 크레올 속담 소사전(Little Dictionary Of Creole Proverbs In Six Dialects)》(1885), 《크레올 요리법(La Cuisine Creole)》(1885) 등을 펴냄.
1889년	미국의 대표적 문예 평론지인 〈하퍼(Harper's Monthly)〉의 특파원으로 서인도제도에 파견됨. 이곳에 2년간 머물면서 《프랑스령 서인도제도에서 보낸 2년(Two years in the Frenrh West Indies Youma)》(1890), 《서인도제도 노예들의 이야기(The story Of a Weet-Indian Slave)》(1890)를 펴냄.
1890년	일본으로 건너감. 헨리 왓킨에게 보내는 편지에서 '나는 꿈의 나라에 와 있네'라고 표현할 정도로 일본에 매력을 느낌. 당시 메이지 정부 초빙 거주 외국인(영국인)이자 문부성 관료였던 배절 홀 체임벌린(Basil Hall Chamberlain)의 도움으로 시마네현 공립중학교와 마쓰에 사범학교에서 교편을 잡음. 사무라이 집안의 딸인 마쓰에 세츠코와 결혼.
1891년	구마모토에 있는 제5고등중학교로 학교를 옮김.
1894년	구마모토에 거주하며 《낯선 일본과의 만남(Glimpes of Unfamiliar Japan)》을 집필하면서 명성을 얻게 됨. 도쿄제대에서 영문학 강의 시작. 이후 일본의 대표적인 영자 신문인 〈고베 크로니컬〉에 취직.
1895년	귀화 뒤 고이즈미 야쿠모(小泉八雲)라는 일본이름을 씀. 《동쪽 나라에서(Out of the East)》 집필.
1896년	상경하여 도쿄제대에서 영문학 강의 시작. 《마음(Kokoro)》 집필.
1897년	《부처 나라의 낙수(Gleanings in Buddha-Fields)》 집필.

1898년 《이국적인 것과 추억(Exotics and Retrospectives)》 집필.
1899년 《괴기스러운 일본(In Ghostly Japan)》 집필.
1900년 《그림자(Shadowings)》 집필.
1901년 《일본잡록(A Japanese Miscellany)》 집필.
1902년 《골동(Kotto)》 집필.
1904년 영국 유학을 마치고 돌아온 나쓰메 소세키가 교수로 임용되면서 도쿄제대의 교수직을 잃음. 이후 와세다 대학 교수가 됨. 《괴담(Kwaidan)》 집필. 54세의 나이에 심장마비로 사망. 와세다 대학은 헌의 장례식날 휴강으로 그의 죽음을 애도함.

옮긴이 추영현(秋泳炫)
서울대학교 사회학과 졸업. 조선일보·한국일보·동서문화 편집위원 역임. 옮긴책 야마오카 쇼하치 《대망》 나카이 히데오 《허무에의 제물》 오구리 무시타로 《흑사관 살인사건》 니토베 이나조·미야모토 무사시 《무사도》 알랭 칼데크 《천국과 지옥》 등이 있다.

123
Ruth Benedict/Lafcadio Hearn
THE CHRYSANTHEMUM AND THE SWORD
怪談
국화와 칼/사쿠라 마음
루스 베네딕트/라프카디오 헌/추영현 옮김
1판 1쇄 발행/2010. 4. 1
1판 2쇄 발행/2014. 7. 7
발행인 고정일
발행처 동서문화사
창업 1956. 12. 12. 등록 16-3799
서울 강남구 도산대로 163(신사동)
☎ 546-0331~6 (FAX) 545-0331
www.dongsuhbook.com
*
이 책의 출판권은 동서문화사가 소유합니다.
의장권 제호권 편집권은 저작권 법에 의해 보호를 받는 출판물이므로 무단전재와 무단복제를 금합니다.
이 책의 법적문제는 「하재홍법률사무소 jhha@naralaw.net」에서 전담합니다.
*
사업자등록번호 211-87-75330
ISBN 978-89-497-0652-8 04080
ISBN 978-89-497-0382-4 (세트)